本教材第 4 版为"十四五"职业教育国家规划教材
国家卫生健康委员会"十四五"规划教材
全国高等职业教育专科教材

供护理、助产专业用

病原生物与免疫学

第 5 版

主　编　杨　翀　关静岩

副主编　孙运芳　严家来　陈晓玲

编　者　（以姓氏笔画为序）

万从碧（北京卫生职业学院）　　　　孙盟盟（白城医学高等专科学校）

王　蕾（沧州医学高等专科学校）　　李新伟（漯河医学高等专科学校）

王　露（昆明卫生职业学院）　　　　严家来（安徽医学高等专科学校）

王贵年（四川护理职业学院）　　　　杨　翀（广州卫生职业技术学院）

车昌燕（山西医科大学汾阳学院）　　陈晓玲（安徽卫生健康职业学院）

龙小山（广州卫生职业技术学院）　　岳进巧（昌吉职业技术学院）

田维珍（湖北中医药高等专科学校）　胡艳玲（重庆三峡医药高等专科学校）

刘金晔（包头医学院）　　　　　　　郭旭光（广州医科大学附属第三医院）

关静岩（黑龙江护理高等专科学校）　崔　佳（郑州卫生健康职业学院）

孙　莉（襄阳职业技术学院）　　　　蒋　琪（天津医学高等专科学校）

孙运芳（山东医学高等专科学校）　　程丹丹（大庆医学高等专科学校）

新形态教材

人民卫生出版社
·北　京·

图书在版编目（CIP）数据

病原生物与免疫学 / 杨翀，关静岩主编. -- 5 版.
北京：人民卫生出版社，2025.5. --（高等职业教育
专科护理类专业教材）. -- ISBN 978-7-117-37935-9

Ⅰ. R37；R392

中国国家版本馆 CIP 数据核字第 2025G71N01 号

| 人卫智网 | www.ipmph.com | 医学教育、学术、考试、健康，购书智慧智能综合服务平台 |
| 人卫官网 | www.pmph.com | 人卫官方资讯发布平台 |

病原生物与免疫学
Bingyuan Shengwu yu Mianyixue
第 5 版

主　　编：杨　翀　关静岩
出版发行：人民卫生出版社（中继线 010-59780011）
地　　址：北京市朝阳区潘家园南里 19 号
邮　　编：100021
E - mail：pmph @ pmph.com
购书热线：010-59787592　010-59787584　010-65264830
印　　刷：人卫印务（北京）有限公司
经　　销：新华书店
开　　本：850×1168　1/16　印张：20
字　　数：564 千字
版　　次：2001 年 8 月第 1 版　　2025 年 5 月第 5 版
印　　次：2025 年 7 月第 1 次印刷
标准书号：ISBN 978-7-117-37935-9
定　　价：72.00 元
打击盗版举报电话：010-59787491　E-mail：WQ @ pmph.com
质量问题联系电话：010-59787234　E-mail：zhiliang @ pmph.com
数字融合服务电话：4001118166　E-mail：zengzhi @ pmph.com

高等职业教育专科护理类专业教材是由原卫生部教材办公室依据原国家教育委员会"面向 21 世纪高等教育教学内容和课程体系改革"课题研究成果规划并组织全国高等医药院校专家编写的"面向 21 世纪课程教材"。本套教材是我国高等职业教育专科护理类专业的第一套规划教材,于 1999 年出版后,分别于 2005 年、2012 年和 2017 年进行了修订。

随着《国家职业教育改革实施方案》《关于深化现代职业教育体系建设改革的意见》《关于加快医学教育创新发展的指导意见》等文件的实施,我国卫生健康职业教育迈入高质量发展的新阶段。为更好地发挥教材作为新时代护理类专业技术技能人才培养的重要支撑作用,在全国卫生健康职业教育教学指导委员会指导下,经广泛调研启动了第五轮修订工作。

第五轮修订以习近平新时代中国特色社会主义思想为指导,全面落实党的二十大精神,紧紧围绕立德树人根本任务,以打造"培根铸魂、启智增慧"的精品教材为目标,满足服务健康中国和积极应对人口老龄化国家战略对高素质护理类专业技术技能人才的培养需求。本轮修订重点:

1. 强化全流程管理。履行"尺寸教材、国之大者"职责,成立由行业、院校等参与的第五届教材建设评审委员会,在加强顶层设计的同时,积极协同和发挥多方面力量。严格执行人民卫生出版社关于医学教材修订编写的系列管理规定,加强编写人员资质审核,强化编写人员培训和编写全流程管理。

2. 秉承三基五性。本轮修订秉承医学教材编写的优良传统,以专业教学标准等为依据,基于护理类专业学生需要掌握的基本理论、基本知识和基本技能精选素材,体现思想性、科学性、先进性、启发性和适用性,注重理论与实践相结合,适应"三教"改革的需要。各教材传承白求恩精神、红医精神、伟大抗疫精神等,弘扬"敬佑生命、救死扶伤、甘于奉献、大爱无疆"的崇高精神,契合以人的健康为中心的优质护理服务理念,强调团队合作和个性化服务,注重人文关怀。

3. 顺应数字化转型。进入数字时代,国家大力推进教育数字化转型,探索智慧教育。近年来,医学技术飞速发展,包括电子病历、远程监护、智能医疗设备等的普及,护理在技术、理念、模式等方面发生了显著的变化。本轮修订整合优质数字资源,形成更多可听、可视、可练、可互动的数字资源,通过教学课件、思维导图、练习题等引导学生主动学习和思考,提升护理类专业师生的数字化技能和数字素养。

第五轮教材全部为新形态教材,探索开发了活页式教材《助产综合实训》,供高等职业教育专科护理类专业选用。

杨 翀

教授，健康管理师（二级）

广州卫生职业技术学院副院长。兼任广东省民族医药协会副会长、广东省卫生职业教育协会教学指导委员会副主任委员；曾任中华医学会教学技术分会职教学组委员、广东省成人教育协会委员。从事病原生物与免疫学方向教学研究工作30余年，执教临床微生物学检验、微生物学检验、免疫学检验、病原生物与免疫学、大学计算机基础等课程；近几年主持国家级、省级、市级科研项目多项；主编或副主编相关课程的高等职业教育专科和专升本规划教材10余部；发表论文10余篇；拥有发明专利2项、软件著作权2项。获国家级教学成果奖二等奖1项；指导学生参加中国国际大学生创新大赛（2023）职教赛道项目获银奖1项，参加第七届中国国际"互联网+"大学生创新创业大赛职教赛道项目获金奖1项。

掌握病原生物与免疫学理论知识及技术技能，是同学们在医学知识海洋遨游、探索的基础。期望同学们努力学习，刻苦钻研，开拓创新，用实际行动诠释"敬佑生命、救死扶伤、甘于奉献、大爱无疆"的崇高精神，为卫生健康事业作出贡献。

关静岩

教授

　　黑龙江护理高等专科学校检验系微生物与免疫教研室主任。兼任黑龙江省老年医学研究会检验分会委员、黑龙江省中西医结合学会检验分会委员、黑龙江省高职高专医药卫生类教学指导委员会医学检验技术分会委员。从事医学教学工作30余年，执教微生物学检验、免疫学检验、病原生物与免疫学等课程。参与省级对口升学医学检验技术专业技能考试大纲和职业院校检验检疫技术技能竞赛评分标准编写工作；主编及参编教材20余部，主持及参与科研课题12项，发表论文10余篇。获省级教学科研成果一等奖1项、二等奖2项、三等奖2项。

　　病原生物与免疫学是现代医学体系中不可或缺的重要组成部分，是护理、助产专业重要的专业基础课程。希望同学们始终把守护人民群众生命健康放在首位，努力学习，用专业知识帮助他人，用爱心、耐心、责任心温暖他人，为建设"健康中国"贡献力量。

前 言

病原生物与免疫学是高等职业教育专科护理专业和助产专业的重要专业基础课程，也是医药卫生职业院校专业课程体系的重要课程。本课程对学生树立社会主义核心价值观，提高学生的岗位胜任力，培养学生的专业精神和职业素养起着十分重要的作用。

第 5 版《病原生物与免疫学》的修订，将行业发展的新方法、新技术、新工艺、新标准纳入教材内容，旨在培养掌握基础理论知识、临床知识及实际操作技能的复合型、高素质技能人才。

本次修订的主要内容：

1. 依据课程标准及专业人才岗位胜任力要求，坚持"三基、五性、三特定"原则，在保留第 4 版教材特点和优势的基础上，将教材内容分为病原生物学和免疫学基础两大部分，精简为 29 章，将细菌和病毒部分按临床引起主要致病的系统归类衔接后续专业课程进行编写，简化"微生物生物学性状等与护理学关系不紧密的内容"，增加"目前临床与防控新的诊断方法"，满足课程教学改革的要求。

2. 以案例引导下的职业活动为导向，以岗位为逻辑落实工作任务，整合、展开教材内容，助力与后续学习如传染病护理等专业课程的衔接，使教材能满足教师课程结构与活动方式改革的需要，让学生回归职业岗位真实情境，力求实现职业岗位与学习过程的一体化。

3. 打造"纸数融合"的新形态教材，满足"互联网 + 教育"线上线下混合式教学的需要，便于教师开展以学生为中心的教学。

4. 有机融入医者职业精神、生物安全、社会主义核心价值观等元素，落实立德树人的根本任务；设置案例、知识拓展、思考题等内容，拓宽学生学习视野，促进学生临床思维培养。

本教材的修订编写坚持传承与创新，全面贯彻专业教学标准，力求突出职业教育教材的实用性，体现医学专业基础课程的特色。在编写过程中，得到各位编者单位、众多同仁的大力支持和帮助。各位编者付出了辛勤的劳动，在此一并致以衷心的感谢！

教学大纲
（参考）

由于编者团队学术水平和编写能力有限，教材难免有不妥之处，恳请广大同仁及读者批评指正！

杨 翀　关静岩

2025 年 5 月

第一章 | 绪 论

ER 1-1 教学课件

ER 1-2 思维导图

学习目标

1. 掌握微生物和人体寄生虫的概念与分类,免疫的基本概念与功能。
2. 熟悉病原生物与人类的关系。
3. 了解医学微生物学、人体寄生虫学和医学免疫学的发展与现状、地位和任务。
4. 学会运用所学知识防范和应对生物安全风险。
5. 培养医者仁心、大爱无疆的精神,具有为祖国卫生健康事业贡献力量的职业自豪感。

第一节 病原生物与人类

案例

患儿,男,13 岁,咽痛、发热 2d 急诊收住入院。体格检查:T 38.8℃,P 101 次 /min,R 22 次 /min。医生经询问病情并结合体格检查和血常规检查结果。初步诊断:细菌感染。

请问:
1. 细菌是一类什么样的生物?
2. 这类生物有怎样的特点?

一、微生物的概念与分类

微生物(microorganism)是广泛存在于自然界中的一群肉眼不能观察的微小生物,必须借助光学显微镜或电子显微镜放大数百倍、几千倍甚至几万倍才能看到。微生物具有个体微小、结构简单、种类繁多、分布广泛、代谢旺盛、易产生变异、与人类关系密切等特点,按其基本结构、分化程度和化学组成等不同分为三大类。

(一)非细胞型微生物

该类微生物体积微小,能通过滤菌器,无细胞结构,无产生能量的酶系统,由单一核酸(DNA 或 RNA)和蛋白质衣壳组成,须在易感宿主细胞内生长繁殖,如病毒。

(二)原核细胞型微生物

该类微生物由单细胞组成,无完整的细胞核,核呈环状裸 DNA 团块结构,无核膜、核仁,细胞器很不完善,只有核糖体的一类微生物。DNA 和 RNA 同时存在。该类微生物包括细菌、放线菌、支原体、衣原体、螺旋体和立克次体。

(三)真核细胞型微生物

该类微生物大多数由多细胞组成,细胞核分化程度高,有典型的核结构如核膜、核仁和染色体,通过有丝分裂增殖。胞

重点提示

微生物的概念、特点及分类

质内有完整的细胞器如内质网、核糖体、线粒体等。其细胞壁由纤维素、壳多糖等构成。真菌属于此类。

二、人体寄生虫的概念与分类

寄生虫（parasite）指在一种生物的体内或体表营寄生生活，且造成这种生物一定损伤的多细胞无脊椎动物和单细胞原生动物。研究病原寄生虫和与寄生虫病传播有关的节肢动物的形态结构、生活史、致病机制、实验诊断、流行及防治的科学称为人体寄生虫学（human parasitology）。人体寄生虫分为医学蠕虫、医学原虫和医学昆虫。

（一）医学蠕虫

医学蠕虫为多细胞无脊椎动物，软体，借助肌肉伸缩蠕动。寄生于人体的蠕虫有 160 多种，其中重要的有 20~30 种，如蛔虫、钩虫、血吸虫和带绦虫等。

（二）医学原虫

医学原虫为单细胞真核动物，具有独立和完整的生理功能。寄生于人体的原虫有 40 余种，其中有致病性的主要有溶组织内阿米巴、疟原虫、刚地弓形虫和阴道毛滴虫等。

（三）医学节肢动物

医学节肢动物又称医学昆虫，主要属于无脊椎动物中的节肢动物门，大多数为身体分节、具有外骨骼和附肢等形态特征的体表寄生虫。有 13 个纲，与人类关系密切的主要有蚊、蝇、虱、蚤、螨和蜱等。

> **重点提示**
>
> 寄生虫的概念、分类

三、病原生物与人类的关系

（一）微生物与人类的关系

微生物与人类相互依赖，共同生存。微生物对地球上其他各种生物的生存和繁殖，以及对食物链的形成都起到了重要作用。微生物将有机物降解成无机物并产生大量的二氧化碳，供植物生长需要，植物又为人类所利用。因此，微生物对人类和动植物的生存、自然界的物质循环是有益和必需的。

微生物广泛存在于土壤、空气、水、植物表面、人类和动物的体表，以及与外界相通的腔道中，它们个体虽然微小，但能在适宜的环境中利用不同的有机物和无机物生长繁殖，并产生相应的代谢产物，被其他生物所利用，故微生物在自然界物质循环方面起着十分重要的作用。

微生物已被广泛应用于食品工业、农业生产、环境保护、生命科学及人类日常生活等各个领域。如食品工业生产的各种酱、醋、酒类等；农业生产上利用微生物制造菌肥、植物生长激素、杀灭害虫等；在环境保护上微生物可对污水、垃圾进行无害化处理及降解有毒物质等；在生物制药上可利用微生物制造抗生素、维生素、辅酶、激素、细胞因子、疫苗、基因制剂等。

在正常情况下，人的体表及与外界相通的部位中存在正常菌群，而有些细菌在特定条件下导致疾病称为机会致病菌，如大肠埃希菌一般在肠道中不致病，在泌尿道或腹腔中就会引起感染。少数能够使人或者动物致病的微生物称为病原微生物（pathogenic microorganism）。

研究病原生物的生物学特性、致病性、免疫学特性及其传播相关疾病的实验室诊断和防治措施的一门科学称为病原生物学（pathobiology）。学习病原生物学的目的在于掌握和运用微生物学的基本理论、基本技能，控制和消灭有关疾病，为临床护理打下坚实基础。

（二）寄生虫与人类的关系

寄生虫的感染状况是衡量一个国家经济发展水平和文明程度的重要指标。在联合国开发计划署、世界银行和世界卫生组织（WHO）热带病研究与培训特别规划署提出的 6 种热带病中，除麻风病外，皆为寄生虫病，即血吸虫病、丝虫病、疟疾、利什曼病和锥虫病。

寄生虫病具有分布范围广、患者多、危害性大等特点，在热带和亚热带地区的发展中国家，寄生虫病依然威胁着人们的健康。如儿童感染寄生虫可引起营养不良、贫血、生长缓慢、智力受损等。我国自然条件差别大，人们的生活习惯复杂多样，寄生虫的感染人数有不少。学习寄生虫学的目的是控制和消灭严重危害人民健康的寄生虫病，实现人人享有卫生保健的全球战略目标。

（杨 翀）

第二节 免疫与机体

一、免疫的概念

免疫（immunity）一词来源于拉丁文 immunitas，在医学上引申为免除瘟疫，即免除传染病。传统免疫学起源于抗感染的研究，人类在与传染病的斗争史中发现，一些患天花、鼠疫、霍乱等烈性传染病后康复的人不再患同一种疾病，据此认为免疫指机体对传染病的抵抗力。人们随着对免疫学的深入研究，发现免疫除对传染性异物有抵抗外，还对如异体移植物、自身衰老的细胞、肿瘤细胞等非传染性异物也可发生类似于抗感染的免疫反应，逐步形成现代免疫概念，免疫指机体识别和排除抗原性异物，即机体区分自己与非己而排除异己的功能。免疫学（immunology）是研究免疫系统结构与功能的学科。

二、免疫的类型与功能

人体在长期的种系发育和进化过程中逐渐建立两类免疫机制，一类是天然免疫，与生俱来，可以遗传的一系列非特异性防御功能，又称固有免疫或非特异性免疫；另一类是获得性免疫，机体经后天感染或人工预防接种后获得的只针对该抗原的特异性防御功能，又称适应性免疫或特异性免疫。免疫通常对机体是有利的，但在某些条件下免疫系统的不适当应答会对机体造成损害，如过敏性疾病、严重的感染及自身免疫病等。机体的主要免疫功能：

（一）免疫防御

免疫防御（immunologic defence）指机体抗御病原体侵入，抑制其在体内繁殖、扩散，并从体内清除病原体及其有害产物，保护机体免受损害的功能，即通常所指的抗感染免疫。该功能若有缺陷或应答过低，可导致免疫缺陷病或发生反复感染；若应答异常强烈或持续时间过长，也可造成自身组织损害，如超敏反应。

（二）免疫自稳

免疫自稳（immunologic homeostasis）指机体免疫系统清除体内变性、损伤及衰老凋亡细胞，防止形成自身免疫病的功能。若该功能失调，可引发自身免疫病。

（三）免疫监视

免疫监视（immunologic surveillance）指机体免疫系统识别、杀伤与清除体内突变细胞和病毒感染细胞的功能。若该功能低下，突变细胞可逃避免疫而引发恶性肿瘤或持续性病毒感染。

> **重点提示**
> 免疫的概念、功能

（杨 翀）

第三节 病原生物学与医学免疫学的发展现状

一、医学微生物学的发展与现状

医学微生物学（medical microbiology）是微生物学的一个分支，主要研究与医学相关的病原微生物的生物学性状、致病性与免疫、微生物学检查方法和防治原则等，以控制和消灭感染性疾病，达到保障和提高人类健康水平的目的。

在远古时代人类虽然不能观察到微生物的存在，却已将微生物的知识应用到工农业生产和疾病的防治中。在生活中由微生物引起的如食物的腐败等现象早已被发现，人们还发现用盐来腌制食物可以防止食物的腐败。公元6世纪，北魏贾思勰的巨著《齐民要术》中详细地记载了制曲、酿酒、制酱、造醋和腌菜等工艺；东汉时期的《神农本草经》中有关于白僵蚕治病的记载。汉代的《春秋左氏传》也有用麦曲治疗腹泻的记载。

同时在长期的抗传染病斗争中人们也渴望去认识病因。最早以为传染病是惩罚，也提出过"瘴气"学说。公元16世纪发现传染病是经接触、媒介、空气三种方式在人与人之间传播的，意大利学者弗兰卡斯特罗提出了传染生物学说。我国在12世纪北宋末年刘真人提出肺结核是由小虫引起；清代的《医宗金鉴》也有关于采用人痘苗接种预防天花的记载。

1676年荷兰人列文虎克手工制造出世界上第一台显微镜，用这台最原始的显微镜检查了污水、齿垢、粪便等，发现了多种形态的微小生物，并对这些微小生物进行了描述，为微生物学发展奠定了基础。

1857年法国学者巴斯德证实酿酒中的发酵与腐败均是微生物引起的；于1865年创立了通过高温杀死微生物以防止腐败的巴氏消毒法，该法一直应用至今；证明鸡霍乱、炭疽和狂犬病为微生物所致，开创了微生物生理学时代，使微生物学成为一门独立的学科。同期德国学者科赫用固体培养基从环境和患者排泄物中分离出各种细菌纯种，并感染动物重新分离纯培养成功，提出了著名的确定特定疾病与特定微生物相互关联的科赫法则，并提倡采用消毒和杀菌方法防止这些细菌的传播，同时创建了细菌染色法。巴斯德与科赫因此成为微生物学和病原微生物学的奠基人。

到1900年，世界各地相继分离出炭疽杆菌、结核分枝杆菌、霍乱弧菌、白喉棒状杆菌、伤寒沙门菌、脑膜炎球菌、破伤风梭菌、鼠疫耶尔森菌、痢疾志贺菌等传染性病原体。

1892年，俄国学者伊凡诺夫斯基使用滤菌器首次发现了更小的微生物并将其命名为病毒，即烟草花叶病病毒。与此同时，德国学者勒夫勒和费罗施发现牛口蹄疫病毒。1898年，荷兰学者贝杰林克再次证实了伊凡诺夫斯基的发现。

1901年，美国学者里德首先分离出黄热病毒。1915年，英国学者弗雷德里克发现了细菌病毒，即噬菌体。20世纪40年代电子显微镜的问世，使病毒研究有了重大突破，人们相继发现了流行性感冒病毒、脊髓灰质炎病毒、麻疹病毒、乙型脑炎病毒、肝炎病毒和人类免疫缺陷病毒（HIV）等许多可对人及动物致病的病毒。1971年，美国学者迪纳发现了比病毒结构更简单的无蛋白质外壳的环状RNA分子，即类病毒。1982年，美国学者普鲁西纳发现了一种称为朊病毒的传染因子。后来在研究类病毒过程中，又发现了引起植物病害的拟病毒。1983年的国际会议将这些微生物统称为亚病毒。自1973年以来，新发现的病原微生物就有30多种。

2021年，第74届世界卫生大会公布了WHO于2020年在相关信息网站上发布的涉及126个国家或地区的公共卫生事件，这些事件中所涉及的病原体主要有中东呼吸窘迫综合征冠状病毒、新型冠状病毒、禽流感或动物流感病毒、黄热病病毒、埃博拉病毒、麻疹病毒和登革热病毒等。可见，感染性疾病病原体仍然对全球的公共卫生造成重大威胁。

随着医学科学技术的发展，与医学微生物学相关的计算机技术、各种生物学技术，如聚合酶链反应（polymerase chain reaction，PCR）技术、组织化学技术、细胞培养技术、免疫荧光技术、蛋白质谱技术、基因测序技术等的创新与应用，医学微生物学得到了快速的发展。对病原微生物形态结构的研究已突破亚显微结构水平，可以在分子水平上探讨基因的结构与功能、致病的物质基础；对病原微生物的鉴定诊断也更加自动化、微机化、微量快速化。特别是微生物的基因组计划实施以来，人们致力于建立细菌基因库、病毒基因库及其应用的大数据平台体系建设。利用这些基因库的基因，人们不但可以更好地开展对病原体的某些特性及耐药情况分析、探索致病机制、研究出更灵敏更特异的病原分子标志物诊断方法和基因药物，还可通过检测耐药基因、致病基因，更加精准地筛选有效药物，指导临床诊断与治疗。

我国在医学微生物学研究方面也取得巨大成就。如我国最早发现旱獭为鼠疫耶尔森菌的宿主，首先用鸡胚培养分离出立克次体，成功分离出沙眼衣原体，20世纪70年代分离出流行性出血热的病原体，较早地消灭了天花，有效地控制了鼠疫、白喉、麻疹、脊髓灰质炎、结核、霍乱等传染病；在肝炎病毒、流行性出血热病毒的研究上，在基因工程疫苗、干扰素、抗生素、维生素、白细胞介素、胰岛素、生长激素等生物制品的生产应用上已步入世界先进行列。

纵观医学微生物学的发展历史，人类在医学微生物学领域已取得巨大成绩，但新的传染病仍然会不断出现，人类与微生物的斗争不会停止，医学微生物学的研究仍然任重道远，应继续不懈地努力。

二、人体寄生虫学的发展与现状

人体寄生虫学（human parasitology）是研究与人类健康有关的寄生虫的形态、结构、生活规律及与外周环境因素相关的一门学科，是病原生物学的重要组成部分。人类对寄生虫的认识由来已久，古代学者描述肉眼能见的寄生虫的时期虽略有先后，但基本相同。显微镜的问世对寄生虫学的发展起到了极大的推动作用，较完整的蠕虫学发展于1780年前后，原虫一词则到1820年出现，1860年寄生虫学成为一门独立的学科。寄生虫病的发展晚于寄生虫学，是在寄生虫与疾病的关系逐渐被认识时，医学家才逐渐对其开始研究。

近年来由于各种新技术的开发应用，特别是电子显微镜和分子生物学技术的应用，寄生虫研究进入亚细胞超微结构、分子和基因水平，对寄生虫感染的免疫、血清学诊断、流行病学、细胞遗传学、基因工程、致病机制、诊断和防治等方面的研究都有了显著进展。

我国地处亚热带，寄生虫病分布广、危害大，仍有很多任务摆在我们面前。我国十分重视寄生虫病防治工作，号召全民动员，在控制和消灭寄生虫病方面取得了举世瞩目的成就，基本消灭了我国五大寄生虫病病原体中的利什曼原虫、丝虫，显著降低了钩虫、血吸虫和疟原虫的感染与发病。我国地域辽阔，人口众多，人口流动大，人们的生活习惯复杂多样，一些食源性寄生虫病发病率近年增高，新出现或再现的寄生虫病屡见报道。因此，我国寄生虫病的防治仍然是公共卫生中的重要课题，任重而道远。

三、医学免疫学的发展与现状

免疫学的形成与发展已经历了2 000多年。医学免疫学（medical immunology）是研究人体免疫系统结构功能及其与疾病关系的免疫学分支学科。我国是世界上最早应用免疫学方法预防疾病的国家之一。随着医学理论和技术的不断进步与发展，免疫学已成为当今生命科学的前沿学科和现代医学的支撑学科之一。

早在我国唐代开元年间，人们就创用了将天花痂粉吹入正常人鼻孔以预防天花的人痘苗接种法。人痘苗在我国明代隆庆年间已广泛应用，至17世纪先后传入朝鲜、日本、土耳其、英国等国家，开创了人类历史上认识并应用免疫学知识的先河。18世纪末之后，人们对免疫功能的认识从经验的积累转入到进行科学实验，并取得了许多成果。其中代表性成果有：

1.牛痘苗的发明 18世纪末英国医生琴纳经一系列实验后，于1798年成功研制出牛痘苗预防天花，1979年WHO宣布人类在全世界范围内消灭了天花。牛痘苗为人类最终战胜天花作出了不朽贡献，标志着近代抗感染免疫的开端。

2.减毒疫苗的研制 19世纪后期微生物学的发展推动了免疫学的发展。1880年，法国学者巴斯德成功研制出炭疽杆菌减毒活疫苗和狂犬病疫苗，为实验免疫学打下了基础，从此开始了免疫机制的研究。

3. 免疫机制两大学说的提出　1883 年，俄国学者梅契尼科夫发现了白细胞吞噬作用，并提出细胞免疫学说。1897 年，德国学者埃利希提出了以抗体为主的体液免疫学说，认为血清中有抗菌物质。这两种学说曾一度争论不休，直到 1903 年英国学者瑞特等在研究吞噬细胞时发现了调理素可促进白细胞的吞噬作用，才将这两种学说统一起来。1891 年，科赫发现了结核分枝杆菌，并观察到感染过结核分枝杆菌的豚鼠，再次皮下注射结核分枝杆菌后，可出现局部组织坏死的现象，为细胞免疫研究奠定了基础。1894 年，普法伊费尔等发现溶菌素，同年博德特发现了补体与抗体的协作产生溶菌作用，为体液免疫奠定了基础。

4. 抗毒素的应用　1890 年德国学者贝林和日本学者北里柴三郎在科赫研究所应用白喉外毒素给动物免疫，发现在其血清中有一种能中和外毒素的物质，称为抗毒素。并将这种免疫血清转移给正常动物体内，正常动物也可以产生中和外毒素的作用。贝林于 1891 年用经动物免疫得到的白喉抗毒素成功治愈了一名患白喉的女孩，开创了人工被动免疫疗法的临床应用。

5. 补体的发现　普法伊费尔于 1894 年用新鲜免疫血清在豚鼠体内观察到对霍乱弧菌的溶菌现象。1894 年博德特发现，如将新鲜免疫血清加热 56℃ 30min，可使其丧失溶菌能力。他认为在新鲜免疫血清内存在两种与溶菌作用有关的不同物质，即对热稳定而且具有特异性的物质称为抗体和对热不稳定，可存在于正常血清中而且无特异性，可溶菌或溶解细胞的物质称为补体。补体的溶菌或溶解细胞作用必须有抗体存在才会发生。

6. 经典血清学技术的建立　1896 年肥达提出了肥达反应，1898 年克劳斯提出了沉淀反应，1900 年博德特和甘古提出补体结合试验、同时兰德斯坦纳提出了 ABO 玻片凝集试验，这几种试验被广泛用于临床疾病的诊断及防治。

1902 年里歇等给动物两次重复注射有毒的海葵触角提取物时，动物出现了过敏症状而致死，据此提出了过敏反应和免疫病理的概念。1905 年人们在用马的白喉抗毒血清治疗白喉患者时，发生了发热、皮疹、水肿、关节痛、蛋白尿等血清病，常见的血型不符引起输血反应等。以上种种促使人们开始研究免疫应答的病理反应，这为医学免疫学的开端奠定了基础。1916 年世界上第一部免疫学杂志创刊。

20 世纪 40 年代以后，分子生物学、分子遗传学等学科的理论与技术融入免疫学领域，免疫学得到飞速发展。免疫学以器官、细胞、分子、基因及整体调节研究为基础，研究领域十分广泛，并不断向基础和临床各个学科融合。1942 年蔡斯等用结核分枝杆菌感染豚鼠，迟发型超敏反应实验成功；1945 年欧文发现同卵双生的两只小牛的不同血型可以相互耐受。1948 年组织相容性抗原被发现；1950 年抗体的分子结构被证明；1953 年人工耐受试验成功；1956 年自身免疫动物模型被建立起来等。

1958 年伯内特提出抗体生成的克隆选择学说（clonal selection theory），认为胚胎时期与抗原接触的免疫细胞可被破坏或抑制成为禁忌细胞株；体内存在识别各种抗原的免疫细胞克隆（clone），通过细胞受体选择相应的克隆并使之活化而产生免疫应答。此外，该学说对免疫学中的根本问题"抗原自我识别"有了比较详尽的解释，对免疫学中的其他重要问题（如免疫记忆、免疫耐受、自身免疫等现象）也能作出合理的说明，故为多数学者所接受。

科学家们于 1961 年发现胸腺的功能，提出 T 淋巴细胞（简称 T 细胞）；1962 年提出与骨髓相关的 B 淋巴细胞（简称 B 细胞），揭示了机体存在完整的中枢与外周免疫器官；1966 年 T 细胞、B 细胞及其亚群被区分出来，并证明了它们的免疫协同及主要组织相容性复合体（MHC）的限制性；1975 年用 B 细胞杂交瘤技术制备出了单克隆抗体；1976 年建立了 T 细胞克隆技术；与此同时，出现了以荧光标记、酶标记和放射性核素标记为主的各种免疫标记技术、细胞及细胞因子检测技术，以及免疫印迹技术、大规模基因测序、新型基因分析技术、噬菌体库、计算机分子模拟等技术，进一步促进了免疫学基础理论的研究和应用。

20世纪80年代后，从整体和分子水平综合探讨神经、内分泌、免疫系统的相互调节及补体系统各种调节因子的研究，到DNA重组及PCR的扩增技术用于生产基因工程抗体，再到单克隆抗体及其标记技术广泛应用于微生物、毒素、激素、神经递质、药物等微量抗原的免疫学检测，以及包括对MHC基因表达及限制性、抗体多样性的遗传基础、T细胞和B细胞抗原受体结构及基因控制、独特型抗体疫苗、各种细胞因子及黏附分子等的相继发现与研究，医学免疫学全面发展起来。近年来，人们在现代免疫学技术深入应用、揭示免疫相关机制、阐明信号转导途径、建立相关模型和研究分子特征与功能等方面均取得新成果。

21世纪免疫学仍将继续成为基础医学研究的热点，免疫诊断方法正在向微量化、自动化、快速化的方向发展。随着人们的不懈努力，免疫学的发展将为共建人类卫生健康共同体作出新贡献。

四、病原生物与免疫学在医学中的地位和任务

本课程是医学生必修的一门重要的专业基础课程。医学免疫学起源于医学微生物学，现已广泛融入临床各科成为生命科学和现代医学中的前沿学科，在基础医学与临床医学之间起着桥梁作用，在重大疾病的发生机制研究和防治及生物高科技产品开发与应用等方面也正在发挥着越来越重要的作用，对学习者职业能力培养和职业素养养成起着重要支撑及促进作用，且本课程为后续专业核心课程、专业拓展课程的衔接做好铺垫。

通过本课程的学习，学习者应掌握医学免疫学基本理论与应用，熟悉人体寄生虫的生物学特性（形态特征、生活史特点）、临床意义及流行特点，了解病原微生物的生物学性状、生命活动规律及与机体相互作用致病的关系、防治原则，培养学习者无菌操作的能力和生物安全意识，并能运用所学知识在岗位工作中对预防、控制和消灭传染病、人体寄生虫病，以及对免疫相关性疾病进行合理的处理与防治。

本课程概念多且抽象，理论知识相对深奥，不易理解。因此，正确的学习方法是必需的。

1. 要培养兴趣保持探究态度学。本课程是学习医学专业的基础，对基础医学和临床医学的发展都将产生深刻影响，保持对学习内容的兴趣与探究尤为重要。如在学习微生物时，可以联系到日常生活中常见的如抗生素制剂等微生物相关产品的食用或应用等。

2. 要课前课中课后融合理解学。学习者除课前做好预习、课后及时复习外，课中要做到认真听讲，带着问题学，而不是单纯地死记硬背。只有在理解的基础上，才能记住记牢相应的知识；可以通过登录互联网和学习平台进行课前预习、课后自测，课中认真做好笔记，注意区分把握每次课的主要内容，做到重点内容重点记、难点内容悟透学。

3. 要理论联系临床总结比较学。本课程是一门与临床密切相关的课程，在学习过程中要结合临床案例进行分析，通过不断地进行前后、纵横比较，总结相同与不同点，达到学以致用。如学习金黄色葡萄球菌时，可以联系到临床典型化脓性感染的案例；如学习肝炎病毒时可以利用表格或者图表的形式，将学过的内容进行归纳，找出其共同特征和不同点，将繁杂的文字串联成知识框架，便于直观地理解与复习巩固，有助于将重点强化、难点易化，有助于培养学习者综合分析的逻辑思维和判断能力；又如学习超敏反应时，可以联想到有没有对膏药、胶布或化妆品过敏或发生变应性鼻炎的情况等。

（杨翀）

1. 如何理解免疫是一把"双刃剑"？

2. 患儿，女，6岁，发热伴腹痛、腹泻1d入院。体格检查：T 39.6℃，以脐周痛明显，排黏液脓血便，量少，约10次/d，伴里急后重。血常规：WBC $16.3×10^9$/L（白细胞总数，参考范围 $4×10^9$/L~$10×10^9$/L），N 86%（中性粒细胞百分数，参考范围50%~70%），L 13%（淋巴细胞百分数，参考范围20%~40%），Hb 126g/L（血红蛋白量，参考值120~160g/L）。大便常规：黏液脓血便，WBC多数HPF（高倍视野，参考范围0~1HPF），RBC 3~5HPF（无参考范围）；尿常规（－）。诊断：细菌性痢疾。

ER 1-3

练习题

请思考：

(1) 该患儿主要的发病原因是什么？

(2) 该如何学习好病原生物与免疫学的知识为患者实施有效护理？

第二章 | 医学微生态与消毒灭菌

ER 2-1 　ER 2-2

教学课件　　　思维导图

学习目标

1. 掌握正常菌群、机会致病菌、菌群失调、消毒、灭菌、无菌操作的概念,以及常用消毒灭菌法的应用。
2. 熟悉正常菌群的分布与意义,机会致病菌的致病条件,机会性感染的特点及影响消毒灭菌效果的因素,微生态失调的表现。
3. 了解环境中微生物的来源、分布及意义和医疗废物的处理。
4. 学会常用的消毒、灭菌、无菌操作的方法。
5. 培养无菌观念,养成无菌操作的习惯,具有严谨认真的科学态度及良好团队协作精神。

第一节　细菌的分布与人体微生态

案例

患者,女,29岁,孕37周,双下肢水肿3周,右脚踝内侧红斑不断扩大入院。2d前右脚踝内侧裤管摩擦处出现红斑,进行性扩大,迅速波及整个小腿,红斑部位有发热、触痛、灼痛,边界清楚,有结节,近右足背处有水疱。血常规:WBC 11.2 × 10^9/L,N 53.1%,L 17.4%,E 21.5%(嗜酸性粒细胞百分数,参考范围1%~5%)。诊断:妊娠晚期丹毒。

请问:
该患者的发病主要原因是什么?

微生物广泛分布于土壤、水、空气等自然环境及生物体中。在动物、人体的体表及其与外界相通的腔道中,存在多种如细菌等的微生物。绝大多数细菌对人类无害甚至有益,少数细菌能引起人类疾病。

一、微生物在自然界的分布

(一) 水中的微生物

水是细菌生存的天然环境,水中的细菌主要来自土壤和人、动物的排泄物等。水中可含有伤寒沙门菌、痢疾志贺菌、霍乱弧菌等病原菌。水源被污染可引起多种消化系统传染病,甚至暴发流行。因此,保护水源、加强水和粪便的管理、注意饮食卫生是预防和控制肠道传染病的重要环节。在饮用水的微生物学检验中,不仅要检查其总菌数,还要检查其中所含的病原菌数。我国饮用水标准要求菌落总数<100CFU/ml,不应检出大肠埃希菌和总大肠菌群。

(二) 空气中的微生物

空气中缺乏营养物质与水分,且受日光照射,细菌不易繁殖。但人群和动物的呼吸道及口腔中的细菌可随唾液、飞沫散布到空气中,并有可能与尘埃等形成气溶胶飘浮在空气中,尤其在人口密集的公共场所或医院,空气中可检出的细菌种类和数量显著增多。常见的病原菌有金黄色葡萄球菌、链球菌、结核分枝杆菌及白喉棒状杆菌等。空气中的非致病菌也可造成对生物制品、药物制剂及培养基的污染。涉及微生物的操作也可以形成气溶胶飘浮在空气中引起呼吸道等的感染。因此,医院的手术室、病房、换药室、制剂室、实验室等要经常进行空气消毒。

(三)土壤中的微生物

土壤具备细菌生长繁殖所需的温度、湿度、气体、营养等适宜的生长条件,所以土壤中细菌的种类和数量较多,1g肥沃土壤中的细菌数以亿万计。土壤中的细菌多数为非致病菌,在自然界的物质循环中起着重要的作用。土壤中有一些来自人和动物排泄物及动物尸体的病原菌,还有一些细菌如破伤风梭菌、产气荚膜梭菌、炭疽杆菌等在外界环境中能形成芽孢,其抵抗力增强,存活时间延长,当伤口接触这些芽孢后可被感染,应引起重视。

二、人体正常菌群及分布

(一)正常菌群

正常人体的体表及与外界相通的腔道(如口腔、鼻咽腔、肠道、泌尿生殖道等)表面存在着不同种类和一定数量的菌群,这些细菌通常对人体无害甚至有益,称为正常菌群(normal flora)。寄居在人体各部位的正常菌群见表2-1。

表2-1 人体常见的正常菌群

部位	人体主要寄居的微生物
皮肤	葡萄球菌、类白喉棒状杆菌、铜绿假单胞菌、非结核分枝杆菌、丙酸杆菌、白念珠菌
口腔	表皮葡萄球菌、甲型和丙型链球菌、肺炎链球菌、奈瑟菌、乳杆菌、类白喉棒状杆菌、梭形杆菌、螺旋体、白念珠菌、放线菌、类杆菌
鼻咽腔	葡萄球菌、甲型和丙型链球菌、肺炎链球菌、奈瑟菌、类杆菌、梭杆菌
肠道	大肠埃希菌、产气肠杆菌、变形杆菌、铜绿假单胞菌、葡萄球菌、粪链球菌、类杆菌、产气荚膜梭菌、破伤风梭菌、双歧杆菌、乳杆菌、白念珠菌
前尿道	葡萄球菌、棒状杆菌、非结核分枝杆菌、大肠埃希菌、白念珠菌
阴道	乳酸杆菌、大肠埃希菌、类杆菌、白念珠菌

(二)正常菌群的生理意义

在正常情况下,人体与正常菌群之间、体内微生物与微生物之间相互制约、相互依存,对构成微生态平衡起着重要的作用。

1. 生物拮抗作用 正常菌群在人体构成生物屏障,可阻止外来细菌的入侵,还能通过竞争营养、产生不利于细菌的代谢产物、形成生物膜等方式拮抗病原菌的生长。如口腔中唾液链球菌产生的过氧化氢能抑制脑膜炎球菌和白喉棒状杆菌的入侵与生长,大肠埃希菌产生的大肠菌素能抑制痢疾志贺菌的生长。

2. 营养作用 正常菌群参与机体物质代谢、营养转化和合成。有的菌群还能合成机体所必需的维生素。如双歧杆菌产酸造成的酸性环境可促进机体对钙和铁的吸收。

3. 免疫作用 正常菌群具有免疫原性,能刺激机体产生抗体、促进机体免疫系统的发育和成熟,从而限制正常菌群本身对机体的危害,还可抑制或杀灭具有交叉抗原的病原菌。

此外,正常菌群有利于机体的生长、发育和抗衰老。正常

> **重点提示**
>
> 正常菌群的概念及生理意义

菌群可能有一定的抗癌作用,其机制可能是将某些致癌物质转化成非致癌物质。

(三) 机会致病菌

　　寄居于人体一定部位的正常菌群相对稳定,正常情况下不表现致病作用,但在某些特定条件下,正常菌群与人体之间的平衡关系及正常菌群之间的平衡关系一旦被打破造成生态失调,正常菌群就会对人体产生致病性,这些在特定条件下能够引起疾病的细菌称为机会致病菌(opportunistic pathogen)或条件致病菌(conditioned pathogen)。

　　机会致病菌致病的特定条件:①机体免疫功能低下,如大面积烧伤、慢性消耗性疾病及使用抗肿瘤药物、大剂量皮质激素等。②正常菌群寄居部位改变,如外伤、手术、留置导尿管等使大肠埃希菌等进入腹腔、泌尿道或血液,可引起相应病症。③由不适当的抗菌药物治疗所致的菌群失调。

> **重点提示**
>
> 机会致病菌致病的条件及菌群失调的概念

三、微生态平衡与失调

　　在正常情况下,正常菌群与人体及菌群中不同种类的微生物之间相互制约,相互依存,这种正常微生物群与其宿主生态环境在长期进化过程中形成生理性组合的动态平衡称为微生态平衡(eubiosis)。

(一) 微生态平衡的标准

　　正常菌群的生态平衡对人体健康起重要作用,因此,微生态平衡尤为重要。微生态平衡的标准包括正常微生物群、机体与环境三方面,判断微生态平衡与否必须综合分析微生物群的种类与数量、机体的结构与功能,以及环境状态与变化等。

　　1. 微生物方面　同一种群在原位是原籍菌,对人体有益,在异位就是外籍菌,对人体可能有害;在某一生态环境中正常菌群的种类相对稳定,正常菌群的总菌数和各菌群的活菌数相对稳定。优势菌往往是决定一个微生物群生态平衡的核心。如在肠道,专性厌氧菌占优势,如果这个优势减弱,就会导致微生态平衡的破坏。只有了解健康人各部位主要菌群的含量,才能得出微生态平衡的可靠标准。

　　2. 机体方面　正常菌群随着人体不同发育阶段及生理功能的改变而变化,这是微生态平衡的生理波动。如小儿在出牙时口腔链球菌的种类与数量都有所变化,妊娠7~9个月时口腔厌氧菌明显增加。

　　3. 环境方面　在外界环境因素作用下,机体病理状态对正常菌群也产生明显影响,如感染、手术和外伤等均可导致微生态失衡。

(二) 微生态失调

　　微生态失调(microdysbiosis)是微生态平衡的反义词,微生态平衡与微生态失调是相互可逆的。微生态失调包括菌与菌的失调、菌与机体的失调、菌和机体的统一体与外环境的失调。正常菌群与宿主间的生态平衡是相对的。

　　1. 菌群失调(dysbacteriosis)　指某种原因使正常菌群的种类、数量和比例发生较大幅度的改变,导致机体微生态失去平衡。菌群失调症指由于严重菌群数量或种类失调使机体出现一系列临床症状。菌群失调的诱因主要发生在长期应用抗生素、免疫抑制剂、激素、射线及大型手术和严重的糖尿病、肝硬化、恶性肿瘤等疾病。菌群失调症往往是在抗菌药物治疗原有感染性疾病过程中出现的另一种新感染,临床上又称二重感染。引起二重感染的细菌以艰难梭菌、革兰氏阴性杆菌和白念珠菌多见,临床可表现为肠炎、肺炎、鹅口疮或败血症等。若发生二重感染,应停用原来的抗生素,另选用合适的敏感药物。同时,可使用相关微生态制剂协助调整菌群,以恢复正常菌群的生态平衡。

2. 定位转移　主要包括：①横向转移，即正常菌群由原定位向周围转移，如下泌尿道的细菌转移到肾盂引起的肾盂肾炎等。②纵向转移，由原定位的表层向深层转移，如由黏膜向黏膜下层、肌层甚至淋巴组织的转移。③血行转移，可作为异位感染的一种传播途径，包括菌血症、败血症等。④异位病灶，正常菌群在远隔的器官或组织所形成的病灶，通常是菌群失调、定植抗力下降，细菌转移到脏器、组织形成感染病灶，如肝、肺、腹腔等处的感染或脓肿。此外，外伤、手术、器械等也是移位的原因之一。

四、机会性感染

（一）机会性感染的概念与特点

机会性感染（opportunistic infection）指一些致病力较弱的病原体，在人体免疫功能正常时不能致病，但当人体免疫功能降低时，它们侵入人体内，导致各种疾病发生。主要特点：①毒力弱或无明显毒力。②常为耐药菌或多重耐药菌。③新的机会性致病菌不断出现。

随着人口老龄化和慢性病患者的增加，免疫抑制剂、细胞毒性药物、放射治疗和抗生素等治疗的普遍应用，以及一些创伤性的新医疗技术的开展，机会性感染日益增多。主要发生在免疫功能低下的住院患者，且病原体多为耐药菌，故治疗困难、疗效差、病死率高，因此机会性感染日益引起人们的重视。

> **重点提示**
>
> 机会性感染的概念与特点

（二）感染的来源

1. 内源性感染　指自身存在的微生物群引起的感染，当大量使用抗生素导致菌群失调或其他原因引起免疫功能低下时常诱发感染。婴幼儿、老年人、晚期癌症患者和器官移植患者等均易发生内源性感染。

2. 外源性感染　由病原微生物引起的感染，如伤寒、霍乱、麻疹等。这些微生物不属于人体正常菌群，来源于机体体外的感染，故属外源性感染。

（三）机会性感染的防治

保持皮肤和黏膜的清洁和完整，避免创伤；积极治疗、控制慢性病，合理使用免疫抑制剂和抗生素类药物，严格消毒烧伤病房等；对免疫力低下的癌症患者、住院患者和老年人，要加强保护，注意其环境卫生、个人卫生、营养状况及保健工作。通过以上措施，可降低机会性感染的发病率。

（陈晓玲）

第二节　消毒与灭菌

在从事医疗活动或实验室生物安全防护及传染病防治工作中，要利用物理、化学方法抑制或杀死病原微生物，防止微生物的污染与感染。另外完成消毒灭菌后，需要对其效果进行监控，以确保医疗操作所要求的无菌条件。

一、消毒灭菌相关概念

（一）消毒

消毒（disinfection）指杀死物体上病原微生物的方法。通常采用化学法，用于消毒的制剂称为消毒剂。一般消毒剂在常用的浓度下只对细菌的繁殖体有效，如要杀死芽孢则需要提高消毒剂的浓度和延长消毒时间。

（二）灭菌

灭菌（sterilization）指杀灭物体上所有微生物（包括病原菌、非病原菌的繁殖体及芽孢）的方法。

（三）无菌

无菌（asepsis）指不含活的微生物。防止细菌进入机体或物体的操作技术，称为无菌操作。进行外科手术、医疗技术操作及微生物学实验等，均需严格无菌操作。

（四）防腐

防腐（antisepsis）指防止或抑制细菌生长繁殖的方法。防腐通常使用防腐剂。防腐剂与消毒剂之间并无严格的界限，许多化学制剂低浓度时是防腐剂，高浓度时则为消毒剂。

（五）卫生清理

卫生清理（sanitation）指将微生物污染的无生命物体或空间还原为安全水平的处理过程。如患者衣物换洗，用具、房间的卫生处理等。

> **重点提示**
>
> 消毒、灭菌、无菌操作的概念

二、物理消毒灭菌法

用于消毒灭菌的物理学方法主要有热力、紫外线、电离辐射、滤过除菌、超声波、干燥和低温等。

（一）热力灭菌法

热力灭菌法分湿热灭菌和干热灭菌两类。同一温度，湿热灭菌效果好于干热。原因为：①湿热比干热穿透力强，可使被灭菌物体内外受热均匀。②湿热水分被细菌吸收，易使蛋白质凝固变性。③热蒸汽接触被灭菌物品变为液态时放出潜热，能迅速提高物体温度。

1. 湿热灭菌法　根据被灭菌物品的种类，可采用以下方法：

（1）**高压蒸汽灭菌法**（autoclaving or steam under pressure sterilization）：是一种最常用、最有效的灭菌方法。利用加热产生的蒸汽在密闭的容器形成高压灭菌，通常在 103.4kPa（1.05kg/cm²）的蒸汽压力下，容器内温度可达 121.3℃，维持 15~30min，杀灭包括细菌芽孢在内的所有微生物，即可达到灭菌的目的。灭菌时先将锅内冷空气排出后再测量锅内水蒸气的压力。凡耐高温、耐潮湿的物品，如手术器械、敷料和一般培养基等，均可用此法灭菌。灭菌时，物品放置不宜过于紧密，否则会影响灭菌效果。

（2）**煮沸法**（boiling water）：水温 100℃ 5min 可杀死细菌繁殖体，常用于食具、刀剪、注射器等的消毒，细菌芽孢需煮沸 1~2h 才被杀灭。水中加入 1%~2% 碳酸氢钠溶液，可使沸点达 105℃，既可提高灭菌温度，又能防止金属器械生锈。

（3）**流通蒸汽法**（free-flowing steam）：利用蒸笼或蒸锅进行消毒。温度不超过 100℃，经 15~30min 可杀死细菌繁殖体。

（4）**间歇蒸汽灭菌法**（fractional sterilization）：利用反复多次流通蒸汽间歇加热，使不耐高温物质达到彻底的灭菌。把经灭菌的物品加热 100℃，时间延长至 30~60min，杀死其中的繁殖体，然后放至 37℃温箱过夜，促使芽孢发育成繁殖体，次日再经流通蒸汽加热，如此重复 3 次，可达到灭菌的效果。适用于不耐高温的含糖血清或牛奶培养基的灭菌。

（5）**巴氏消毒法**（pasteurization）：由巴斯德创建，是用较低温度杀灭液体中病原菌或特定微生物而不影响其营养成分及香味的消毒法。常用于牛乳、酒类的消毒。方法有两种，一种是 61.1~62.8℃ 30min，另一种是 71.7℃ 15~30s，目前广泛采用后者。

> **重点提示**
>
> 湿热灭菌常用方法及用途

2. 干热灭菌法　指通过脱水干燥和大分子变性作用进行灭菌的方法。

（1）**焚烧与烧灼**：废弃物品或尸体可通过焚烧灭菌。无菌操作过程中接种环、试管口、瓶口等可通过火焰直接烧灼灭菌。

（2）**干烤**：利用干烤箱灭菌。通常加热至 160~170℃，经 2h 可达到灭菌的目的。适用于耐高温的固体及粉剂的灭菌,如玻璃器皿、瓷器、滑石粉等。

（3）**红外线照射**（infrared exposure）：是电磁波产热,但热效应只能在照射到的表面产生,所以不能使物体均匀加热。红外线烤箱可用于医疗器械和食具的干热灭菌。

（4）**微波消毒灭菌法**：目前多用于非金属器械、食具等的消毒。

（二）辐射杀菌法

1. 日光与紫外线　日晒能有效杀菌。患者的衣物、被褥、书报等直接暴晒数小时,可杀死大部分微生物。日光主要靠紫外线杀菌。波长在 200~300nm,特别是 265~266nm 的紫外线杀菌力最强,因为此波长与细菌 DNA 吸收波峰一致,干扰细菌 DNA 的复制,可导致细菌死亡或变异。由于紫外线穿透力弱,玻璃、纸张、尘埃等均能阻挡或降低紫外线通过,故只适用于手术室、病房、实验室等的空气及物体表面的消毒。使用紫外线灯进行空气消毒时,有效距离不超过 2~3m,照射时间 1~2h,需根据实际情况来确定照射条件,并需对紫外线灯做定期检查,监控灭菌效果。紫外线对人的皮肤、眼睛有损伤作用,应避免紫外线对皮肤或眼睛的照射。

2. 电离辐射　包括高速电子、X 射线和 γ 射线等。在足够剂量时,对各种细菌均有致死作用。其杀菌机制是,辐射粒子与某些分子撞击后可激发其产生离子、其他活性分子或游离基,从而破坏 DNA。电离辐射因有较高的能量和穿透力,常用于大批量的一次性医用制品的消毒;亦用于食品的消毒,可保留其营养成分。

（三）滤过除菌法

滤过除菌法是利用物理阻留和静电吸附的原理去除液体或空气中的微生物,其除菌效能与滤菌器滤孔径、滤菌器电荷等因素有关。常用的滤菌器有蔡氏、玻璃、薄膜滤菌器三种。超净工作台、生物安全柜、现代医院的手术室、烧伤病房,以及无菌制剂室及生物安全实验室可采用层流通风法,使空气经高效滤菌后,达到无菌效果。液体的过滤可使用滤菌器,对不耐高温的血清、抗毒素、抗生素、药液等进行除菌,但不能除去病毒、支原体和 L 型细菌等。

滤过除菌

（四）超声波杀菌

超声波杀菌是利用频率在 20~200kHz/s 的声波,裂解细菌以达到消毒目的。除用于杀菌以外,超声波还可以用于粉碎细菌,以提取细胞组分或制备抗原等。

（五）干燥与低温抑菌法

1. 干燥　使细菌脱水、浓缩、代谢缓慢,甚至生命活动停止,有些细菌在空气干燥时会很快死亡,而有些细菌的抗干燥能力较强,如结核分枝杆菌在干燥的痰中能存活数月,细菌芽孢的抵抗力更强,如炭疽杆菌的芽孢可耐干燥 20 余年。干燥虽然不能杀死这些细菌和芽孢,但是却具有抑制细菌繁殖的作用,常用于保存食物以防变质。

2. 低温　可使细菌的新陈代谢减慢,故常用于保存细菌菌种。当温度回升到适宜的范围时,细菌又能恢复正常生长繁殖。为避免解冻时对细菌的损伤,可在低温状态下真空抽去水分,此方法称为冷冻真空干燥法（lyophilization）,这是目前保存菌种最好的方法,一般可保存数年至数十年。

三、化学消毒灭菌法

（一）消毒剂

化学消毒剂对细菌和人体细胞都有毒性作用,主要用于人体体表、医疗器械和周围环境的消毒。消毒剂种类多,常用消毒剂的作用机制各不相同。主要包括：①使菌体蛋白质变性或凝固,如重金属盐类、醇类、醛类、酸、碱、甲紫等,导致细菌死亡。②干扰或破坏细菌酶系统及代谢,如某些氧化剂、重金属盐类可与细菌酶蛋白中的巯基结合,使酶失去活性,导致细菌代谢障碍。③改变细菌细胞壁或细胞膜的通透性,使胞内容物逸出,进而死亡,如苯扎溴铵、酚类、表面活性剂等。

常用消毒剂的种类、性质与用途见表2-2。

表 2-2　常用消毒剂的种类、性质与用途

类别	名称	主要性状	常用浓度	用途
酚类	苯酚	杀菌力强,有特殊气味	3%~5%	地面、家具器皿表面、皮肤消毒
	氯己定	某种物质溶于醇,忌与氯化汞配伍	0.01%~0.05%	术前洗手、阴道冲洗等
醇类	乙醇	对芽孢无效	70%~75%	皮肤、体温计消毒
重金属盐类	氯化汞	杀菌力强,腐蚀金属器械	0.05%~0.1%	非金属器皿消毒
	红汞	抑菌,无刺激性	2%	皮肤、黏膜、小创伤消毒
	硫柳汞	抑菌力强	0.1%	皮肤消毒,手术部位消毒
	硝酸银	有腐蚀性	1%	医护人员对新生儿滴眼预防淋球菌感染
氧化剂	高锰酸钾	强氧化剂,稳定	0.01%~0.1%	皮肤、尿道消毒,水果消毒
	过氧化氢	新生氧杀菌,不稳定	3%	创口、皮肤、黏膜消毒
	过氧乙酸	对皮肤、金属有腐蚀性	0.2%~0.5%	塑料、玻璃器皿消毒
卤素及其化合物	碘伏	无刺激性有去污作用	2%~2.5%	皮肤、伤口消毒
	碘酒	刺激皮肤用后用乙醇拭净	2.5%	皮肤消毒
	氯	刺激性强	0.2%~0.5%	饮水消毒
	漂白粉	刺激皮肤,腐蚀金属	10%~20%	地面、厕所的排泄物消毒
表面活性剂	苯扎溴铵	刺激性小对芽孢无效,遇肥皂或其他合成洗涤剂作用减弱	0.05%~0.1%	外科手术洗手,皮肤黏膜消毒,浸泡手术器械
	度米芬	稳定,遇肥皂等作用减弱	0.05%~0.1%	皮肤创伤冲洗,金属器械、棉织品、塑料、橡胶类消毒
醛类	甲醛	挥发慢,刺激性强	10%	浸泡物品、空气消毒
	戊二醛	挥发慢,刺激性小	2%	精密仪器、内镜等消毒
烷化剂	环氧乙烷	气体,易燃,有毒	50mg/L	手术器械、敷料消毒等
染料	甲紫	刺激性小	2%~4%	浅表创伤消毒
酸碱类	醋酸	浓烈醋味	5~10mL/m³ 加等量水蒸发	空气消毒
	生石灰	杀菌力强,腐蚀性强	按1:(4~8)配成糊状	地面、排泄物消毒

（二）影响消毒剂效果的因素

1. 微生物的种类、数量与状态　不同种或同种不同株间微生物对消毒剂的抵抗力不同。芽孢比繁殖体抵抗力强；老龄菌比幼龄菌抵抗力强；病毒对消毒剂的抵抗力因种类不同而有很大差异；真菌对干燥、日光、紫外线及多种化学消毒剂不敏感,但对甲醛和热敏感。微生物的数量越多,所需消毒的时间就越长。消毒灭菌前严格的清洁是保证消毒灭菌成功的基本步骤。消毒灭菌前微生物的生长状况显著影响它们的抵抗力。

2. 消毒剂的性质、浓度与作用时间　各种消毒剂的理化性质不同,对微生物的作用效果也有差异。同一消毒剂的浓度不同,消毒效果也不相同。一般消毒剂浓度越大,作用时间越长,消毒效果也越强。但醇类例外,70%~75% 乙醇的消毒效果要好于 95%,是因为过高浓度的醇类使菌体蛋白质迅速脱水凝固,影响醇类继续向菌体内部渗入,大大地降低了杀菌效果。

3. 环境因素　环境中有机物的存在显著影响消毒剂的效果。排泄物、分泌物中的病原菌常受

> **重点提示**
>
> 临床常用消毒剂种类、浓度及应用

到有机物的保护而影响消毒效果。故进行皮肤和器械消毒时，需先洗净再消毒。对痰液、粪便等的消毒，宜选择受有机物影响较小的消毒剂，如漂白粉、酚类化合物等。

4.温度和酸碱度　消毒剂的杀菌原理实质上就是化学反应，其反应速度随着温度的升高而加快。此外，消毒剂的杀菌作用还受酸碱度的影响，如戊二醛本身呈酸性，其水溶液呈弱酸性，不具有杀死芽孢的作用，只在加入碳酸氢钠后才发挥杀菌作用。其他影响消毒剂效果的因素还有影响穿透力的有机物、环境湿度及拮抗物质等。

（三）防腐剂

某些消毒剂低浓度时可用作防腐剂。在生物制品如疫苗、类毒素等中加入防腐剂，以抑制杂菌生长。常用的防腐剂有 0.01% 硫柳汞溶液、0.5% 苯酚溶液和 0.1%~0.2% 甲醛溶液等。

（陈晓玲）

第三节　医疗废物的处理

医疗废物指各个医疗卫生机构在疾病诊疗和保健服务等医疗过程中产生的危害性废弃物，包括医疗器械、药品、化学品、生物制品等。此类物品具有毒性、感染性及其他危害性。医疗废物本身存在大量的病菌，会对直接接触的人群和生态环境造成危害，因此需要进行专门的处置。医疗废物处置需要遵循分类处置、安全存储、专业处理、资源化利用和监督管理等原则。

一、医疗废物的分类

（一）感染性废物

感染性废物指携带病原微生物具有引发感染性疾病传播危险的医疗废物。①被患者的血液、体液、分泌物污染的物品，如棉球、引流棉条、纱布及各种敷料。②吸痰管、肛镜、治疗巾、压舌板、中单。③一次性使用手套或指套、一次性针管、纸巾、帽子、口罩、尿布等排泄物卫生用品。④隔离传染病患者或者疑似传染病患者产生的生活垃圾，病原体的培养基、标本和菌种、毒种保存液，各种废弃的医学标本、废弃的血液及血清等。

（二）损伤性废物

损伤性废物指能够刺伤或者割伤人体的废弃的医用锐器。①医用针头、缝合针、注射器针头、输液器针头。②各类医用锐器，包括解剖刀、手术刀、备皮刀等。

（三）病理性废物

病理性废物指诊疗过程中产生的人体废物和医学实验动物尸体等。①手术及其他诊疗过程中产生的废弃的人体组织、器官等。②医学实验动物的组织、尸体。③病理切片后废弃的人体组织、病理蜡块等。

（四）药物性废物

药物性废物指过期、淘汰、变质或者被污染的废弃药品。①废弃的一般性药品，如抗菌药物、非处方类药品等。②废弃的疫苗、血液制品等生物制品。③废弃的毒性药物，如致癌性药物、可疑致癌性药物、免疫抑制剂等。

（五）化学性废物

化学性废物包括：①医学影像室、实验室废弃的化学试剂，如无毒、有毒、具有腐蚀性（酸碱等）的物质、易燃易爆物。②其他化学废物，包括消毒剂、清洁剂及废弃的化学试剂等。③废弃的汞血压计、汞温度计。

医护人员除了了解以上的医疗废物分类，更要明白医疗废物分类的重要性。医疗废物正确分类是做好医疗废物处置的第一步，不仅能减少医疗废弃物的产生，而且能减少污染。

二、医疗废物的运送与处置

医疗废物在分类收集时应存放于医疗废物专用包装袋或锐器盒内。感染性废物、病理性废物置于黄色医疗废物包装袋内，损伤性废物置于专用的锐器盒内，由专职人员在规定时间内转移到医院指定的医疗废物暂存地统一处理。药物性废物、化学性废物需由专门的机构处理。医疗废物中病原体的培养基和菌种，毒液保存液等高度危险废物应先在产生地点进行蒸汽灭菌或化学消毒处理，然后按照感染性废物处理。

1. 运送人员在运送医疗废物前，应当检查包装物或者容器的标识、标签及封口是否符合要求，不得将不符合要求的医疗废物运送至暂时储存地点。

2. 运送人员在运送医疗废物时，应当防止造成包装物或容器破损和医疗废物的流失、泄漏和扩散，并防止医疗废物直接接触身体。

3. 运送医疗废物应当使用防渗漏、防遗撒、无锐利边角、易于装卸和清洁的专用运送工具。

4. 在其他方面，要做好医疗废物处置工作还需要医院配备医疗废物管理硬件、软件设施，强化废物收集、处置、运送管理；加强制度落实和日常监督管理；强化医疗废物管理宣传、培训，提高医务人员、保洁员等对医疗废物管理意识；通过广泛宣传教育，提高公众的环保意识和责任感，共同推动医疗废物的合理处置。

（陈晓玲）

思考题

1. 试述微生物在自然界和人体的分布对临床护理工作有何意义？

2. 患者，女，23岁，因尿频、尿急、排尿灼痛入院。实验室检查：WBC 15×10^9/L；尿液沉渣镜检：WBC>100HPF（参考范围 0~3HPF），RBC 0~3HPF（参考范围 0~1HPF），尿蛋白（−）；中段尿培养菌落计数 >10^8CFU/ml；尿液细菌培养检出大肠埃希菌。

请思考：结合本例以大肠埃希菌致尿路感染为例说明正常菌群、机会致病菌的关系。

ER 2-4

练习题

第三章 │ 生物安全与医院感染

教学课件　　　思维导图

学习目标

1.掌握生物安全的相关概念和医院感染的概念及分类、医护人员手卫生相关知识。

2.熟悉病原微生物危害程度分类和医院感染的常见微生物。

3.了解生物安全实验室分类及其意义、生物安全管理和生物安全意义。

4.学会在临床工作中防范医院感染的操作，避免或减少医院感染发生。

5.具有严格执行生物安全法规，牢固树立生物安全意识的能力；防患公共卫生事件发生，保护人类健康。

第一节　生物安全

一、生物安全相关概念

生物安全（biosafety）指人们为了避免或控制生物危害的发生所采取的保护自身与环境的要求和行为。生物安全主要包括病原微生物实验室生物安全和对突发性公共卫生事件的正确处理。不少突发公共卫生事件涉及病原微生物及其所致的疾病，如病原微生物被恶意散布或被用来制造生物武器。生物安全不仅为了保护实验室人员的生命健康，更重要的是保护群众和社会的公共卫生安全。

实验室生物安全（laboratory biosafety）指在从事病原生物实验活动的实验室中，为了避免病原体对工作人员和相关人员的危害、对环境的污染和对公众的伤害所采取的原则和措施。主要涉及病原微生物实验中的样本采集、运送、分离培养、鉴定和储存等。

二、病原微生物危害程度分类

《病原微生物实验室生物安全管理条例》指出，根据病原微生物的传染性、感染后对个体或者群体的危害程度，病原微生物分为四类（表3-1），其中第四类危险程度最低，第一类危险程度最高，第一类和第二类病原微生物统称为高致病性病原微生物。

不同国家或地区根据微生物的流行情况、控制措施的有效性等，将病原微生物列入的级别或类别有所不同。此外，病原微生物的危害程度还与所研究或操作的内容有关。在医护工作中，若需要开展相关微生物学研究或菌毒种和标本运输时，应按照2023年8月我国发布的《人间传染的病原微生物目录》所明确的具体病毒、细菌、放线菌、衣原体、支原体、立克次体、螺旋体和真菌的危害程度分类和实验活动所需实验室生物安全等级以及菌毒种或感染性样本或非感染性材料等的运输包装分类的要求执行（如研究动物疾病相关的病原微生物则应参照原农业部颁发的《动物病原微生物分类名录》的要求执行）。

表 3-1　病原微生物危害程度分类

分类	病原微生物的危害程度及举例
第一类	能够引起人类或者动物非常严重疾病的微生物,以及我国尚未发现或者已经宣布消灭的微生物,如天花病毒、埃博拉病毒、猴痘病毒、亨德拉病毒等
第二类	能够引起人类或者动物严重疾病,比较容易直接或者间接在人与人、动物与人、动物与动物间传播的微生物,如汉坦病毒、高致病性禽流感病毒、HIV(Ⅰ型和Ⅱ型)、流行性乙型脑炎病毒、脊髓灰质炎病毒、狂犬病毒(街毒)、SARS冠状病毒、SARS冠状病毒2、炭疽杆菌、布鲁氏菌属、结核分枝杆菌、霍乱弧菌、鼠疫耶尔森菌等
第三类	能够引起人类或者动物疾病,但一般情况下对人、动物或者环境不构成严重危害,传播风险有限,实验室感染后很少引起严重疾病,并且具备有效治疗和预防措施的微生物,如腺病毒、肠道病毒、登革病毒、轮状病毒、各型肝炎病毒、风疹病毒、疱疹病毒、流行性感冒病毒、百日咳鲍特菌、破伤风梭菌、致病性大肠埃希菌、沙门菌、志贺菌、脑膜炎球菌、沙眼衣原体、白念珠菌等
第四类	在通常情况下不会引起人类或者动物疾病的微生物

三、生物安全实验室的概念与分级

(一)生物安全实验室的概念

生物安全实验室(biosafety laboratory)指为保证安全操作微生物,按照生物安全防护水平标准建设的实验室。生物安全实验室在结构上由一级防护屏障(安全设备)和二级防护屏障(设施)两部分硬件构成,实验室生物安全防护的安全设备和设施的不同组合,构成了不同等级的生物安全防护水平(biosafety level,BSL)。

(二)生物安全实验室的分级

我国根据实验室对病原微生物的生物安全防护水平及实验室生物安全标准的规定,将实验室分为一级(BSL-1)、二级(BSL-2)、三级(BSL-3)和四级(BSL-4)。不同病原微生物安全级别的实验室(表3-2),所要求的实验室管理体系、设施设备、人员要求及个人防护不同。

表 3-2　病原微生物安全实验室的分级

实验室生物安全级别*	操作的病原微生物	实验室操作和个人防护	实验室必须配备的关键设施和设备
一级(BSL-1)	适用于操作在通常情况下不会引起人类或者动物疾病的微生物	微生物学操作技术规范	开放实验台
二级(BSL-2)	适用于操作能够引起人类或者动物疾病,但一般情况下对人、动物或者环境不构成严重危害,传播风险有限,实验室感染后很少引起严重疾病,并且具备有效治疗和预防措施的微生物	微生物学操作技术规范、个人防护服、生物危害标识、人员进入制度、健康监测、污染废弃物的处置	生物安全柜(防护操作中可能生成的气溶胶) 压力蒸汽灭菌器(污染废物灭菌)
三级(BSL-3)	适用于操作能够引起人类或者动物严重疾病,比较容易直接或者间接在人与人、动物与人、动物与动物间传播的微生物	在二级生物安全防护水平上增加特殊防护服、人员进入制度、上岗前体检、健康监测、污染废弃物的处置措施	负压、高效过滤器等送排风系统(排出空气过滤) 生物安全柜或其他生物安全实验室工作所需要的基本设备 双扉压力蒸汽灭菌器
四级(BSL-4)	适用于操作能够引起人类或者动物非常严重疾病的微生物,以及我国尚未发现或者已经宣布消灭,或没有预防治疗措施的微生物	在三级生物安全防护水平上增加气锁入口、出口淋浴、污染物品的特殊处理措施	负压、高效过滤器等送排风系统(排出空气过滤) Ⅲ级或Ⅱ级生物安全柜 正压服 双扉压力蒸汽灭菌器及污水灭菌系统

注:* 动物实验室的生物安全防护水平要高于体外操作的生物安全防护水平,此处不详细介绍。由于动物行为的不可控性,在进行动物实验过程中必须加强防护,并做好应急预案。

病原微生物实验室主要进行不同危害程度的病原微生物操作。在病原微生物实验室的各种活动中，存在实验室相关感染事故发生的风险。实验室感染的途径一般有黏膜接触感染、食入感染、吸入感染和接触感染动物感染。微生物附着形成的感染性微生物气溶胶的吸入感染较常见，也较难预防，是造成实验室感染的主要因素。为了有效预防实验室感染的发生，所有涉及感染性物质的操作均应在特定等级的生物安全实验室内进行。我国法律法规明确规定 BSL-1、BSL-2 实验室不得从事高致病性病原微生物实验活动；BSL-3、BSL-4 实验室必须获得上级有关主管部门批准后方可建设和从事相应的高致病性病原微生物实验活动。

四、病原微生物实验室的风险评估与管理

实验室生物安全管理工作的基础是风险评估。实验室及设立单位应根据风险评估结论决定是否开展相应的科研项目或实验活动，制订生物安全风险管理措施，将相关风险降低至可接受的范围。风险评估应由熟悉相关病原微生物特性、实验室设备和设施，动物模型以及个人防护装备的专业人员进行。实验室生物安全的风险评估应是动态的，应及时收集相关的新资料和新信息，必要时对风险评估的结果及风险管理措施进行修订。

在进行实验室生物安全风险评估时，应考虑病原微生物的其他特性及其他相关因素，参照《人间传染的病原微生物目录》的要求来进行。此外，风险评估内容还必须包括实验室生物安全管理体系、实验室人员素质、生物安保等。对于未知病原，突发新现传染病病原、病原微生物重组等研究或检测，则应通过单位和/或上级主管单位生物安全专业委员会风险评估和批准。

对实验室生物安全的风险评估，为我们加强实验室生物安全的管理和防控提供了依据。不但可确定拟开展研究工作的生物安全水平级别，选择合适的生物安全防护水平级别实验室，而且还可采用相应的个体防护装备，以及制定相应的操作规范，来确保实验在生物安全的条件下有序开展。

病原微生物实验室的管理应成立生物安全委员会，以《病原微生物实验室生物安全管理条例》《中华人民共和国生物安全法》和《医学实验室安全要求》(ISO 15190：2020) 为准则要求，结合实际对实验室生物安全开展全面的管理。

知识拓展

维护国家安全，共筑人民防线

《中华人民共和国生物安全法》是为维护国家安全，防范和应对生物安全风险，保障人民生命健康，保护生物资源和生态环境，促进生物技术健康发展，推动构建人类命运共同体，实现人与自然和谐共生，制定的法律，于 2021 年 4 月 15 日起施行，2024 年 4 月进行了修改。其中，本法提到了国家加强对病原微生物实验室生物安全的管理，制定统一的实验室生物安全标准。病原微生物实验室应当符合生物安全国家标准和要求等内容。

（陈晓玲）

第二节　医院感染

医院感染是医院面临的突出公共卫生问题之一，增加患者发病率和病死率，影响医疗质量。因此科学认识医院感染，对医院感染的监测、预防控制有着重要的临床实际意义。

一、医院感染概述

医院感染(nosocomial infection)指住院患者在医院内获得的感染,包括在住院期间发生的感染和在医院内获得而出院后发生的感染,但不包括入院前已存在或入院时已处于潜伏期的感染。广义地讲,医院感染的对象包括住院患者、医院工作人员、门诊就诊患者、探视者和患者家属等,这些人在医院区域内获得感染均可称为医院感染,但由于就诊患者、探视者和患者家属在医院的时间短暂,获得感染的因素多而复杂,常难以确定感染是否来自医院,故实际上医院感染的对象主要是住院患者和医院工作人员。

> **重点提示**
>
> 医院感染的概念

二、医院感染的分类

(一)按感染来源分类

1. **内源性感染** 又称自身感染,指患者被自身体表、呼吸道、消化道、泌尿生殖道等部位寄居的正常菌群引起的感染。当机体免疫功能低下、寄居部位改变或菌群失调,可导致正常菌群引起自身感染;另外,潜伏在机体内的少数致病性微生物在微生态失调时也可导致感染。

2. **外源性感染** 又称交叉感染,指各种原因引起的患者在医院内遭受非自身病原体侵袭而发生的感染。病原体来自患者以外的个体、环境等,包括从个体到个体的直接感染和通过物品、环境而引起的间接感染,也可因消毒灭菌不严格通过被污染的医护用品或设备引起医源性医院感染。

3. **母婴感染** 指在分娩过程中胎儿通过产道所发生的感染,如 B 群链球菌发生的感染。

(二)按感染部位分类

1. **呼吸道感染** 医院感染中呼吸道感染居首位,其中下呼吸道感染较上呼吸道感染多见。引起的因素较多,如基础病较多的老年患者;肺功能较差的患者;抗菌药物的不合理使用;气管切开和插管、使用呼吸机治疗、雾化等可造成呼吸道创伤、黏膜损伤、吸入性污染等,均容易引起肺部感染。

2. **尿路感染** 在医院感染中尿路感染仅次于呼吸道感染,最常见的为导尿管相关尿路感染,病原菌主要来自患者自身的结肠、会阴等部位的正常菌群,或医疗人员插管操作不规范带入的细菌。

3. **胃肠道感染** 在胃肠道感染中儿童以轮状病毒感染最为常见,其次是腺病毒;成人常见的致病菌为艰难梭菌,其余有沙门菌、志贺菌、致病性大肠埃希菌和弯曲菌等。

4. **手术部位感染** 手术部位感染的细菌常取决于手术部位的正常菌群及手术环境,特别是空气中的细菌。婴儿、老年患者、慢性病患者、肥胖患者、营养不良者、烧伤患者易发生手术部位的感染。

> **重点提示**
>
> 医院感染的分类

5. **血管内感染** 源于血管内疗法。血管内疗法可使病原微生物避开正常皮肤的防御机制而直接进入血液循环;另外如果微生物污染输液导管或输液剂,也可能引起严重感染。

三、医院感染常见的微生物

医院感染的病原体与社区感染的病原体不同。

其特点：①革兰氏阴性菌（G⁻菌）为主，革兰氏阳性菌（G⁺菌）次之，真菌感染比例呈上升趋势，医院感染常见的病原体见表3-3。②多为机会致病菌，如铜绿假单胞菌、不动杆菌、凝固酶阴性的葡萄球菌等。③耐药菌株逐年增多，如耐甲氧西林金黄色葡萄球菌、多重耐药的非发酵菌等。④同一病原体可引起多部位感染，如大肠埃希菌可引起患者肺部感染、血液感染、尿路感染、肠道感染和手术切口感染等。⑤免疫功能低下的患者容易发生混合感染，如铜绿假单胞菌和大肠埃希菌引起肺部混合感染。⑥抗菌药物使用不当、患者免疫力低下或者正常菌群移位致使正常菌群成为医院感染的病原体，如艰难梭菌引起的假膜性肠炎等。

表3-3 医院感染常见的病原体

病原体种类	病原体名称	感染类型
细菌	金黄色葡萄球菌、肺炎链球菌、大肠埃希菌、肠球菌属、铜绿假单胞菌、克雷伯菌属、凝固酶阴性葡萄球菌、肠杆菌属、艰难梭菌、不动杆菌属、结核分枝杆菌等	呼吸道感染、尿路感染、胃肠道感染、伤口和皮肤感染、脓毒血症等感染性疾病
病毒	流感病毒、麻疹病毒、风疹病毒、肝炎病毒、HIV、轮状病毒、柯萨奇病毒、巨细胞病毒等	呼吸道感染、肝炎、心肌炎、胃肠道感染、脑炎、视网膜炎等
真菌	白念珠菌、曲霉菌、新生隐球菌复合群、毛霉菌	呼吸道感染、泌尿生殖道感染、胃肠道感染等

引起医院感染暴发的病原体可为同一病原体，也可为不同病原体；不同部位的感染，常见的病原体会不同；引起医院感染的病原体常存在于医院中，并随着时间的推移不断发生变化；医院感染的病原体有着地区差异，不同地区、同一地区的不同医院、同一医院的不同科室引起医院感染的病原体也会不同。

四、医院感染的危险因素

（一）流行病学特点

医院感染的发生、发展及防控有其自身的规律和特点。医院感染包括三个环节，即感染源、感染途径和易感人群，切断任何一个环节，均会降低医院感染发生的风险。

1. **感染源**　主要有患者或无症状病原体携带者或患者自身、感染的医务人员、污染的医疗器械、污染的血液及血液制品、环境储源和动物感染源，但动物感染源少见。

2. **感染途径**　接触传播是医院感染中最常见也是最重要的感染方式之一，包括直接接触感染和间接接触感染；结核分枝杆菌、军团菌、曲霉菌和水痘-带状疱疹病毒等经空气传播；流感病毒、呼吸道合胞病毒、咽部的化脓性链球菌可经飞沫传播；因污染的诊疗器械和设备、血液及血液制品、输液制品、药品及药液、一次性使用无菌医疗用品等而发生医源性传播。

3. **易感人群**　是否感染取决于病原体的毒力和机体的易感性。

（1）**年龄**：婴幼儿因免疫功能尚未发育成熟，老年人常患基础疾病、生理防御功能减退等而易感。

（2）**基础疾病**：各种造血系统疾病、恶性肿瘤、糖尿病、慢性肾脏病及肝脏疾病等患者对感染敏感性增加。

（3）**免疫状况**：缺乏麻疹、水痘、百日咳等保护性抗体的患者；接受各种免疫制剂如抗肿瘤药物、糖皮质激素、放疗等治疗者。

（4）**继发感染**：HIV及其他免疫抑制病毒感染者易继发其他病原体感染；流感病毒易继发细菌性肺炎。

(5)创伤：各种侵袭性操作导致的创伤和意外创伤均可使损伤部位易感；同时无菌操作不严或器械污染则可直接将病原体带入患者体内而导致感染。

(二)危险因素

医院感染的主要对象是住院患者，其免疫防御功能存在不同程度的损害和缺陷；同时，患者在住院期间，要接受各种诊治措施；且医院中人群密集，成为微生物聚集的重要场所。因此他们发生医院感染概率较大。

1. 主观因素 对医院感染及其危害性认识不足；不能严格执行无菌操作技术和消毒隔离制度；规章制度不全，致使感染源传播；缺乏对消毒灭菌效果的有效监测，不能有效控制医院感染的发生等。

2. 客观因素 医疗活动中介入性操作越来越多，如动静脉插管、泌尿系导管、气管插管、吸入装置、监控仪器探头等，在诊治疾病的同时，容易把外界的微生物导入体内，同时损伤机体的防御屏障，使病原体容易入侵机体；为治疗需要，激素或免疫抑制剂的大量使用，接受化疗、放疗后，致使患者自身免疫功能下降而成为易感者；大量抗生素的开发和普及运用，使患者体内正常菌群失调，耐药菌株增加，致使病程延长，感染机会增多；过去某些不治之症可治愈或延长生存时间，故住院患者中慢性疾病、恶性疾病及老年患者比例增加，而这些患者对感染的抵抗力很低，导致医院感染增加等。

五、医院感染的预防控制

(一)医院感染中微生物学的监测和控制

患者、医院环境和微生物是发生医院感染的中心环节，医院环境中微生物的污染程度与医院感染密切相关，是监测的重点。

1. 医院消毒卫生要求

(1)空气、物体表面和医护人员的手：医院空气和物体表面微生物的含量反映医院空气和物体表面的污染和洁净程度。医护人员的手卫生状况也是医院内感染的重要环节。《医院消毒卫生标准》（GB 15982—2012）对空气和物体表面的卫生标准要求见表3-4。

表3-4　各类环境空气、物体表面细菌菌落总数卫生标准

环境类别	相关场室	空气平均菌落数（平板暴露法，CFU·皿⁻¹）	物体表面平均菌落数 /（CFU·cm⁻¹）
I类环境	洁净手术部	符合《医院洁净手术部建筑技术规范》（GB 50333—2013）要求	≤5.0
	其他洁净场所	≤4.0（30min）	
II类环境	非洁净手术部（室），产房，导管室，新生儿室，血液病病区，烧伤病区等保护性隔离病区，重症监护病区等	≤4.0（15min）	≤5.0
III类环境	母婴同室，消毒供应中心的检查包装灭菌区和无菌物品存放区，血液透析中心（室），其他普通住院病区等	≤4.0（5min）	≤10.0
IV类环境	普通门（急）诊及其检查、治疗室，感染性疾病科门诊和病区	≤4.0（5min）	≤10.0

(2)医疗器材：GB 15982—2012将医疗器材划分为高度危险性医疗器材、中度危险性医疗器材和低度危险性医疗器材，并提出了明确规定。

1）高度危险性医疗器材：指使用时需进入人体无菌组织的物品，如针头、注射器、手术器械、注射液体、静脉导管和尿道插管等，必须无菌。

2）中度危险性医疗器材：指使用时不需进入人体无菌组织，但须接触破损黏膜的医疗用品，如呼吸机、麻醉机、胃镜等，此类物品消毒后细菌菌落总数≤20CFU/件（CFU/g 或 CFU/100cm²），不得检出致病性微生物。

3）低度危险性医疗器材：只接触未损伤皮肤的医疗用品，如治疗盘、治疗车、食品器皿等细菌菌落总数≤200CFU/件（CFU/g 或 CFU/100cm²），不得检出致病性微生物。

（3）**化学消毒剂**：《皮肤消毒剂通用要求》（GB 27951—2021）消毒剂微生物污染指标为完整包装的皮肤消毒剂菌落总数≤10CFU/ml（g），霉菌和酵母菌菌落总数≤10CFU/ml（g），不得检出溶血性链球菌、金黄色葡萄球菌、铜绿假单胞菌等致病性化脓菌；破损皮肤使用的消毒剂应无菌。使用中皮肤消毒剂菌落总数≤50CFU/ml（g），霉菌和酵母菌菌落总数≤10CFU/ml（g），不得检出溶血性链球菌、金黄色葡萄球菌、铜绿假单胞菌；使用中破损皮肤消毒剂应符合出厂要求；怀疑感染与皮肤消毒剂有关时，应进行目标微生物检验，有污染时不得使用。

2. 医院感染的微生物检测 GB 15982—2012 对医院感染微生物学检测的要求和方法做了明确规定。当流行病学调查怀疑医院感染与灭菌物品有关时，需进行相应物品的无菌检查。涉及疑似医院感染暴发或工作中怀疑微生物污染时，进行目标微生物检查。

（1）**空气检查**：医院空气中微生物的含量反映医院空气污染和洁净程度。将空气采样器或平板置于室内中央 0.8~1.5m 高度，采集四角及中央共 5 个采样点。空气采样器或平板经 48h 培养后，通过采样器各平皿菌落数之和与采样速率和采样时间的比值计算出空气中细菌浓度；通过平板沉降法，按平均每平板的菌落数来表示空气细菌的多少。

（2）**物体表面检查**：将 5cm×5cm 灭菌规格板放在被检物体表面，用浸有无菌生理盐水的棉拭子在规格板空格的被检物体表面往返涂抹 5 次，移动规格板，连续采集 1~4 个规格板，剪去手接触部分，将棉拭子放入盛有 10ml 无菌生理盐水或增菌培养液中，采样管充分振荡后，将采样管内菌液按不同浓度稀释，按液体中细菌计数的方法接种培养。平均每个平板的细菌数乘以稀释倍数和采样面积的比值，计算物体表面菌落总数。

（3）**医务人员手卫生检查**：用浸有无菌生理盐水的棉拭子在双手手掌面从指端到指根一定面积内往返涂抹 2 次，并随之转动棉拭子，剪去手接触部分，将棉拭子放入盛有 10ml 无菌生理盐水或增菌培养液中，采样管充分震荡后，将采样管内菌液按不同浓度稀释，按液体中细菌计数的方法接种培养。将平均每个平板的细菌数乘以稀释倍数和采样面积的比值，计算手部菌落总数。

（4）**医疗器械检查**：灭菌或消毒的医疗器械剪碎、整件或表面涂抹取样后按常规标本处理。凡灭菌后的医疗器械不得检出活的微生物；消毒后的医疗器械按平皿倾注法计算菌落总数，必要时分离致病性微生物。

（5）**使用中消毒液检查**：用无菌吸管吸取消毒液 1ml，加入装有 9ml 含有相应中和剂的采样管内并混匀。取 1ml 混匀后的稀释液，用倾注平皿法接种培养，计算菌落数，必要时分离致病性微生物。

3. 医院感染中微生物学控制 关键措施是消毒灭菌、隔离和合理使用抗生素。

（1）**消毒灭菌**：是阻断微生物传播的有效方法，是预防医院感染的重要措施，包括医院内室内空气的消毒、医疗器械和物品的消毒及环境的消毒等。

（2）**隔离**：指将处在传染期或可疑传染的患者和病原携带者同其他人分开，或将感染者置于不能传染给他人的环境下。由于医院感染具有感染源多样、感染途径复杂和感染人群特殊的特点，大大地增加了控制的难度。隔离效果取决于必要的设备、制度和医护人员执行情况。如对感染源的隔离需要隔离间、专科隔离门诊和隔离病区等设施。隔离病区则必须划分污染区、半污染区及清洁区。护理人员进入室内必须认真消毒手，穿隔离服。一切被污染的物品均需装入污染袋后再取出隔离室；对易感人群，如早产新生儿、免疫缺陷病患者应采取保护性隔离，除特殊设施外，需要接近的医护人员须穿戴无菌衣、帽、鞋、口罩及手套等。

（3）**合理使用抗生素**：自抗生素问世以来，很多感染性疾病得到治疗，医院感染率显著下降。但抗生素的不合理使用，导致病原微生物耐药性不断增强，以致许多抗生素失去作用，甚至出现耐药菌的暴发流行；同时增加了抗生素的不良反应，增加了护理的工作量和风险，增加了患者的医疗费用。因此，抗生素的合理使用已成为控制医院感染的重要措施之一。

重点提示

医院感染的防治

（二）医务人员手卫生

医院感染严重威胁着患者的健康和生命安全。保持手卫生是有效预防控制病原体传播从而降低医院感染发生率的最基本、最简单且行之有效的方法。

《医务人员手卫生规范》（WS/T 313—2019）中对医务人员手卫生的管理与基本要求、手卫生设施、洗手与卫生手消毒、外科手消毒和手卫生监测等制定了详细的标准，适用于各级各类医疗机构（表3-5）。

表3-5　医护人员手卫生消毒效果要求

项目	执行标准	细菌菌落总数
卫生手消毒后	WS/T 313—2019	≤10CFU/cm^2
外科手消毒后	WS/T 313—2019	≤5CFU/cm^2

手卫生指医务人员在从事职业活动过程中的洗手、卫生手消毒和外科手消毒的总称。洗手是医务人员用流动水和洗手液（肥皂）揉搓冲洗双手，去除手部皮肤污垢、碎屑和部分微生物的过程。卫生手消毒指医务人员用手消毒剂揉搓双手，以减少手部暂居菌的过程。外科手消毒指外科术前医护人员用流动水和洗手液揉搓冲洗双手、前臂至上臂下 1/3，再用手消毒剂清除或者杀灭手部、前臂至上臂下 1/3 暂居菌和减少常居菌的过程。手卫生设施指用于洗手与手消毒的设施设备，包括洗手池、水龙头、流动水、洗手液（肥皂）、干手用品、手消毒剂等。

手卫生管理与基本要求：①医疗机构应明确医院感染管理、医疗管理、护理管理以及后勤保障等部门在手卫生管理工作中的职责，加强对手卫生行为的指导与管理，将手卫生纳入医疗质量考核，提高医务人员手卫生的依从性。②医疗机构应制定并落实手卫生管理制度，配备有效、便捷、适宜的手卫生设施。③医疗机构应定期开展手卫生的全员培训，医务人员应掌握手卫生知识和正确的手卫生方法。④手消毒剂应符合国家有关规定和《手消毒剂通用要求》（GB 27950—2020）的要求，在有效期内使用。⑤手卫生消毒效果应达到如下要求：卫生手消毒，监测的细菌菌落总数应≤10CFU/cm^2；外科手消毒，监测的细菌菌落总数应≤5CFU/cm^2。

洗手与卫生手消毒指征：①下列情况医务人员应洗手和 / 或使用手消毒剂进行卫生手消毒。接触患者前；清洁、无菌操作前，包括进行侵入性操作前；暴露患者体液风险后，包括接触患者黏膜、破损皮肤或伤口、血液、体液、分泌物、排泄物、伤口敷料等之后；接触患者后；接触患者周围环境后，包括接触患者周围的医疗相关器械、用具等物体表面后。②下列情况应洗手。当手部有血液或其他体液等肉眼可见的污染时；可能接触艰难梭菌、肠道病毒等对速干手消毒剂不敏感的病原微生物时。③手部没有肉眼可见污染时，宜使用手消毒剂进行卫生手消毒。④在下列情况时，医务人员应先洗手，然后进行卫生手消毒。接触传染病患者的血液、体液和分泌物以及被传染性病原微生物污染的物品后；直接为传染病患者进行检查、治疗、护理或处理传染患者污物之后。⑤戴口罩、穿脱隔离衣前后以及脱去手套后应进行手卫生。

对手卫生重视及认知不足、手卫生设施配备不完善、手卫生依从性低（执行手卫生总次数占医护人员手卫生时机总次数的百分比）等情况，这导致了相关医院感染的发生。在医院内，医护人员一个简单的操作，如测脉搏、换药、铺床、吸痰等，就可能使手上的细菌数量大幅增加，所以医务人员的手可携带大量细菌等病原微生物。

引起医院感染的因素很多，其中，医护人员若在不同患者之间进行操作不洗手或是洗手不规范，将增加医院感染发生的概率。

加强医务人员手卫生观念，提高医务人员手卫生质量，可以有效预防和控制病原体传播，是降低医院感染最基本、最简单、最直接、最有效的措施之一。每一个医务人员在无菌操作前后、接触患者前后、处理污物后，均应严格落实医务人员手卫生规范。

（陈晓玲　杨　翀）

思考题

1. 作为护士应如何积极主动地落实好医院感染的防控？

2. 患者，男，70岁，右股骨开放性骨折，经清创、复位术后出现高热且伤口渗液，经卧床治疗8周后局部伤口好转，近2d出现咳嗽、发热且肺部听诊可闻及干湿啰音。

请思考：该患者出现肺部感染的原因是什么？

ER 3-3

练习题

第四章 | 微生物的基本特性

ER 4-1
教学课件

ER 4-2
思维导图

学习目标

1. 掌握细菌的基本结构和特殊结构及其在医学上意义,细菌生长繁殖的条件、细菌的合成代谢产物及其意义,细菌的致病因素和细菌内毒素与外毒素的主要区别,细菌遗传变异的物质基础及在医学中的应用,真菌的概念、形态与结构和生长繁殖特点,病毒的概念、结构和化学组成、干扰现象及病毒的感染途径与感染类型。

2. 熟悉 G⁺ 菌和 G⁻ 菌细胞壁的异同,细菌在培养基中的生长现象及意义,细菌感染的途径和类型,带菌状态的概念,细菌常见的变异现象,真菌的致病性和病毒的增殖、致病机制和遗传变异。

3. 了解 L 型细菌与临床的关系,细菌的分解代谢及生化反应,细菌人工培养的方法和应用,感染的来源及抗菌免疫,细菌变异的发生机制,真菌的繁殖方式和变异现象和机体抗病毒免疫的机制。

4. 学会细菌形态学的检查方法和细菌的人工培养,会分析细菌、真菌及病毒感染的来源、途径和类型,初步具备医院感染的预防和控制能力以及对感染性疾病护理宣传教育能力。

5. 具有严谨踏实的学习态度,无私奉献、坚持不懈的敬业精神和精益求精的工匠精神。

第一节　细菌的基本特性

案例

患者,男,25 岁,突然畏寒、高热、右侧胸痛伴咳嗽 3d 就诊。就诊时患者咳大量铁锈色痰。血常规检测白细胞计数增高,痰涂片可见大量革兰氏阳性球菌,体格检查右下肺可闻及湿啰音,X 线胸片显示右下肺有大片炎性阴影,诊断为链球菌引起的大叶性肺炎。遵医嘱:给予青霉素 G 治疗,3 周后痊愈出院。

请问:
1. 该患者首选的药物为什么是青霉素 G?
2. 试述青霉素 G 作用位点。

细菌(bacterium)是一类具有细胞壁的单细胞原核型微生物。广义的细菌包括细菌、支原体、衣原体、立克次体、螺旋体和放线菌等各类原核细胞型微生物。狭义的细菌仅指原核细胞型微生物中的数量最大,种类最多的细菌。细菌具有个体微小,结构简单,繁殖迅速,分布广泛等特点。

在适宜的环境条件下,细菌形态与结构相对稳定。了解细菌的形态和结构,对研究细菌的生物学特性、致病性、免疫性,以及鉴别细菌、诊断和防治细菌性疾病等具有重要意义。

一、细菌的一般性状

（一）细菌的形态与结构

1.细菌的大小 细菌个体微小，通常以微米（μm，1μm＝1/1 000mm）作为测量单位，需用显微镜放大数百至上千倍才能看到。不同种类的细菌大小不一，同一种细菌随菌龄和环境变化也有所差异。多数球菌的直径约为1μm，中等大小的杆菌长2~3μm，宽0.3~0.5μm。

2.细菌的形态 细菌的基本形态可分为球形、杆形和螺形三种。细菌根据其基本形态可分为球菌、杆菌和螺旋菌三大类（图4-1）。

（1）**球菌**（coccus）：单个菌体呈球形或近似球形（豆形、肾形或矛头形等）。球菌根据其分裂方向和分裂后菌体排列方式的不同可分为：①双球菌，细菌沿一个平面分裂，分裂后两个菌体成对排列，如脑膜炎球菌、淋球菌。②链球菌，细菌沿一个平面分裂，分裂后多个菌体连接成链状，如乙型溶血性链球菌。③葡萄球菌，细菌沿多个不规则的平面分裂，分裂后菌体无规则地粘连在一起，呈葡萄串状排列，如金黄色葡萄球菌。

此外，还有沿两个相互垂直平面分裂，分裂后四个菌体呈正方形排列的四联球菌；细菌沿三个相互垂直的平面分裂，分裂后八个菌体叠在一起呈正方体排列的八叠球菌。无论何种球菌，除上述典型排列方式外，都可以看到单个球菌存在。

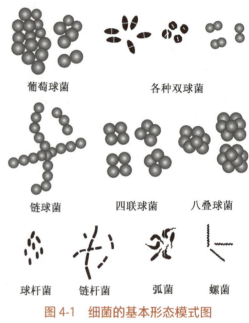

图4-1　细菌的基本形态模式图

（2）**杆菌**（bacillus）：菌体呈杆状或近似杆状，种类繁多，其大小、形态、长短、粗细因菌种而异。较大的杆菌如炭疽杆菌；大多数杆菌为中等大小，如大肠埃希菌；小杆菌如布鲁氏菌。多数菌体呈直杆状，有的菌体稍弯曲、有的两端膨大钝圆、少数两端平齐。杆菌多呈散在分布，少数呈链状、栅栏状、分支状或V形排列。杆菌按形状和排列可分为链杆菌、棒状杆菌、球杆菌、分枝杆菌和双歧杆菌等。

（3）**螺旋菌**（spirillar bacterium）：菌体弯曲呈螺形，可分为两类。①弧菌（vibrio）：菌体较短，只有一个弯曲，呈弧形或逗点状，如霍乱弧菌。②螺菌（spirillum）：菌体较长，有数个弯曲，如鼠咬热螺菌；有的菌体细长弯曲，呈弧形或螺旋形，称为螺杆菌（helicobacterium），如幽门螺杆菌。

通常细菌在适宜条件下培养8~18h，形态较为典型，当培养基成分、培养时间、温度及酸碱度等环境条件改变时或细菌受抗生素等作用后，菌体则可能出现不规则形态，所以，在细菌的研究、鉴别及实验室诊断时应注意选择细菌典型形态进行观察。

3.细菌的结构 包括基本结构和特殊结构两部分（图4-2）。基本结构是各种细菌所共有的；特殊结构是某些细菌在一定条件下所特有的结构。

（1）**细菌的基本结构**：包括细胞壁、细胞膜、细胞质和核质。

1）细胞壁（cell wall）：指包绕于细胞膜外的坚韧而富有弹性的复杂结构。细胞壁结构与化学组成较复杂，并随菌种而异；光学显微镜下不易看到，经高渗溶液处理使其与细胞膜分离后，再经特殊染色才可见；或用电子显微镜可直接观察。

革兰氏染色可将细菌分为两大类，即革兰氏阳性菌（G^+菌）和革兰氏阴性菌（G^-菌）。两类细菌细胞壁共有组分为肽聚糖，又称黏肽，为原核细胞型微生物所特有，不同种类细菌含量有显著差异。

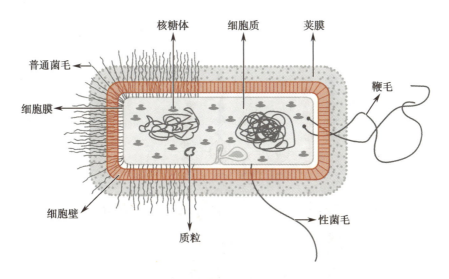

图 4-2　细菌细胞结构模式图

G+ 菌：细胞壁较厚，主要由肽聚糖和磷壁酸构成。肽聚糖层数多达 15~50 层；含量高，占细胞壁干重的 50%~80%；G+ 菌细胞壁是由聚糖骨架、四肽侧链和五肽交联桥三部分构成的坚韧而致密的三维空间立体结构。肽聚糖的聚糖骨架由 N- 乙酰胞壁酸和 N- 乙酰葡萄糖胺两种单糖交替排列，通过 β-1,4 糖苷键连接而成。凡能破坏肽聚糖骨架或抑制其合成的物质，均可致细菌裂解。G+ 菌的四肽侧链一端连接在聚糖骨架的 N- 乙酰胞壁酸分子上，是由 L- 丙氨酸、D- 谷氨酸、L- 赖氨酸、D- 丙氨酸依次构成，其第三位的 L- 赖氨酸通过五肽交联桥连接到相邻的四肽侧链第四位 D- 丙氨酸上，从而构成高强度的坚韧致密的三维立体结构（图 4-3）。五肽交联桥是由五个甘氨酸组成的桥链。

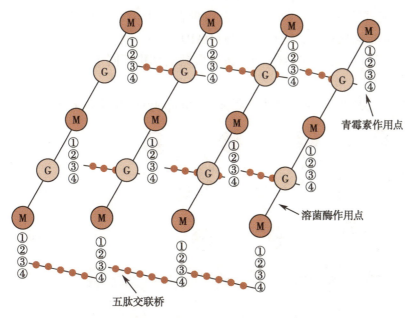

图 4-3　金黄色葡萄球菌肽聚糖结构模式图（G+ 菌）

M 为 N- 乙酰胞壁酸；G 为 N- 乙酰葡萄糖胺；—为 β-1,4- 糖苷键。①为 L- 丙氨酸。②为 D- 谷氨酸。③为 L- 赖氨酸。④为 D- 丙氨酸；● 为甘氨酸。

G+ 菌细胞壁
肽聚糖结构

磷壁酸是 G+ 菌细胞壁的特有成分，按其结合部位的不同，分为壁磷壁酸与膜磷壁酸两种。前者通过磷脂与肽聚糖的 N- 乙酰胞壁酸相连，后者与细胞膜中的磷脂相连，二者均伸出到肽聚糖的表面，是 G+ 菌重要的表面抗原（图 4-4）。

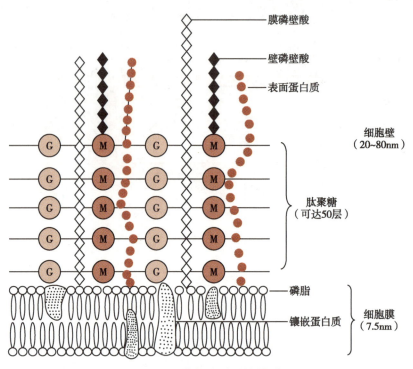

图 4-4 G⁺ 菌细胞壁结构模式图

M 为 *N*- 乙酰胞壁酸；G 为 *N*- 乙酰葡萄糖胺。

右侧标注（从上到下）：膜磷壁酸、壁磷壁酸、表面蛋白质、细胞壁（20~80nm）、肽聚糖（可达50层）、磷脂、镶嵌蛋白质、细胞膜（7.5nm）

青霉素和溶菌酶能破坏 G⁺ 菌，这是因为青霉素能抑制四肽侧链末端的 *D*- 丙氨酸与五肽交联桥之间的连接，从而破坏肽聚糖骨架、干扰细菌细胞壁的合成，导致细菌死亡。溶菌酶能破坏肽聚糖中 *N*- 乙酰胞壁酸与 *N*- 乙酰葡萄糖胺间的 β-1,4 糖苷键的连接，导致细菌裂解。

G⁻ 菌：细胞壁由肽聚糖和外膜构成，较薄。G⁻ 菌肽聚糖含量少，仅 1~2 层，占细胞壁干重的 10%~20%；四肽侧链中第 3 位的氨基酸为二氨基庚二酸（DAP），DAP 与相邻四肽侧链末端的 *D*- 丙氨酸直接连接，构成较疏松的二维平面网状结构。G⁻ 菌肽聚糖的结构不同于 G⁺ 菌，由聚糖骨架和四肽侧链构成，无五肽交联桥（图 4-5）。

G⁻ 菌的外膜由内向外依次为脂蛋白、脂质双层、脂多糖（lipopolysaccharide，LPS）（图 4-6）。

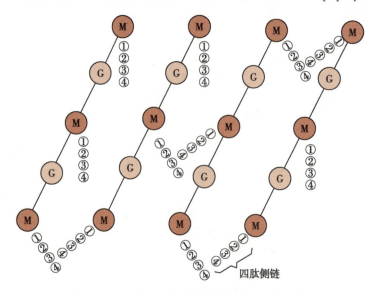

四肽侧链

图 4-5 大肠埃希菌肽聚糖结构模式图（G⁻ 菌）

M 为 *N*- 乙酰胞壁酸；G 为 *N*- 乙酰葡萄糖胺；—为 β-1,4- 糖苷键；① 为 *L*- 丙氨酸。
② 为 *D*- 谷氨酸。③ 为二氨基庚二酸（DAP）。④ 为 *D*- 丙氨酸。

ER 4-4

G⁻ 菌细胞壁
肽聚糖结构

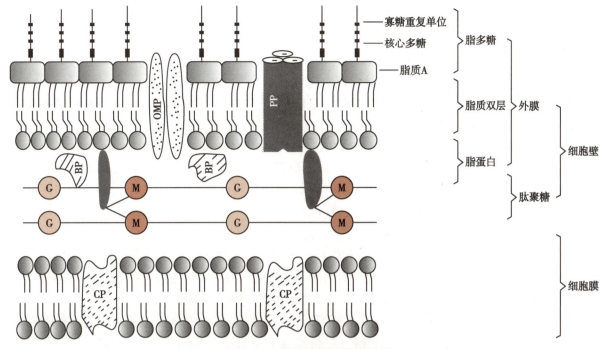

图 4-6　G⁻ 菌细胞壁结构模式图

CP 为载体蛋白；PP 为孔蛋白；BP 为结合蛋白；OMP 为外膜蛋白。

脂蛋白位于脂质双层与肽聚糖之间，由蛋白质和脂质组成，蛋白质连接在肽聚糖的四肽侧链上，脂质连接于脂质双层的磷脂上，使外膜和肽聚糖构成稳定的整体。脂质双层结构与细胞膜类似，其内镶嵌着多种特异性蛋白，参与细菌的物质交换；脂多糖由类脂 A、核心多糖和特异性多糖三部分组成，是 G⁻ 菌内毒素的成分，与细菌的致病性有关，也是 G⁻ 菌的菌体抗原。

G⁻ 菌菌体中肽聚糖含量少，又缺乏五肽交联桥，且有外膜的保护作用，故对青霉素和溶菌酶不敏感。人和动物的细胞没有细胞壁及肽聚糖结构，故青霉素类药物对人和动物体细胞无毒性作用。

细胞壁的主要功能：①维持菌体固有形态，保护细菌抵抗低渗的外环境。细菌细胞壁能承受菌体内 507~2 533kPa 的渗透压（5~25 个大气压），能避免细菌在低渗环境下破裂和变形，使其能够在低渗环境中生存。②参与菌体内外物质交换。细胞壁上有许多微孔，水和直径小于 1nm 的物质可自由通过，与细胞膜共同参与菌体内外物质交换。③决定菌体的抗原性。细胞壁上携带多种抗原决定簇，可诱发机体的免疫应答。④与细菌致病性有关。G⁺ 菌细胞壁磷壁酸和 G⁻ 菌细胞壁脂多糖均与细菌致病性有关。

G⁺ 菌和 G⁻ 菌细胞壁结构的显著不同，导致两类细菌在染色性、致病性、抗原性及对药物的敏感性等方面有很大差异（表 4-1）。

表 4-1　G⁺ 菌与 G⁻ 菌细胞壁比较

细胞壁	G⁺ 菌	G⁻ 菌
肽聚糖组成	聚糖骨架、四肽侧链、五肽交联桥	聚糖骨架、四肽侧链
肽聚糖层数	多，15~50 层	少，仅 1~2 层
肽聚糖含量	多，占胞壁干重 50%~80%	少，占胞壁干重 10%~20%
强度	较坚韧（三维立体）	较疏松（二维平面）
厚度	厚，20~80nm	薄，10~15nm
磷壁酸	有	无
外膜	无	有

2）细胞膜（cell membrane）：指位于细胞壁内侧，紧密包裹细胞质的一层柔韧而富有弹性的半渗透性生物膜。细胞膜厚为 5~10nm，占细菌干重的 10%~30%。细菌细胞膜的结构与其他生物细胞膜基本相同，为脂质双层中镶嵌有多种蛋白质，这些蛋白是具有特殊作用的酶和载体蛋白。

细胞膜的主要功能：①参与菌体内外物质交换。细胞膜有选择性通透作用，与细胞壁共同完成菌体内外物质交换。②参与供能。细胞膜上有多种呼吸酶，如细胞色素酶和脱氢酶，可以运转电子，进行氧化磷酸化，参与细胞呼吸过程，与能量产生、储存和利用有关。③参与菌体细胞的生物合成。细胞膜上有多种合成酶，是细菌合成肽聚糖、磷壁酸、磷脂、脂多糖等成分的重要场所。④形成中介体。中介体（mesosome）是细菌部分细胞膜内陷、折叠、卷曲形成的囊状结构，电镜下可见，多见于 G⁺ 菌。中介体扩大了细胞膜的表面积，增加了膜上呼吸酶的含量，增强了膜的生理功能，与细菌呼吸、分裂、胞壁合成和芽孢形成等有关。

3）细胞质（cytoplasm）：指细胞中包含在细胞膜内的内容物，主要由水、蛋白质、脂类、核酸及少量糖和无机盐组成。其成分因菌种、菌龄和生长环境而异。细胞质中核酸含量较高，以 RNA 为主，占菌体固体成分的 15%~20%。RNA 的嗜碱性较强，易被碱性染料着色。细胞质内含有多种酶系统，是细菌新陈代谢的主要场所。细胞质中还含有核糖体、质粒和胞质粒等多种重要结构。

核糖体是细菌合成蛋白质的场所，由 RNA 和蛋白质组成，菌体中 90% 的 RNA 均存在于核蛋白体上。当 mRNA 与核蛋白体连成多聚核糖体时，即成为蛋白质合成的场所。细菌核糖体沉降系数为 70S，由 50S 和 30S 两个亚基构成（真核细胞为 80S，由 60S 和 40S 两个亚基构成），红霉素、链霉素分别可与 50S 和 30S 亚基结合，干扰菌体蛋白质合成而导致细菌死亡，而对人体细胞没有影响。

质粒是细菌染色体外的遗传物质，为环状闭合的双股 DNA 分子，是细菌生命活动非必需的基因，携带遗传信息，控制细菌某些特定的遗传性状，如菌毛、毒力、细菌素、耐药性等。质粒能自行复制并遗传给子代细胞，也能通过接合或转导等方式在菌体间传递。医学上重要的质粒有决定细菌性菌毛的 F 质粒、决定细菌耐药性的 R 质粒等。质粒是基因工程研究中的重要载体。

细胞质含有多种颗粒，即胞质粒，多数为细菌储存的营养物质，包括多糖、脂类和磷酸盐等。胞质粒有一种主要成分是 RNA 和多偏磷酸盐的颗粒，该颗粒嗜碱性强，经染色后颜色明显不同于菌体的其他部位，故称异染颗粒。异染颗粒常见于白喉棒状杆菌，对细菌鉴别有一定意义。

4）核质（nuclear material）：细菌是原核细胞型微生物，无核膜、核仁及有丝分裂器，故其核称为核质或拟核。核质是由单一细长的闭合双股环状 DNA 反复盘绕卷曲组成的松散网状结构。核质具有细胞核的功能，决定细菌的各种遗传性状，是细菌遗传变异的物质基础。

（2）细菌的特殊结构：包括荚膜、鞭毛、菌毛和芽孢等。

1）荚膜（capsule）：指某些细菌分泌并包绕在细胞壁外的一层透明的黏液性物质。其厚度≥0.2μm 称荚膜，<0.2μm 称微荚膜。普通染色不易使荚膜着色，在显微镜下仅能看到菌体周围有一层未着色的透明圈（图 4-7），用特殊的荚膜染色法可将荚膜染成与菌体不同的颜色。

荚膜的形成除由其本身遗传特性决定外，还与环境因素密切相关，一般在人和动物体内或营养丰富的培养基中易形成，在普通培养基上或遇不良生存环境时则易消失。荚膜的化学成分因菌种而异，多数细菌的荚膜为多糖，如肺炎链球菌等；少数细菌的荚膜为多肽，如炭疽

重点提示

G⁺ 菌和 G⁻ 菌细胞壁的区别及其对药物的敏感性

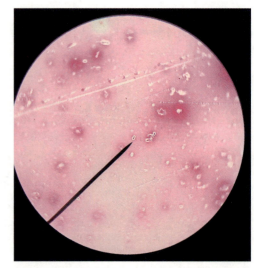

图 4-7 肺炎链球菌荚膜（荚膜染色，×1 000）

杆菌、鼠疫耶尔森菌；个别细菌的荚膜为透明质酸。

荚膜的意义：①抗吞噬作用。荚膜具有抗宿主吞噬细胞的吞噬作用，可增强细菌侵袭力。②抗有害物质的损伤作用。保护细菌免受体内溶菌酶、补体、抗菌抗体及抗菌药物等物质的损伤作用，与细菌的致病性有关。③具有免疫原性。荚膜成分具有免疫原性，可作为细菌鉴别和分型的依据。④黏附作用。荚膜多糖可使细菌彼此粘连，也可黏附定植于组织细胞或无生命物体表面形成生物膜，是引起感染的重要因素。如变异链球菌通过荚膜黏附于牙齿表面，利用口腔中食物糖分解产生的乳酸，破坏附着部位的牙釉质，形成龋齿。

2) 鞭毛 (flagellum)：指某些细菌菌体上附着的细长而呈波状弯曲的丝状物。鞭毛长 5~20μm，直径 12~30nm，需用电子显微镜才能进行观察；经特殊的染色法使鞭毛增粗着色，在普通显微镜下可见 (图 4-8)。鞭毛少者为 1~2 根，多者可达数百根；按鞭毛数目和位置，可分为单毛菌、双毛菌、丛毛菌和周毛菌 (图 4-9)。有鞭毛的细菌能在液体环境中自由游动，有趋利避害的作用。

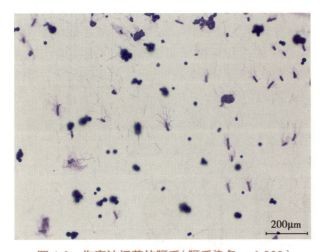

图 4-8　伤寒沙门菌的鞭毛（鞭毛染色，×1 000）

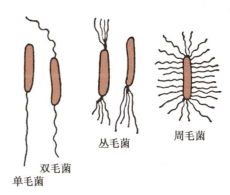

图 4-9　细菌鞭毛的类型模式图

鞭毛的意义：①鞭毛是细菌的运动器官，有鞭毛的细菌能运动，故可根据细菌动力试验鉴别细菌。如伤寒沙门菌与志贺菌形态类似，前者有鞭毛能运动，后者无鞭毛不能运动，可以此鉴别两菌。②鞭毛的化学成分主要是蛋白质，具有抗原性，称为 H 抗原。如沙门菌的鞭毛抗原在其菌群鉴定和分型中具有重要意义。③有些细菌的鞭毛与其致病性有关，如霍乱弧菌等利用鞭毛的运动穿透小肠黏膜表面的黏液层，使菌体黏附于肠黏膜上皮细胞而导致病变。

3) 菌毛 (pilus)：指大多数 G^- 菌和少数 G^+ 菌体表分布着的比鞭毛更细、更短而直硬的丝状物。菌毛在电镜下才可见 (图 4-10)，其主要化学成分为蛋白质。菌毛按功能分为普通菌毛和性菌毛。

普通菌毛：遍布于菌体表面，短而直，约数百根。普通菌毛是细菌的黏附结构，能与宿主表面特异性受体结合，牢固地黏附于泌尿生殖道等黏膜上皮细胞表面，进而侵入细胞引起感染。普通菌毛与细菌的致病性密切相关。

性菌毛：比普通菌毛长而粗，只有 1~4 根，为中空管状结构。性菌毛由 F 质粒编码，通常把有性菌毛的细菌称为 F^+ 菌或雄性菌，无性菌毛的细菌称为 F^- 菌或雌性菌。性菌毛能将 F^+ 菌的某些遗传物

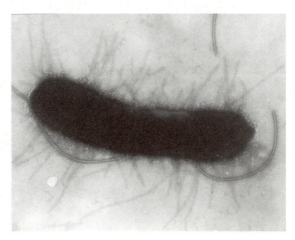

图 4-10　大肠埃希菌普通菌毛和性菌毛（透射电镜，×42 500）

质通过接合方式转移给 F⁻ 菌，使 F⁻ 菌获得 F⁺ 菌的某些性状。如细菌的毒力、耐药性等性状可以此种方式传递。

4）芽孢（spore）：指某些细菌在一定环境条件下，细胞质脱水浓缩在菌体内形成的圆形或椭圆形的小体。芽孢折光性强、通透性低、壁厚，不易着色，用特殊染色才能着色。产生芽孢的细菌均为 G⁺ 菌且多为杆菌。芽孢是细菌的休眠状态，其代谢相对静止，不具备分裂繁殖能力。芽孢带有完整的核质和酶等成分，能保存细菌的全部生命活性，是其抵抗外界不良环境的特殊存活形式（休眠体）。

芽孢在适宜的环境条件下，能吸水膨大，恢复酶活性，发芽形成新的具有分裂增殖能力菌体（繁殖体）。一个细菌只能形成一个芽孢，一个芽孢也只能形成一个繁殖体，所以芽孢不是细菌的繁殖方式。

芽孢的意义：①鉴别细菌。芽孢的大小、形状和位置随种而异，可用于鉴别细菌（图4-11）。②抵抗力强。芽孢对高温、干燥、辐射和化学消毒剂等理化因素均具有较强的抵抗力，广泛分布于自然界中并可存活数十年之久，一旦进入机体可发芽转化为繁殖体。如某些细菌芽孢可耐100℃沸水数小时，被炭疽杆菌芽孢污染的草原，其传染性可维持20~30年，因此防止芽孢污染伤口和环境具有重要的医学意义。③作为消毒灭菌的指标。由于芽孢抵抗力强，被芽孢污染的用具、医疗器械、敷料等进行灭菌时，用一般方法不易将其杀死。高压蒸汽灭菌法是杀灭芽孢最可靠的方法。进行消毒灭菌时，应以芽孢是否被杀死作为灭菌效果的指标。

图4-11　细菌芽孢形态与位置模式图

（3）L型细菌（L-form bacteria）：细菌细胞壁中的肽聚糖在受到理化因素或生物因素的直接破坏或合成被抑制，造成细胞壁部分缺损或全部丧失，这种细胞壁的缺陷型细菌称为L型细菌（图4-12）。L型细菌主要是肽聚糖的缺陷，所以凡能破坏肽聚糖结构或抑制其合成的物质（如抗生素、溶菌酶、紫外线及噬菌体等）都能损伤细菌细胞壁，使其形成L型。脱离诱变剂可恢复为正常细胞。

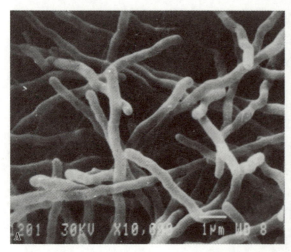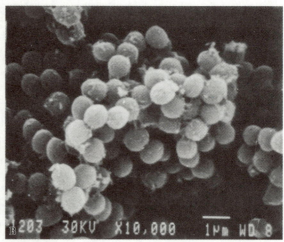

图4-12　金黄色葡萄球菌L型

A. 临床标本分出的丝状L型细菌（扫描电镜，×10 000）；B. 丝状L型细菌回复后（扫描电镜，×10 000）。

L型细菌根据细胞壁的缺陷程度，可分为原生质体和原生质球两类。G^+菌细胞壁肽聚糖缺失后，胞质仅被一层细胞膜包裹，称为原生质体。原生质体只能在与胞质渗透压接近的高渗透环境中存活；G^-菌细胞壁肽聚糖含量少，肽聚糖受损后仍有外膜保护，这种细胞壁部分缺损的细菌称为原生质球。原生质球在低渗透环境中仍能存活。

L型细菌缺乏完整的细胞壁，形态上呈高度多形性，大小不一，菌体呈球形、卵圆形、纺锤形或丝状等。L型细菌能够通过细菌滤器，不易着色或着色不均，无论其原为G^+菌或G^-菌，形成L型后，革兰氏染色均呈阴性。L型细菌对低渗敏感，必须培养在高渗、低琼脂和含血清培养基中才能缓慢生长，菌落呈细小的中间厚、四周薄的"油煎蛋"状。

L型细菌的分布广泛。某些L型细菌仍具有一定致病性，常引起慢性和反复发作性感染，如尿路感染、骨髓炎、心内膜炎等，常在使用作用于细胞壁的抗菌药物（青霉素等β-内酰胺类抗生素）治疗过程中发生。临床上遇有症状明显而标本常规细菌培养阴性者，应考虑到L型细菌感染的可能，宜做L型细菌的专门分离培养，并及时更换抗菌药物。

知识拓展

控制传染性和致病性生物膜，保护人类健康

细菌生物膜由细菌表面结构成分、鞭毛和菌毛及其分泌的胞外多聚物组成。20世纪末，医学界发现细菌生物膜与慢性感染性疾病密切相关。由生物膜引起的疾病被称为细菌生物膜相关性疾病。致病性微生物多为机会致病菌，其致病性与其形成生物膜的能力密切相关。随着导管技术、人工器官等医疗材料的广泛应用，因细菌生物膜导致的医院感染日渐严重。细菌生物膜的耐药性是其相关疾病治疗中面临的难点。机体免疫系统和抗生素均不能有效杀灭生物膜中的细菌。细菌生物膜感染的典型表现是经数次抗生素治疗后症状仍反复出现。在临床治疗中遇到难治性细菌感染时，应考虑生物膜感染的可能性。常见的细菌生物膜相关性疾病有龋齿、人工器官移植诱发的感染等。

（二）细菌的生理

细菌是一大群具有独立生命活动能力的单细胞微生物，它们能从外界环境中摄取营养物质，合成自身组分并获得能量，同时不断排出多种代谢产物，完成新陈代谢和生长繁殖的过程。细菌的生长繁殖与环境条件密切相关，条件适宜时，细菌的生长繁殖及代谢旺盛；条件改变时，细菌生长繁殖受到抑制或使细菌死亡。研究细菌的生理活动，对于细菌的分离鉴定、人工培养及病原菌所致疾病的诊断和防治具有重要意义。

1.细菌的化学组成 细菌细胞的化学组成与其他生物细胞相似，水占菌体重量的80%左右，固体成分仅占15%~20%，其中蛋白质占菌体干重的50%~80%，糖类占10%~30%，脂类占1%~7%，无机盐占3%~10%等。细菌还含有一些原核细胞型微生物所特有的化学组成，如肽聚糖、磷壁酸、胞壁酸、D-氨基酸、二氨基庚二酸等，这些物质在真核细胞中尚未发现。

2.细菌的生长繁殖

（1）细菌生长繁殖的条件：因细菌种类不同有所差异，但必须具备以下条件。

1）充足的营养物质：细菌所需的营养物质有水、碳源、氮源、无机盐和生长因子等。营养物质是构成菌体成分和供给细菌生命活动所需能量的物质来源。

水：是菌体的重要组成成分，也是细菌生命活动的必要条件，细菌所需的营养物质必须先溶于水，营养的吸收与代谢等过程均需有水才能进行。

碳源：细菌可以吸收利用各种含碳的无机物和有机物合成菌体成分，并为细菌提供能量。病

原菌主要从糖类中获取碳源。

氮源：用于合成菌体成分如蛋白质、酶、核酸等。病原菌主要从氨基酸、蛋白质等有机氮化物中获得氮。少数细菌（如固氮菌）可利用无机氮源如硝酸盐、氮气、铵盐等作为氮源，但利用率低。

无机盐：细菌生理活动所需无机盐包括钾、钠、钙、镁、铁、硫、磷、钴、铜、锌等。其主要功能：构成菌体成分；作为酶的组成成分，维持酶的活性；参与能量的储存和转运；调节菌体内外的渗透压；某些元素与细菌的生长繁殖和致病作用密切相关。如白喉棒状杆菌在含有 0.14mg/L 铁的培养基中白喉外毒素产量最高，铁浓度达到 0.6mg/L 则不产生毒素。

生长因子：某些细菌生长繁殖所必需的而自身又不能合成的有机化合物。主要包括维生素、某些氨基酸、嘌呤、嘧啶等。某些细菌还需要特殊的生长因子，如流感嗜血杆菌需要 V 因子、X 因子，二者均为细菌呼吸所必需的物质。

2) 合适的酸碱度：细菌新陈代谢所需的酶，其活性必须在适宜的 pH 和温度下才能高效地发挥作用。大多数病原菌最适的 pH 为 7.2~7.6，人体的血液、组织液 pH 为 7.4，故细菌在人体内适宜生长繁殖。个别细菌如霍乱弧菌在 pH 8.4~9.2 的碱性培养基中生长最好，结核分枝杆菌在 pH 6.5~6.8 条件下最适宜生长。

3) 适宜的温度：细菌生长的最适温度因细菌种类而有所差异。大多数病原菌最适生长温度为 37℃，与人体的体温相同。个别细菌如鼠疫耶尔森菌最适生长温度为 28~30℃。

4) 必要的气体环境：细菌生长繁殖需要的主要气体是氧气和二氧化碳。根据细菌代谢时对氧气需求的不同，可将细菌分为四类：①专性需氧菌，具有完善的呼吸酶系统，必须在有氧的环境中才能生长，如结核分枝杆菌、霍乱弧菌等。②微需氧菌，在低氧压（5%~6%）环境中生长最好，氧浓度>10%，对其生长有抑制作用，如幽门螺杆菌、空肠弯曲菌。③兼性厌氧菌，兼有需氧呼吸和无氧发酵两种功能，在有氧或无氧环境中均能生长，以有氧时生长较好，大多数病原菌均属此类。④专性厌氧菌，缺乏完善的呼吸酶系统，只能在无氧的环境中进行发酵，如破伤风梭菌、肉毒梭菌等。

（2）细菌生长繁殖的规律

1) 细菌个体的生长繁殖：细菌以二分裂方式进行无性繁殖。球菌可沿一个或多个平面分裂，杆菌则沿着横轴分裂，个别细菌如结核分枝杆菌也可呈分枝状分裂。多数细菌在适宜的条件下繁殖速度很快，仅需 20~30min 繁殖一代；少数细菌繁殖速度较慢，如结核分枝杆菌 18~20h 繁殖一代。

2) 细菌群体的生长繁殖：细菌繁殖速度很快，若按每 20min 繁殖一代计算，一个细菌 10h 后繁殖的数量可达 10 亿个以上。但事实上细菌在繁殖过程中，由于营养物质的耗竭、毒性代谢产物的积聚和环境 pH 的改变，细菌无法始终保持高速的无限繁殖，经过一段时间后，繁殖速度减慢，死亡菌数增多，活菌增长率随之下降并趋于停滞。

将一定数量的细菌接种到适宜的液体培养基中，连续定时定量取样检测活菌数，可发现其生长过程的规律性。以培养时间为横坐标，培养基中活菌数的对数为纵坐标，可绘制出一条反映细菌繁殖规律的生长曲线（图 4-13）。根据生长曲线，细菌群体的生长繁殖可分为四期。

迟缓期：细菌被接种后的 1~4h，是细菌进入新环境后的短暂适应阶段。这个时期菌体增大，代谢活跃，为细菌的分裂

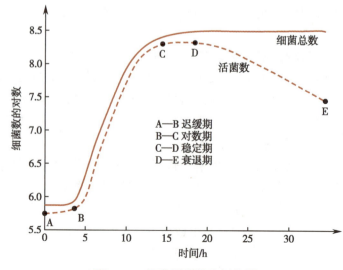

A—B 迟缓期
B—C 对数期
C—D 稳定期
D—E 衰退期

图 4-13　细菌群体的生长曲线

繁殖合成并累积充足的酶、辅酶和中间代谢产物。此期细菌分裂迟缓,繁殖极少。

对数期:又称指数期。该期细菌生长繁殖迅速,活菌数量以恒定的几何级数增长,生长曲线图上细菌数的对数呈直线上升,达到顶峰状态。此期细菌的生物学性状等都较典型,对外界环境因素的作用敏感。因此,研究细菌形态、染色特性、生理活动和药物敏感性等应选用此期细菌。此期一般为8~18h。

稳定期:由于培养基中的营养物质消耗、有害代谢产物积聚、环境 pH 下降等因素,细菌繁殖速度减慢,死亡菌数增加,此期新增菌数与死亡菌数趋于平衡。细菌形态、染色特性、生理活动常发生改变。细菌的外毒素、抗生素等代谢产物多在此期产生,芽孢也在此期形成。

衰退期:细菌的繁殖速度减慢直至停止,死菌数超过活菌数,细菌总数减少。该期细菌形态发生显著改变,细菌出现变形、肿胀或自溶。故陈旧培养的细菌难以鉴定。

细菌在自然界、人类或动物体内生长繁殖时受环境因素和机体免疫因素的影响不会按照典型的生长曲线生长,掌握细菌的生长规律,可人为地改变细菌生长条件,有利于发现和培养对人类有益的细菌。

3. 细菌的代谢产物及意义　细菌的新陈代谢包括分解代谢和合成代谢,分解代谢是将复杂的营养物质或胞内物降解为简单的化合物,为合成菌体成分提供原料的同时获得能量;合成代谢是将简单的小分子合成为复杂的大分子,构成菌体成分和酶,同时消耗能量。细菌代谢产物包括分解代谢产物和合成代谢产物,其中一些在医学上具有重要意义并可用于细菌的鉴定。

(1) 分解代谢产物及生化反应:各种细菌所具有的酶不完全相同,对营养物质的分解能力和分解代谢产物也有所不同。通过生物化学方法来检测细菌代谢产物,从而鉴别细菌的试验,称为细菌的生化反应试验。

1) 糖发酵试验:糖是构成细菌菌体和代谢供能的主要物质。不同的细菌分解糖类的能力和产生的代谢产物不同,可用于鉴别细菌。如大肠埃希菌具有甲酸脱氢酶,能分解葡萄糖和乳糖,产酸产气,以"⊕"表示;伤寒沙门菌缺乏甲酸脱氢酶可分解葡萄糖,仅产酸不产气,以"+"表示,不能发酵乳糖,以"−"表示。细菌产酸使培养基 pH 降低,使指示剂颜色改变,产气时可出现气泡。

2) VP 试验:大肠埃希菌和产气肠杆菌均能分解葡萄糖产酸产气,利用糖发酵试验难以鉴别。但产气肠杆菌能分解葡萄糖产生丙酮酸,并使丙酮酸脱羧生成中性的乙酰甲基甲醇,此物质在碱性溶液中被氧化生成二乙酰,二乙酰与蛋白胨中精氨酸所含有的胍基反应生成红色化合物,为 VP 试验阳性。大肠埃希菌不能生成乙酰甲基甲醇,故 VP 试验阴性。

3) 甲基红试验:由于代谢途径不同,有的细菌可使丙酮酸转化生成乳酸、琥珀酸、醋酸等大量酸性产物,使培养基的 pH 下降至 4.5 以下,使甲基红指示剂变红色,为甲基红试验阳性。产气肠杆菌能分解葡萄糖产生丙酮酸,并使丙酮酸脱羧后生成中性的乙酰甲基甲醇,培养液 pH > 5.4,以甲基红作为指示剂时,溶液呈橘黄色,甲基红试验阴性。大肠埃希菌分解葡萄糖产生丙酮酸,但不能使丙酮酸脱羧,培养液 pH ≤ 4.5,甲基红指示剂呈红色,甲基红试验阳性。

4) 柠檬酸盐利用试验:某些细菌能以柠檬酸盐作为唯一碳源,并以铵盐作为唯一氮源,在 pH 7.0 的培养基上,能分解柠檬酸盐生成碳酸盐,分解铵盐生成氨,使培养基变为碱性,使指示剂溴麝香草酚蓝(BTB)由浅绿色转为深蓝色,此为柠檬酸盐利用试验阳性。

5) 吲哚试验:某些细菌能分解培养基中的色氨酸生成无色的靛基质(吲哚),吲哚与试剂中的对二甲基氨基苯甲醛反应,生成玫瑰吲哚而呈红色,此为吲哚试验阳性。

6) 硫化氢(H_2S)试验:有些细菌如乙型副伤寒沙门菌、变形杆菌等能分解培养基中的含硫氨基酸(如胱氨酸、甲硫氨酸等)生成 H_2S,H_2S 与培养基中铁或铅离子结合生成黑色的硫化亚铁或硫化铅沉淀物,为硫化氢试验阳性。

细菌的生化反应是细菌鉴别的重要依据。其中吲哚(I)、甲基红(M)、伏 - 波(VP)、柠檬酸盐利用（C）四种试验常用于肠杆菌科细菌的鉴定，合称为 IMViC 试验。例如，大肠埃希菌 IMViC 试验的结果是"++－－"，产气肠杆菌则为"－－++"。

（2）合成代谢产物及医学意义

1）**热原质**：许多 G$^-$ 菌和少数 G$^+$ 菌在代谢过程中合成的一种注入人体或动物体内能引起发热反应的物质，又称致热原。G$^-$ 菌的热原质就是细胞壁中的脂多糖，即内毒素。热原质耐高温，高压蒸汽灭菌法（121.3℃，20min）亦不被破坏。玻璃器皿中的热原质需经 250℃、45min 或 180℃、4h 高温干烤才能破坏。吸附剂和特殊石棉滤板可去除液体中的大部分热原质，蒸馏法是去除热原质最好的方法。在护理实践中，制备和使用生物制品、注射液、抗生素等过程中应严格无菌操作，防止细菌污染，以确保无热原质的存在，避免发生输液反应。

2）**毒素和侵袭性酶类**：毒素是病原菌在代谢过程中合成的对机体有毒害作用的物质，包括外毒素和内毒素。侵袭性酶类是某些细菌产生的具有侵袭性的酶。如金黄色葡萄球菌产生的血浆凝固酶，链球菌产生的透明质酸酶、链激酶等。毒素和侵袭性酶均与细菌致病性密切相关。

3）**色素**：有些细菌在适宜条件下能产生各种颜色的色素。细菌色素有水溶性色素和脂溶性色素两种。铜绿假单胞菌可以产生水溶性绿色色素，使培养基、伤口脓液及纱布敷料等染成绿色。金黄色葡萄球菌可以合成脂溶性金黄色色素，不溶于水，只存在于菌体，使菌落呈金黄色，培养基不显色；细菌色素有助于鉴别细菌。

4）**抗生素**：是某些真菌、放线菌和细菌在代谢过程中产生的一类能抑制或杀灭其他微生物或肿瘤细胞的物质。如真菌产生的青霉素、放线菌产生的链霉素、细菌产生的杆菌肽等。抗生素可用于感染性疾病与肿瘤的治疗。

5）**细菌素**：指能产生仅对有亲缘关系菌株具有抗菌作用的蛋白质或多肽类物质。细菌素与抗生素作用相似，其抗菌范围很窄，仅对与产生菌有亲缘关系的细菌有杀伤作用。细菌素具有种和型特异性，常用于细菌的分型和流行病学调查。目前已知的细菌素有葡萄球菌素、大肠菌素、绿脓菌素等。

6）**维生素**：某些细菌能合成一些维生素，除供自身需要外，还能分泌到周围环境中。如人体肠道内的大肠埃希菌能合成维生素 B 族和维生素 K，供人体吸收利用。

> **重点提示**
> 细菌合成代谢产物如热原质等在医学上的意义

4. 细菌的人工培养

（1）培养基的概念及种类：根据细菌生长繁殖的条件和规律，用人工方法为其提供营养物质和适宜的环境条件，使细菌在培养基上生长繁殖称为细菌的人工培养。它对于明确传染病病因、制备疫苗、流行病学调查、抗菌药物的选择、生产及科研等方面都具有重要的意义。

培养基（culture medium）是由人工方法配制的适合细菌或其他微生物生长繁殖的混合营养制品。培养基 pH 一般为 7.2~7.6，培养基制成后必须经灭菌处理。培养基按其物理性状可分为液体培养基、半固体培养基和固体培养基（通常又称平板），按营养物质和用途可分为基础培养基、营养培养基、鉴别培养基、选择培养基和厌氧培养基等。

（2）细菌在培养基的生长现象：将细菌接种于培养基中，一般经过 37℃ 18~24h 后，即可观察其生长现象。不同细菌在不同培养基中生长现象不同。

1）液体培养基中的生长现象：不同种类的细菌在液体培养基中生长情况不同，可以出现混浊、沉淀和菌膜三种现象。大多数细菌在液体培养基中生长繁殖后呈现均匀混浊状态，多属兼性厌氧菌；厌氧菌或少数呈链状排列的细菌（如乙型溶血性链球菌）呈沉淀生长；专性需氧菌（如炭疽杆菌）在液体培养基的表面生长，常形成菌膜。在临床护理实践中，若发现澄清透明的药液出现以上现象，则提示药液可能被细菌污染，不宜使用。

2）固体培养基中的生长现象：将标本和培养物划线接种于固体培养基表面，因划线的分散作用,许多混杂的细菌在固体培养基表面散开,称为分离培养。一般经 18~24h 培养后,单个细菌分裂繁殖形成肉眼可见的细菌集团,称为菌落(colony)。许多菌落融合成片,称为菌苔(lawn)。不同细菌形成的菌落大小、形态、颜色、湿润度、表面光滑度及在血平板上的溶血情况等都有所不同,这些菌落特征有助于鉴别细菌。

3) 半固体培养基中的生长现象:将细菌穿刺接种于半固体培养基中,无鞭毛的细菌沿穿刺线生长,有鞭毛的细菌则沿穿刺线向周围呈放射状或云雾状扩散生长,借此可以鉴别细菌有无动力。

(3)人工培养细菌的意义:细菌培养对疾病的诊断、预防、治疗和科学研究等多方面都具有重要作用。

1) 感染性疾病的诊断与防治:从患者病灶中分离培养出病原菌是诊断细菌性疾病最可靠的依据。同时应对分离出的病原菌进行药物敏感试验,以供临床选择有效的抗菌药物,指导用药。

2) 细菌的鉴定和研究:研究细菌的形态、生理、遗传变异、致病性、免疫性和耐药性等,都需要人工培养细菌才能实现。此外,分离培养细菌也是人们发现新现病原菌的先决条件。

3) 生物制品的制备:将分离培养出来的纯种细菌,制成诊断菌液,供传染病诊断使用;制备疫苗、类毒素可用于传染病的预防;制备免疫血清或抗毒素等可用于传染病的治疗和紧急预防。

4) 基因工程中的应用:因细菌具有繁殖快、易培养的特点,故大多数基因工程的实验和生产,首选在细菌中进行。如应用基因工程技术制备出的胰岛素、干扰素及乙肝疫苗等。

5) 卫生学指标检测:通过定量培养计数等对食品、饮用水等微生物学卫生指标进行检测。

知识拓展

HBV、HDV 感染关键受体 NTCP

2012 年,我国科研人员发现钠离子牛磺胆酸共转运多肽(NTCP)是一种溶质载体,它被发现可作为乙型肝炎病毒(HBV)和丁型肝炎病毒(HDV)的关键受体(共同受体),在介导病毒入侵肝细胞过程中起着关键作用。NTCP 是第十个溶质转运蛋白家族(SLC10)中第一个被发现的转运体蛋白(SLC10A1),特异性地表达于肝细胞表面。NTCP 的发现为进一步深入研究 HBV 及相关致病机制打开了新的大门,并为研发新的药物和治疗手段提供了可能。近年来,以 NTCP 为靶点的肝炎病毒进入抑制剂的开发已成为病毒性肝病药物研发的主流。

(三) 细菌的遗传与变异

细菌同其他生物一样,也具有遗传和变异的生命特征。细菌的形态结构、新陈代谢、致病性、免疫性和对药物的敏感性等性状都是由细菌的遗传物质决定的。在一定环境条件下,亲代将其生物学性状传给子代,亲代与子代之间具有相似的生物学性状并代代相传,称为遗传(heredity)。遗传使细菌的生物学性状保持相对稳定,使细菌的种属得以延续。子代与亲代之间及子代与子代之间生物学性状的差异称为变异(variation)。变异使细菌能更好地适应外界环境的变化,有利于其在自然界不断进化,产生变种或新种。细菌的变异可分为遗传性变异和非遗传性变异。

1.细菌遗传变异的物质基础 染色体和质粒是细菌的遗传物质。噬菌体在遗传物质转移过程中起载体作用,与细菌的变异密切相关。

(1)染色体:是一条环状闭合双螺旋 DNA 长链,按一定构型高度盘旋缠绕成松散的网状结构,不含组蛋白,裸露在细胞质中。其 DNA 的复制也按碱基配对原则进行,复制过程中若子代 DNA 发生变化,就会使子代发生变异而出现新的生物学性状。染色体是细菌生命活动所必需的遗传物质,控制着细菌的形态、代谢、繁殖、遗传和变异等生物学性状。

(2)质粒(plasmid):是细菌染色体以外的遗传物质,具有以下的基本特征。①自我复制。质粒具有自我复制的能力，并可随着细菌的分裂而传给子代细菌。②决定某些生物学性状。质粒基因编码的产物赋予宿主菌某些特殊生物学性状，如致育性、耐药性、致病性等。③可丢失性。质粒可从宿主细胞中自行丢失或经紫外线等理化因素处理后消除。质粒不是细菌生命活动所必需的遗传物质，若质粒丢失或消除，质粒所控制的生物学性状随之消失，但宿主细胞的生命活动不受影响。④可转移性。质粒可通过接合、转导和转化等方式在细菌之间转移，从而引起细菌变异。⑤相容性与不相容性。质粒可分为相容性质粒和不相容性质粒。几种不同的质粒能共存于一个宿主菌内称为相容性，反之则为不相容性。

（3）噬菌体：是侵袭细菌、真菌、放线菌和螺旋体等微生物的病毒，只寄居在易感宿主菌体内并能使细菌裂解，广泛分布于自然界，具有病毒的基本特征。

1）生物学性状：噬菌体体积微小，可通过细菌滤器，需用电子显微镜才能观察到；有蝌蚪形、微球形和线形三种。噬菌体多呈蝌蚪形（图4-14），由头部和尾部组成（图4-15）。其头部由二十面立体对称的蛋白质衣壳包绕核酸组成，尾部呈管状，化学成分为蛋白质，尾部中心是尾髓，外包尾鞘，终止于尾板。尾板连接尾刺和尾丝，是噬菌体与易感宿主菌接触和吸附的部位。

噬菌体分布广泛，只要有易感宿主菌的环境就可能有相应的噬菌体。噬菌体具有严格的宿主特异性，即一种噬菌体只能感染某一种微生物，甚至某一种中的某一型，所以可以利用噬菌体对细菌等进行鉴定和分型。噬菌体有免疫原性，能特异性刺激机体产生相应抗体，抗体抑制噬菌体感染易感细菌。噬菌体对理化因素的抵抗力比一般细菌的繁殖体强，但对紫外线和X射线敏感。

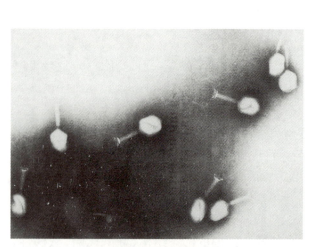

图4-14　蝌蚪形噬菌体

大肠埃希菌T2噬菌体（扫描电镜，×40 000）

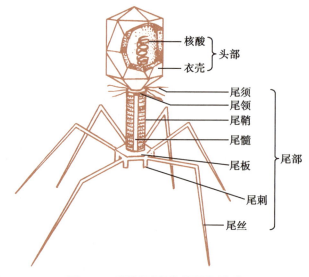

图4-15　蝌蚪形噬菌体结构模式图

2）噬菌体与细菌的相互关系：根据噬菌体与宿主菌的关系，可分为毒性噬菌体和温和噬菌体两类。

毒性噬菌体：能在宿主菌体内以复制方式增殖，产生子代噬菌体，并可裂解细菌完成溶菌周期的噬菌体称为毒性噬菌体。毒性噬菌体在宿主菌体内的增殖过程包括三个阶段。①吸附穿入。蝌蚪形噬菌体感染宿主菌时，先通过尾刺（或尾丝）特异性地吸附于宿主菌表面相应受体上，尾鞘收缩，头部中的核酸经尾髓小孔注入菌体细胞内，蛋白质外壳留在菌体外。②生物合成。噬菌体DNA注入菌体细胞后，以复制方式进行增殖，以噬菌体DNA为模板复制子代噬菌体DNA，同时合成子代噬菌体的外壳蛋白质。③成熟释放。子代噬菌体DNA和外壳蛋白合成后，在宿主菌细胞质内装配成完整的子代噬菌体。当子代噬菌体增殖到一定数量时，细菌发生裂解释放出子代噬菌体，又可感染其他易感细菌，不断重复上述增殖过程。

温和噬菌体：有些噬菌体感染宿主菌后并不增殖，而是将噬菌体基因整合到细菌的基因中，并随着细菌基因进行复制。当细菌以二分裂方式繁殖时，噬菌体基因随同细菌分裂传至两个子代细菌中，这种随着细菌分裂而传代的状态称为溶原状态。形成溶原状态的噬菌体称为溶原性噬菌体或温和噬菌体。整合在细菌DNA上的噬菌体基因称为前噬菌体。带有前噬菌体的细菌称为溶原性细菌。整合的前噬菌体可偶尔自发地或在某些因素的诱导下脱离宿主菌染色体进入溶菌周期，导致细菌裂解。因此，温和噬菌体既有溶原周期又有溶菌周期，一般温和噬菌体可转变为毒性噬菌体，而毒性噬菌体只有溶菌周期（图4-16）。

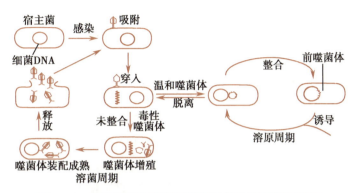

图 4-16　毒性噬菌体和温和噬菌体的生活周期示意图

2. 细菌变异的发生机制　细菌的遗传性变异是由基因结构改变而引起的变异，基因结构改变主要是通过基因突变、基因转移与重组来实现。

（1）**基因突变**：突变（mutation）是细菌遗传物质的结构发生突然而稳定的变化，导致细菌性状发生遗传性变异。自发突变指细菌在生长繁殖过程中自然出现的突变，但是突变概率极低，一般在 $10^{-9} \sim 10^{-6}$。通过人工诱导产生的突变称诱发突变，指用某些理化因素，如紫外线、X射线、亚硝酸盐等诱导细菌突变。诱导突变率可比自发突变率提高10~1 000倍，达到 $10^{-6} \sim 10^{-4}$。

突变是DNA上核苷酸序列的改变，根据突变片段的大小不同，分为小突变和大突变。小突变是由于个别或几个碱基的置换、插入或缺失引起的，影响到一个或几个基因的改变，又称基因突变或点突变。大突变是由于大段DNA发生改变，包括染色体结构上的缺失、重复、插入、易位和倒置，即遗传物质结构较大范围的改变，又称染色体畸变。染色体畸变往往导致细菌死亡。大突变发生的概率比小突变低，相差可达1万倍。

（2）**基因转移与重组**：基因在细菌间的转移与重组是引起遗传性变异的一个重要原因。外源性的遗传物质，由提供DNA的供体菌转入到接受DNA受体菌细胞内的过程，称为基因转移。提供外源性的遗传物质的细菌称为供体菌。染色体DNA片段、质粒DNA和噬菌体基因等是供体菌的外源性遗传物质。细菌将获得的外源性DNA与自身DNA进行重组，引起细菌原有基因组的改变导致遗传性状的变异，称为基因重组。基因转移与重组的方式有转化、转导、接合和溶原性转换等。

1）转化（transformation）：受体菌直接摄取供体菌游离的DNA片段，并与自身DNA进行整合重组，使受体菌获得新的遗传性状。如Ⅱ型无荚膜无毒力的肺炎链球菌摄取Ⅲ型有荚膜有毒力的肺炎链球菌DNA后，即转化为有荚膜有毒力的Ⅲ型肺炎链球菌。在转化的过程中，受体菌只有处于感受态时才能摄取游离的DNA。感受态一般出现在细菌对数生长期的后期，保持时间短，只有几分钟至3~4h。此时细菌表面有一种吸附DNA的受体，容易吸收供体菌DNA而发生转化。

2）转导（transduction）：以温和噬菌体为载体，将供体菌的DNA片段转移到受体菌内，使受体菌获得新的遗传性状。根据转导基因片段的范围，分为普遍性转导和局限性转导。

普遍性转导：噬菌体成熟装配过程中，噬菌体DNA已大量复制，外壳蛋白已合成，同时宿主菌染色体被酶切成许多大小不一的片段。当噬菌体DNA装配入衣壳组成新的噬菌体时，在 $10^{5} \sim 10^{7}$

次装配中会有一次装配错误，误将细菌 DNA 片段装入到噬菌体衣壳中，产生一个转导噬菌体。当转导噬菌体再次感染受体菌时，则将供体菌 DNA 带入受体菌内。被误装入的 DNA 片段可以是供体菌染色体上的任何部分，称为普遍性转导（图 4-17）。

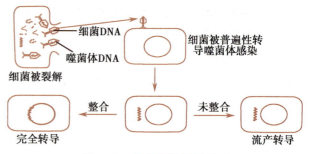

图 4-17　普遍性转导模式图

在普遍性转导中，如供体菌的 DNA 片段与受体菌的染色体整合并随染色体的复制而传代，称完全转导。如供体菌 DNA 片段不能与受体菌染色体整合，仍保持游离状态，也不自我复制，当细菌分裂时，游离 DNA 只能进入一个子代细菌，供体菌 DNA 的遗传性状不能在受体菌中传代和表达，称流产转导。

局限性转导：温和噬菌体的基因以前噬菌体的形式整合在细菌染色体 DNA 的某一特定位置，当终止这种溶原状态时，前噬菌体从宿主菌染色体上脱落下来，含有 10^{-6} 概率发生偏差脱离，连同相邻一段细菌染色体上的基因一起组装到噬菌体衣壳内。当此噬菌体再次侵入受体菌时，可带入原供体菌的特定基因，使受体菌获得供体菌的某些遗传性状。如大肠埃希菌染色体的半乳糖苷酶基因（*gal*）和生物素基因（*bio*）之间整合了 λ 温和噬菌体，发生偏差脱离时将两边的 *gal* 或 *bio* 基因带走，并带入受体菌（图 4-18）。因所转移的只限于供体菌 DNA 上个别特定的基因，故称为局限性转导。

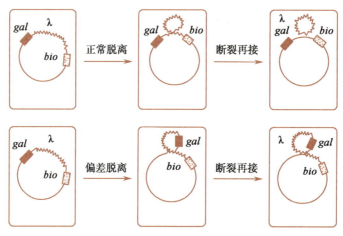

图 4-18　局限性转导模式图

3）接合（conjugation）：细菌之间通过性菌毛相互连接，将供体菌的遗传物质（如质粒）转移给受体菌，使受体菌获得供体菌某些遗传性状的过程称为接合。质粒可分为接合性质粒和非接合性质粒。

接合性质粒指能介导接合作用的质粒，该质粒可通过接合转移。接合性质粒有 F 质粒、R 质粒、Col 质粒、毒力质粒等，G⁻ 菌广泛存在接合作用，如肠杆菌科的细菌。非接合性质粒不能通过接合方式传递。

F 质粒的接合：F 质粒通过性菌毛进行转移。接合时，F⁺ 菌的性菌毛末端与 F⁻ 菌表面上的受体结合，结合后性菌毛逐渐缩短，使两菌紧靠在一起。F⁺ 菌中 F 质粒的一股 DNA 链断开，逐渐由细胞连接处伸入 F⁻ 菌，继而以滚环模式进行复制。因此，在受体菌获得 F 质粒时供体菌并不失去 F 质粒。受体菌获得 F 质粒后变为 F⁺ 菌，也会出现性菌毛（图 4-19）。

R 质粒的接合：R 质粒由耐药传递因子（RTF）和耐药决定因子（r-det）两部分组成。RTF 的功能与 F 质粒相似，可编码性菌毛的产生并通过接合转移 R 质粒。r-det 是编码菌株对抗生素耐药的基因。这两个部分可以单独存在，也可以结合在一起，但单独存在时不能发生质粒的接合性转移，只有二者组成复合体时才能通过性菌毛将耐药性基因转移给其他细菌。

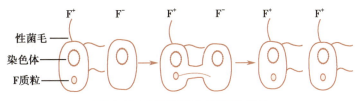

图 4-19　F 质粒接合转移模式图

目前耐药菌株日益增多，除了与细菌耐药性基因的突变有关，主要是由于 R 质粒在同种属或不同种属的细菌之间转移，造成细菌耐药性的广泛传播，给疾病的防治造成很大困难。

4）溶原性转换（lysogenic conversion）：温和噬菌体感染宿主菌后，噬菌体基因整合到宿主菌的染色体中，此状态的宿主菌称为溶原性细菌，溶原性细菌基因型发生改变，从而获得由噬菌体基因编码的新遗传性状，称为溶原性转换。产气荚膜梭菌和肉毒梭菌分别可因溶原性转换而获得产 α 毒素和肉毒毒素的能力。溶原性细菌如相应的前噬菌体丢失，产生的相应遗传性状也会消失。

3. 细菌常见的变异现象　细菌的变异现象表现为形态与结构的变异、菌落变异、毒力变异及耐药性变异。

（1）**形态与结构变异**：细菌的形态和结构在受到外界环境因素或基因突变影响会发生变异现象，失去典型特性。有细菌的 L 型变异、荚膜变异、鞭毛变异（H-O 变异）、芽孢变异等。

（2）**菌落变异**：细菌的菌落可分为光滑型（smooth，S）和粗糙型（rough，R）两种。S 型菌落表面光滑、湿润、边缘整齐。细菌经人工培养多次传代后 S 型菌落可逐渐变异为 R 型菌落。R 型菌落表面粗糙、干瘪、边缘不整齐。这种光滑型与粗糙型之间的变异称为 S-R 型变异。S-R 型变异时，常伴有生化反应能力、抗原性、毒力等的改变。

（3）**毒力变异**：细菌的毒力变异可表现为毒力减弱或增强。有毒菌株长期人工培养，或在培养基中加入少量对其生长不利的化学药品或免疫血清，细菌的毒力可减弱或消失。如用于预防结核病的卡介苗（BCG）是将有毒力的牛型结核分枝杆菌接种在含甘油、胆汁和马铃薯的培养基中，经过 13 年 230 次传代而获得的一株毒力减弱、免疫原性完整的变异株。人体接种 BCG 后，其对人体不致病，但可以刺激机体获得特异性免疫力。

（4）**耐药性变异**：细菌对某种抗菌药物可由敏感变异为不敏感，称为耐药性变异。如某些细菌携带接合性 R 质粒，可通过接合作用将 R 质粒传递给敏感细菌，使其获得耐药性。耐药性质粒不但可以在同种细菌间传递，还可在异种细菌之间传递，使得耐药性细菌不断增加，给临床感染性疾病的治疗带来了一定的困难。

4. 细菌遗传变异在医学中的应用　细菌遗传变异的理论知识和技术广泛应用于疾病的诊断、治疗和预防等方面；基因工程技术更为人类控制细菌的遗传特征、改造现有生物品系、生产新的生物制品开辟了广阔的前景。

（1）**在疾病诊断、治疗和预防中的应用**

1）在疾病诊断中的应用：由于细菌在形态、大小、结构、染色性、生化反应、毒力和抗原性等方面均可发生变异，所以在进行细菌学检查时不仅要熟悉细菌的典型性状，还要了解细菌的变异现象和规律，才能对感染性疾病作出正确的诊断。如从伤寒患者体内采集标本分离出的伤寒杆菌因发生变异，约 10% 的菌株不产生鞭毛，检查时无动力，患者也不产生抗鞭毛（H）抗体，血清学试验也不出现 H 凝集。又如临床常根据血浆凝固酶试验区分葡萄球菌有无致病性，但是目前有许多凝固酶阴性的葡萄球菌也具有致病性。

2）在疾病治疗中的应用：由于抗生素的广泛应用，临床分离的细菌耐药株日益增多，尤其 R 质粒可以在细菌之间转移，使耐药菌株的出现更为频繁。为提高抗菌药物的疗效，防止耐药菌株的扩散，治疗时应遵循以下原则：①治疗前应先做药物敏感试验，指导选择用药。②对于结核病等慢性感染性疾病，由于治疗需长期用药，容易产生耐药性，治疗时应几种药物联合使用。因为敏感菌对两种抗菌药物同时出现耐药的突变率比一种药物要小得多。③用药应足剂量、全疗程，彻底杀灭病原菌。④加强细菌耐药性监测，正确指导临床用药并防止耐药菌株的扩散。

3）在疾病预防中的应用：为预防传染病的发生，用人工的方法使细菌发生毒力变异成为减毒或无毒但仍保留免疫原性的变异株，制成活菌苗。如目前使用的 BCG，就是用有毒的结核分枝杆菌的减毒变异株制备而成的。在疫苗的研究进展中应用变异的原理，通过选择和基因工程来获得新的变异株，以制备更理想的疫苗，用于人工主动免疫以提高人群免疫力。

（2）**在测定致癌物质方面的应用**：细菌的基因突变可由诱变剂引起。具有诱导细菌突变的物质也可能诱发人体细胞的突变，这些物质可能是致癌物质。埃姆斯实验（Ames test）是通过检测细菌的诱发突变率筛选可疑致癌物。埃姆斯采用鼠伤寒沙门菌组氨酸营养缺陷型（his⁻）作为试验菌，his⁻ 菌在组氨酸缺乏的培养基上不能生长，若在可疑诱变剂作用下发生突变成为 his⁺ 菌，则能够生长。这表明细菌的营养缺陷基因发生了突变，作为诱变剂的物质则为可疑致癌物。计数有可疑诱变剂诱导的试验平板与无诱变剂诱导的对照平板培养基上的菌落数，凡能提高突变率、诱导菌落数高出对照菌落数 1 倍，则埃姆斯实验阳性，即提示待检物有潜在的致癌性。

（3）**在基因工程方面的应用**：基因工程又称遗传工程，是在分子遗传学基础上发展起来的一门生物技术，其核心是 DNA 重组技术。主要包括以下几方面：

1）从复杂的生物体基因组中分离出带有目的基因的 DNA 片段，将其连接到能够自我复制的质粒、噬菌体或其他载体分子上，形成重组 DNA 分子。

2）将重组 DNA 分子转移到受体菌（或其他宿主细胞）并进行筛选。

3）使受体菌（或其他宿主细胞）能够实现功能表达，随着细菌的大量繁殖，就可以表达出大量所需的基因产物。

目前通过基因工程已能使工程菌大量生产重组胰岛素、干扰素、生长激素等制品，并已探索用基因工程的方法治疗基因缺陷型疾病。

二、细菌的感染与免疫

案例

患者，男，40 岁，8d 前生锈铁钉刺伤足底，现因牙关紧闭、全身肌肉强直性收缩伴阵发性痉挛、面唇发绀及呼吸困难入院。入院后诊断为破伤风。

请问：

1. 根据患者诊断，判断可能的感染途径？
2. 患者感染后引起临床症状的致病物质是什么？

细菌突破机体防御功能侵入机体后，能否引起疾病与机体的免疫力、细菌的致病性等因素密切相关。

（一）细菌的致病性

细菌能引起宿主疾病的性能称为致病性。对宿主具有致病性的细菌称为病原菌或致病菌。细菌的致病性是对特定宿主而言，有的只对人类有致病性，有的仅对某些动物有致病性，有的则对人类和动物都有致病性。不同病原菌感染宿主后引起不同程度的病理过程，导致不同的疾病。细菌的致病性与细菌的毒力、侵入数量和侵入途径等因素密切相关。

1. 细菌的毒力　病原菌致病能力的强弱程度称为毒力（virulence）。病原菌毒力越强引起感染可能性越大。各种病原菌可因菌型和菌株的不同存在毒力的不同，也可因宿主种类及环境条件不同而发生变化。因此同一种细菌也有强毒、弱毒与无毒菌株之分。

细菌的毒力常用半数致死量（median lethal dose，LD_{50}）或半数感染量（infective dose 50%，ID_{50}）测定，LD_{50}指在一定条件下能使一定体重或年龄的 50% 实验动物死亡所需的最小细菌数或毒素量，ID_{50}指在一定条件下能使一定体重或年龄的 50% 实验动物或组织培养细胞被感染所需的最小细菌数。构成细菌毒力的物质基础是侵袭力和毒素。

重点提示

构成细菌的毒力的物质基础

（1）侵袭力：病原菌突破机体的防御功能，在体内定居、繁殖及扩散的能力称为侵袭力。决定细菌侵袭力的物质基础是菌体的表面结构和侵袭性酶类。

1）菌体的表面结构：①荚膜具有抗吞噬和抵抗体液中杀菌物质的作用，使病原菌逃避宿主的免疫防御功能，在宿主体内存活、繁殖和扩散。因此荚膜在细菌的免疫逃逸现象中起着重要的作用。研究表明，将无荚膜的肺炎链球菌注射至小鼠腹腔，细菌易被小鼠吞噬细胞吞噬、杀灭；但若注射有荚膜的菌株，细菌则大量繁殖，小鼠常于注射后 24h 内死亡。此外，有些细菌表面有其他表面物质或类似荚膜物质。如 A 群链球菌的 M 蛋白；伤寒杆菌的 Vi 抗原；大肠埃希菌的 K 抗原等，在致病过程中其功能与荚膜类似。②黏附素是存在于病原菌表面具有黏附作用的分子。黏附素一类是菌毛黏附素，存在于菌毛顶端的与黏附相关的分子，如淋球菌的菌毛黏附素等；另一类是非菌毛黏附素，菌毛之外存在的与黏附相关的分子，如 A 群链球菌的 LTA-M 蛋白复合物等。细菌致病首先需黏附并定居在宿主皮肤、黏膜上皮细胞上，之后侵入组织细胞生长繁殖及扩散。黏附作用使细菌免于被呼吸道的纤毛摆动、黏液分泌、尿液冲洗等活动所清除，便于病原菌在局部定居、繁殖，产生毒性物质或继续侵入细胞、组织引起疾病。

2）侵袭性酶类：病原菌在感染过程中产生的具有侵袭性的胞外酶，有助于病原菌的抗吞噬、协助细菌在体内扩散。如金黄色葡萄球菌的血浆凝固酶能使血浆中的可溶性纤维蛋白原转变成固态的纤维蛋白，包裹在菌体表面，抵抗吞噬细胞的吞噬；A 群链球菌产生的透明质酸酶和链激酶可分解细胞间质透明质酸和溶解纤维蛋白，有利于细菌及毒素在组织中扩散。

（2）毒素（toxin）：是细菌在生长繁殖过程中产生的对机体有毒性作用的致病物质。按其来源、性质和作用等的不同，可将毒素分为外毒素和内毒素两大类。

1）外毒素（exotoxin）：是由多数 G^+ 菌和少数 G^- 菌在生长繁殖过程中合成并分泌或菌体裂解后释出到菌体外的毒性蛋白质。如 G^+ 菌中的破伤风梭菌、肉毒梭菌、金黄色葡萄球菌及 G^- 菌中的痢疾志贺菌、霍乱弧菌等，均能产生外毒素。大多数外毒素在细菌细胞内合成后分泌到细菌细胞外；也有些外毒素存在于细菌细胞内，待细菌细胞破裂后释放出来，如痢疾志贺菌的外毒素。

外毒素主要特性：①多数外毒素化学成分是蛋白质，由 A、B 两个亚单位组成。A 亚单位是外毒素的活性部分，即毒性中心，决定其毒性效应；B 亚单位是无毒单位，能选择性地与宿主细胞表面特异性受体结合，介导 A 亚单位进入宿主细胞产生毒性效应。B 亚单位的作用与外毒素的组织选择性有关。单独的 A 或 B 亚单位对宿主无致病作用，因此外毒素分子结构的完整性是致病的必要条件。②大多数外毒素不耐热，60~80℃ 30min 被破坏。但葡萄球菌肠毒素例外，能耐受 100℃ 30min。外毒素遇酸发生变性，可被蛋白酶分解。③外毒素毒性强，微量外毒素可致易感动物死亡。肉毒毒素是目前已知毒性最强的外毒素。外毒素可选择性地作用于某些组织和器官，引起典型临床表现。如破伤风梭菌和肉毒梭菌虽然产生的外毒素都是神经毒素，破伤风痉挛毒素主要与中枢神经系统抑制性突触前膜结合，阻断抑制性神经递质甘氨酸的释放，引起骨骼肌强直性痉挛；肉毒毒素则主要作用于胆碱能神经轴突末梢，抑制胆碱能运动神经释放乙酰胆碱，引起肌肉松弛性麻痹，出现眼睑下垂、吞咽困难甚至呼吸麻痹，二者的临床症状截然不同。④外毒素免疫原性强，可特异性刺激机体产生抗体（抗毒素）；外毒素经 0.3%~0.4% 甲醛溶液作用一定时间可脱去毒性，保留其免疫原性，制成类毒素，类毒素可刺激机体产生特异性的抗毒素，可用于预防接种。

外毒素根据对宿主细胞的亲和性及作用靶点等，可分为神经毒素、细胞毒素和肠毒素三大类见表 4-2。

表 4-2　外毒素的种类和作用机制

类型	毒素名称	产生细菌	所致疾病	症状体征	作用机制
神经毒素	痉挛毒素	破伤风梭菌	破伤风	骨骼肌强直性痉挛	阻断抑制性神经递质甘氨酸的释放
	肉毒毒素	肉毒梭菌	肉毒中毒	肌肉弛缓性麻痹	抑制胆碱能运动神经释放乙酰胆碱
细胞毒素	白喉毒素	白喉棒状杆菌	白喉	肾上腺出血、心肌损伤、外周神经麻痹	抑制靶细胞蛋白合成
	致热外毒素	A 群链球菌	猩红热	发热、猩红热皮疹	破坏毛细血管内皮细胞
肠毒素	肠毒素	霍乱弧菌	霍乱	剧烈呕吐、腹泻、米泔水样粪便	激活肠黏膜腺苷环化酶，提高细胞内环腺苷酸（cAMP）水平
	肠毒素	金黄色葡萄球菌	食物中毒	呕吐、腹泻	作用于呕吐中枢

2）内毒素（endotoxin）：是 G^- 菌细胞壁的成分脂多糖，只有在细菌菌体死亡裂解后才能释放出来。脂多糖存在于 G^- 菌细胞壁外膜的最外层，其分子结构从外到内由 O 特异性多糖、非特异核心多糖和脂质 A 三部分组成（图 4-20）。内毒素的主要毒性成分是脂质 A。大多数 G^- 菌都有内毒素。螺旋体、衣原体、立克次体等细胞壁中也有类似的脂多糖，具有内毒素活性。

内毒素耐热，加热 160℃ 2~4h 或用强碱、强酸或强氧化剂煮沸 30min 才能灭活。此性质在临床实践中具有重要的意义，如被内毒素污染的注射液和药品，难以用加热方法使其灭活，进入机体会引起临床不良后果。

内毒素毒性作用相对较弱，且对组织器官无选择性，不同 G^- 菌产生的内毒素致病作用相似，引起的临床表现大致相同。主要表现：①发热反应。微量（1~5ng/kg）内毒素入血后可引起体温上升。其机制是内毒素作用于巨噬细胞、血管内皮细胞等，使其产生 IL-1、IL-6 和 TNF-α 等细胞因子。这些细胞因子是内源性致热原，可作用于宿主下丘脑体温调节中枢，导致产热增加、微血管扩张、炎症反应等。②白细胞反应。内毒素进入血液后引起白细胞先降低而后迅速持续升高。主要原因与内毒素入血后使血液中的中性粒细胞大

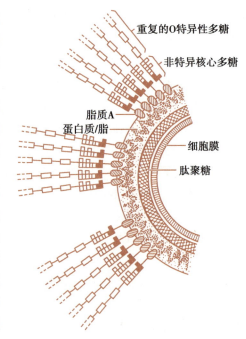

图 4-20　G^- 菌细胞壁内毒素结构示意图

（图中标注：重复的O特异性多糖、非特异核心多糖、脂质A、蛋白质/脂、细胞膜、肽聚糖）

量移行并黏附于组织毛细血管壁，血液循环中白细胞急剧减少；数小时后内毒素刺激骨髓中的中性粒细胞大量释放入血，使血液循环中白细胞数量显著升高。但是伤寒沙门菌内毒素除外，始终使血液循环中白细胞数减少（机制不明）。③内毒素血症与内毒素休克。当血液中细菌或病灶内细菌释放大量内毒素入血或输入受内毒素污染的制剂，均可导致内毒素血症。内毒素作用于巨噬细胞、中性粒细胞、血小板、补体系统和凝血系统等后诱生和释放 TNF-α、IL-1、IL-6、组胺、5-羟色胺、前

列腺素和激肽等生物活性介质，使小血管收缩和舒张功能紊乱而造成微循环障碍。表现为组织器官毛细血管血流灌注不足、缺氧、酸中毒等，严重时则形成以微循环衰竭和低血压为特征的内毒素休克。④弥散性血管内凝血（disseminated intravascular coagulation，DIC）。DIC 指微血栓广泛沉着于小血管中，是 G⁻ 菌败血症的一种常见综合征。发生机制是当发生严重的 G⁻ 菌感染时，高浓度的内毒素可直接激活补体替代途径，激活凝血系统，也可通过损伤血管内皮细胞间接活化凝血系统，还可通过激活血小板和白细胞使其释放凝血介质，加重血液凝固，形成微血栓，造成 DIC。凝血因子大量消耗，导致凝血障碍，引起皮肤、黏膜的出血和渗血或内脏的出血，严重者可危及生命。

内毒素免疫原性较弱，虽能刺激机体产生中和抗体但中和作用较弱，不能用甲醛脱毒成类毒素。细菌外毒素与内毒素的主要区别见表4-3。

表4-3　细菌外毒素与内毒素的主要区别

区别要点	外毒素	内毒素
来源	多数 G⁺ 菌，少数 G⁻ 菌	G⁻ 菌
存在部位	由活菌分泌，少数细菌菌体裂解后释出	细胞壁成分，细菌菌体裂解后释出
化学成分	蛋白质	脂多糖
稳定性	不耐热，60~80℃ 30min 被破坏	耐热，160℃ 2~4h 才被破坏
毒性作用	强，对组织器官有选择性毒性作用，引起特殊临床表现	较弱，各菌的毒性作用大致相同。引起发热、白细胞反应、内毒素血症、微循环障碍、休克、DIC 等
免疫原性	强，可刺激机体产生抗毒素；经甲醛脱毒形成类毒素	弱，刺激机体产生的中和抗体中和作用弱，甲醛处理不能形成类毒素

2. 细菌的侵入数量　具有毒力的病原菌侵入机体后，还必须有足够的数量才能引起感染。病原菌引起感染的数量与毒力成反比，即毒力愈强，引起感染所需细菌数量愈少。如毒力强的鼠疫耶尔森菌，有数个细菌侵入机体就可引起感染。而毒力弱的某些沙门菌，常需摄入数亿个细菌才能引起急性胃肠炎。

3. 细菌的侵入途径　具有一定毒力和足够数量的各种病原菌都需经特定的侵入途径侵入易感机体的特定部位定居、繁殖，才能引起感染的发生。如痢疾志贺菌必须经口侵入，定居于结肠内，才能引起细菌性痢疾；破伤风梭菌必须侵入深部创伤，厌氧条件下在局部组织生长繁殖，产生外毒素，才能引起破伤风，若随食物进入消化道则不能引起感染。此外，有些病原菌可有多种侵入途径，如结核分枝杆菌可经呼吸道、消化道、皮肤创伤等多个途径侵入机体引起感染。

细菌能否引起感染，不仅取决于细菌的致病性，还与机体的免疫力密切相关。机体免疫防御功能正常时，病原菌引起感染必须具有较强毒力、足够数量和适宜的侵入途径；当机体免疫力下降时，致病性不强的机会致病菌也可以引起感染。

（二）细菌感染的来源与类型

细菌、病毒、寄生虫等病原生物侵入机体并生长繁殖引起的病理反应及对机体造成的损害称为感染（infection）。感染是否发生及发生后的转归取决于三方面因素：①细菌因素，包括病原菌的毒力、侵入数量和侵入途径。②机体的免疫状态。③环境和社会因素的影响，包括气候、季节、温度、湿度和地理条件；战争、灾荒等可促使传染病的发生和流行。若改善生活和劳动条件，积极开展健康宣教，增强防病意识，有利于提高人类健康水平，从而降低传染病的发病率。

1. 感染的来源　按病原菌的来源可分为外源性感染和内源性感染两类。

（1）外源性感染：指病原菌来源于宿主体外，包括来自其他患者、带菌者、患病或带菌动物及外环境（食物、土壤、水、空气等），通过各种途径侵入机体引起感染。

1) 患者：是感染的主要来源，从潜伏期到恢复期内，都有可能将病原菌传播给周围的正常人。及早对患者进行诊断、隔离和治疗对控制外源性感染有重要的意义。

2) 带菌者：指携带有病原菌但未出现临床症状的人，有健康带菌者和恢复期带菌者两类，由于无临床症状，不易被人察觉，所以他们成为重要的传染源，其危害性高于患者。如伤寒和痢疾的恢复期带菌者可不断地排出病原体而污染环境。

3) 患病及带菌动物：某些细菌可引起人兽共患病，所以患病或带菌动物的病原菌可传播给人，如鼠疫耶尔森菌、炭疽杆菌、布鲁氏菌等可经动物传播给人。

(2) 内源性感染：来源于宿主体表或体内的细菌引起的感染称为内源性感染。多由人体的正常菌群引起，因此必须在特定的条件下成为机会致病菌才能引起感染；少数是曾感染后隐伏于体内的病原菌。如肠道中的大肠埃希菌，当机体长期大量使用广谱抗生素或免疫抑制剂使机体免疫功能降低时，这些机会致病菌及少数隐伏的病原菌得以迅速繁殖而发生感染。癌症晚期患者、AIDS患者、器官移植使用免疫抑制剂者易发生内源性感染。

2. 感染的传播途径　病原菌可经不同途径在不同宿主之间的传播，称为传播途径。病原菌可通过一种或数种途径传播。常见的传播途径有以下几种：

(1) 呼吸道感染：患者或带菌者通过咳嗽、打喷嚏等将含有病原菌的呼吸道分泌物散布到空气中，被易感者吸入而感染。如肺结核、白喉、百日咳等。

(2) 消化道感染：由患者或带菌者的排泄物污染食物或水源，经口进入其他宿主消化道而感染。苍蝇、污染的手及餐具等可起媒介作用，如伤寒和细菌性痢疾等。

(3) 皮肤黏膜创伤感染：通过破损的皮肤、黏膜或伤口引起的感染。如化脓性细菌（金黄色葡萄球菌、链球菌等）可经皮肤黏膜的微小伤口引起化脓性感染。

(4) 接触感染：通过与患者、带菌者或患病及带菌动物直接接触或经污染用具间接接触而引起的感染。如淋病、梅毒、布鲁氏菌病等可通过人与人或人与带菌动物的密切接触而引起感染。

(5) 虫媒传播：有些病原菌通过节肢动物为媒介传播疾病。如鼠蚤叮人吸血可传播鼠疫。

某些病原菌可经多种途径传播引起感染，如结核分枝杆菌、炭疽杆菌等可经呼吸道、消化道、皮肤创伤等多途径感染。

3. 感染的类型　感染的发生、发展与结局取决于宿主和病原菌相互作用和较量的结果。根据二者力量对比，感染类型可表现为隐性感染、显性感染和带菌状态。感染的类型可随着双方力量的消长而相互转化或交替出现。

(1) 隐性感染：当机体的免疫力较强或侵入的病原菌数量少、毒力较弱时，感染后对机体的损害较轻，不出现或出现不明显的临床症状，称为隐性感染，又称亚临床感染。隐性感染后机体可获得特异性免疫，能抵御同种病原菌的再感染。如结核、白喉和伤寒等常有隐性感染。

(2) 显性感染：当机体的免疫力较弱或侵入的病原菌数量较多、毒力较强时，对机体组织细胞产生不同程度的病理损害，发生生理功能的改变，出现明显的临床症状体征，称为显性感染。显性感染分类：

1) 根据病情缓急不同分类：①急性感染，潜伏期短，发病急，病程短，一般只有数日至数周。病愈后，病原菌立即从体内消失，如流脑、霍乱等。②慢性感染，潜伏期长，发病慢，病程长，可持续数月至数年，多见于细胞内寄生菌引起的感染，如结核分枝杆菌、麻风分枝杆菌等。

2) 根据感染部位和性质不同分类：①局部感染，病原菌侵入机体后，仅局限在一定部位生长繁殖引起病变的感染，如化脓性球菌引起的疖、痈等。②全身感染，病原菌侵入机体后，病原菌及其毒性产物通过血流播散至全身，引起全身性症状的感染。临床上常见的类型有以下几种：

菌血症（bacteremia）：指病原菌在局部病灶繁殖并侵入血流，但不在血中生长繁殖，只是间断地一过性通过血液循环到达体内适宜部位后再进行繁殖而致病，如伤寒早期有菌血症期。

毒血症（toxemia）：指病原菌在侵入宿主后，只在局部病灶生长繁殖，不侵入血流，但其产生的毒素入血，经血液到达易感组织和细胞，引起特殊的中毒症状，如白喉、破伤风等。

败血症（septicemia）：指病原菌侵入血流，在其中大量繁殖并产生毒素，引起严重的全身中毒症状，如高热、白细胞增多、皮肤和黏膜瘀斑、肝脾大，甚至休克死亡，如金黄色葡萄球菌、炭疽杆菌等引起的败血症。

脓毒血症（pyemia）：指化脓性细菌侵入血流并在其中大量繁殖，还通过血流播散至机体其他组织或器官，产生新的化脓性病灶。如金黄色葡萄球菌引起的脓毒血症，常导致多发性肝脓肿、皮下脓肿、肾脓肿等。

（3）带菌状态：有时机体在发生显性感染或隐性感染后，病原菌未立即消失，仍在体内继续存留一定时间，与机体免疫力处于相对平衡状态，称带菌状态。处于带菌状态的人称为带菌者。带菌者经常或间歇性排出病原菌，成为重要的传染源。因此，及时检出带菌者并进行隔离和治疗对于控制传染病的流行具有重要意义。

（三）机体的抗菌免疫

正常机体内有完善的免疫系统，具有识别和清除病原菌感染的免疫防御功能。机体受感染时免疫器官、组织、细胞和免疫分子相互协作、共同配合发挥免疫防御功能。内容详见第二十八章第一节。

> **重点提示**
>
> 感染的主要类型以及菌血症、毒血症、败血症、脓毒血症的概念

（刘金晔　岳进巧）

第二节　真菌的基本特性

真菌（fungus）是一类真核细胞型微生物，细胞结构比较完整，有细胞壁和典型的细胞核，不含叶绿素，无根、茎、叶的分化，少数为单细胞，大多数为多细胞。真菌以腐生或寄生方式摄取营养，在自然界分布广泛，种类繁多，有 10 万余种，大多数对人有益，如可以食用及用于食品、制药等工业生产。危害人类健康的真菌有 300 余种，与人类疾病关系最为密切的有 50~100 种，可引人类感染性、中毒性及超敏反应性疾病。近年来由于抗生素、激素及免疫抑制剂的大量使用、介入性诊疗技术和器官移植等的开展，真菌感染特别是条件致病性真菌感染的发生率急剧上升，受到医学界的广泛关注。

一、真菌的一般性状

（一）真菌的形态与结构

真菌一般比细菌大几倍至几十倍，用普通光学显微镜放大几百倍就能清晰地观察到。结构比细菌复杂，细胞壁较厚，无肽聚糖，主要由糖苷、糖蛋白、蛋白质和壳多糖四层结构组成，不能运动。真菌的形态有单细胞和多细胞两种。

1. 单细胞真菌　又称酵母菌（yeast），呈圆形或卵圆形，直径为 3~15μm，以出芽（budding）方式繁殖，芽生孢子成熟后脱落成独立的个体。能引起人类疾病的有新生隐球菌复合群和白念珠菌等。

2. 多细胞真菌　又称霉菌（mold）或丝状菌（filamentous fungus），由菌丝和孢子组成，菌丝与孢子交织在一起。各种霉菌的菌丝和孢子形态不同，是鉴别真菌的重要标志。

（1）菌丝（hypha）：真菌的孢子在环境适宜的条件下长出芽管，逐渐延长成中空、细长的微管，称为菌丝。菌丝又可长出许多分支，交织成团称菌丝体。向下伸入培养基吸取营养以供生长的菌丝称为营养菌丝，突出培养基表面暴露于空气中的菌丝称为气生菌丝，能产生孢子的气生菌丝称为生殖菌丝。

大部分菌丝间隔一定的距离有横膈，称为隔膜（septum）。隔膜将一条菌丝分隔为多个细胞，横膈之间为一个细胞，可含一个至数个核，称为有隔菌丝。有的菌丝中无隔膜，一条菌丝为一个细胞，称为无隔菌丝。不同的真菌菌丝有不同形态，如结节状、球拍状、破梳状、鹿角状、螺旋状和关节状等，菌丝形态有助于不同真菌的鉴别（图4-21）。

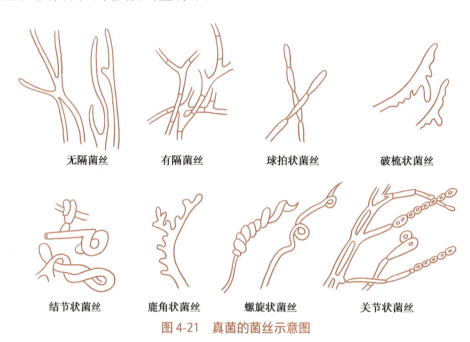

无隔菌丝　　　　有隔菌丝　　　　球拍状菌丝　　　　破梳状菌丝

结节状菌丝　　　鹿角状菌丝　　　螺旋状菌丝　　　　关节状菌丝

图 4-21　真菌的菌丝示意图

　　（2）**孢子**（spore）：是真菌的繁殖器官，一条菌丝可长出多个孢子。条件适宜时，孢子可发芽长出芽管，发育成菌丝。孢子的抵抗力不强，加热60~70℃可将其杀死，但孢子易于传播，对不利环境的抵抗力强于菌丝，所以孢子大大地增强了真菌的生存能力。根据真菌繁殖方式的差异，孢子可分为有性孢子与无性孢子两种，致病性真菌大多通过形成无性孢子进行繁殖。无性孢子根据形态可分为叶状孢子、分生孢子和孢子囊孢子。叶状孢子又分为芽生孢子、厚膜孢子和关节孢子。其中，分生孢子、厚膜孢子和关节孢子在鉴别真菌时具有重要意义（图4-22）。

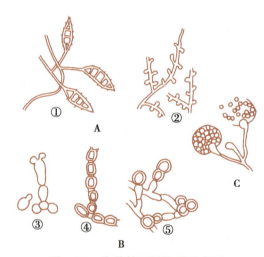

图 4-22　真菌的无性孢子示意图
A. 分生孢子：①大分生孢子。②小分生孢子。B. 叶状孢子：③芽生孢子。④关节孢子。⑤厚膜孢子。C. 孢子囊孢子。

　　（3）**二相性真菌**：在不同的环境条件下（营养、温度等），部分真菌可发生单细胞真菌与多细胞真菌两种形态的可逆转换，称为二相性真菌（dimorphic fungus）或双相性真菌，如组织胞质菌和球孢子菌等，它们在室温（25℃）条件下发育为丝状菌，而在宿主体内或在含有动物蛋白的培养基上37℃培养时呈酵母菌型。二相性转换与某些真菌的感染性与致病性有关，如组织胞质菌和皮炎芽生菌等真菌在入侵宿主前必须发生形态变化才能侵入机体。

重点提示
真菌的形态与结构

　　（二）真菌的培养与繁殖

　　1. 真菌的培养　真菌大多数为需氧菌，少数为兼性厌氧菌。真菌的营养要求不高，实验室常用沙氏葡萄糖琼脂培养基进行培养，真菌的最适 pH 4.0~6.0，最适生长温度为 22~28℃，但深部感染真菌最适温度为37℃。真菌主要依靠菌丝和孢子进行有性和无性繁殖，无性繁殖是真菌的主要繁殖方式。多数病原性真菌生长缓慢，特别是皮肤癣菌，需培养1~4周才能形成典型菌落。酵母型真菌生长快，一般经24~48h可形成肉眼可见的菌落，真菌培养后可形成3种菌落。

（1）**酵母型菌落**：为单细胞真菌的菌落。形态与一般细菌菌落相似，但较大，为光滑、湿润、柔软、边缘整齐、乳白色的圆形菌落，如新生隐球菌复合群的菌落。

（2）**类酵母型菌落**：为单细胞真菌的菌落，又称酵母样菌落，但在培养时可形成假菌丝，伸入培养基中，如白念珠菌。

（3）**丝状菌落**：为多细胞真菌的菌落。菌落呈棉絮状、绒毛状或粉末状，并产生不同的色素，使菌落正背面呈不同的颜色。丝状菌落的形态、结构和颜色是鉴别真菌的重要依据。

2. **真菌的繁殖**　繁殖方式有营养生殖、无性生殖和有性生殖3种。

（1）**营养生殖**：常见的如菌丝断裂，每一条断裂的菌丝小段都可发育成一个新的菌丝体。有些单细胞真菌，如裂殖酵母以细胞分裂方式进行繁殖。有的从母细胞上以出芽方式形成芽孢子（芽体）进行繁殖，如酿酒酵母。有些真菌在不良环境中，其菌丝中间个别细胞膨大，细胞质变浓，形成一种休眠细胞，即厚壁孢子。

（2）**无性生殖**：产生各种类型的孢子，如孢囊孢子、分生孢子等。孢囊孢子是在孢子囊内形成的不动孢子。分生孢子是由分生孢子梗的顶端或侧面产生的一种不动孢子。这些无性孢子在适宜的条件下萌发形成芽管（germ tube），芽管又继续生长而形成新的菌丝体。

（3）**有性生殖**：方式多样，有同配生殖、异配生殖、接合生殖、卵式生殖；通过有性生殖也产生各种类型的孢子，如子囊孢子、担孢子等。真菌在产生各种有性孢子之前，一般经过3个不同阶段。第一是质配阶段，是由两个带核的原生质相互结合为同一个细胞。第二是核配阶段，由质配带入同一细胞内的两个细胞核的融合。在低等真菌中，质配后立即进行核配。但在高等真菌中，双核细胞要持续相当长的时间才发生细胞核的融合。第三是减数分裂，重新使染色体数目减为单倍体，形成四个单倍体的核，产生四个有性孢子。

（三）真菌的变异与抵抗力

1. **真菌的变异**　指真菌发生的与亲代菌株或标准菌株性状不一致的现象。真菌容易发生变异，在培养基上人工传代或培养时间过久，其形态、培养特性甚至毒力都可发生变异，包括表型变异、遗传结构变异和适应性变异。遗传结构变异是表型变异的基本原因，有的表型变异可由环境变化引起。

2. **真菌的抵抗力**　真菌对干燥、日光、紫外线及一般消毒剂有较强的抵抗力，对1%苯酚溶液、2.5%碘酊溶液、0.1%氯化汞溶液等化学物质较敏感，真菌的菌丝和孢子均不耐热，60℃ 1h可被杀死。

真菌的细胞壁和细胞膜具有重要的医学意义。真菌对常用的抗菌药物如青霉素、红霉素等均不敏感，对作用于葡聚糖的抗真菌药物卡泊芬净敏感。此外，真菌细胞膜的主要成分是麦角固醇，所以真菌对两性霉素B和酮康唑、氟康唑、克霉唑等唑类药物敏感。

重点提示

常用抗真菌药物

二、真菌的感染与免疫

（一）真菌的感染

真菌病（mycosis）指由致病性真菌和条件致病性真菌感染引起的疾病。与细菌和病毒相比，通常真菌的毒力较弱，但真菌能通过多种途径、多种机制使机体患病，有些真菌毒素可导致全身或某些脏器中毒，有的甚至还能致癌，真菌感染有时也能引起各型超敏反应性疾病。

1. **致病性真菌感染**　多为外源性感染，可引起皮肤、皮下组织和全身性感染，包括浅部、皮下组织和深部真菌感染3类。皮肤癣菌等浅部真菌具有嗜角质性，可侵犯皮肤、毛发和指（趾）甲等角质层组织，在潮湿的条件下真菌繁殖形成菌丝，穿入角质层组织，引起机械刺激损害，同时产生酶及酸性代谢产物,引起细胞病变和炎症反应。新生隐球菌复合群等深部真菌侵犯深部组织、内脏及全身,引起慢性肉芽肿和坏死等。

2. 条件致病性真菌感染 多为内源性感染,感染源多为白念珠菌、曲霉菌、毛霉菌等条件致病性真菌。这类真菌毒力不强,感染多发生在机体免疫力下降时,如放疗、化疗、肿瘤和免疫缺陷病患者等。在长期使用广谱抗生素、皮质激素和免疫抑制剂或应用导管、手术等过程中,易导致感染的发生。

3. 真菌中毒症 某些真菌在粮食、油料作物和发酵食品等物体上生长,可产生毒素,目前已发现的真菌毒素达 200 多种。真菌毒素作用的主要靶器官或组织有肝脏、肾脏、心脏、皮肤、造血器官、神经等。食入真菌污染的食物可导致急性或慢性中毒,中毒症状因损害靶器官不同而表现不同,如霉甘蔗中毒时,脑为主要靶器官,产生的毒素主要损害中枢神经系统;镰刀菌毒素等引起肝、肾、血液系统功能障碍,食入毒蘑菇可引起急性中毒。

4. 真菌毒素与肿瘤 近年来已不断发现与肿瘤有关的真菌毒素,其中以黄曲霉毒素最受关注。黄曲霉毒素的毒性很强,小剂量可诱发肝癌(大鼠饲料中含 0.015mg/L 可诱发肝癌),肝癌高发区的花生、玉米等粮油作物中黄曲霉毒素的污染率高,含量高达 1mg/L。其他致癌的真菌毒素还有青霉菌灰黄霉素(可诱发小鼠肝癌和甲状腺癌)、镰刀菌 T-2 毒素(可诱发大鼠胃癌、胰腺癌和脑肿瘤)。

5. 真菌超敏反应性疾病 有些真菌如青霉菌、曲霉菌等本身并不致病,但真菌孢子、菌丝、代谢产物及其他成分可作为变应原,经吸入、食入或接触等方式进入机体,可引起超敏反应,如变应性鼻炎、过敏性哮喘、荨麻疹、接触性皮炎等超敏反应。

> **重点提示**
>
> 真菌的致病性

(二) 抗真菌免疫

抗真菌免疫内容详见第二十八章第一节。

(严家来)

第三节　病毒的基本特性

病毒(virus)是一类体积微小、结构简单,只含一种类型核酸(DNA 或 RNA),只能在活的易感细胞内以复制方式增殖的非细胞型微生物。

病毒在自然界分布广泛,人、动物、植物、真菌及细菌体内均可有病毒寄生并引起感染。病毒与人类关系极为密切,人类传染病有 75% 以上是由病毒引起的。病毒性疾病具有传染性强、传播迅速、流行广泛、并发症复杂、后遗症严重、病死率高等特点,且目前尚缺乏特效治疗药物,严重影响人类的健康。近年来病毒变异及新病毒的不断出现,使病毒性疾病的预防、控制与治疗已成为人们关注的研究重点。

> **重点提示**
>
> 病毒的概念

一、病毒的一般性状

(一) 病毒的大小、形态与结构

1. 病毒的大小与形态 病毒个体微小,其测量单位为纳米(nm),通常借助电子显微镜放大数千倍甚至数百万倍才能够观察到。不同种类的病毒大小不一,目前发现最大的病毒直径在 300nm 左右。最小的病毒如口蹄疫病毒直径只有 20nm 左右,大多数病毒的直径在 150nm 以下。病毒与其他微生物大小的比较见图 4-23。

病毒的形态多种多样(图 4-24),多数病毒呈球形或者近似球形,少数呈杆形、丝状、砖形或蝌蚪形等,引起人类和动物疾病的病毒多数为球形。

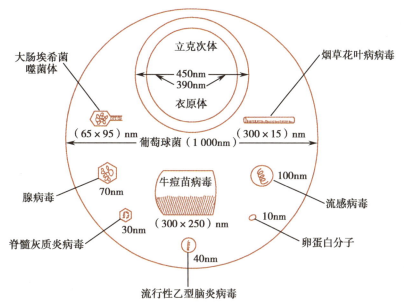

图 4-23　病毒与其他微生物大小的比较示意图

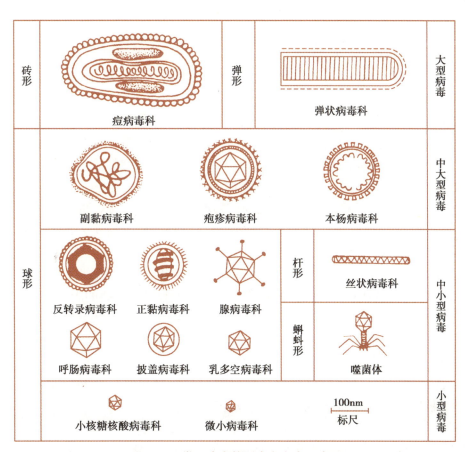

图 4-24　常见病毒的形态和大小示意图

2. 病毒的结构与化学组成　病毒的结构简单(图 4-25),其基本结构是由核心和衣壳组成的核衣壳。有些病毒在核衣壳外有包膜和刺突。有包膜的病毒称为包膜病毒(enveloped virus),无包膜的病毒称为裸病毒(naked virus)。

核衣壳和包膜病毒都是结构完整的具有感染性的病毒粒子,统称为病毒体(virion)。有些病毒包膜表面还有刺突。

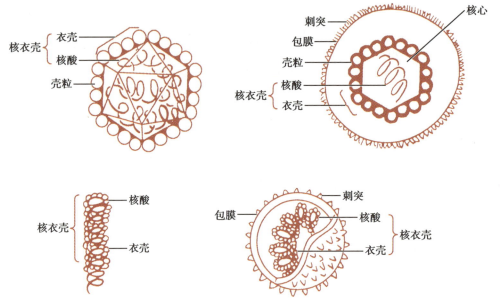

图 4-25　病毒体的结构示意图

(1) **核心**（core）：是病毒的中心结构，其基因组只有一种核酸（DNA 或 RNA），携带病毒的全部遗传信息，决定病毒的形态、感染、复制、遗传变异等性状。有些病毒核酸除去衣壳蛋白后，仍具有感染性，进入宿主细胞后能增殖，称感染性核酸。感染性核酸因不受宿主细胞受体限制，故感染宿主范围更广。有些病毒的核心还有少量的功能性蛋白，如转录酶和反转录酶等。病毒的核酸可以分为单链或双链，也可分为线性、环状或分节段的。单链 RNA 病毒又有正链和负链之分。

(2) **衣壳**（capsid）：是包绕在病毒核心外的蛋白质，由一定数量的壳粒（蛋白质亚单位）组成。不同的病毒，衣壳的壳粒数量和对称方式不同，病毒衣壳呈现 3 种对称方式：20 面体立体对称型、螺旋对称型和复合对称型，可作为病毒分类和鉴别的依据。

衣壳的主要功能：①保护病毒核酸，避免受核酸酶和其他理化因素的破坏。②参与病毒的感染过程，可与宿主细胞膜上的受体发生特异性结合，介导病毒核酸病毒进入宿主细胞。③具有免疫原性，可诱导机体产生免疫应答。

(3) **包膜**（envelope）：是包绕在病毒核衣壳外面的双层膜状结构，是某些病毒在成熟过程中以出芽方式穿过宿主细胞膜或核膜时获得的，故包膜既有宿主细胞膜或核膜的脂类和多糖成分，又有病毒基因组编码的糖蛋白。包膜表面常有不同形状的呈放射状排列的钉状突起，称为刺突（spike）或包膜子粒，主要成分是糖蛋白。

包膜的功能：①保护核衣壳，维持病毒结构的完整性。②参与病毒吸附、穿入宿主细胞，与病毒的感染性有关。③包膜上的刺突构成病毒的表面抗原，与病毒的致病性、免疫性及分型有关。

重点提示

病毒的结构与化学组成

（二）病毒的增殖

1.病毒的复制周期　病毒缺乏增殖所需的酶系统，必须借助易感细胞所提供的酶系统、原料、能量及场所，以病毒核酸为模板进行自我复制。从病毒进入易感宿主细胞开始到最后释放出子代病毒，称为一个复制周期（图 4-26），其过程可分为吸附、穿入、脱壳、生物合成、组装与成熟、释放六个阶段。

(1) **吸附**（adsorption）：病毒吸附于宿主细胞表面是病毒感染的第一步。吸附是病毒体表面的蛋白与易感细胞表面特异性受体相结合的过程。不同的细胞表面有不同的受体，它决定了病毒的不同嗜组织性和感染宿主的范围，如脊髓灰质炎病毒的衣壳蛋白可与灵长类动物细胞表面脂蛋白受体结合,但不吸附家兔和小鼠的细胞。

(2)**穿入**(penetration):吸附在易感细胞上的病毒穿过细胞膜进入细胞的过程称为穿入。穿入的方式有三种。①吞饮,即与细胞表面结合后,细胞膜向内凹陷形成类似吞噬泡,使病毒完整地进入细胞质,无包膜病毒多以这种方式进入易感动物细胞内部。②融合,即病毒的包膜与宿主细胞膜融合到一起,再将病毒的核衣壳释放到细胞质里,包膜病毒多以这种方式进入宿主细胞内。③转位,即少数无包膜病毒吸附宿主细胞膜时蛋白衣壳的多肽发生改变,可直接穿过宿主细胞膜。

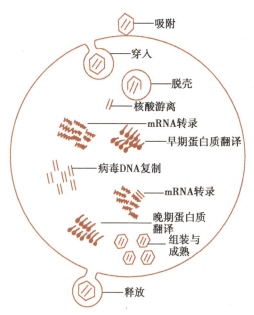

图 4-26　病毒的复制周期示意图

(3)**脱壳**(uncoating):病毒穿入宿主细胞质之后脱去衣壳,使其基因组核酸裸露的过程称为脱壳。这是病毒能否进行复制的关键。不同种类的病毒脱壳方式也有不同。大多数病毒如流感病毒在被宿主细胞吞饮后,形成的吞饮体在细胞溶酶体酶的作用下,将衣壳裂解并释放出病毒的基因组核酸;少数病毒如痘病毒进入细胞后,先被溶酶体酶脱去外层衣壳,再经过脱壳酶脱去内层衣壳,释放它的核酸。

(4)**生物合成**(biosynthesis):以病毒的核酸为模板由宿主细胞提供原料复制出子代病毒的核酸、蛋白质的过程称为生物合成。病毒的合成方式因核酸的类型不同而不同,一般包括以下过程:①合成早期病毒蛋白。②进行病毒 mRNA 转录,复制出子代病毒核酸。③特异性 mRNA 翻译出子代病毒蛋白。生物合成阶段用电子显微镜和血清学方法都找不到病毒体,所以这个阶段被称为隐蔽期。

(5)**组装**(assembly)**与成熟**(maturation):新合成的子代病毒核酸和子代病毒蛋白在宿主细胞内组合成病毒体的过程称为组装。不同种类的病毒,组装的部位不同。DNA 病毒是在宿主细胞核内组装,RNA 病毒多在宿主细胞质中组装。核衣壳组装完成后,病毒发育成有感染性的病毒体的过程称为成熟。有包膜的病毒,其核衣壳必须获得完整的包膜时才能成熟为病毒体。

(6)**释放**(release):成熟的病毒从宿主细胞内游离出来的过程称为释放。根据病毒的种类不同,其释放的方式也不同。释放的方式有:①破胞释放。无包膜病毒通过破坏宿主细胞膜一次性将子代病毒全部释放到胞外,如脊髓灰质炎病毒。②出芽释放。有包膜病毒是通过出芽的方式不断地从宿主细胞核膜或细胞膜上获得包膜。③其他方式,有些病毒可以通过细胞间桥梁或者细胞融合的方式在细胞间传播,还有些肿瘤病毒将其基因整合到宿主细胞的基因上,随宿主细胞的分裂而传代。

2. 病毒的异常增殖　病毒在宿主细胞内复制时,并不是所有的病毒成分都能组装成完整的病毒体,由于病毒体本身的基因组产生变化或被感染细胞内的环境不利于病毒体进行复制,从而出现异常增殖。

(1)**缺陷病毒**(defective virus):因病毒基因组不完整或发生改变,导致病毒不能复制出子代病毒,称为缺陷病毒。缺陷病毒不能复制,但却能干扰同种成熟病毒体进入易感细胞,故又称缺陷干扰颗粒(defective interfering particles,DIP)。当缺陷病毒与另一病毒共同培养时,若后者能为缺陷病毒提供所缺少的物质,则缺陷病毒可增殖出完整的有感染性的病毒,这种具有辅助作用的病毒称为辅助病毒(helper virus)。如 HDV 必须在 HBV 或其他嗜肝 DNA 病毒的辅助下才能进行增殖。

(2)**顿挫感染**(abortive infection):病毒进入宿主细胞后,宿主细胞缺乏病毒复制所需的酶或能量等必要条件,致使病毒不能在其中合成本身的成分;或虽然合成部分或全部病毒成分,但不能组装和释放完整的病毒体。

（3）**干扰现象**（interference）：两种病毒感染同一细胞时，可发生一种病毒抑制另一种病毒增殖的现象，称为病毒的干扰现象。干扰现象可以发生在异种、同种、同型以及同株病毒之间，也可发生在灭活病毒和活病毒之间。在预防病毒性疾病时，应避免同时使用有干扰作用的两种病毒疫苗，以提高免疫效果。另外，病毒疫苗也可被宿主体内存在的病毒所干扰，故患病毒性疾病者应暂停接种病毒疫苗。

（三）病毒的遗传与变异

病毒与其他生物一样，也具有遗传性和变异性。由于病毒体结构简单，基因组单一，基因数仅3~10个，增殖速度快，故在自然或人工诱导下容易发生变异。

1. 基因突变　由病毒基因组中碱基序列改变（置换、插入或缺失）而引起，可自发也可诱导发生。由基因突变产生的病毒表型性状改变的毒株称为突变株。突变株可以有多种表型改变，如形态、抗原性、宿主范围、致病性、毒力和耐药性等方面的改变。

2. 基因重组与整合　两种病毒感染同一细胞时，有时可发生基因交换，称为基因重组。核酸分节段的病毒发生基因重组频率要高于其他病毒，这种方式也是引起抗原性改变的主要原因。同时，基因重组也可发生在活病毒之间、灭活病毒之间、活病毒与灭活病毒之间。病毒既可以在病毒间发生基因重组，有一些病毒也可以与宿主细胞的基因组发生重组，这种方式称为基因整合。已有证据表明，某些DNA病毒如疱疹病毒、腺病毒和多瘤病毒的DNA都能整合到宿主细胞基因组上，从而使宿主细胞基因组发生突变，导致细胞转化而发生肿瘤。利用病毒的减毒株和基因重组株制备减毒活疫苗、基因工程疫苗、核酸疫苗、多肽疫苗等特异性疫苗进行预防接种是预防病毒性疾病的最有效措施，有广阔的发展前景。

（四）理化因素对病毒的影响

病毒受理化因素作用影响失去感染性称为病毒的灭活。灭活的病毒仍然能保留一些原有的特性，如抗原性、红细胞吸附、血凝及细胞融合等。病毒灭活的机制可能是破坏病毒包膜从而使病毒蛋白质变性及核酸损伤等。由于病毒的种类不同，对理化因素的敏感性也不同。因此，了解理化因素对病毒的影响对控制病毒感染、分离病毒及疫苗的制备等都有重要的意义。

1. 物理因素

（1）**温度**：大多数病毒耐冷不耐热，50~60℃ 30min 或 100℃数秒钟即可灭活。有些包膜病毒对热更为敏感，加热35℃就会迅速被灭活。病毒在液氮（-196℃）和干冰（-70℃）条件下，其感染性可维持数月至数年。因此，病毒标本应尽快低温冷冻保存，但反复冻融可使病毒失活。

（2）**酸碱度**：大多数病毒在 pH 5.0~9.0 比较稳定，pH 5.0 以下或 pH 9.0 以上可被灭活。但是不同的病毒对酸碱的耐受程度不一样。

（3）**射线和紫外线**：X射线、γ射线或紫外线均能灭活病毒。

2. 化学因素

（1）**脂溶剂**：有包膜的病毒可被脂溶剂如乙醚、氯仿和去氧胆酸盐灭活。因此，包膜病毒进入人体消化道后，即被胆汁破坏。在脂溶剂中，乙醚对病毒包膜的破坏作用最大，所以乙醚灭活试验可用于鉴别有包膜和无包膜病毒。

（2）**酚类**：酚及其衍生物为蛋白变性剂，可作为病毒的消毒剂。

（3）**醛类**：甲醛可灭活病毒但可保持其免疫原性，故甲醛是常用的灭活剂，同时常用甲醛制备灭活疫苗。

（4）**氧化剂、卤素及其化合物**：病毒对过氧化氢、漂白粉、高锰酸钾、碘和碘化物及其他卤素类化学物质都很敏感，可用作病毒灭活剂。肝炎病毒对过氧乙酸、次氯酸盐较敏感。

大多数病毒对甘油有耐受力，故常用含50%甘油的盐水保存和运送病毒标本。抗生素对病毒无抑制作用。在待检标本中加抗生素的目的是抑制细菌,便于分离病毒。中草药如板蓝根、大黄、大青叶和七叶一枝花等对某些病毒有一定的抑制作用。

二、病毒的感染与免疫

(一)病毒感染的传播途径

病毒感染的传播方式有水平传播和垂直传播。

1. **水平传播**(horizontal transmission) 指病毒在人群不同个体之间的传播。常见的方式有以下几种:

(1)**呼吸道传播**:病毒不进入血流,侵入呼吸道后在纤毛柱状上皮细胞内增殖,并沿细胞扩散。如流感病毒、风疹病毒等。

(2)**消化道传播**:通过粪-口途径传播的病毒先进入肠黏膜和肠壁淋巴滤泡内增殖,然后进入血流,引起病毒血症,最后到达靶细胞,在其中大量增殖并引起典型症状。如甲型肝炎病毒(HAV)、脊髓灰质炎病毒等。

(3)**接触传播**:如病毒直接接触眼结膜可引起角膜结膜炎;通过性接触可经生殖道黏膜感染引起性传播疾病。

(4)**皮肤黏膜传播**:经昆虫媒介的叮咬、动物咬伤或皮肤伤口直接接触病毒而感染。如流行性乙型脑炎病毒、狂犬病病毒等。

(5)**血液传播**:经输血或血液制品,包括经注射、器官移植等途径引起的感染。如HBV、HIV等。

不同种类的病毒感染途径相对固定,主要取决于病毒的生物学特性和侵入部位。某些病毒可以通过多种途径感染机体。

2. **垂直传播**(vertical transmission) 病毒从亲代传给子代的方式称为垂直传播。病毒主要通过胎盘或产道传播。此外,母婴还可通过哺乳、密切接触发生病毒感染。这种传播方式在其他微生物中极为少见。有多种病毒,如风疹病毒、HBV以及HIV,都可通过垂直传播的方式由母亲传染给胎儿或新生儿。在临床上,这类病毒感染可引起早产、先天性畸形、死胎等症状。被感染的子代也可没有任何症状而成为病毒携带者,如HBV。

> **重点提示**
>
> 病毒的感染途径

(二)病毒感染的类型

病毒侵入机体后,因病毒种类、毒力和机体免疫力不同,可表现出不同感染类型。根据感染是否有临床症状,可分为隐性感染和显性感染。

1. **隐性感染**(inapparent infection) 病毒侵入机体后无明显临床症状的感染。大多数人类感染的病毒都属于此类,原因可能与病毒毒力弱或机体免疫力强有关。隐性感染者虽然没有明显临床症状,但可成为病毒携带者,不断向外排出病毒,是重要的传染源,在流行病学研究中具有重要的意义。

2. **显性感染**(apparent infection) 病毒侵入机体后引起明显的临床症状的感染。显性感染可以局部感染,如腮腺炎、单纯疱疹;也可以全身感染,如麻疹。依据潜伏期长短、发病缓急及病毒在机体内滞留时间的长短,显性感染又可分为急性感染和持续性感染两大类。

(1)**急性感染**(acute infection):一般潜伏期短,发病急,病程数日至数周,病愈后病毒在机体内消失并获得特异性免疫。如HAV、流行性感冒病毒等的感染。

(2)**持续性感染**(persistent infection):病毒在机体内持续存在数月、数年甚至终身。可出现症状,也可不出现症状,但长期携带病毒,成为重要的传染源。持续性感染可以引起慢性进行性疾病,也可引起自身免疫病,有时也与肿瘤的发生有关。

持续性感染发生的主要原因:①机体在免疫力低下时机体没有能力清除病毒,导致病毒在体内长期存留。②免疫逃逸。病毒受到机体内组织器官的保护或者病毒自身发生了基因突变，使病毒逃脱了宿主免疫对其的清除。③免疫应答力弱。有一些病毒抗原性较弱，难以刺激机体产生免疫应答从而很难将病毒清除。④基因重组与组合。病毒的基因组在增殖的过程中，将其整合到宿主的基因组中，长期与宿主细胞共存。

持续性感染按病程、致病机制的不同，可分为三种类型：

1）慢性感染：病毒在显性或隐性感染后未完全清除，长期存在于血液或组织中，并不断排出体外，机体可出现症状，也可不出现症状。整个病程病毒均可被查出，如 HBV 引起的慢性肝炎。

2）潜伏感染：原发感染后，病毒基因潜伏在机体一定的组织或细胞中，但不复制增殖出具有感染性的病毒，此时机体既没有临床症状，也不会向体外排出病毒。在某些条件下，病毒可被激活而急性发作，并可检测出病毒，如单纯疱疹病毒、水痘 - 带状疱疹病毒的感染。

3）慢发病毒感染：病毒感染人体后，潜伏期可长达数年甚至数十年，一旦出现症状，则呈亚急性进行性加重，最终导致死亡，如 HIV 引起的艾滋病（AIDS）、麻疹病毒引起的亚急性硬化性全脑炎（SSPE）。

重点提示
病毒的感染类型

（三）病毒的致病机制

病毒侵入人体后，其致病机制主要是病毒对宿主细胞的直接损害和病毒感染引起的免疫病理损伤。不同种类的病毒与宿主细胞相互作用，可导致不同的结果。

1. 病毒对宿主细胞的直接作用

（1）**杀细胞效应**：病毒在宿主细胞内大量增殖，在短时间内一次性释放大量子代病毒，细胞被裂解而死亡，称为杀细胞效应。主要见于无包膜杀伤性强的病毒，如脊髓灰质炎病毒、腺病毒。其机制：①病毒在增殖过程中，核酸编码产生的早期蛋白抑制宿主细胞的核酸复制和蛋白质合成，使细胞新陈代谢功能紊乱，造成细胞病变与死亡。②病毒感染可导致细胞溶酶体破坏，释放出溶酶体酶而使细胞自溶。③病毒蛋白的毒性作用，如腺病毒蛋白可使细胞团缩、死亡。④病毒增殖过程中损伤内质网、线粒体、核糖体等。

（2）**稳定状态感染**：某些病毒在感染细胞内增殖而不引起细胞立即溶解死亡，称为稳定状态感染。多见于有包膜的病毒，如流感病毒、疱疹病毒等。这类病毒感染细胞后不阻碍细胞代谢，因而不会使细胞立即溶解死亡。病毒复制后，子代病毒以出芽方式从感染细胞中逐个释放出来，再感染邻近宿主细胞。病毒感染细胞后，会在细胞膜上形成新的抗原，同时也可以使宿主细胞与相邻的细胞产生融合，从而形成多核巨细胞，有利于病毒在细胞间扩散。

（3）**包涵体的形成**：有些病毒在感染宿主细胞以后，用普通光学显微镜可观察到在细胞质或细胞核中出现嗜酸性或嗜碱性的圆形、椭圆形不规则斑块状结构，称为包涵体（inclusion）。病毒的包涵体是由病毒颗粒或未被装配的病毒组成。包涵体能够破坏宿主细胞的结构和功能，也可导致宿主细胞的损伤。与此同时，它在临床上又能够辅助诊断病毒感染。如从可疑狂犬病患者的脑组织切片或涂片中发现细胞内有嗜酸性包涵体，又称内氏小体，可诊断为狂犬病。

（4）**整合感染与细胞转化**：某些 DNA 病毒或逆转录病毒在感染的过程中，将全部或部分 DNA 结合至宿主细胞染色体中，称为整合感染。整合后的病毒可导致细胞转化，使细胞 DNA 序列发生变化，导致遗传性状改变，细胞增殖加速，失去细胞间接触抑制，引起细胞转化，甚至细胞癌变。迄今为止，已知与人类肿瘤相关的病毒有人类反转录病毒、EB 病毒、人乳头瘤病毒和嗜肝 DNA 病毒等。

（5）**细胞凋亡**：是一种由基因控制的程序性细胞死亡。有些病毒感染细胞后，由感染病毒本身或病毒编码蛋白间接地作为诱导因子，激发信号转导，启动凋亡基因，导致细胞凋亡。

2. 病毒感染的免疫病理损伤　某些病毒感染可以影响机体的免疫功能，包括病毒直接侵染免疫细胞或使被感染的抗原发生改变，从而导致异常的免疫应答，这些都可以造成宿主的免疫病理损伤而引起疾病。

（1）**细胞免疫损伤**：病毒感染以后，致敏的 T 细胞再次与宿主细胞表面的病毒抗原结合，可直接杀伤宿主细胞或通过释放大量的细胞因子造成组织器官的病理损伤。

（2）**体液免疫损伤**：某些病毒感染宿主细胞后，能诱导宿主细胞表面出现新的抗原。这些新的抗原可以与相应的特异性抗体结合，并激活补体，在补体的参与下使宿主细胞溶解，同时也可以通过抗体依赖性细胞介导的细胞毒作用（ADCC）破坏被感染细胞，还可通过免疫复合物的形成并沉积在血管基底膜，激活补体，造成一定的组织损伤。

（3）**免疫抑制作用**：有些病毒感染宿主细胞后，能抑制宿主的免疫功能，如麻疹病毒、风疹病毒、巨细胞病毒等都可在淋巴细胞内增殖，引起暂时性免疫抑制。

（四）抗病毒免疫

抗病毒免疫内容见第二十八章第一节。

（程丹丹）

思考题

1. 学习微生物的基本特性，对临床施护施治工作有何意义？

2. 患者，女，38 岁，因慢性乙型肝炎入院。给予口服护肝药物治疗，10% 葡萄糖注射液静脉滴注。患者于静脉滴注葡萄糖注射液约 20min 时出现寒战、高热、头痛症状，T 38.9℃，BP 120/75mmHg，P 90 次/min。停止输液，更换输液器，静脉注射 5mg 地塞米松后患者病情好转。将患者所输液体及输液器具送检，结果发现 10% 葡萄糖注射液内毒素检测（+++）。

请思考：

（1）该患者发热的原因可能是由哪种细菌代谢产物引起的？

（2）如何有效去除这种细菌代谢产物，防止出现这类发热反应？

3. 将有毒力的牛型结核分枝杆菌接种在含甘油、胆汁和马铃薯的培养基中，经过移种，获得毒力减弱、免疫原性完整的变异株，得到 BCG。

请思考：

（1）该有毒的牛型结核分枝杆菌发生了何种变异，细菌还有哪些变异现象？

（2）细菌的遗传变异在医学上有何意义？

4. 患者，女，28 岁，5d 前左手掌部皮肤划伤，伴化脓性炎症。今晨出现发热、腹痛、烦躁不安、四肢厥冷。体格检查：脉搏细速，皮肤呈猩红热样皮疹，间有出血点。入院时 BP 65/50mmHg。立即给予抗休克治疗，采血进行血培养。培养结果：检出金黄色葡萄球菌。患者经抗生素治疗后好转。

请思考：

（1）根据患者情况，判断最可能的感染途径是什么？细菌感染的途径还有哪些？

（2）该患者属于哪种类型感染？感染还有哪些类型？

（3）试述该患者感染金黄色葡萄球菌引起临床症状的致病物质是什么？

5. 患者，男，48 岁，因咳嗽、咳痰、呼吸困难 3 个月，现病情加重入院。患者咳黄色黏痰，伴发热 1d，体温最高达 38℃，初步被诊断为"肺炎"。痰涂片见"曲霉菌"，给予抗感染治疗后，病情好转。

请思考：

（1）曲霉菌的致病性如何？

（2）曲霉菌的抗感染治疗应注意什么？

（3）护理该患者应如何宣教？

ER 4-5

练习题

第五章 | 皮肤黏膜、软组织及创伤感染常见细菌

ER 5-1
教学课件

ER 5-2
思维导图

学习目标

1. 掌握皮肤黏膜、软组织及创伤感染常见细菌的致病物质和所致疾病。

2. 熟悉皮肤黏膜、软组织及创伤感染常见细菌的形态与染色、培养特性及抵抗力等生物学性状。

3. 了解皮肤黏膜、软组织及创伤感染常见细菌的免疫性及分类。

4. 学会对皮肤黏膜、软组织及创伤感染常见的不同细菌引起皮肤黏膜、软组织及创伤感染进行敏锐观察、识别并开展健康教育、综合施护施治与预防。

5. 具有对生物安全、医院感染及食品安全等重要性的认识,具备良好的职业责任心和社会责任感。

细菌侵入机体的途径多种多样,感染的结果因机体的状况而异。本章所介绍的细菌为常见引起皮肤黏膜感染或软组织感染或创伤感染的细菌,未在此列出的细菌也可引起此类感染,临床上主要依据临床标本的细菌学检验结果确定患者所感染的细菌,以及结合药物敏感试验结果对患者采取相应的治疗及做好护理。

第一节　葡萄球菌属

案例

患者,女,38岁,食用一种干制蟹肉2h后,出现恶心、呕吐、腹痛、腹泻入院治疗。呕吐物带胆汁黏液和血丝。腹泻每日数次,为黄色稀水便,无里急后重。取患者呕吐物做细菌培养,检出金黄色葡萄球菌。

请问:

1. 这种病原体的致病物质有哪些?

2. 该病原体还能引起哪些疾病?

葡萄球菌属(*Staphylococcus*)细菌是最常见的化脓性细菌,因其常堆积成葡萄串状而得名。葡萄球菌广泛分布于自然界、人和动物的体表及与外界相通的腔道中,如口腔、鼻咽腔等。葡萄球菌属包括30多个种和亚种。在人类,金黄色葡萄球菌引起的感染最常见,占化脓性感染的80%左右,人类对该菌带菌率高达20%~50%,医务人员高达约70%,是引起医院交叉感染的重要病原菌。本节以金黄色葡萄球菌为例作详细介绍。

一、临床意义

（一）致病物质

该菌属致病菌能产生多种侵袭性酶类和毒素，致病力较强。主要的毒力因子有：

1. 凝固酶　是一种具有类似凝血酶原激酶的活性，能使经柠檬酸钠或肝素抗凝剂的人或兔的血浆发生凝固的酶。致病菌株多能产生，可作为鉴定葡萄球菌有无致病性的重要指标。

凝固酶可使人或兔血浆中的纤维蛋白原变成纤维蛋白，沉积在菌体表面，阻碍吞噬细胞对细菌的吞噬及杀菌物质的杀伤作用。同时病灶处细菌不易扩散，故葡萄球菌引起的感染易于局限化和形成血栓，脓汁黏稠。

2. 葡萄球菌溶血素　葡萄球菌能产生 α、β、γ、δ、ε 五种溶血素，对人有致病作用的主要是 α 溶血素。α 溶血素是一种外毒素，化学成分为蛋白质，不耐热，对多种哺乳类动物红细胞、白细胞、血小板、肝细胞、成纤维细胞等均有损伤作用。α 溶血素经甲醛脱毒可制成类毒素。

3. 杀白细胞素　只破坏中性粒细胞和巨噬细胞。其含有两种蛋白质，两者必须协同作用才能通过改变细胞膜的通透性破坏细胞。能抵抗宿主吞噬细胞的吞噬，增强细菌的侵袭力。

4. 肠毒素　是一组对热稳定的可溶性蛋白质，耐热 100℃ 30min，不受胃肠液中蛋白酶的影响。若误食污染肠毒素的食物如牛奶、肉类、鱼、蛋类后，毒素作用于肠道神经受体，传入中枢神经系统后刺激呕吐中枢，引起以呕吐为主要症状的急性胃肠炎，即食物中毒。

5. 表皮剥脱毒素　又称表皮溶解毒素，能裂解表皮组织的棘状颗粒层，使表皮与真皮脱离，引起剥脱性皮炎。化学成分为蛋白质，具有抗原性，可制成类毒素。

6. 毒素休克综合征毒素 -1　可引起机体发热、休克及脱屑性皮疹，并增加对内毒素的敏感性。

（二）所致疾病

该菌属致病菌所致疾病有侵袭性和毒素性两种类型。

1. 侵袭性疾病　该菌可通过多种途径侵入机体，引起化脓性感染。

（1）**局部感染**：主要有皮肤软组织感染，如疖、痈、脓肿、甲沟炎、睑腺炎（麦粒肿）及创伤感染等。感染的特点是脓汁黄色、黏稠无臭味，病灶局限。发生在危险三角区的疖被挤压，细菌会沿内眦静脉进入颅内海绵窦，引起海绵状静脉炎。此外，还可引起内脏器官感染，如支气管炎、肺炎、新生儿脐炎等。

（2）**全身感染**：由于用力挤压疖肿或过早切开未成熟的脓肿，细菌可向全身扩散，在机体免疫力低下时可大量繁殖引起败血症；或随血流进入肝、脾、肾等器官，引起多发脓肿，即脓毒血症。

2. 毒素性疾病

（1）**食物中毒**：食入污染肠毒素食物后，经 1~6h 潜伏期，出现恶心、呕吐、腹痛、腹泻等急性胃肠炎症状，呕吐最为突出，1~2d 可恢复。

（2）**烫伤样皮肤综合征**：开始皮肤出现红斑，1~2d 表皮起皱，继而出现含清亮液体的水疱，易破溃，最后表皮上层脱落。多见于新生儿、婴儿、免疫力低下的成人。

（3）**毒素休克综合征**：主要表现为急性高热、低血压、猩红热样皮疹伴脱屑，严重时出现休克。

表皮葡萄球菌一般不致病，在特殊情况下可成为机会致病菌，主要引起免疫力低下者和儿童的感染。感染类型：①尿路感染，仅次于大肠埃希菌，为年轻女性急性膀胱炎的主要致病菌，使用器械检查尿道易发生此类膀胱炎。②细菌性心内膜炎，因心瓣膜修复术而感染。③败血症，仅次于大肠埃希菌和金黄色葡萄球菌。④术后感染，目前表皮葡萄球菌感染已成为瓣膜修复术或胸外科手术中的严重问题。

葡萄球菌引起感染后，机体可获得一定的免疫力，但难以防止再次感染。

二、生物学性状

（一）形态与染色

该菌属细菌为 G^+ 菌，球形或略呈椭圆形，在固体培养基上呈典型的葡萄串状排列，在液体或脓汁中生长的葡萄球菌多成双或短链状排列。无鞭毛和芽孢，某些菌株可形成荚膜（图 5-1）。

（二）培养特性

该菌属细菌为需氧或兼性厌氧，营养要求不高，在普通营养琼脂培养基上生长良好。最适生长温度 37℃，最适宜 pH 7.4。在 20% 的 CO_2 环境中有利于毒素产生。在肉汤培养基中经 37℃ 培养 18~24h，呈均匀浑浊生长，管底稍有沉淀。在普通营养琼脂培养基上形成圆形、凸起、边缘整齐、表面光滑、湿润、有光泽、不透明的菌落，菌落因种不同而呈金黄色、白色或柠檬色，直径 2~3mm。在血琼脂平板（BAP）上，致病菌株可形成透明溶血环。该菌耐盐，故可用高盐培养基分离葡萄球菌。多能分解葡萄糖、麦芽糖、蔗糖，产酸不产气，致病菌能分解甘露醇。致病性葡萄球菌凝固酶试验多为阳性。

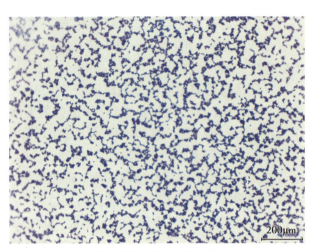

图 5-1　金黄色葡萄球菌（革兰氏染色，×1 000）

（三）其他

1. 分类　根据色素和生化反应的不同，葡萄球菌可分为金黄色葡萄球菌、表皮葡萄球菌、腐生葡萄球菌。其中金黄色葡萄球菌多为致病菌，表皮葡萄球菌为机会致病菌，腐生葡萄球菌一般不致病。三者的主要特性见表 5-1。

表 5-1　三种葡萄球菌的主要性状

性状	金黄色葡萄球菌	表皮葡萄球菌	腐生葡萄球菌
菌落色素	金黄色	白色	白色或柠檬色
凝固酶	+	−	−
溶血素	+	−	−
甘露醇分解	+	−	−
葡萄球菌 A 蛋白	+	−	−
耐热核酸酶	+	−	−
致病性	强	弱或无	无

2. 抗原构造

（1）**葡萄球菌 A 蛋白**（staphylococcal protein A，SPA）：是存在于细胞壁表面的蛋白质，为完全抗原，有种属特异性。90% 的金黄色葡萄球菌菌株有此抗原。SPA 具有抗吞噬、促细胞分裂、引起超敏反应等作用。SPA 可与人类 IgG 分子中的 Fc 段发生非特异性结合，而 Fab 段仍能与相应的抗原发生特异性结合，故常用含 SPA 的葡萄球菌作为载体，结合特异性抗体后，用于多种微生物抗原的检测，称为协同凝集试验。

（2）**荚膜抗原**：宿主体内的金黄色葡萄球菌多有荚膜多糖抗原，有利于细菌黏附到细胞或生物合成材料（如人工关节、生物性瓣膜等）表面，引起感染。

3. 抵抗力　葡萄球菌对外界的抵抗力强于其他无芽孢菌。在干燥的脓汁、痰液中可存活 2~3 个月；加热 60℃ 1h 或 80℃ 30min 才被杀死；耐盐性强，在含 10%~15% 的 NaCl 的培养基中仍可生长；对甲紫等某些染料较敏感；对红霉素、链霉素和庆大霉素等抗生素均敏感。该菌易产生耐药性，目前金黄色葡萄球菌对青霉素 G 的耐药株高达 90% 以上。

重点提示

金黄色葡萄球菌的致病物质和所致疾病

（孙盟盟）

第二节　破伤风梭菌

厌氧性细菌是一群必须在无氧环境下才能生长繁殖的细菌。根据菌体能否形成芽孢，厌氧性细菌分为厌氧芽孢梭菌和无芽孢厌氧菌两大类。厌氧芽孢梭菌（Clostridium）大多为严格厌氧的 G^+ 菌，能形成芽孢，芽孢使菌体膨大呈梭状，直径比菌体粗。对热、干燥和消毒剂抵抗力强。主要分布于土壤、人和动物肠道。多数为腐生菌，少数致病菌能产生强烈的外毒素和侵袭性酶，引起人类和动物疾病。对人类有致病作用的厌氧芽孢梭菌主要有破伤风梭菌（C.tetani）和产气荚膜梭菌（C.perfringens）等。

一、临床意义

（一）致病条件

该菌由伤口侵入机体，局部伤口形成厌氧微环境是该菌引起感染并致病的重要条件。下列情况极易造成厌氧环境，有利于该菌的生长繁殖：①伤口深而窄，有泥土或异物污染。②大面积烧伤，坏死组织多，局部组织缺血。③同时伴有需氧菌或兼性厌氧菌混合感染。

（二）致病物质

该菌侵袭力不强，其芽孢在适宜的厌氧微环境中可发育成繁殖体，随后生长繁殖进而分泌外毒素而引起破伤风。该菌可产生破伤风溶血毒素和破伤风痉挛毒素。其中破伤风痉挛毒素是引起破伤风的主要致病物质，该毒素是一种神经毒素，其毒性极强，不耐热，化学成分为蛋白质，可被肠道中蛋白酶破坏。

（三）致病机制

该菌经伤口侵入机体，在厌氧环境下生长繁殖，细菌不进入血流，在局部产生破伤风痉挛毒素，由末梢神经沿轴索从神经纤维间隙逆行至脊髓前角细胞，上行至脑干；也可通过淋巴液和血流到达中枢神经系统。该毒素对脑干神经细胞和脊髓前角神经细胞有高度亲和力，能够与神经节苷脂结合，阻止抑制性神经递质的释放，干扰抑制性神经元的协调作用，使肌肉活动的兴奋与抑制失调，导致屈肌、伸肌同时发生强烈持续性收缩，使骨骼肌出现强直性痉挛。

（四）所致疾病

当机体受到创伤感染或分娩过程中使用受该菌污染的器械剪断脐带时，该菌可侵入伤口并生长繁殖，释放外毒素，引起破伤风（或新生儿的"脐带风"、七日风）。该菌感染至显现为破伤风的潜伏期可以几日到几周不等，平均 7~14d，主要与原发感染部位距离中枢神经系统的远近有关，距离越近，潜伏期越短，病死率越高。发病早期有发热、头痛、肌肉酸痛等前驱症状。典型的症状是咀嚼肌痉挛所致的牙关紧闭，苦笑面容；颈部、躯干和四肢肌肉强直性痉挛导致的角弓反张；面部发绀，呼吸困难，最后可因窒息或呼吸衰竭而死亡。

机体对该菌的免疫主要依靠抗毒素发挥中和作用。破伤风痉挛毒素毒性很强，极少量即可致病，但是少量的毒素尚不足以引起免疫，且毒素与组织结合后，不能有效地刺激免疫系统产生抗毒素,故病后一般不会获得牢固免疫力。因此,病愈后的患者仍需注射破伤风类毒素,使其获得免疫力。

二、生物学性状

(一) 形态与染色

该菌为 G⁺ 菌,菌体细长,芽孢呈圆形,直径大于菌体,位于菌体的顶端,使细菌呈鼓槌状,是该菌典型的形态特征。有周身鞭毛、无荚膜(图 5-2)。

(二) 培养特性

该菌为专性厌氧菌。在血琼脂平板上,37℃培养 48h 后,可见薄膜状边缘不整齐的菌落,有 β 溶血环;在庖肉培养基中培养,液体部分浑浊,有少量气泡,肉渣被消化呈微黑色,有腐败恶臭味。大多数生化反应阴性,一般不发酵糖类,不分解蛋白质。

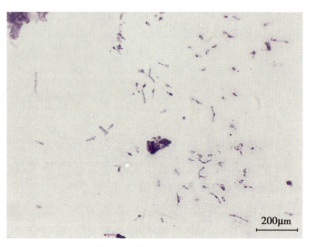

图 5-2　破伤风梭菌(革兰氏染色,×1 000)

(三) 其他

1. 抗原构造　含菌体抗原和鞭毛抗原。菌体抗原各型相同,鞭毛抗原有型特异性,根据鞭毛抗原的不同,可分为 10 个血清型,不同血清型菌株所产生毒素的生物学活性与免疫学活性均相同,可被任何型别的抗毒素中和。

2. 抵抗力　该菌繁殖体的抵抗力与一般细菌相似,但是芽孢抵抗力很强,可耐煮沸 1h,在干燥的土壤中可存活数十年。繁殖体对青霉素敏感。

(孙盟盟)

第三节　产气荚膜梭菌

产气荚膜梭菌(C.perfringens)广泛分布于自然界、人和动物肠道中,其芽孢常存在于土壤中,是引起气性坏疽的主要病原菌。

一、临床意义

(一) 致病物质

该菌能产生多种外毒素和侵袭性酶,有些外毒素就是胞外酶,与致病相关。外毒素有 α、β、γ 等 12 种。

1. α 毒素(卵磷脂酶)　是最重要的致病物质,具有卵磷脂酶和神经鞘磷脂酶活性,能分解细胞膜上的卵磷脂,破坏细胞膜,引起溶血、组织坏死和血管内皮细胞损伤,使血管通透性增加,造成水肿。另外,α 毒素还能使血小板凝集,导致血栓形成,局部组织缺血。

2. β 毒素　是引起组织坏死的重要致病物质。

3. κ 毒素(胶原酶)　能分解肌肉及皮下组织的胶原蛋白,使局部组织崩解。

4. μ 毒素(透明质酸酶)　能分解细胞间质中的透明质酸,有利于细菌的扩散。

5. ν 毒素(DNA 酶)　能分解 DNA,降低坏死组织的黏稠度,有利于细菌的扩散。

6. 肠毒素　有些菌株可产生肠毒素,引起食物中毒。

此外,产气荚膜梭菌的荚膜与细菌的侵袭性和抗吞噬相关,有利于细菌的致病。

（二）所致疾病

该菌引起的疾病主要有气性坏疽、食物中毒和坏死性肠炎。

1. 气性坏疽　大多由 A 型产气荚膜梭菌引起，多见于战伤和地震灾害，也可见于工伤、车祸等所致的大面积创伤。其致病条件与破伤风梭菌相似，要求伤口形成厌氧环境。本病的潜伏期短，一般仅为 8~48h。病菌在局部生长繁殖产生多种毒素和侵袭性酶，分解肌肉组织中的糖类，产生大量气体，造成气肿，同时由于血管通透性增加，引起局部水肿，从而挤压软组织和血管，影响血液循环和供应，造成组织坏死。临床典型病例表现为组织肿胀剧烈，水气夹杂，触摸有捻发感，大块组织坏死并伴有恶臭，严重者可引起毒血症，甚至死亡。

2. 食物中毒　主要由 A 型产气荚膜梭菌污染食物引起，该菌可产生肠毒素，一般在食入大量被污染的食品后，潜伏期约 10h，可出现腹痛、腹胀、水样腹泻、便血等症状，一般 1~2d 后自愈，严重者也可致死。

3. 坏死性肠炎　C 型产气荚膜梭菌产生的 β 肠毒素可引起坏死性肠炎。此病发病急，有剧烈腹痛、腹泻、血便、肠黏膜出血性坏死，可并发肠穿孔，死亡率高。

彻底清创是预防创伤后发生气性坏疽的最可靠方法。治疗以切除局部坏死组织为主，感染早期可用气性坏疽多价抗毒素，并使用大剂量青霉素杀灭病原菌。

> **重点提示**
>
> 产气荚膜梭菌的致病物质和所致疾病

二、生物学性状

（一）形态与染色

该菌为 G⁺ 粗大杆菌，菌体两端略微钝圆。芽孢呈椭圆形，直径小于菌体横径，位于菌体的次极端。无鞭毛，在体内能形成明显的荚膜（图 5-3）。

（二）培养特性

该菌为专性厌氧菌，但不十分严格厌氧。生长繁殖的温度范围广，37℃时分裂繁殖周期仅需 8min。在血琼脂平板上形成中等大小、边缘整齐的光滑菌落，多数菌株出现双层溶血环，内环是由 θ 毒素引起的完全溶血，外环为 α 毒素引起的不完全溶血。在卵黄琼脂平板上，菌落周围出现乳白色浑浊圈，是细菌产生的 α 毒素分解蛋黄中的卵磷脂所致，此即卵磷脂酶试验（Nagler 反应）。在牛奶培养基中分解乳糖产酸，使酪蛋白凝固，同时产生大量气体可将凝固的酪蛋白冲成蜂窝状，气势凶猛，称为"汹涌发酵"，这一特点有助于该菌的鉴定。该菌代谢活跃，能液化明胶，分解多种糖类产酸产气。

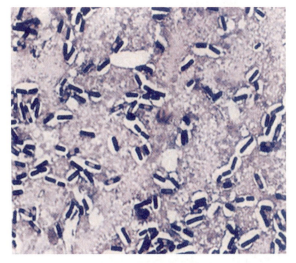

图 5-3　产气荚膜梭菌（革兰氏染色，×1 000）

（三）其他

1. 分型　根据不同菌株产生的毒素种类的不同，可将产气荚膜梭菌分成 A、B、C、D、E 5 个型别。对人致病的主要为 A 型，可引起气性坏疽和食物中毒。此外，C 型中的某些菌株可引起坏死性肠炎。

2. 抵抗力　该菌的芽孢对一般的消毒剂和煮沸剂有抵抗力。可引起食物中毒的一些菌株的芽孢可耐受 100℃ 1h 或以上。该菌对青霉素和其他抗生素敏感，尤其是氨基糖苷类抗生素。

（孙盟盟）

第四节　无芽孢厌氧菌

无芽孢厌氧菌是一大类寄居于人和动物体内的正常菌群,包括 G$^+$ 和 G$^-$ 的球菌及杆菌,是人体正常菌群中的优势菌群,分布于人体皮肤及与外界相通的腔道中。在一些特定条件下,它们作为机会致病菌可导致内源性感染。在临床厌氧菌感染中,无芽孢厌氧菌的感染率占 90% 以上,且以混合感染多见。

一、临床意义

无芽孢厌氧菌是寄居于人体皮肤和黏膜表面的正常菌群。在适宜的感染环境中,可成为机会致病菌。其致病条件主要包括:①寄居部位发生改变。②机体免疫功能下降。③菌群失调。④局部形成厌氧微环境。

无芽孢厌氧菌感染无特定病型,引起的感染可累及全身各种器官和组织。多见于:①中枢神经系统感染,中耳炎、乳突炎、鼻窦炎等局部感染厌氧菌后,可直接扩散和转移引起脑脓肿,以 G$^-$ 厌氧杆菌常见。②口腔与牙齿感染,口腔厌氧菌感染大多起源于牙齿感染,主要由 G$^-$ 厌氧杆菌和消化链球菌等引起。③呼吸道感染,无芽孢厌氧菌可感染呼吸道的任何部位,可引起扁桃体周围蜂窝织炎、吸入性肺炎、坏死性肺炎、肺脓肿和脓胸等。④腹腔感染,因胃肠道手术、损伤、穿孔及其他异常引起的腹膜炎、腹腔脓肿等感染主要与消化道厌氧菌有关,其中以脆弱类杆菌为主。⑤女性生殖道和盆腔感染,手术或其他并发症引起的盆腔脓肿、输卵管卵巢脓肿、子宫内膜炎等。⑥皮肤和软组织感染,多为外伤、手术及其他感染或局部缺血所致,常为混合感染。其中软组织感染与脆弱类杆菌有关。

二、生物学性状

无芽孢厌氧菌共有 23 个属,其中与人类疾病相关的主要有 10 个属。无芽孢厌氧菌包括:①G$^-$ 厌氧杆菌,有 8 个属,以类杆菌属中的脆弱类杆菌最为重要。②G$^-$ 厌氧球菌,有 3 个属,其中韦荣菌属最重要,该菌是寄生在咽喉部主要厌氧菌,但在临床厌氧菌分离标本中,分离率小于 1%,并且多为混合感染菌之一。③G$^+$ 厌氧杆菌,有 7 个属,包括丙酸杆菌属、双歧杆菌属、真杆菌属等。④G$^+$ 厌氧球菌,有 5 个属,其中有临床意义的是消化链球菌属,主要寄居于阴道。

(孙盟盟)

第五节　铜绿假单胞菌

铜绿假单胞菌(*Pseudomonas aeruginosa*)在自然界中分布广泛,是一种常见的机会致病菌,多见于伤口感染。

一、临床意义

(一)致病物质

该菌除产生内毒素外,还能产生多种致病因子,包括胞外酶和外毒素,如溶蛋白酶、磷脂酶及对小鼠、猴等实验动物有致死作用的外毒素。

(二)所致疾病

该菌为人体正常菌群,广泛分布于皮肤与肠道,常引起机会性感染。当机体免疫力低下时引起继发感染和混合感染,可导致菌血症和败血症,可造成多种组织的感染,如烧伤、创伤感染、中耳炎、尿道炎、心内膜炎、脓肿、气管插管感染等,以皮肤、黏膜常见。局部感染可导致菌血症。该菌约占医源性感染菌的 10%，是引起医院感染的主要致病菌之一，并通过多种途径在医院内传播。因此，对器械、敷料必须严格消毒，医护人员等应认真执行无菌操作。

该菌苗分多价和单价两种，二者对感染的防治均有一定效果，与多价高效抗血清合用可以提高菌苗的免疫原性。联合用药可减少耐药菌株的产生。

二、生物学性状

（一）形态与染色

该菌为 G⁻ 小杆菌，长短不一，呈多形态。无芽孢，有荚膜，有鞭毛和菌毛。

（二）培养特性

该菌营养要求不高，专性需氧。生长温度是 25~42℃，该菌在 4℃ 不生长而在 42℃ 可以生长的特点可用以鉴别。在普通营养琼脂培养基上 35℃ 培养 24h，可形成大小不一、形态各异、扁平、光滑的"毛玻璃"样有生姜气味的菌落，且常相互融合。由于该菌可产生绿色水溶性色素（绿脓素），使培养基呈绿色。能分解葡萄糖产酸，利用柠檬酸盐，分解尿素，液化明胶，氧化酶试验阳性。

（三）其他

该菌具有 O、H 抗原，O 抗原可作为血清分型的依据。抵抗力较强，56℃ 1h 才被杀灭，对化学药物的抵抗力比一般 G⁻ 菌强大。对多种化学消毒剂与抗生素有抗性或耐药性。

（孙盟盟）

第六节　麻风分枝杆菌

麻风分枝杆菌（*Mycobacterium leprae*）又称麻风杆菌，是引发麻风病的病原体。麻风是一种潜伏期长、发病缓慢、病程长的慢性传染病，主要表现为皮肤、黏膜和神经末梢的损害，晚期可侵犯深部组织和器官，形成肉芽肿。

一、临床意义

该菌可随患者的痰、汗液、乳汁、精液或阴道分泌物排出，通过直接接触传播。长期以来普遍认为麻风分枝杆菌是通过破损的皮肤、黏膜侵入机体，但近年来发现，未经治疗的瘤型麻风病患者早期黏膜分泌物含大量细菌，因此呼吸道也是麻风分枝杆菌的重要感染途径。潜伏期一般 6 个月 ~5 年，有的可达 20 年。麻风发病缓慢，细菌缓慢沿末梢神经、淋巴、血行扩散至全身，特别是皮肤和眼。

根据临床表现、免疫状态和病理变化等可将麻风分为结核样型、瘤型、界线类和未定类。大多数患者为结核样型和瘤型，少数患者为两型之间的界线类和未定类。①结核样型：为闭锁性麻风，极少演变，较稳定，传染性小，故称良性麻风，占麻风病例的 60%~70%。此型患者的病变主要发生于皮肤，侵犯真皮浅层，也可累及神经，使受累皮肤出现感觉功能障碍。患者细胞免疫功能受损较小，巨噬细胞可将大量麻风分枝杆菌杀灭，故患者体内不易检出细菌，麻风菌素试验多呈阳性。②瘤型：为严重进行性麻风，如不及时治疗，将逐渐恶化，累及神经系统，传染性强，占麻风病例的20%~30%。此型患者的病变主要发生于皮肤、黏膜和各脏器，患者血清中自身抗体含量高，形成的免疫复合物沉积在皮肤和黏膜下，形成红斑和结节，面部结节融合可呈"狮面容"。患者细胞免疫功能低下，麻风菌素试验阴性。③界线类：兼有结核样型和瘤型的特点，能向两型分化，程度可有不同，大多数患者麻风菌素试验阴性，病变部位可找到麻风细胞。④未定类：为麻风病的前期病变，病变部位很少能找到麻风分枝杆菌，麻风菌素试验阳性，大多数患者最后向结核样型分化。

机体对麻风分枝杆菌的抵抗力较强，主要以细胞免疫为主的传染性免疫又称带菌免疫。本病尚未发现特异性预防方法，应早发现、早隔离、早治疗，治疗首选砜类。

二、生物学性状

　　该菌革兰氏染色与抗酸染色均为阳性，且着色均匀，细长、略带弯曲，常呈束状或团状排列，是典型的胞内寄生菌，该菌的体外人工培养至今尚未成功，患者渗出物标本涂片中可见大量麻风分枝杆菌存在于细胞内，这种有麻风分枝杆菌存在的细胞胞质呈泡沫状，称为麻风细胞，这对麻风分枝杆菌与其他分枝杆菌的区别有重要意义。

（孙盟盟）

思考题

　　1. 试述葡萄球菌、破伤风梭菌、铜绿假单胞菌引起感染的病灶特点。

　　2. 通过对皮肤黏膜、软组织及创伤感染常见细菌的学习，试分析其致病性并提出对这些疾病的综合施护施治措施。

　　3. 患者，男，48岁，在打扫卫生时不慎被一生锈的铁钉扎伤手指。自行止血后未做其他处理。3d处伤口化脓，7d后出现四肢僵硬，脖子左右转动不便，口张大困难等症状。

ER 5-3

练习题

　　请思考：

　　(1) 根据上述病史及症状，该患者可能感染了何种细菌？

　　(2) 简述该菌的致病机制。

第六章 | 呼吸道感染常见细菌

ER 6-1 教学课件

ER 6-2 思维导图

学习目标

1. 掌握呼吸道感染常见细菌的致病物质和所致疾病。

2. 熟悉呼吸道感染常见细菌的形态与染色、培养特性及抵抗力等生物学性状。

3. 了解呼吸道感染常见细菌的免疫性及分类。

4. 学会对呼吸道感染常见的不同细菌引起呼吸道感染进行敏锐观察、识别并开展健康教育、综合施护施治与预防。

5. 具有对生物安全、医院感染及食品安全等重要性的认识，具备良好的职业责任心和社会责任感。

引起呼吸道感染的细菌有多种，本章所介绍的为常见且主要以呼吸道为侵入门户，能引起呼吸道局部感染或呼吸道以外组织器官病变的细菌。

第一节 结核分枝杆菌

案例

患者，男，56 岁，因反复咳嗽、低热、盗汗 1 个月余入院。伴体重下降、疲乏无力，1 个月内体重下降 6kg。T 37.7℃，呼吸正常，未闻及干湿啰音。胸部 CT：双肺可见斑片状及条索样高密度影，且伴有肺门淋巴结肿大。结核菌素试验呈阳性。

请问：

1. 该患者初步诊断是什么疾病？

2. 该疾病需要如何防治？

分枝杆菌属（*Mycobacterium*）是一类细长弯曲的杆菌，因有分枝状生长的趋势而得名。细菌细胞壁含大量的脂质，菌体内含分枝菌酸，故一般不易着色，加温或延长染色时间着色后能抵抗盐酸乙醇的脱色，具抗酸性，故又称抗酸杆菌。大量的脂质与细菌的染色性、致病性和抵抗力等密切相关。分枝杆菌属可分为结核分枝杆菌、非典型结核分枝杆菌和麻风分枝杆菌三类。

结核分枝杆菌（*Mycobacterium tuberculosis*，MTB）是引起人和动物结核病的病原菌。目前已知对人类致病的结核分枝杆菌包括人结核分枝杆菌、牛结核分枝杆菌、非洲结核分枝杆菌和坎纳结核分枝杆菌，其中人结核分枝杆菌的感染率最高。该菌可侵犯全身各器官，但以肺结核最多见。随着抗结核药物的不断发展和卫生状况的改善，结核病的发病率和死亡率曾大幅下降。但近年来由于 AIDS 的流行使易感人群增加，结核分枝杆菌耐药菌株特别是多重耐药菌株的出现，人群流动性使病原体传播增加等原因，结核病的发病率又呈现明显上升趋势，结核病已成为全球重大公共卫生问题。

一、临床意义

（一）致病物质

该菌不产生内、外毒素，无侵袭性酶，其致病物质与菌体成分有关，主要有脂质、蛋白质和多糖。

1. 脂质　该菌的毒力与脂质含量密切相关。有毒性的脂质有：

（1）**索状因子**：存在于结核分枝杆菌细胞壁中，使结核分枝杆菌在液体培养基中生长时互相紧密粘连，形成盘旋的索状现象。索状因子具有损伤细胞线粒体膜，影响细胞呼吸，且能抑制粒细胞游走和引起慢性肉芽肿。

（2）**磷脂**：能刺激单核细胞增生，并使炎症灶中的巨噬细胞转变为类上皮细胞，还可抑制蛋白酶对病灶组织的分解，从而形成结核结节和干酪样坏死。

（3）**硫酸脑苷脂**：存在于有毒株的细胞壁中，可抑制吞噬细胞中吞噬体与溶酶体的结合，使细菌在吞噬细胞中长期存活。其能与中性红结合，产生中性红反应，有助于鉴定结核分枝杆菌有无毒力。

（4）**蜡质**D：是一种肽糖脂与分枝菌酸的复合物，具有免疫佐剂作用，能激发机体产生迟发型超敏反应。

2. 蛋白质　菌体含有多种蛋白质，具有抗原性，其中结核菌素与蜡质 D 结合后使机体发生迟发型超敏反应，引起组织坏死和全身中毒症状，促进结核结节的形成。

3. 荚膜　主要是多糖成分。有助于结核分枝杆菌的黏附与侵入；具有抗吞噬作用，能抑制吞噬体与溶酶体融合，使结核分枝杆菌能在吞噬细胞内存活；能防止某些药物和有害物质进入菌体，使结核分枝杆菌获得较强的耐药性和抵抗力。

（二）所致疾病

该菌可通过呼吸道、消化道及破损的皮肤等多种途径感染，引起全身多种组织器官的结核病，以肺结核最多见。由于该菌的毒力、数量及机体的免疫状态不同，肺部感染分为原发感染和原发后感染两种类型。其初次侵入机体引起局部炎症，称为原发感染，包括原发病灶、结核性淋巴管炎、肺门淋巴结病变。原发感染常见于学龄儿童及未感染过结核分枝杆菌的成人。原发后感染多见于成年人，好发于肺尖部位，病原菌可以是外来的，也可是原来潜伏在病灶内的，因机体已形成特异性细胞免疫，故感染的特点是病灶局限，一般不累及邻近淋巴结，主要特征为慢性肉芽肿炎症，形成结核结节、纤维化和干酪样坏死。若干酪样坏死液化，排入邻近支气管、气管，则可形成空洞并释放大量结核分枝杆菌至痰中，此为开放性肺结核，传染性很强。部分患者体内的结核分枝杆菌可经血液、淋巴液扩散至肺外，引起相应脏器的感染，如脑、肾、骨、关节、生殖系统等结核；也可通过伤口感染导致皮肤结核；肺结核患者也可因痰菌被咽入消化道引起肠结核、结核性腹膜炎等。

（三）免疫性与超敏反应

该菌是胞内寄生菌，其免疫类型是以细胞免疫为主的传染性免疫又称带菌免疫，即细菌或其成分进入机体后使机体对再次入侵的细菌有免疫力，当细菌或其成分从体内消失后，抗结核免疫也随之消失。被结核分枝杆菌致敏的 T 细胞再次接触该菌时，可释放 TNF-α、IL-2、IL-6、INF-γ 等多种细胞因子，吸引巨噬细胞、T 细胞、NK 细胞等聚集炎症部位，并直接或间接地增强该类细胞的杀菌活性。机体对结核分枝杆菌的细胞免疫与迟发型超敏反应并存，原发感染因无免疫反应和超敏反应，细菌可迅速扩散至全身。再次感染者因有超敏反应发生，局部反应强烈，病灶很快愈合，故感染不扩散。

（四）结核菌素试验

结核菌素试验（tuberculin test）是给人接种一定量结核菌素后，测定机体对结核菌素有无 IV 型超敏反应，判断其是否受到结核菌感染或接种卡介苗后是否产生超敏反应的一种试验。

1. 试剂　目前使用的结核菌素试剂是纯蛋白衍生物（tuberculin purified protein derivative，PPD），

根据来源分两种，即人结核分枝杆菌制成的 C 型结核菌素纯蛋白衍生物（PPD-C）和卡介苗制成的 BCG-PPD，每 0.1ml 含 5 个单位。目前常用的是 PPD-C。

2. 方法及结果分析　常规试验分别取两种 PPD 各 5 个单位注射于受试者两前臂掌侧中央皮内，48~72h 后观察红肿硬结的直径。若 PPD-C 侧红肿直径大于 BCG-PPD 侧，则为感染；反之，则可能是接种卡介苗所致。若 5~15mm 者为阳性，表明机体曾感染过结核分枝杆菌或接种过卡介苗，有特异性免疫力；若 >15mm 为强阳性，表明可能有活动性结核病，应进一步检查；若 <5mm 为阴性，表示未感染过结核分枝杆菌或未接种过卡介苗，但应考虑以下情况：①感染初期，超敏反应尚未产生。②老年人。③严重结核病患者。④患有其他严重疾病（如 AIDS 或肿瘤）导致细胞免疫功能低下及免疫抑制剂使用者。

3. 主要应用　①选择卡介苗接种对象及测定接种后免疫效果，阴性者应接种卡介苗。②辅助诊断婴幼儿结核病。③在未接种卡介苗的人群中进行结核分枝杆菌感染的流行病学调查。④测定肿瘤患者的细胞免疫功能。

二、生物学性状

（一）形态与染色

该菌为细长、略带弯曲，有时呈分枝状的杆菌，菌体可聚集呈束状或堆积成团，具有抗酸性。无鞭毛和芽孢，近年来发现有微荚膜。临床上染色常用齐 - 内染色（Ziehl-Neelsen staining，抗酸染色最常用方法）或金胺 O 荧光染色。G⁺ 菌不易着色，抗酸染色后呈红色（图 6-1）。

（二）培养特性

该菌为专性需氧菌，营养要求高，必须在含蛋黄、甘油、马铃薯、无机盐和孔雀绿等的罗氏培养基（Lowenstein-Jensen medium，L-J medium）上才能生长，最适生长温度 35~37℃，最适 pH 6.5~6.8，生长缓慢，繁殖一代时间为 14~18h，在固体培养基上 2~4 周才可见菌落生长。典型菌落为表面粗糙，不透明、边缘不规则，乳白色或淡黄色、外观干燥、呈颗粒状或菜花状（图 6-2）。液体培养时形成粗糙皱纹状菌膜，有毒株在液体培养基中呈索状生长。

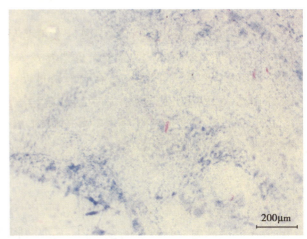

图 6-1　结核分枝杆菌（抗酸染色，×1 000）

图 6-2　结核分枝杆菌菌落（罗氏培养基）

(三)其他

该菌可发生形态、菌落、毒力和耐药性等变异。理化因素作用细菌可呈球状、丝状、串珠状等多种形态。在不良环境中,菌落可由粗糙型(R型)变为光滑型(S型)。卡介苗(Bacille Calmette-Guérin,BCG)即牛型结核分枝杆菌在含甘油、胆汁、马铃薯的培养基中经13年230次传代而获得的保留免疫原性的减毒活疫苗株,被广泛用于预防接种。近年来结核分枝杆菌的耐药性变异愈加突出,对两种及两种以上的抗结核药产生耐药的多重耐药结核分枝杆菌(multiple-drug resistance tuberculosis,MDRTB)已成为全球共同面临的挑战。

该菌耐干燥,在干燥痰内可存活6~8个月,黏附在尘埃表面能保持传染性8~10d;在酸(3% HCl溶液或6% H_2SO_4 溶液)或碱(4% NaOH溶液)中耐受30min;对1:13 000孔雀绿和1:75 000甲紫有抵抗力。其对湿热敏感,加热62~63℃ 15min或煮沸即被杀死;对70%~75%乙醇敏感,作用2min即会杀死细菌;对紫外线敏感,直接日光照射数小时可被杀死。对利福平、异烟肼、链霉素等药物较易产生耐药性,临床已分离出多重耐药菌株。

对结核分枝杆菌感染的防治应加强宣传教育,对结核病患者早发现、早隔离并积极治疗。接种BCG可有效预防该菌感染,接种后免疫力可维持3~5年。

(郭旭光)

第二节　链球菌属

链球菌属(*Streptococcus*)细菌是一大群常呈链状排列的 G^+ 球菌,是引起化脓性感染的另一大类主要的病原性球菌,广泛分布于自然界及人的鼻咽部、消化道、泌尿生殖道等,多数不致病,对人类致病的主要是A群链球菌和肺炎链球菌。A群链球菌可引起人类的各种化脓性炎症、猩红热、产褥感染、新生儿败血症,以及链球菌超敏反应性疾病如风湿热、肾小球肾炎等。肺炎链球菌(*Pneumococcus*)常寄居在正常人的鼻咽腔内,多不致病,只形成带菌状态,当机体免疫力降低时致病,主要引起大叶性肺炎等。

一、临床意义

(一)致病物质

1.A群链球菌　有较强的侵袭力,其细菌胞壁成分、产生的多种外毒素及侵袭性酶类是主要的致病物质。

(1)细菌胞壁成分:①脂磷壁酸能与M蛋白一起构成菌毛样结构,增强细菌对细胞的黏附性。②M蛋白具有抵抗吞噬细胞的吞噬和杀菌作用,与心肌、肾小球基底膜有共同抗原,某些超敏反应性疾病的发生与M蛋白有关。③F蛋白是A群链球菌重要的黏附素成员,有利于细菌在宿主体内定植和繁殖。

(2)外毒素:主要有链球菌溶血素和致热外毒素。

1)链球菌溶血素:A群链球菌产生的溶血毒素有链球菌溶血素O(streptolysin O,SLO)和链球菌溶血素S(streptolysin S,SLS)两种,具有溶解红细胞、杀白细胞及毒害心脏作用。SLO为含—SH的蛋白质,对 O_2 敏感,当遇 O_2 时,—SH易被氧化为—S—S—,失去溶血活性;但加入还原剂,溶血作用可逆转;对中性粒细胞、血小板、巨噬细胞、神经细胞及心肌细胞有毒性作用;免疫原性强,可刺激机体产生抗链球菌溶血素O(ASO)。在链球菌感染2~3周至1年内,85%~95%患者血清中可检出ASO。活动性风湿热患者ASO显著增高,故临床常以测定ASO含量以辅助诊断链球菌引起如风湿热和链球菌感染后的肾小球肾炎等的超敏反应性疾病。SLS对 O_2 稳定,对热和酸敏感,不宜保存;无免疫原性。链球菌在血平板上的β溶血是SLS所致。

2）致热外毒素（pyrogenic exotoxin）：又称红疹毒素，导致猩红热，并与其皮疹形成有关；其化学成分为蛋白质，有 A、B、C 三种血清型，较耐热，96℃45min 能将其完全破坏；此毒素使吞噬细胞释放内源性致热原，直接作用于下丘脑的体温调节中枢而引起发热。

（3）**侵袭性酶类**：①透明质酸酶（hyaluronidase），能分解细胞间质的透明质酸，有利于细菌扩散，故又称扩散因子。②链激酶（streptokinase，SK），又称溶纤维蛋白酶，能使血液中纤维蛋白酶原变成纤维蛋白酶，可溶解血块或阻止血浆凝固，有助于细菌扩散。③链道酶（streptodornase，SD）：又称 DNA 酶，能分解脓汁中具有高度黏稠性的 DNA，使脓汁稀薄，促进病原菌扩散。故链球菌引起的化脓性感染病灶具有界限不清、脓汁稀薄、感染易扩散的特点。

2. 肺炎链球菌　主要致病物质是荚膜，有抗吞噬作用。此外，肺炎链球菌溶素 O、脂磷壁酸、神经氨酸酶与肺炎链球菌的黏附、定植、繁殖及扩散有关。

（二）所致疾病

1. A 群链球菌　引起的疾病约占人类链球菌感染的 90%，分为化脓性感染、中毒性疾病和超敏反应性疾病。

（1）**化脓性感染**：如蜂窝织炎、丹毒、扁桃体炎、淋巴管炎、脓疱病、败血症等。

（2）**中毒性疾病**：猩红热是由产生红疹毒素的 A 群链球菌引起的急性呼吸道传染病。10 岁以下儿童多发，潜伏期 2~3d，主要临床表现为发热、咽炎、全身弥漫性鲜红色皮疹及疹退后明显的脱屑、口周苍白圈和杨梅舌等。

（3）**超敏反应疾病**：①风湿热：常继发于 A 群链球菌感染引起的咽炎或扁桃体炎，潜伏期 2~3 周，临床表现为发热、关节炎、心肌炎等。②急性肾小球肾炎：多见于儿童和青少年，临床以发热、血尿、蛋白尿、水肿、高血压为主要表现。发病机制属于Ⅱ型或Ⅲ型超敏反应。

2. B 群链球菌　又称无乳链球菌，主要寄居于女性生殖道以及人体肠道等部位，可引起新生儿感染。肿瘤和免疫功能低下者易感染 B 群链球菌，引起菌血症、肾盂肾炎、子宫内膜炎等。

3. 甲型溶血性链球菌　是人体口腔、消化道、女性生殖道的正常菌群，可因刷牙、拔牙等原因造成局部损伤后侵入血流，也是引起心瓣膜异常患者亚急性细菌性心内膜炎最常见的病原菌；严重感染患者如中性粒细胞减少患者，还可引起感染性休克，以及肺部感染继发菌血症。变异链球菌与龋齿的发生密切相关。

4. 肺炎链球菌　通过呼吸道感染，是社区获得性肺炎最常分离到的病原菌，可以从 30% 的社区获得性肺炎病例的血培养中检出肺炎链球菌。它也是儿童与成人脑膜炎患者的重要病原菌，发病率与死亡率均较高。其所致的感染最常见的是大叶性肺炎、中耳炎和支气管肺炎，还可引起鼻窦炎以及继发胸膜炎、脓胸、败血症，以及少见的心内膜炎。随着 23 价荚膜多糖疫苗在成人中的广泛使用，侵入性肺炎链球菌感染数量大为下降，但是侵入性感染与非侵入性感染的肺炎链球菌血清型也随之变化。近来，13 价联合疫苗的引入导致了疫苗所含的血清型的肺炎链球菌在儿童鼻咽部定植率也普遍下降。

链球菌感染后，可建立牢固的型特异性免疫，但因型别多，型间无交叉免疫，故易反复感染。猩红热病后可建立牢固的同型抗毒素免疫。肺炎链球菌同型病菌再次感染少见。

二、生物学性状

（一）形态与染色

该菌为 G^+ 菌，菌体圆形或卵圆形，成双或呈链状排列。链的长短与细菌种类及生长环境有关，在液体培养基中易形成长链；固体培养基上常形成短链，致病性链球菌一般链较长；脓汁标本中多为短链、成双或单个散在排列。不形成芽孢，无鞭毛，不能运动。细胞壁外有菌毛样结构，含型特异性的 M 蛋白。肺炎链球菌为 G^+ 菌，菌体呈矛头状，宽端相对，尖端向外，成双排列（图 6-3），无鞭毛和芽孢、无动力，在机体内可形成肥厚荚膜。

（二）培养特性

链球菌多为需氧或兼性厌氧，少数为专性厌氧；最适生长温度 37℃，最适 pH 7.4~7.6；营养要求较高，在普通营养琼脂培养基上生长不良，必须加血液、血清、腹水等；在血平板上形成灰白色、半透明或不透明、表面光滑、直径 0.5~0.75mm、圆形凸起的细小菌落，不同菌种可出现 α、β 溶血现象或不溶血；少数菌株在血清肉汤幼龄培养物中可形成微荚膜，但延长时间后即消失。

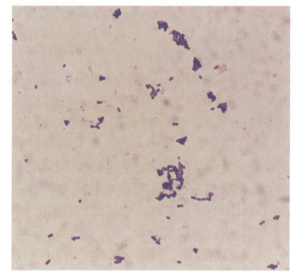

图 6-3　肺炎链球菌（革兰氏染色，×1 000）

肺炎链球菌在血平板上形成细小、灰色扁平的菌落，周围形成草绿色溶血环（α 溶血环），培养超过 24h 因产生自溶酶，细菌自溶，菌落中央下陷呈"脐窝状"，自溶酶可被胆汁或胆盐激活，促进培养物中细菌自溶，借此可与甲型链球菌鉴别；血清肉汤中呈颗粒状或絮状生长现象，不溶血菌株则呈均匀混浊状。

ER 6-3

肺炎链球菌菌落（血平板，24h 培养物）

（三）其他

1. 抗原构造及分类　链球菌抗原构造比较复杂。主要类型：①多糖抗原，又称 C 抗原，存在于细胞壁中，具有群特异性，是链球菌血清学分群的依据。②蛋白抗原，又称表面抗原，有 M 蛋白、F 蛋白、G 蛋白等，位于 C 抗原外层，具有型特异性。③核蛋白抗原，无特异性。

根据抗原结构分类，即蓝氏链球菌分群试验（Lancefield's streptococcal grouping test）分类，乙型溶血性链球菌可分成 A、B、C、D 等 20 个血清群，对人类致病的链球菌株 90% 属 A 群，其次为 B 群。

根据链球菌在血琼脂平板上的溶血现象不同，可分为三类。

（1）甲型溶血性链球菌（α）：菌落周围形成 1~2mm 宽的草绿色溶血环，多为机会致病菌，主要包括肺炎链球菌和甲型溶血性链球菌群。

（2）乙型溶血性链球菌（β）：菌落周围形成 2~4mm 的透明溶血环。此型链球菌致病性强，常引起人类和动物多种疾病，包括 A、C、G 群，以及 B 群 β 溶血性链（又称无乳链球菌）。

（3）丙型溶血性链球菌（γ）：又称非溶血性链球菌，菌落周围不形成溶血环。此型链球菌一般无致病性。非溶血性 D 群链球菌主要有牛链球菌。链球菌的群别与其溶血性之间无平行关系，但对人类致病的 A 群链球菌多形成 β 溶血。

2. 生化反应及变异性　链球菌能分解葡萄糖产酸不产气，对乳糖、甘露醇的分解因菌而异。有荚膜的肺炎链球菌经人工培养后可发生菌落由光滑型（S）向粗糙型（R）的变化，即 S-R 变异，同时随着荚膜的消失，毒力亦随之减弱。将 R 型菌落的菌株接种动物或在血清肉汤中培养，则又可恢复 S 型。

3. 抵抗力　链球菌对常用消毒剂敏感，60℃ 30min 即可将其杀死。在干燥的痰中可存活数周。对青霉素、红霉素、四环素及磺胺均敏感。青霉素是链球菌感染的首选药物。除肺炎链球菌外，其他链球菌对抗生素较少有耐药性，但对青霉素耐药甚至多种耐药的肺炎链球菌已出现并在全球播散，需引起临床高度重视。

（郭旭光）

第三节　脑膜炎球菌

案例

　　患者,男,17 岁,突发头痛、意识模糊 5h 入院。患者于 5h 前无明显诱因下出现头痛,为持续性胀痛且阵发性加重,伴恶心、呕吐、发热,后出现意识模糊,烦躁不安。无四肢抽搐,无气促,伴小便失禁。1 周前有"感冒史"。体格检查:T 39.3℃,脑膜刺激征阳性。头颅 CT 示全脑弥漫性肿胀。

　　请问:

　　1. 该患者初步诊断为哪种疾病?

　　2. 该患者出现意识模糊、呕吐应如何防止误吸?

　　奈瑟菌(*Neiseria*)主要寄居在人类的鼻咽部、胃肠道和泌尿生殖道,一般不致病。对人类致病的只有脑膜炎球菌和淋球菌。在此重点介绍脑膜炎球菌(meningococcus)又称脑膜炎奈瑟菌(*Neisseria meningitidis*)。

一、临床意义

(一)致病物质

　　该菌的致病物质有荚膜、菌毛和内毒素,以内毒素为主。荚膜可抵抗宿主内吞噬细胞的吞噬作用,增强细菌对机体的侵袭力;菌毛介导细菌黏附在宿主易感细胞表面,有利于细菌在宿主体内定居、繁殖;内毒素是脑膜炎球菌的主要致病物质,可导致皮肤出血性瘀斑、肾上腺出血、DIC,甚至休克。

(二)所致疾病

　　该菌是流行性脑脊髓膜炎(简称流脑)的病原菌,可寄居于人的鼻咽部、口腔黏膜上,通过呼吸道分泌物、空气微滴、呼吸道传播,人群携带率为 5%~10%,冬末春初为流脑流行高峰,带菌率可高达 20%~90%。传染源是患者和带菌者。易感者主要为 15 岁以下儿童。因侵入病原菌的毒力、数量和机体免疫力不同,流脑的病情轻重不一。人是脑膜炎球菌唯一的易感宿主。细菌由鼻咽部侵入机体,多数人感染后表现为带菌状态或隐性感染,数人可发展为菌血症或败血症,甚至发展成化脓性脑脊髓膜炎。临床分普通型、暴发型和慢性败血症型。机体对该菌的免疫是以体液免疫为主。显性感染、隐性感染或接种疫苗后 2 周,血清中群特异性抗体水平提高。6 个月以内的婴儿可通过母体获得抗体,故具有一定的免疫力,6 个月至 2 岁儿童因免疫力弱,发病率较高。

二、生物学性状

　　1. 形态与染色　取脑脊液等含菌量多的标本直接涂片,革兰氏染色镜检见 G⁻ 双球菌,在患者脑脊液中,菌体多存在中粒细胞内,单个菌体呈肾形或咖啡豆形;常成双排列,凹面相对;培养物涂片菌体可呈圆形或卵圆形,成双或不规则排列。无鞭毛、无芽孢,有菌毛,新分离菌株有荚膜。

　　2. 培养特性　该菌为专性需氧,初次分离培养时,需提供 5%~10% 的 CO_2 以中和细菌所产生的氨的毒性。对温度要求很严,低于 30℃ 或超过 40℃ 则不生长,最适生长温度为 35℃。最适 pH 7.4~7.6。营养要求高,普通营养琼脂培养基上不生长,在含有血清、血液或卵黄等营养成分的培养基上方能生长。在血平板、巧克力色血平板上培养 24~72h 后,形成圆形、光滑、湿润、透明、微带灰蓝色的菌落,血平板上不溶血、易乳化;在卵黄双抗平板(EPV)上,菌落呈无色、较大、扁平、湿润奶油状；在血清肉汤中，呈轻度或中度混浊、有颗粒状或黏稠状沉淀生长，无菌膜。该菌可产生自溶酶。培养时间过长，菌体可发生自溶死亡。

3. 其他 该菌的抗原主要有：①荚膜多糖抗原，具有群特异性，根据此抗原不同，可将该菌分为至少 13 个血清群，与人类疾病关系密切的主要是 A、B、C 群，我国流行的菌株以 A 群为主，偶见 B 群、C 群。②外膜蛋白，具有型特异性，可据此将该菌分为 20 个血清型。③脂多糖抗原，具有型特异性，可对该菌分型。用该菌群抗体血清，通过凝集试验检测细菌荚膜多糖抗原。抗原检测若呈阳性，结合涂片和培养结果，可快速作出诊断。

该菌对外界环境的抵抗力弱。对干燥、湿热、寒冷都很敏感，室温中仅存活 3h，60℃ 5min 即死亡。对各种消毒剂也很敏感，用 1% 苯酚溶液、75% 乙醇、0.1% 苯扎溴铵溶液能立刻杀死该菌。对青霉素、链霉素、金霉素均敏感，但容易产生耐药性。

（郭旭光）

第四节　鲍曼不动杆菌

> **案例**
>
> 　　患者，男，78 岁，因咳嗽、咳痰、发热 1 个月余入院。患者于 1 个月余前出现反复咳嗽、咳痰，痰液为黄色脓痰，偶有血性痰，伴胸痛、气急；发热为不规则热，最高体温 39℃。既往有前列腺癌病史。体格检查：T 37.9℃，双肺呼吸音粗，双肺遍布湿啰音。胸部 CT 呈大叶性或片状浸润阴影，胸膜有渗出。入院后痰液培养：检出鲍曼不动杆菌。
>
> **请问：**
>
> 1. 鲍曼不动杆菌除了肺部感染外还常见于哪些部位的感染？
> 2. 鲍曼不动杆菌感染常见于哪类人群？

鲍曼不动杆菌（*Acinetobacter baumannii*）属于机会致病菌，广泛分布于土壤和水中，是引起医院感染的主要病原菌之一。临床常见菌种有：醋酸钙不动杆菌（*A.Calcoaceticus*）、鲍曼不动杆菌（*A.Baumanni*）、洛菲不动杆菌（*A.Iwofi*）、溶血不动杆菌（*A.Haemolyticus*）、琼氏不动杆菌（*A.Junii*）和约翰逊不动杆菌（*A.Johnsonii*）。近年来由该菌造成的感染逐渐增多，且其耐药性日益严重，已经成为医院感染的主要来源，尤其是重症监护室。

一、临床意义

（一）致病物质

该菌的主要致病物质有荚膜多糖、菌毛、磷脂酶等酶类、脂质、内毒素等。其黏附力极强，易黏附在各类医用材料上而可能成为储菌源。

（二）所致疾病

该菌通过接触和空气传播，易感者为老年患者、早产儿和新生儿，手术创伤、严重烧伤、气管切开或插管、使用人工呼吸机、行静脉导管和腹膜透析者、广谱抗菌药物或免疫抑制剂应用者等，可引起呼吸道感染、败血症、继发性脑膜炎、心内膜炎、伤口及皮肤感染、泌尿生殖道感染、手术部位感染和呼吸机相关性肺炎等，重症者可导致死亡。

该菌携带多种耐药基因，耐药率逐年增加。该菌感染后无特异性抗体产生。防治措施为加强耐药性监测，实施有效的消毒隔离措施，严格无菌操作，保护易感人群。

二、生物学性状

（一）形态与染色

该菌为 G⁻ 杆菌，可呈球形或球杆状、丝状或链状，多为球杆状，革兰氏染色不易脱色，有时会染成 G⁺ 杆菌，无芽孢、无鞭毛，黏液型菌株有荚膜。

（二）培养特性

该菌专性需氧，最适生长温度为 35~37℃。营养要求不高，在普通营养琼脂培养基和血平板、MAC 平板上生长良好。在血平板上形成灰白色、圆形、光滑、边缘整齐的菌落，大小 2~3mm。MAC 平板上形成粉红色菌落。氧化酶试验阴性，不发酵糖类。

（三）其他

该菌有菌体抗原、荚膜抗原和 K 抗原，根据抗原成分，可将其分为 34 个血清型；在医院环境中分布很广且可以长期存活，极易造成危重患者的感染；对湿热、紫外线及化学消毒剂有较强抵抗力，耐低温、耐干燥、耐受肥皂，常规消毒只能抑制其生长而不能杀灭。由于该菌极易对抗菌药物产生耐药性，临床常采用 β- 内酰胺类 + 氟喹诺酮类或氨基糖苷类等联合用药。

（郭旭光）

第五节　流感嗜血杆菌

案例

患者，女，25 岁，因发热伴咳嗽、咳痰 2 周入院。患者于 2 周前无明显诱因下出现发热，T 38.6℃，伴畏寒，咳痰为白色黏痰，自服 "抗病毒口服液" 后症状缓解，2d 前受凉后上述症状加重，伴胸闷、气促。体格检查：T 38.4℃，双肺可闻及湿啰音。胸部 CT 可见双肺多发感染。入院后痰培养：检出流感嗜血杆菌。

请问：

1. 该患者初步诊断为哪种疾病？
2. 流感嗜血杆菌培养时生长的特点是什么？

流感嗜血杆菌（*Haemophilus influenzae*）最先从流感患者鼻咽部分离出，曾被误认为是流行性感冒的病原体，现已证实流行性感冒是由流感病毒引起的。

一、临床意义

（一）致病物质

该菌的致病物质有荚膜、菌毛、内毒素。荚膜有抗吞噬作用，特异性荚膜多糖抗原能中和在感染过程中形成的抗体，并抵抗机体内的白细胞吞噬。菌毛有黏附人类口咽部细胞的作用。致病力强的流感嗜血杆菌产生 IgA 蛋白酶，能分解分泌型 IgA 破坏局部免疫力。无荚膜菌株为上呼吸道正常菌群。

（二）所致疾病

该菌广泛寄居于人类上呼吸道，主要通过呼吸道途径在人群中传播。所致疾病分为原发性和继发感染两类。①原发感染：多为荚膜菌株所致，引起急性化脓性感染，如鼻咽炎、脑膜炎、支气管炎等，以小儿多见。②继发感染：常继发于流感、百日咳、结核病等，临床症状有鼻窦炎、中耳炎、慢性支气管炎等，多见于成人，多由无荚膜的菌株引起。

该菌感染后可产生多种抗体,如抗荚膜多糖抗体、抗外膜蛋白抗体等。对该菌的预防目前尚无特异性方法。1岁以下儿童可接种流感嗜血杆菌荚膜多糖疫苗,但预防效果欠佳。临床治疗时若β-内酰胺酶阴性,则首选氨苄西林、阿莫西林等。

二、生物学性状

(一)形态与染色

该菌为 G⁻ 短小杆菌,在恢复期病灶中或者长期人工传代后可呈球杆状、长杆状、丝状等多态性。无鞭毛、无芽孢,多数菌株有菌毛,黏液型菌株有荚膜且毒力强。

(二)培养特性

该菌需氧或兼性厌氧,培养较困难,最适生长温度 35~37℃,pH 7.6~7.8,初分离时需放置 5%~10% CO_2 环境。营养要求高,培养时需 X 因子、V 因子。X 因子存在于血红蛋白中,是血红素及其衍生物,可耐高温。120℃ 30min 不被破坏,是细菌合成过氧化物酶、细胞色素氧化酶等呼吸酶的辅基。V 因子存在于血液中,是脱氢酶,即辅酶 I 或 II,在血液中处于抑制状态,经 80~90℃ 加热 5~15min 可破坏细胞膜上的抑制物使 V 因子释放,故常用巧克力色血平板培养。经过 37℃ 培养 24h,在巧克力色血平板上可出现灰白色、光滑、湿润、似露滴状的细小菌落,48h 后可形成灰白色、光滑、边缘整齐的较大菌落。有荚膜的菌株呈轻度黏稠。当流感嗜血杆菌与金黄色葡萄球菌在血平板上共同培养时,由于后者可产生 V 因子,故在金黄色葡萄球菌菌落周围的流感嗜血杆菌菌落较大,远则渐小,此称为卫星现象,有助于对该菌的鉴定。

(三)其他

根据荚膜多糖抗原性的不同有荚膜的流感嗜血杆菌分为 a、b、c、d、e、f 六个组别,其中 b 型致病力最强,f 型次之。该菌的抵抗力不强,对热、干燥和一般消毒剂敏感,在室温下迅速死亡,50~55℃ 30min 即可杀灭,在干燥痰中生存时间不超过 48h。潮湿环境,4℃ 可生活数周。其对磺胺、青霉素、链霉素、四环素、氨苄青霉素和氯霉素均敏感,近年来耐氨苄青霉素菌株逐年增加。

(郭旭光)

第六节　肺炎克雷伯菌

一、临床意义

肺炎克雷伯菌(*Klebsiella pneumoniae*)属于克雷伯菌属,包括肺炎亚种、臭鼻亚种和鼻硬结亚种。肺炎克雷伯菌是医院感染的常见细菌,可引起典型的原发性肺炎,也可引起其他各部位感染。臭鼻亚种可引起臭鼻症。鼻硬结亚种可使人鼻咽、喉等呼吸道器官发生慢性肉芽肿病变和硬结形成,导致组织坏死。

二、生物学性状

1. 形态与染色　菌量多的标本及纯培养物革兰氏染色见 G⁻ 杆菌,卵圆形或球杆状,常成双排列,菌体外有明显的荚膜。无鞭毛,无芽孢,有菌毛。

2. 培养特性　为兼性厌氧,营养要求不高,血液或穿刺液标本常接种于肉汤增菌液,其他标本接种于血平板和 MAC 平板,37℃ 孵育 18~24h。在血平板上形成较大灰白色、不溶血、黏液状菌落,用接种环取菌落可拉起长丝。在肠道选择性平板 MAC 或 SS 等平板上因发酵乳糖产酸,形成较大、红色、黏稠菌落。

3. 其他　该菌同时具有 O 抗原和 K 抗原(即菌体抗原和荚膜抗原)。对理化因素抵抗力不强,对一般化学消毒剂敏感；能耐受胆盐，此特性用于肠道选择培养基培养。

（郭旭光）

第七节　其他呼吸道感染细菌

其他呼吸道感染常见的细菌有卡他莫拉菌、嗜肺军团菌、百日咳鲍特菌和白喉棒状杆菌等。

一、卡他莫拉菌

卡他莫拉菌（*Moraxella catarrhalis*）首次发现于 1896 年，后又称卡他奈瑟菌（*Neisseria catarrhalis*）、卡他布兰汉菌（*Branhamella catarrhalis*）。可致多系统、多器官感染，以急性中耳炎、鼻窦炎及呼吸道邻近器官的感染多见，严重者可致败血症，且儿童、老人及免疫缺陷患者易感，尤其多见于慢性阻塞性肺疾病患者。该菌为医院感染常见菌。

该菌为 G⁻，成对排列，类似脑膜炎球菌，无鞭毛，无芽孢，一般无荚膜。需氧，部分菌株可在厌氧条件下微弱生长，最适生长温度为 35℃。营养要求不高，在血平板、巧克力色血平板等各种培养基上生长良好，菌落呈"冰球"状。较长时间培养后，变为粗糙颗粒状，黏附在培养基表面。对糖类均不发酵。抵抗力较强，耐 65℃ 30min。氧化酶阳性，触酶常为阳性。治疗首选头孢唑林和 / 或氨基糖苷类抗生素。

二、嗜肺军团菌

嗜肺军团菌（*Legionella pneumophila*）通过呼吸道侵入机体，以菌毛、外毒素和内毒素样物质致病，引起军团菌病，有肺炎型（重症型）、流感样型（轻症型）及肺外感染 3 种类型。该菌是医院感染的主要病原菌之一，医院中央空调冷却塔污染的循环水气溶胶是病原菌的主要来源。该菌为 G⁻两端钝圆小杆菌，有明显多形性。无荚膜、无芽孢，有鞭毛和菌毛。专性需氧，在普通营养琼脂培养基和血平板上不生长，常用费 - 高培养基（F-G 平板）和缓冲液 - 活性炭 - 酵母浸出液琼脂（buffer-carbo-yeast extract agar，BCYE）。F-G 平板形成有光泽、湿润半透明、有特殊臭味，颜色多变，在紫外线照射下可发黄色荧光，菌落周围呈现褐色；BCYE 平板 3~5d 形成灰白色、湿润有光泽的菌落。目前至少有 39 个菌种和 61 个血清型。在自然界中抵抗力很强，自来水中可生存 1 年左右。对热和一般化学消毒剂敏感，耐酸。该菌是细胞内寄生菌，主要以细胞免疫为主，病后也可获得保护性抗体。目前尚无特异性预防方法。加强水资源管理及人工输水管道和设施的消毒处理，是预防军团菌病扩散的重要措施。治疗首选红霉素。

三、百日咳鲍特菌

百日咳鲍特菌（*Bordetella pertussis*）是百日咳的病原菌。该菌以荚膜、菌毛、内毒素及百日咳毒素、腺苷酸环化酶毒素和血凝素等多种生物活性物质致病。百日咳毒素（外毒素）是该病的主要致病因子。早期患者和带菌者是重要的传染源，病原菌主要通过飞沫传播。典型病程分为卡他期、痉咳期和恢复期，因病程较长，可达数周至数月，故称为百日咳。

该菌为 G⁻ 卵圆形短小杆菌，两极染色单个或成对，有呈链状排列。光滑型（有毒力）菌株有荚膜和菌毛，无鞭毛和芽孢。专性需氧，营养需求高，最适 pH 6.8~7.0，初次分离培养常用鲍 - 金氏培养基（B-G 平板）。经 37℃ 2~3d 培养后，可见银灰色、不透明的水银珠状菌落，周围有模糊的溶血环。生化反应弱。抵抗力弱，对干燥和一般消毒剂敏感，56℃ 30min 或日光照射 1h 即死亡。特异性预防措施是接种百白破三联疫苗进行人工自动免疫。对多种抗生素如红霉素、氨苄西林和氯霉素敏感，但对青霉素不敏感。

四、白喉棒状杆菌

白喉棒状杆菌（*Corynebacterium diphtheriae*）是人类白喉的病原菌。因该菌侵犯口咽、鼻咽等部位，局部形成灰白色假膜，故名白喉。白喉外毒素由感染 β- 棒状杆菌噬菌体的白喉棒状杆菌产生，是主要致病物质。该毒素是蛋白质，分别由 A、B 两个亚单位组成。A 亚单位有毒性，B 亚单位有受体结合区。毒素与宿主细胞结合后，通过 B 亚单位的转位介导，使 A 亚单位进入细胞质内，干扰细胞内蛋白质的合成，导致细胞变性和坏死。白喉多在秋冬季流行，患者、恢复期带菌者和健康带菌者为传染源，细菌经飞沫传播，儿童易感。可在喉部形成灰白色膜状物，称假膜。假膜脱落可引起呼吸道阻塞，使患者窒息死亡。

该菌菌体细长微弯，一端或两端膨大呈棒状的 G$^+$ 杆菌，具有明显异染颗粒。排列不规则，多单个存在或排列呈 V、Y、L 等形状及栅栏状。亚甲蓝染色菌体着色不均匀，可见浓染的颗粒。用 Albert 染色，这些颗粒呈蓝黑色，与菌体着色不同，称异染颗粒，是白喉棒状杆菌的鉴别特征。需氧或兼性厌氧菌。营养要求高，在吕氏血清斜面或鸡蛋斜面培养基上生长良好。37℃培养 24h，形成灰白色、圆形、凸起、直径 1~3mm 的光滑菌落。在亚碲酸钾血琼脂平板上培养，因细菌能还原碲元素而使菌落呈黑色。对湿热和消毒剂的抵抗力较弱，煮沸 1min 或 60℃ 10min 即死亡。5% 苯酚溶液作用 1min、3% 甲酚溶液 10min 均可将之杀灭，但对干燥、寒冷和日光的抵抗力较强，在衣物、儿童玩具等物品中可存活数日至数周。可接种白喉抗毒素进行紧急预防；特异性预防同百日咳鲍特菌。白喉患者应及时隔离和使用广谱抗生素治疗。

（郭旭光　杨　翀）

思考题

1. 通过对呼吸道感染常见细菌的学习，试分析其致病性并提出对这些疾病的综合施护施治措施。
2. 患者，女，25 岁，因咳嗽、咳黄痰、发热 7d 入院。患者 5d 前淋雨后出现咳嗽伴咳白黏痰，发热为不规则热，T 39℃，伴全身肌肉酸痛、咽干不适、流涕等症状。体格检查：T 38.8℃，双肺呼吸音粗，可闻及右肺湿啰音。胸部 CT 显示右肺多发性感染灶，右肺上叶舌段明显。

ER 6-4
练习题

请思考：
（1）如何进一步做病原学检查？
（2）护理该患者应如何宣教？

第七章 | 消化道感染常见细菌

ER 7-1
教学课件

ER 7-2
思维导图

学习目标

1. 掌握消化道感染常见细菌的致病物质和所致疾病及肥达试验的意义。
2. 熟悉消化道感染常见细菌的形态与染色、培养特性及抵抗力等生物学性状。
3. 了解消化道感染常见细菌的免疫性及分类和其他消化道感染常见细菌特性。
4. 学会对消化道感染常见的不同细菌引起的感染进行敏锐观察，识别并开展健康教育，综合施护施治与预防。
5. 具有对生物安全、医院感染及食品安全等重要性的认识，具备良好的职业责任心和社会责任感。

引起消化道感染的细菌很多，本章重点介绍常见的主要以消化道作为感染途径，引起消化道疾病或消化道以外的部位病变的细菌，包括埃希菌属、志贺菌属、沙门菌属、弧菌属、幽门螺杆菌以及厌氧芽孢梭菌属的肉毒梭菌、艰难梭菌等。

第一节 埃希菌属

埃希菌属（*Escherichia*）代表菌是大肠埃希菌（*Escherichia coli*）。大肠埃希菌是肠道正常菌群重要的组成部分，该菌在婴儿出生后数小时进入肠道，并伴随终身，在一定条件下可引起肠道外感染，是临床常见的机会致病菌；某些血清型菌株有致病性，可引起腹泻以及肠道外感染等症状。

一、临床意义

（一）致病物质

该菌属细菌主要由定居因子、内毒素和外毒素及 K 抗原等其他致病物质致病。定居因子又称黏附素，是一种特殊的菌毛，有助于细菌黏附于致病部位。内毒素为菌体细胞壁成分，可引起发热、休克和 DIC 等症状。外毒素包括肠毒素和志贺样毒素等，肠产毒型大肠埃希菌在生长繁殖过程中释放的外毒素，分为耐热和不耐热两种。其他致病物质有 K 抗原、溶血素等，K 抗原有抗吞噬作用。

（二）所致疾病

1. 肠道外感染 该菌属细菌是临床分离的 G⁻ 杆菌中最常见的病原菌，也是医院感染常见的病原菌，可引起人体多个部位感染，以尿路感染多见，如尿道炎、膀胱炎、肾盂肾炎，也可引起胆囊炎、腹膜炎、阑尾炎等。新生儿可致脑膜炎，婴儿、年老体弱者及免疫力低下者易引起败血症，在 G⁻ 菌所致败血症中所占比例较高，死亡率较高。

2. 肠道感染 某些血清型大肠埃希菌能引起人类腹泻，常见的有以下五种类型：肠产毒性大肠埃希菌（*enterotoxigenic E.coli*，ETEC）、肠致病性大肠埃希菌（*enteropathogenic E.coli*，EPEC）、肠侵袭性大肠埃希菌（*enteroinvasive E.coli*，EIEC）、肠出血性大肠埃希菌（*enterohemorrhagic E.coli*，EHEC）、

肠集聚性大肠埃希菌（enteroaggregative E.coli，EAEC）见表 7-1。其中 EIEC 无动力、生化反应和抗原结构均近似志贺菌；EHEC 感染来源主要是被污染的食物或水源，小于 10 岁的儿童患者可出现出血性结肠炎、血小板减少、溶血性尿毒综合征、肾衰竭。

表 7-1　引起急性腹泻的大肠埃希菌

致病要点	ETEC	EPEC	EIEC	EHEC	EAEC
感染部位	小肠	小肠	大肠	大肠	小肠
腹泻类型	水样便	水样便	痢疾样腹泻	出血性腹泻，剧烈疼痛，溶血性尿毒综合征，可并发血小板减少性紫癜	持续性水样便
流行病学	婴幼儿及旅游者腹泻	婴儿腹泻	常见于较大儿童和成人	散发或地方性流行	婴儿腹泻
致病机制	定居因子、肠毒素，后者使液体分泌增多	破坏黏膜上皮细胞结构，干扰液体吸收	侵袭结肠黏膜细胞，临床表现与菌痢相似	产生志贺样毒素，主要血清型 O157：H7	产生肠集聚耐热毒素，大量液体分泌

　　该菌属细菌随粪便排出体外，易污染周围环境、水源、食品等，是饮水、食品、饮料细菌学检查的指标。常见多重耐药菌，应根据药物敏感试验合理用药，避免耐药性产生。目前尚无应用于人群免疫的疫苗，菌毛疫苗可用于防止新生家畜腹泻。

二、生物学性状

（一）形态与染色

　　该菌属细菌为 G⁻ 杆菌，直短杆状，多数菌株有鞭毛，能运动，致病菌株有菌毛，无芽孢（图 7-1）。

该菌属细菌为 G^- 杆菌，直短杆状，多数菌株有鞭毛，能运动，致病菌株有菌毛，无芽孢（图 7-1）。

（二）培养特性

　　该菌属细菌为需氧或兼性厌氧，营养要求不高，在普通营养琼脂培养基上形成灰白色光滑型菌落。粪便标本含杂菌较多，故常用肠道选择培养基进行分离培养，因大肠埃希菌能分解乳糖，故在肠道选择培养上形成有色菌落。

　　如在麦康凯琼脂平板（MAC）上形成红色或粉红色菌落，在伊红亚甲蓝琼脂平板（EMB）上形成紫黑色有金属光泽的菌落，在中国蓝琼脂平板上显示蓝色菌落，以此可与不分解乳糖的肠道致病菌进行鉴别。

（三）其他

　　该菌属细菌生化反应活泼，是鉴别它们的主要依据。其抗原主要有 O、H、K 三种，O 抗原

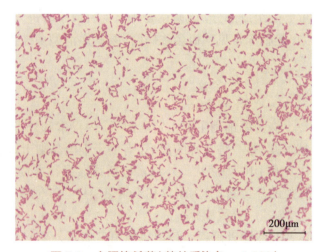

图 7-1　大肠埃希菌（革兰氏染色，×1 000）

为菌体抗原，是分类的依据；H 抗原为鞭毛抗原，不耐热；K 抗原在菌体外，通常具有抗吞噬作用。血清型的命名表示方式通常按 O：K：H 排列。对理化因素抵抗力不强，胆盐、煌绿等对非致病性大肠埃希菌有抑制作用；对磺胺类、链霉素、氯霉素等敏感，但易耐药。

（孙运芳）

第二节　志贺菌属

志贺菌属（*Shigella*）是人类细菌性痢疾的病原菌，主要流行于发展中国家。根据 O 抗原的不同，可分为四种菌群。即 A 群，痢疾志贺菌；B 群，福氏志贺菌；C 群，鲍氏志贺菌；D 群，宋氏志贺菌。我国以福氏志贺菌感染多见，其次是宋氏志贺菌。

一、临床意义

（一）致病物质

该菌属细菌主要由菌毛、内毒素和外毒素等致病物质致病。志贺菌的菌毛能黏附于回肠末端和结肠的黏膜上皮细胞，通过细胞内吞引起炎症反应。各型痢疾志贺菌都产生强烈的内毒素，内毒素使肠壁通透性增高，促进内毒素吸收，引起发热、神志障碍，甚至脓毒症休克等症状，还能破坏肠黏膜，形成炎症、溃疡，出现典型的黏液脓血便；还可作用于肠壁自主神经系统，致肠功能紊乱、肠蠕动失调和痉挛，其中直肠括约肌痉挛最为明显，出现腹痛、里急后重等症状。A 群志贺菌 I 型及 II 型菌株能产生外毒素，称为志贺毒素，该毒素具有神经毒性、细胞毒性、肠毒性。

（二）所致疾病

引起细菌性痢疾，以夏秋季节多见。传染源是患者和带菌者，通过污染的食物、水源等经口感染，潜伏期一般 1~3d。人类对志贺菌普遍易感，少量志贺菌就可引起痢疾。痢疾志贺菌感染病情较重，宋氏志贺菌引起的感染较轻，福氏志贺菌感染介于二者之间，但易转为慢性。痢疾临床表现有下列几种：

1. 急性细菌性痢疾　发病急，表现为发热、腹痛、腹泻、里急后重、黏液脓血便。多数患者预后良好，但儿童、老人及免疫力低下的人群易致脱水、酸中毒、电解质紊乱，甚至死亡。

2. 中毒性菌痢　多见于儿童，各型志贺菌均可引起。发病急，无明显的消化道症状，呈现严重的全身中毒症状，表现为高热、中毒性脑病、休克，死亡率高。

3. 慢性细菌性痢疾　病程迁延 2 个月以上则属慢性，急性菌痢治疗不彻底，或机体免疫力低下、营养不良或伴有其他慢性病时易转为慢性。

4. 带菌者　有健康带菌者和恢复期带菌者。带菌者是重要的传染源，不能从事饮食业及保育工作。

病后免疫力不牢固，主要依靠肠道黏膜表面免疫球蛋白（Smlg）的作用，病后 3d 左右出现，但维持时间短，不能防止再次感染。该菌属细菌型多，各型间无交叉免疫。志贺菌一般不侵入血液，故血清型抗体（IgM、IgG）不能发挥作用。

> **重点提示**
>
> 痢疾的类型及各种类型的特点

二、生物学性状

（一）形态与染色

该菌属细菌为 G^- 杆菌，多数有菌毛，无芽孢，无荚膜，无鞭毛不能运动。

（二）培养特性

该菌属细菌为需氧或兼性氧，营养要求不高，在普通营养琼脂培养基上形成中等大小、光滑型菌落。在 SS、MAC 等选择培养基上不能发酵乳糖产酸而形成无色、半透明、较小的菌落。

（三）其他

该菌属细菌抗原有 O、K 两种，O 抗原是分类的依据。易发生耐药性变异。抵抗力较弱，对酸较敏感，粪便标本采取时应取黏液脓血便并快速送检，以免标本中的其他细菌产酸使志贺菌死亡，如不能及时送检则将标本保存于 30% 甘油缓冲盐水中，中毒性菌痢患者应取肛拭子。

（孙运芳）

第三节　沙门菌属

案例

患者，女，23 岁，因高热、食欲不振、乏力 1 周入院治疗。T 39.5℃，前胸皮肤有多处淡红色皮疹。入院前曾连续服用抗生素，血液细菌培养阴性。初入院时肥达试验结果：TO 1∶160，TH 1∶80。1 周后复查 TO 1∶640，TH 1∶640。最终诊断为伤寒沙门菌感染。

请问：
1. 该患者血液细菌培养为什么是阴性？
2. 该如何对此患者进行饮食护理？

沙门菌属（*Salmonella*）是一群寄居于人类和动物肠道内，生化反应和抗原构造相似的 G⁻ 杆菌，其血清型已达到 2 200 多种。与人类关系密切的沙门菌有伤寒沙门菌、甲型副伤寒沙门菌、乙型副伤寒沙门菌（肖氏沙门菌）、丙型副伤寒沙门菌（希氏沙门菌）、鼠伤寒沙门菌、猪霍乱沙门菌和肠炎沙门菌等。

一、临床意义

（一）致病物质

该菌属细菌的某些菌种表面抗原（Vi 抗原）具有侵袭力，细菌可穿过小肠上皮到达固有层，被吞噬细胞吞噬，Vi 抗原能保护细菌不被破坏，使细菌可在细胞内继续生长繁殖，并被携带到机体其他部位。细菌死亡时释放的内毒素可引起机体发热、白细胞变化（有时为降低）、感染性休克等病理生理反应。某些沙门菌如鼠伤寒沙门菌能产生肠毒素，其性质类似肠产毒性大肠埃希菌的肠毒素。

（二）所致疾病

对人类直接致病的是引起肠热症的沙门菌，而部分沙门菌是人兽共患病的病原菌，主要引起食物中毒或败血症。目前耐药菌株增加，与动物饲料中添加抗生素有关。

1. 肠热症　主要由伤寒沙门菌、甲型副伤寒沙门菌、肖氏沙门菌、希氏沙门菌引起。伤寒与副伤寒的致病过程和临床表现基本相似，只是副伤寒病程较短、症状较轻。

细菌经口进入机体，到达小肠后，穿过肠黏膜上皮细胞侵入肠壁淋巴组织，经淋巴液至肠系膜淋巴结中繁殖，经胸导管进入血流，引起第一次菌血症。此时处于病程的第 1 周，称前驱期。患者出现发热、全身不适、乏力等症状。细菌被吞噬细胞吞噬，但并没有被杀死，反而随血流至肝、脾、肾、胆囊、骨髓等器官大量繁殖，繁殖后的细菌再次进入血流，引起第二次菌血症。此期症状明显，处于病程的第 2~3 周，患者的典型症状为持续高热（39~40℃）、相对缓脉、外周血白细胞数量降低、肝脾大及全身中毒症状、皮肤出现玫瑰疹。胆囊中的细菌随胆汁排入肠道，一部分随粪便排出体外，另一部分可再次侵入肠壁淋巴组织，出现Ⅳ型超敏反应，导致局部坏死和溃疡，严重者发生肠出血或肠穿孔。肾脏中的细菌可随尿液排出。第 4 周进入恢复期，患者病情好转。因此，肠热症应根据病程采集不同标本，通常第 1 周取血液，第 2~3 周取粪便或尿液，全程可取骨髓。

2. 急性胃肠炎（食物中毒）　是最常见的沙门菌感染疾病。多由鼠伤寒沙门菌、猪霍乱沙门菌、肠炎沙门菌等引起，因食入未煮熟的病畜或病禽的肉类、蛋类、乳制品而发病。

3. 败血症　由猪霍乱沙门菌、丙型副伤寒沙门菌、鼠伤寒沙门菌、肠炎沙门菌等引起，多有高热、寒战等症状，常伴发胆囊炎、肾盂炎、骨髓炎等局部感染，血培养常为阳性。

4. 带菌者　典型伤寒的病程 3~4 周，部分患者病愈后可自粪便或尿液继续排菌达 1 年或更长时间，称恢复期带菌者。部分肠热症患者可转为无症状带菌者，成为重要的传染源。

重点提示

沙门菌所致疾病常见的类型及特点

（三）肥达反应

用已知的伤寒沙门菌 O、H 抗原和引起副伤寒的甲型副伤寒沙门菌、肖氏沙门菌、希氏沙门菌的 H 抗原与待检血清做定量凝集试验，测定血清中有无相应的抗体及其效价，有助于辅助诊断伤寒和副伤寒。

本试验在肠热症患者第 1 周末时取血清检测，可出现阳性结果。判定结果时应结合病程及流行病学。①正常值：正常人因隐性感染或预防接种，血清中可含有一定量抗体，其效价随各地区情况有差异。②动态观察：判断肥达反应结果时应逐周复查，若效价随病程递增或恢复期效价较早期≥4 倍，才有诊断意义。③O 与 H 抗体的诊断意义：患肠热症后，O 与 H 抗体在体内的消长情况不同，诊断意义也不同见表 7-2。④其他：少数病例在整个病程中，肥达反应始终阴性，可能与发病早期用抗生素治疗或患者免疫功能低下有关。

肠热症为传染病，应做好水源和食品卫生管理。病后免疫力牢固，很少发生再感染，主要依靠细胞免疫。

表 7-2　O 与 H 抗体的诊断意义

抗体	抗体类型	体内出现情况	正常参考值	抗体类型表达的诊断意义		
O 抗体	IgM	出现较早，维持时间短	<1:80	高	高	低
H 抗体	IgG	出现较晚，维持时间长	伤寒沙门菌 <1:160	高	低	高
			副伤寒沙门菌 <1:80	患肠热症可能性大	感染早期、其他沙门菌引起的交叉反应	预防接种；非特异性回忆反应

二、生物学性状

（一）形态与染色

该菌属细菌为 G⁻ 杆菌，多数有周身鞭毛，能运动，无芽孢，无荚膜，多数有菌毛。

（二）培养特性

该菌属细菌兼性厌氧菌。营养要求不高，在选择培养基上因不分解乳糖，故形成无色透明或半透明的菌落，大多数菌株产生 H_2S，在 SS 平板上菌落中心常为黑色。在克氏双糖铁琼脂试验（KIA）中 H_2S 试验多为阳性。

（三）其他

主要致病沙门菌的生化反应特征见表 7-3。

表 7-3　主要致病沙门菌的生化反应特征

细菌名称	葡萄糖	乳糖	甘露醇	硫化氢（H_2S）	靛基质（I）	甲基红（MR）	柠檬酸盐利用试验(C)	动力（M）
伤寒沙门菌	+	−	+	−/+	−	+	−	+
甲型副伤寒沙门菌	⊕	−	⊕	−/+	−	+	−	+
乙型副伤寒沙门菌	⊕	−	⊕	+++	−	+	+/−	+
丙型副伤寒沙门菌	⊕	−	⊕	+	−	+	+	+
鼠伤寒沙门菌	⊕	−	⊕	+++	−	+	+	+

细菌名称	葡萄糖	乳糖	甘露醇	硫化氢 (H$_2$S)	靛基质 (I)	甲基红 (MR)	柠檬酸盐利用 试验(C)	动力 (M)
肠炎沙门菌	⊕	−	⊕	+++	−	+	−	+
猪霍乱沙门菌	⊕	−	⊕	+/−	−	+	+	+

该菌属细菌抗原构造主要有 O、H 两种，少数菌株有 Vi 抗原。沙门菌 O 抗原共有 50 多种，是沙门菌分群的依据，耐受高热不被破坏。每个沙门菌的血清型可具有一种或数种 O 抗原，将具有共同 O 抗原成分的血清型归纳为一个群，共有 58 个群，临床上常见的是 A~F 群。机体对菌体 O 抗原产生的抗体以 IgM 为主，与相应抗血清反应可产生颗粒状凝集。Vi 抗原常存在于伤寒沙门菌、副伤寒沙门菌的表面，为不稳定抗原，能阻断 O 抗原与相应抗体的凝集反应，加热可将其破坏，人工传代也可消失。Vi 抗体的测定有助于带菌者的检出。

该菌属细菌一般抵抗力不强，对常用消毒剂较敏感，在水中能存活 2~3 周，粪便中存活 1~2 个月。对氯霉素敏感。

（孙运芳）

第四节　霍乱弧菌

弧菌属（*Vibrio*）细菌是一群短小、弯曲呈弧状的革兰氏阴性菌。该属细菌广泛分布于自然界，以水中最多。该属有 100 余种，其中至少有 12 种与人类感染性疾病有关，主要致病菌有霍乱弧菌和副溶血性弧菌，分别引起霍乱和食物中毒。

霍乱弧菌（*Vibrio cholerae*）是烈性传染病霍乱的病原菌。霍乱为我国法定甲类传染病。自 1817 年以来，曾发生过七次世界性霍乱大流行，前六次均由霍乱弧菌 O1 群古典生物型引起，1961 年的第七次世界大流行由 O1 群 EL Tor 生物型引起。1992 年一个新的流行株 O139 群在印度和孟加拉湾附近的一些国家的城市出现，并很快在亚洲传播。

一、临床意义

（一）致病物质

霍乱弧菌主要通过被其污染的水源或食物等经口传播，人群普遍易感，主要有霍乱肠毒素（cholera enterotoxin，CE）、鞭毛、菌毛和黏液素酶。霍乱弧菌活泼的鞭毛运动有助于细菌穿过肠黏膜表面黏液层，有毒株产生的黏液素酶有液化黏液的作用，依靠普通菌毛的黏附使细菌定植于小肠黏膜。霍乱肠毒素是一种不耐热的外毒素，由一个 A 亚单位和 4~6 个 B 亚单位组成。B 亚单位可与小肠黏膜上皮细胞上 GM1 神经节苷脂受体结合，结合后的毒素分子变构，使 A 亚单位脱离 B 亚单位进入细胞内，使细胞内 cAMP 浓度增高，肠黏膜上皮细胞分泌功能亢进，致使肠液（Na$^+$、K$^+$、HCO$_3^-$ 等）大量分泌，导致剧烈的呕吐和腹泻，而发生严重的脱水和酸中毒。

O139 群除具有上述致病物质外，还有多糖荚膜和特殊 LPS 毒性决定簇，其功能是抵抗血清中杀菌物质并能黏附到小肠黏膜上。

（二）所致疾病

在自然情况下，人是霍乱弧菌的唯一易感者。传染源是患者或带菌者，主要通过污染的水源或食品经消化道感染。在一定条件下，霍乱弧菌通过胃酸屏障后进入小肠，黏附在小肠表面迅速生长繁殖产生霍乱肠毒素而致病。O1 群霍乱弧菌感染可从无症状或轻型腹泻到严重的致死性腹泻，古典生物型所致疾病较 EL Tor 生物型严重。在疾病最严重时，患者失水量每小时可高达 1L，排出米泔水样腹泻物。由于丧失大量水分和电解质而导致脱水、代谢性酸中毒、低碱血症、低容量性休克及心律不齐和肾衰竭，如未及时治疗，死亡率可达 60%，若及时给患者补充液体及电解质，死亡率可小于 1%。O139 群霍乱弧菌感染比 O1 群严重，表现为严重脱水和高死亡率，且成人病例约占 70%，而 O1 群霍乱弧菌流行高峰期，儿童病例约占 60%。

病愈后，一些患者可短期带菌，一般不超过 2 周，少数 EL Tor 生物型带菌者可长达数月或数年，病原菌主要存在于胆囊中，成为传染源。

病后可获得牢固免疫力，主要是体液免疫，再感染者少见。O1 群的 O 抗原与 O139 群存在显著差异，O1 群的免疫不能交叉保护 O139 群的感染。

二、生物学性状

（一）形态与染色

该菌为 G^- 弧菌，从患者标本中新分离出的霍乱弧菌形态典型，呈弧状或逗点状。经人工培养后，易失去弧形而呈杆状，与肠杆菌难以区别。有菌毛，无芽孢，有些菌株（如 O139）有荚膜。在菌体一端有一根单鞭毛，运动极为活泼，取霍乱患者米泔水样粪便进行活菌悬滴观察，可见呈流星或穿梭样运动。粪便涂片染色呈鱼群状排列。

（二）培养特性

该菌为兼性厌氧菌，营养要求不高，生长繁殖的温度 18~37℃。耐碱不耐酸，常选用 pH 8.5 的碱性蛋白胨水增菌以抑制其他细菌生长；在碱性琼脂平板上可形成圆形、扁平、无色透明或半透明、水滴状菌落；在硫代硫酸盐 - 柠檬酸盐 - 胆盐 - 蔗糖琼脂平板（TCBS）选择性培养基上菌落呈黄色。

（三）其他

该菌有耐热的 O 抗原和不耐热的 H 抗原，H 抗原无特异性，O 抗原有群和型特异性。根据 O 抗原不同，可将霍乱弧菌分为 155 个血清群，其中 O1 群、O139 群引起霍乱流行，其他血清群可引起人类胃肠炎等疾病，但从未引起霍乱流行。O1 群霍乱弧菌因其 O 抗原由 A、B、C 三种抗原因子组成，据此又可分为 3 个血清型：小川型（含 AB 抗原）、稻叶型（含 AC 抗原）和彦岛型（含 ABC 抗原）。O1 群霍乱弧菌的每个血清型还可根据表型差异再分为 2 个生物型，即古典生物型和 EL Tor 生物型。O139 群与 O1 群在抗原性方面无交叉。

该菌对热、干燥、日光、化学消毒剂和酸均敏感，对氯敏感，0.5ppm 氯 15min 能杀灭该菌，以 1:4 比例加漂白粉处理患者排泄物或呕吐物，经 1h 可达到消毒目的。0.1% 高锰酸钾溶液浸泡蔬菜、水果可达到消毒目的。EL Tor 生物型在自然界的生存能力较古典生物型强。对链霉素、氯霉素和四环素敏感，对庆大霉素有耐药性。

（孙运芳）

第五节　副溶血性弧菌

副溶血性弧菌（*V.parahaemolyticus*）是 1950 年从日本一次暴发性食物中毒中分离发现，主要存在于近海岸的海水、海底沉积物、鱼及贝等海产品中，主要引起食物中毒，是夏秋季沿海地区最常见的食物中毒病原菌。

一、临床意义

（一）致病物质

该菌的致病因子有黏附因子（主要为菌毛），毒素（耐热性溶血素、TDH 类毒素等）。该菌确切的致病机制尚不清楚,已知有细胞毒和心脏毒两种作用。

(二) 所致疾病

该菌引起的食物中毒是经烹饪不当的海产品或盐腌制品传播,常见的为海蜇、海鱼、海虾及各种贝类,因食物容器或砧板生熟不分污染该菌后,也可发生食物中毒。副溶血性弧菌的感染常年均可发生,但多发生在夏秋季。潜伏期介于 5~72h,平均 24h,主要症状是腹痛、腹泻、呕吐、脱水和发热,粪便多为水样或糊状,少数为黏液血便,应注意与细菌性痢疾的区别。病程 1~7d,一般恢复较快。该菌还可引起浅表创伤感染、败血症等。

二、生物学性状

(一) 形态与染色

该菌为 G⁻ 菌,菌体呈弧形、杆状、丝状及球状等多形态,有单端鞭毛,运动活泼,无芽孢和荚膜。

(二) 培养特性

该菌对营养要求不高,但具有嗜盐性,在含有 3%~3.5% NaCl 的培养基中生长良好,无盐则不能生长。在 TCBS 培养基上该菌不发酵蔗糖形成绿色菌落。在一般血平板上不溶血或只产生 α 溶血,但某些菌株在含 7% NaCl 的人 O 型血或兔血及以 D-甘露醇作为碳源的琼脂平板上可产生 β 溶血,称为神奈川现象。神奈川现象阳性菌株为致病菌株。

(三) 其他特性

该菌有 O 抗原、H 抗原及 K 抗原,以 O 抗原定群,以 O 抗原和 K 抗原组合定型。不耐热、不耐冷、不耐酸,对常用消毒剂抵抗力弱,56℃ 5min 可被灭活,1% 乙酸 5min、淡水中 2d 内死亡,海水中可存活 47d 或更长。对氯霉素、喹诺酮类抗生素等药物敏感。

(孙运芳)

第六节　幽门螺杆菌

螺杆菌属(Helicobacter)是一类微需氧的 G⁻ 螺形杆菌,1989 年从弯曲菌属划分出来。该菌属细菌至少有 34 种,大部分定居于哺乳动物的胃或肠道,与人类疾病关系密切的主要是幽门螺杆菌(Helicobacter pylori,HP)。HP 感染与胃窦炎、十二指肠溃疡、胃溃疡、胃腺癌、胃黏膜相关淋巴组织(mucosal-associated lymphoid tissue,MALT)淋巴瘤的发生密切相关。1994 年 WHO 癌症研究中心将 HP 列为胃癌的 I 类生物致癌因子。

一、临床意义

HP 的传染源主要是人,传播途径主要是粪-口途径。但其传播过程和致病物质,以及确切的致病机制还不十分清楚。

(一) 致病物质

可能的致病因素主要有下列三种:

1. 黏附定植因素　①鞭毛:使 HP 活泼运动穿越黏稠的黏液层以到达胃上皮细胞。②黏附素:HP 的黏附素较多,如菌体外表面较厚的一层糖萼(glycocalyx),可能是黏附胃上皮细胞的主要因素。③尿素酶:HP 产生的大量尿素酶可分解尿素产 CO_2 和 NH_3,NH_3 中和胃酸,有利于该菌生存,并对胃黏膜上皮细胞有毒性作用。

2. 破坏胃黏膜上皮细胞的因素　①细胞毒素相关基因蛋白 A(cytotoxin-associated gene protein A,CagA)和空泡细胞毒素 A(Vacuolating cytotoxin A,VacA):目前认为这两种蛋白是 HP 的主要毒力因子。CagA 可破坏上皮细胞,诱导上皮细胞产生 IL-1β、IL-6、TNF-α 及 IL-8 等炎症因子,吸引炎症细胞，释放胞内多种酶类，导致胃组织损伤，并可诱导胃上皮细胞凋亡；VacA 在体外能诱导多种哺乳动物细胞质发生空泡样变性，小鼠体内试验可致胃黏膜细胞损伤和溃疡形成。②蛋白酶、脂酶和磷脂酶 A：可降解黏液层，破坏上皮细胞膜等。③LPS：抑制上皮细胞膜基质的合成。

3. 可能的致癌相关因素 ①HP 代谢产物使胃黏膜细胞发生转化。②HP 的 DNA 片段整合于宿主细胞引起转化。③HP 感染累及胃壁黏膜相关淋巴组织，与胃 MALT 淋巴瘤发生有关。

（二）所致疾病

胃窦部是 HP 感染定居的最佳部位。感染者大多不出现症状，少数感染者出现以下疾病。

1. 胃炎 HP 感染可引起急性胃炎、慢性浅表性胃炎、弥漫性胃窦胃炎，数年后可进展为多灶性、萎缩性胃炎。

2. 消化性溃疡 少数感染者可发展为胃溃疡、十二指肠溃疡。几乎所有消化性溃疡患者均有 HP 感染性胃炎，此感染根除后，溃疡治愈，复发率也明显降低。

3. 胃癌与胃 MALT 淋巴瘤 HP 感染使胃中内源性突变原（亚硝胺、亚硝基化合物）增多，以及 NO 的合成导致 DNA 亚硝基化脱氨作用，可能使细胞突变，诱导胃癌的发生。极少数患者病变涉及胃壁淋巴组织，有导致胃 MALT 淋巴瘤的危险。

此外，HP 感染还可能与血管性疾病（如冠心病）、自身免疫病（如自身免疫性甲状腺炎）、皮肤病（如血管神经性水肿）等的发生有关。HP 感染可刺激机体产生 IgM、IgG 和 IgA 型抗体，但是否对机体有保护作用尚不清楚。

> **重点提示**
>
> HP 所致疾病及感染特点

二、生物学性状

（一）形态与染色

该菌为 G^- 菌，菌体呈典型的螺旋形、S 型或海鸥形。菌体一端有 2~6 根带鞘的鞭毛，运动活泼，不染色标本检查呈"投镖样"运动，在胃黏膜层中常呈鱼群样排列。体外传代培养后螺旋形弯曲不明显，并有球形变异现象。

（二）培养特性

微需氧，在含 5% O_2、10% CO_2 和 85% N_2 的环境中生长良好，在大气中和绝对厌氧的条件下均不能生长。对低 pH 有较强耐受力，一般在 pH 4.5~7.0 条件培养。最适生长温度为 35~37℃，在 25℃ 或 42℃ 则不能生长。营养要求高，常用含血液、血清或心脑浸液培养基，生长缓慢，通常需要 2~3d 或更长时间培养，才形成细小、针尖状、无色透明菌落。生化反应不活泼，不分解糖类。尿素酶丰富，可迅速分解尿素释放氨，快速尿素酶试验呈强阳性，是鉴定该菌的主要依据之一。

（三）其他

HP 不同菌株间有共同的外膜蛋白抗原，与空肠弯曲菌无交叉反应。其鞭毛抗原与弯曲菌属有明显交叉反应。根据 CagA 和 VacA 及其表达分为两型：Ⅰ型菌含有 cagA 基因和 vacA 基因，表达 CagA 和 VacA 蛋白，为高毒力株；Ⅱ型菌不含 cagA 基因，不表达 CagA 和 VacA 蛋白，为低毒力株。还可根据生化反应、抗原特性、DNA 酶切图谱等进行分型。该菌抵抗力弱，对热、干燥、常用消毒剂敏感，对青霉素和氨基糖苷类等抗生素敏感。

> **知识拓展**
>
> ### 碳 13 幽门螺杆菌呼吸检测
>
> 碳 13 幽门螺杆菌呼吸检测已被公认为检测 HP 感染的有效方法，全程诊断过程约 35min。待检测者口服碳 13 尿素胶囊，如果胃部存在 HP，则此菌就会分泌尿素酶水解尿素，尿素被水

解后形成CO_2，随血液进入肺部并以气体排出，检测患者呼出的气体中是否含有被标记的碳13来判断 HP 的存在。

（孙运芳）

第七节　其他消化道感染细菌

其他消化道感染常见的细菌见表7-4。

表7-4　其他消化道感染常见的细菌

其他消化道感染常见的细菌	临床意义	生物学性状
空肠弯曲菌（Campylobacter jejuni）	该菌有广泛的动物宿主，尤其是禽类、家畜带菌率高，主要通过食入被污染的水源、食品、牛奶，成为引发食源性疾病的最主要病原菌。通过分泌毒素，干扰肠道黏膜的正常功能，引起急性胃肠炎，可致食物中毒；偶尔通过肠黏膜入血流引起败血症和其他脏器感染，如脑膜炎、化脓性关节炎、肾盂肾炎等；并可能出现更严重的并发症，如吉兰 - 巴雷综合征（Guillain-Barre Syndrome, GBS）	G^- 菌，菌体细长，弯曲呈 S 形、逗点状、海鸥状或螺旋形。一端或两端有无鞘的单鞭毛，运动活泼。微需氧，营养要求高，常用选择培养基有含血的 Skirrow 培养基、改良 Campy-BAP 选择平板等，最适生长温度为 42℃，37℃也可生长。生化反应不活泼。抵抗力较弱。易被干燥、光线、一般消毒剂杀灭。4℃可存活数周。对 β-内酰胺类抗生素耐药，对大环内酯类、喹诺酮类、氨基糖苷类等抗生素敏感
小肠结肠炎耶尔森菌（Yersinia enterocolitica）	该菌广泛分布于动物的肠道中。部分菌株能产生耐热性肠毒素，与大肠埃希菌肠毒素 ST 相同。某些菌株的菌体（O）抗原与人体组织有共同抗原，刺激机体产生自身抗体，引起自身免疫病。为人兽共患病原菌，常通过污染的食物或饮水感染人类引起肠道疾病，可引起急性胃肠炎，为人兽共患病。潜伏期长短不一。还可以引起关节炎、败血症。易感人群为婴幼儿	G^- 杆菌或球杆菌，有周鞭毛；但其鞭毛在 30℃以下培养条件形成，温度较高时即丧失，4~40℃均可生长，最适温度为 20~28℃，通常不发酵乳糖，菌落无色、半透明。对一般化学消毒剂敏感，能耐受胆盐。治疗首选氟喹诺酮类等耐 β-内酰胺酶抗生素
肉毒梭菌（Clostridium botulinum）	该菌的致病作用主要是依赖于肉毒毒素。肉毒毒素是目前已知毒素中毒性最强的一种外毒素，其毒性比氰化钾强 1 万倍，纯化结晶的肉毒毒素 1mg 能杀死 2 亿只小鼠，对人的致死量约为 0.1μg。肉毒毒素为嗜神经毒素。所致疾病有食物中毒、婴儿肉毒素中毒和创伤感染中毒。肉毒中毒潜伏期可短至数小时，先出现乏力、头痛，继之发生复视、斜视、眼睑下垂等眼肌麻痹症状，然后出现咀嚼吞咽困难、口齿不清等咽部肌肉和膈肌麻痹症状，严重者最终可因呼吸麻痹或心脏停搏而死亡	G^+ 粗短杆菌，芽孢呈椭圆形，宽于菌体，位于菌体的次级端，使菌体呈网球拍状。有周鞭毛，无荚膜。该菌严格厌氧，在血琼脂平板上形成不规则菌落，有 β 溶血环；在庖肉培养基可消化肉渣使之变黑，有腐败恶臭。根据产生毒素的抗原性不同，可分为 A~G 7 个型。引起肉毒病的毒素主要为 A 型毒素。肉毒梭菌芽孢对热的抵抗力强，可耐煮沸 1h 以上，高压蒸汽 121℃ 30min 或干热 180℃ 2h 才能杀死芽孢。肉毒毒素不耐热，但对酸的抵抗力较强，在胃液中 24h 不被破坏
艰难梭菌（Clostridioides difficile）	该菌对氧极为敏感，分离培养较困难，故命名为艰难梭菌。艰难梭菌属厌氧性细菌，是人类肠道正常菌群成员，不规范使用抗生素时，可导致肠道菌群失调。耐药的艰难梭菌大量生长繁殖，导致抗生素相关性腹泻和假膜性小肠结肠炎等疾病	G^+ 粗大杆菌，有鞭毛，卵圆形芽孢位于次极端。严格厌氧，在 CCFA（环丝氨酸、头孢甲氧霉素、果糖和卵黄琼脂）平板上产生较大、表面粗糙、边缘不整齐的黄色菌落，在紫外线照射下见黄绿色荧光

（孙运芳）

1. 试比较埃希菌属、志贺菌属、沙门菌属的致病物质、所致疾病及标本采集，提出防治肠杆菌感染的措施。

2. 患者，男，45岁，近1年来反复上腹中部、剑突下隐痛。体型偏瘦，无黑便，胃镜检查发现幽门周围有2个0.2~0.3cm浅表炎性灶，疑似HP感染。

ER 7-3

练习题

请思考：

（1）为确诊是否为HP感染，可以做何检查？

（2）如何预防HP感染？

第八章 | 泌尿生殖道感染常见细菌

ER 8-1　　ER 8-2

教学课件　　思维导图

学习目标

1. 掌握泌尿生殖道感染常见细菌的致病物质和所致疾病。
2. 熟悉泌尿生殖道感染常见细菌的形态与染色、培养特性及抵抗力等生物学性状。
3. 了解泌尿生殖道感染常见细菌的免疫性及分类。
4. 学会对泌尿生殖道感染常见的不同细菌引起泌尿生殖道感染性疾病进行敏锐观察，识别并开展健康教育，综合施护施治与预防。
5. 具有对生物安全、医院感染及食品安全等重要性的认识，具备良好的职业责任心和社会责任感。

　　泌尿生殖道感染细菌通常指侵入泌尿生殖系统内而引起炎症性疾病的细菌。能引起泌尿生殖系统感染的细菌有很多，本章重点介绍常见的以引起泌尿生殖系统感染为主的淋球菌、肠球菌、变形杆菌、杜克雷嗜血杆菌、阴道加德纳菌，其他的如肠杆菌、大肠埃希菌等亦可侵入泌尿生殖系统而引起感染，在此不一一赘述。

第一节　淋病奈瑟球菌

> **案例**
>
> 　　患者，男，32 岁，以尿频、尿急、尿痛为主诉就诊。门诊检查，尿道口有黄白脓性分泌物。分泌物涂片可见大量白细胞，且细胞内多见咖啡豆样革兰氏阴性双球菌，分泌物用巧克力培养基培养有圆形、凸起、灰白色的光滑菌落，氧化酶试验(＋)。
>
> **请问：**
> 1. 该患者最可能感染的病原菌是什么？
> 2. 如何有效防治此类感染？

　　淋病奈瑟球菌（*Neisseria gonorrhoeae*）简称淋球菌，是淋病的病原菌，主要引起人类泌尿生殖系统的急性或慢性化脓性感染。淋病是目前我国发病率最高的性传播疾病。

一、临床意义

　　1. 致病物质　主要有菌毛、荚膜、外膜蛋白、IgA1 蛋白酶和内毒素。菌毛可使菌株黏附到人类尿道黏膜上，不易被尿液冲洗掉。荚膜可抵抗吞噬细胞的吞噬与消化，即使被吞噬，仍能在吞噬细胞内存活。外膜蛋白 Ⅰ 可直接破坏中性粒细胞，蛋白 Ⅱ 参与菌体之间或宿主细胞间的黏附，蛋白 Ⅲ 可抑制杀菌抗体的活性。IgA1 蛋白酶可破坏黏膜表面的 IgA1 抗体，使细菌能黏附在黏膜表面。内毒素与补体、抗体共同作用，在局部形成炎症反应。

2. 所致疾病 人类是淋球菌惟一的宿主。淋球菌主要经性接触传染，也可通过间接接触被污染的衣服、毛巾、浴盆等传染，病菌侵入泌尿生殖道，主要引起男性和女性泌尿生殖道化脓性感染。其潜伏期为 2~5d，成人感染初期，主要引起男性前尿道炎，女性尿道炎、阴道炎和宫颈炎。患者出现尿频、尿急、尿痛、尿道和宫颈可见脓性分泌物等，如未经治疗可扩散到生殖系统引起慢性感染，如男性前列腺炎、输精管炎、附睾炎等；女性子宫内膜炎、输卵管炎、盆腔炎等，导致不育。患淋病的孕妇，可引起胎儿宫内感染，导致流产、早产等，新生儿可通过产道感染，引起淋病性眼结膜炎，眼内有大量脓性分泌物，又称"脓漏眼"，应在出生时予以 1% 硝酸银溶液滴眼。

> **重点提示**
>
> 淋球菌的感染途径及所致疾病

人类对淋球菌无天然免疫力，普遍易感。病后免疫力不强，可再次感染。

二、生物学性状

（一）形态与染色

该菌 G^-，菌体呈肾形或咖啡豆形，成双排列，凹面相对，菌无芽孢和鞭毛，从患者体内新分离菌株有荚膜和菌毛。在脓汁标本中大多数淋球菌常位于中性粒细胞内；在慢性淋病患者，奈瑟菌多分布在中性粒细胞外。

（二）培养特性

该菌的营养要求高，常用巧克力色血琼脂平板培养。最适 pH 7.5，最适生长温度 35~36℃。专性需氧，初次分离培养时须提供 5%~10% 的 CO_2。在巧克力色血琼脂平板上经 24h 培养，可形成圆形、凸起、半透明、灰白色、直径约 0.5~1.0mm 光滑型菌落。只分解葡萄糖产酸不产气，不分解其他糖类，可产生触酶和氧化酶。

（三）其他

该菌主要有菌毛蛋白抗原、脂多糖抗原和外膜蛋白抗原。①菌毛蛋白抗原：存在于有毒菌株。②脂多糖抗原：有致热作用，易发生变异。③外膜蛋白抗原：包括 PⅠ、PⅡ、PⅢ。PⅠ是主要的外膜蛋白，根据 PⅠ抗原性差异，可将淋球菌分为 A、B、C 等 16 个血清型。对外界抵抗力弱，对热、冷、干燥和消毒剂极其敏感。在干燥的环境中仅能存活 1~2h，湿热 55℃ 5min 即可死亡；在患者分泌物污染的衣裤、被褥上能存活 24h。对磺胺类、青霉素等均敏感，但易产生耐药性，对环丙沙星、氧氟沙星、阿奇霉素等敏感。

（程丹丹）

第二节 肠 球 菌

肠球菌（*Enterococcus*）属链球菌科，广泛分布在自然界，是人类和动物肠道正常菌群的一部分，为机会致病菌，引起尿路感染、心内膜炎、胆囊炎、脑膜炎及伤口感染等多种疾病。在需氧 G^+ 球菌中，它是仅次于葡萄球菌的重要院内感染致病菌，肠球菌亦可引起院外感染。

一、临床意义

（一）致病物质

该菌表面的黏附素包括肠球菌表面蛋白和肠球菌胶原蛋白黏附素，有助于肠球菌吸附至宿主肠道、尿路上皮细胞及心脏细胞，从而实现在宿主细胞表面的定植；多形核白细胞趋化因子可以介导与其感染相关的炎症反应；聚合物因子是肠球菌的一种表面蛋白，能聚集供体与受体菌，以利于质粒转移，在体外增强其对肾小管上皮细胞的黏附；细胞溶素对真核和原核细胞都有杀伤作用，可以裂解红细胞、多形核细胞、吞噬细胞等，还可能破坏神经组织，增加感染的严重程度。此外，其产生的明胶酶E有利于其在宿主组织内扩散，粪肠球菌心内膜炎抗原可能与感染性心内膜炎有关。

（二）所致疾病

对人致病的主要是粪肠球菌和屎肠球菌。尿路感染为粪肠球菌所致感染中最为常见的，仅次于大肠埃希菌居第2位，绝大部分为院内感染。其发生多与尿路器械操作、留置导尿管和患者的尿路结构异常等有关。一般表现为膀胱炎、肾盂肾炎，少数表现为肾周围脓肿等。另外肠球菌还可以引起盆腔感染、皮肤软组织感染以及危及生命的腹腔感染、心内膜炎、脑膜炎和败血症等。近年来大多数肠球菌对青霉素族抗菌药物已呈不同程度的耐药，对庆大霉素呈高耐性的菌株亦逐渐增多，并已出现了耐万古霉素的菌株，使肠球菌所致重症感染的治疗已成为临床棘手的问题之一。

二、生物学性状

（一）形态与染色

该菌为G$^+$，成双或短链状排列的球菌，卵圆形，无芽孢，无荚膜，部分肠球菌有稀疏鞭毛。

（二）培养特性

该菌为需氧或兼性厌氧，在10~45℃均可生长，最适生长温度35℃，最适pH 7.4~7.6，在血平板上可形成灰白色、不透明、表面光滑、直径0.5~1mm大小的圆形菌落，不同的菌株表现为不同的溶血现象，可出现α、β或γ溶血现象。在液体培养基中呈均匀浑浊生长，也较易形成长链。在含6.5% NaCl肉汤中能生长，在40%胆汁培养基中能分解七叶苷，按特点可与链球菌鉴别。

（三）其他

该菌在蓝氏分群试验属D群。根据16s rRNA序列分析和核酸杂交等，证实有21种肠球菌，分成5群，临床标本分离的肠球菌多属于肠球菌属Ⅱ群，分离率最高的是粪肠球菌，其次是屎肠球菌。该菌抵抗力弱，对低浓度氨基糖苷类、复方增效磺胺、头孢菌素、克林霉素耐药和对万古霉素低浓度耐药呈现天然耐药，而对氨基糖苷类药物水平耐药和万古霉素、替考拉宁高度耐药呈现获得性耐药。触酶试验阴性，能分解多种糖类产酸不产气，多数菌株分解甘露醇，多数肠球菌吡咯烷基芳酰胺酶试验阳性，胆汁七叶苷试验阳性。

（程丹丹）

第三节　变形杆菌

一、临床意义

（一）致病物质

变形杆菌属（*Proteus*）细菌广泛存在于自然界和动物、人体肠道中，通过鞭毛、菌毛、内毒素和溶血毒素等致病。

（二）所致疾病

临床常见的是普通变形杆菌和奇异变形杆菌，为机会致病菌，多为继发感染，在引起尿路感染中这两种菌仅次于大肠埃希菌，可引起创伤感染、脑膜炎、败血症、婴儿腹泻、食物中毒等。尿素酶可分解尿素产氨，使尿液pH升高呈碱性环境，有利于细菌生长和泌尿路结石的形成。

二、生物学性状

（一）形态与染色

该菌为 G⁻ 杆菌，呈单个或成对的球状、球杆状、长丝状或短链状多种形态。有周身鞭毛和菌毛，无芽孢，无荚膜。

（二）培养特性

该菌兼性厌氧，营养要求不高，血平板 35~37℃ 孵育 18~24h 见迁徙生长现象。MAC 或 SS 平板为无色透明、不发酵乳糖的菌落，产生 H_2S 的菌种在 SS 培养基上为菌落中心黑色，与沙门菌相似。

（三）其他

该菌具有尿素酶，能迅速分解尿素，是该菌重要生化反应特征。变形杆菌 X_{19}、X_2、X_k 等菌株的 O 抗原与某些立克次体有共同抗原，可代替立克次体作为抗原与患者血清进行凝集反应，称为外斐反应（Weil-Felix test），以辅助诊断立克次体引起的斑疹伤寒和恙虫病。对理化因素抵抗力不强，不耐干燥，对一般化学消毒剂敏感。

其他尿路感染常见的细菌见表 8-1。

表 8-1　其他尿路感染常见的细菌

其他尿路感染常见的细菌	临床意义	生物学性状
肠杆菌属（Enterobacteria）	广泛分布于自然界，为机会致病菌，是医院感染常见的病原菌。内毒素是主要致病物质，临床分离的肠杆菌属细菌中最常见的是阴沟肠杆菌、坂崎肠杆菌和产气肠杆菌，可引起泌尿生殖道、呼吸道感染，还可致伤口感染及脑膜炎、败血症等。能产生超广谱 β- 内酰胺酶（ESBIs）及高产头孢菌素酶（AmpC 酶）导致对多种抗生素高度耐药	G⁻ 短粗杆菌，有周身鞭毛。兼性厌氧，营养要求不高，大多数菌株发酵乳糖，形成较大的红色菌落。对理化因素抵抗力不强，不耐干燥，对一般化学消毒剂敏感
沙雷菌（Serratia）	广泛分布于自然界，一种重要的机会致病菌，其中黏质沙雷菌是引起肠道外感染的主要病原菌，与许多医院内感染的暴发流行有关，可致尿路、肺炎、菌血症、输液感染和外科手术部位感染等	G⁻ 小杆菌，近球形短杆菌，但形态多样，为细菌中最小者。有周身鞭毛。营养要求不高，约半数菌株能产生红色的灵菌红素。因该菌小且有色素，常用于检定滤菌器的质量
柠檬酸杆菌属（Citrobacter）	在自然界分布很广，是人类肠道正常寄居菌，可条件致病。常见菌种为弗劳地柠檬酸杆菌，主要引起尿路感染，还可致呼吸道感染、创面感染、腹泻、败血症等。能产生 ESBIs 及 AmpC 酶导致对多种抗生素高度耐药	G⁻ 杆菌、有周身鞭毛。该菌属至少有 12 个种。需氧或兼性厌氧，营养要求不高，在 MAC、EMB、SS 平板上呈乳糖发酵红色菌落。产生 H_2S 的细菌在 SS 平板上形成有黑心的菌落

（程丹丹）

第四节　杜克雷嗜血杆菌

杜克雷嗜血杆菌（*Haemophilus ducreyi*）又称杜氏嗜血杆菌，是嗜血杆菌属的一种兼性厌氧菌，可经性接触传播，感染可引起软下疳，主要发生于热带、亚热带的发展中国家。

一、临床意义

（一）致病物质

该菌主要致病物质有细胞致死膨胀毒素（CDT）、脂寡糖（LOS）、外膜蛋白（Omp）、超氧化物歧化酶(SOD)、菌毛、溶血素、热激蛋白、丝状类血黏素等。

（二）所致疾病

该菌具有传染性，其主要的传播途径为性接触，这也是杜克雷嗜血杆菌唯一的传播途径。人在感染杜克雷嗜血杆菌之后，可存在 3~10d 的潜伏期，平均潜伏期为 4~7d，一般没有明显的前兆表现。女性比男性的症状一般较轻，潜伏期也长。初发为外生殖器部位的炎性小丘疹。24~48h 后，迅速形成脓疱，3~5d 后脓疱破溃形成溃疡，溃疡呈圆形或椭圆形，边缘为锯齿状，其下缘有潜浊现象，周围呈炎症红晕。溃疡底部有黄色猪油样脓苔，并覆盖很多脓性分泌物，剥去脓苔可见出血，疼痛明显。触诊柔软称此为软下疳。

软下疳大部分发生在外阴部位，男性多在冠状沟、包皮、龟头、包皮系带处。女性多发生在阴唇、外阴、后联合。阴部以外如手指、口唇、舌等部位也可见到。当出现溃疡的时候，男性会存在明显的疼痛感，而女性的症状主要表现为排尿痛、排便痛、直肠出血，同时还会伴随阴道分泌物增多的表现。病损处所属的淋巴结肿大。并且 50% 的患者约于数日到两周间形成溃疡。损伤多居一侧（尤其左侧），男性比女性较多见，称此为横痃。软下疳横痃呈急性化脓性腹股沟淋巴结炎，多为单侧，局部红肿热痛，横痃溃破后呈鱼嘴样外翻，呈"鱼口"状，可形成窦道，脓较稠，呈奶油状。溃疡一般会在 1~2 个月内愈合，在愈合之后也会残留瘢痕。人是该菌的储存宿主，感染后不能产生持久免疫力。可使用阿奇霉素、环丙沙星、红霉素、头孢曲松等抗生素遵循及时、足量、规则的原则进行治疗。

二、生物学性状

（一）形态与染色

该菌为 G⁻ 球杆状，两端呈钝圆形，在溃疡面脓液中的菌体为链锁状、双球菌状、大球菌、棒状等多形性。无鞭毛、无荚膜、无芽孢。非抗酸，常呈平行或链状排列为特有的"指纹状""鱼群状""路轨状"。

（二）培养特性

该菌生长需氧，需要 X 因子，不需要 V 因子，把该菌接种改良 Thayer-Martin 培养基或巧克力色血琼脂平板，在含 5%~10% CO_2 的条件下经 33~35℃ 48~72h 培养，形成 1~2mm、表面光滑、半透明、灰黄色或灰白色的菌落。

（三）其他

该菌对温度较敏感，43~44℃以上温度则失去抵抗能力，20min 即可死亡。对 42℃抵抗性稍强，但 4h 死亡。在 37℃中可存活 6~8d，10~20℃之间 7~10d 后可死亡，对寒冷抵抗力较强，5℃中可生存 1 周，冻干时可能生存 1 年。对干燥的抵抗性弱。

（程丹丹）

第五节　阴道加德纳菌

阴道加德纳菌（*Gardnrella vaginalis*）属加德纳菌属，可引起非特异性阴道炎。

一、临床意义

（一）致病物质

细菌性阴道炎（bacterial vaginosis，BV）是多种致病菌繁殖导致正常阴道生态系统失调的一种病理状态。GV 的毒力因子可能为溶血素等。细胞外毒素、蛋白酶、糖胺聚糖酶、唾液酸酶、磷脂酶 A2 和磷脂酶 C 与 BV 有关，这些酶和有机化合物破坏宿主的防御机制。

（二）所致疾病

对 GV 确切的致病机制目前尚不清楚。GV 主要经性接触传播，还可以通过如共用毛巾或浴盆、使用公共厕所的坐便器、医源性传播等造成间接接触传播，导致 BV。BV 是阴道内乳酸杆菌被另一组厌氧菌和阴道加德纳菌为主的细菌所取代，同时伴有阴道分泌物性质改变的一种综合征。BV 病理表现以无炎症病变和白细胞浸润为特点，阴道内乳酸杆菌数量明显下降，同时伴有 GV、类杆菌、消化球菌及支原体等大量增殖。该病为混合感染，并非 GV 阳性者均发生 BV，因为 20%~40% 的正常妇女阴道也可检出此菌。

GV 不仅可导致 BV，而且还可引起多种疾病及并发症，如绒毛膜羊膜炎、输卵管炎、子宫内膜炎、宫颈癌、子宫颈炎、妇女产后菌血症、膀胱炎等，还能引起早产、新生儿败血症和软组织感染等。此外，GV 与沙眼衣原体、解脲支原体等常见病菌双重或多重感染也较多见。GV 还能明显刺激 HIV 在单核巨噬细胞系统、淋巴细胞中的表达，与 HIV 的传播率增高有关。

二、生物学性状

（一）形态与染色

该菌呈多形态性，多为杆状，两端呈钝圆形，单个或成双排列，无鞭毛、无荚膜、无芽孢。革兰氏染色因菌株和菌龄不同而有差异，实验室保存菌株趋向 G^-，而从新鲜的临床标本中分离的菌种趋向 G^+。在高浓度血清中生长的菌株呈 G^+。

（二）培养特性

该菌为兼性厌氧菌，最适 pH 6.0~6.5，可在 25~42℃ 中生长，最适生长温度为 35~37℃，营养要求较高。在 5% 的人血平板上，置 5%~7% CO_2，35℃ 环境中培养 48h，可形成针尖大小的菌落，呈圆形、光滑、不透明。在含人血和兔血平板上可产生 β 溶血，在羊血平板上不产生溶血。在液体培养基上，GV 在 24~48h 内细菌滴度达到最高峰，之后进入稳定下降阶段。

（三）其他

该菌对头孢菌素类、糖肽类、林可霉素类、内酰胺酶抑制剂等抗生素敏感，对氨曲南、阿米卡星和磺胺类抗生素耐药。10% KOH 滴加在阴道分泌物中混匀，若有鱼腥臭味为胺试验阳性，可诊断为 BV。

（程丹丹）

思考题

1. 试比较淋球菌、肠球菌、变形杆菌、杜克雷嗜血杆菌、阴道加德纳菌的感染方式及所致疾病。

2. 患儿，男，出生 2d 的新生儿，啼哭时眼部溢出黄白色脓性分泌物，耳前淋巴结肿大。擦拭黄白色脓汁后，可见双眼结膜高度充血、水肿，分泌物涂片革兰氏染色镜检报告见革兰氏阴性双球菌，分离培养菌落为直径 1mm 左右、灰褐色、光滑、半透明呈露滴状。

请思考：

（1）该新生儿最可能感染哪种病原菌？

（2）如何有效防治此类感染？

ER 8-3

练习题

第九章 │ 常见动物源性细菌

ER 9-1
教学课件

ER 9-2
思维导图

> **学习目标**
>
> 1. 掌握动物源性细菌的致病物质和所致疾病。
> 2. 熟悉动物源性细菌的形态与染色、培养特性及抵抗力等生物学性状。
> 3. 了解动物源性细菌的免疫性及分类。
> 4. 学会对动物源性细菌引起相关感染性疾病进行敏锐观察,识别并开展健康教育,综合施护施治与预防。
> 5. 具有对生物安全、医院感染及食品安全等重要性的认识,树立人与自然和谐共生的自然观,具备良好的职业责任心和社会责任感。

动物源性细菌是以动物为传染源,能引起动物和人类发生人兽共患病的病原菌。在人类和脊椎动物之间自然感染与传播,由共同的病原体引起的、流行病学上又有关联的疾病称为人兽共患病(zoonosis)。该病主要发生在畜牧区或自然疫源地。

第一节 布鲁氏菌属

> **案例**
>
> 患者,男,37 岁,自述 20d 前开始发热,最高达 40.3℃。体格检查:T 39.3℃,右侧睾丸肿大,有触痛。血常规:WBC 5.3×10⁹/L,血培养发现 G⁻ 杆菌,布鲁氏菌凝集试验(++++)。追问病史,患者自述非从事畜牧业工作,约在发病前 1 周进食生乳。
>
> **请问:**
>
> 1. 引起该病最可能的病原菌是什么,与食用生乳有关吗?
> 2. 该病是如何传播的,在体内如何播散并引起哪些症状?

布鲁氏菌属(*Brucella*)现发现有 12 个种,其中使人致病的有牛布鲁氏菌(*B.abortus*)、羊布鲁氏菌(*B.melitensis*)、猪布鲁氏菌(*B.suis*)和犬布鲁氏菌(*B.canis*)等。我国流行的主要是羊、牛、猪三种布鲁氏菌,尤以羊布鲁氏菌最为常见。

一、临床意义

(一)致病物质

内毒素是该菌属细菌的主要致病物质,可引起发热反应。荚膜与侵袭性酶(透明质酸酶、过氧化氢酶等)增强了该菌的侵袭力,使细菌能通过完整皮肤、黏膜进入宿主体内,并在机体脏器内大量繁殖和快速扩散入血流。

(二) 所致疾病

该菌属细菌是人兽共患病的病原菌,人类主要通过接触病畜及其分泌物,或接触被污染的病畜产品,经皮肤、黏膜、眼结膜、消化道和呼吸道等不同途径感染。潜伏期一般为1~4周,平均为2周。该菌侵入机体后,先被吞噬细胞吞噬,成为胞内寄生菌,经淋巴管到达局部淋巴结生长繁殖形成感染灶。当细菌繁殖达到一定数量时,突破淋巴结而侵入血流,出现第一次菌血症。随后该菌进入肝、脾、骨髓和淋巴结等脏器细胞,发热也渐渐消退。细菌在细胞内繁殖到一定程度时,再次入血又出现菌血症而致使体温升高,如此反复,使患者的热型呈波浪式,故称波浪热。感染易转为慢性,在全身各处引起迁徙性病变,伴随发热、关节痛和全身乏力等症状,体征有肝脾大。人类感染布鲁氏菌不引起流产。致病与其引起的Ⅳ型超敏反应有关;菌体抗原成分与相应抗体形成的免疫复合物,可导致急性炎症和坏死,病灶中有大量中性粒细胞浸润,可能是一种Ⅲ型超敏反应(阿蒂斯反应)。布鲁氏菌感染后,其各生物种、型、株间毒力差别较大。羊、牛、猪布鲁氏菌对人有较强的致病作用,尤以羊布鲁氏菌毒力最强。

该菌属细菌为胞内寄生菌,故机体感染布鲁氏菌以细胞免疫为主,病后机体产生IgM和IgG型抗体,可发挥免疫调理作用,且各菌种和生物型之间有交叉免疫。一般认为此免疫力是有菌免疫,即当机体内有布鲁氏菌时,对再次感染则有较强免疫力。但随着病程的延续,机体免疫力不断增强,布鲁氏菌不断被消灭,最终可变为无菌免疫。

二、生物学性状

(一) 形态与染色

该菌属细菌为 G⁻ 短小球杆菌,镜下呈细沙状,两端钝圆,偶见两极浓染。无鞭毛、无芽孢,光滑型有微荚膜。羊布鲁氏菌较小,近似球状,猪和牛布鲁氏菌较长,次代培养呈杆状,羊布鲁氏菌仍呈球状。

(二) 培养特性

该菌属细菌为专性需氧,初次分离培养时需要 5%~10% CO_2。营养要求较高,在普通培养基上生长缓慢,若加入血清或肝浸液等可促进生长。最适生长温度 35~37℃,最适 pH 6.6~6.8。在血平板或肝浸液培养基上经 37℃ 48h 长出微小、无色、透明的光滑型(S)菌落,经人工传代培养后可转变为粗糙型(R)菌落。在血平板上不溶血,在液体培养基中可形成轻度浑浊并有沉淀。

(三) 其他

大多菌株能分解尿素,产生 H_2S。根据产生 H_2S 的多少和在含碱性染料培养基中的生长情况,可鉴别牛、羊和猪三种布鲁氏菌。光滑型(S)布鲁氏菌含有两种抗原物质,即 A 抗原和 M 抗原。两种抗原在不同的布鲁氏菌中含量不同,牛布鲁氏菌含 A 抗原多,羊布鲁氏菌含 M 抗原多,故 A 抗原又称牛布鲁氏菌抗原,M 抗原又称羊布鲁氏菌抗原。由于 A 抗原与 M 抗原量的比例在不同的布鲁氏菌中有差异,如牛布鲁氏菌 A∶M 为 20∶1,而羊布鲁氏菌 A∶M 为 1∶20,猪布鲁氏菌 A∶M 为 2∶1,所以用 A 与 M 因子进行血清凝集试验可鉴别三种布鲁氏菌。抵抗力较强,在水中可生存 4 个月,在土壤、毛皮、病畜的脏器、分泌物及乳制品中可存活数周至数月。但在湿热 60℃ 10~20min 或日光直接照射下 20min 可死亡;对常用消毒剂和广谱抗生素均较敏感。

> **重点提示**
>
> 布鲁氏菌的传播方式

(程丹丹)

第二节　炭疽芽孢杆菌

炭疽芽孢杆菌（*Bacillus anthracis*）隶属于需氧芽孢杆菌属，是引起动物和人类炭疽的病原菌，也是人类历史上第一个被发现的病原菌。主要感染牛、羊等食草动物，人可通过接触或食用患病动物及畜产品而感染，多见皮肤炭疽，也有肠炭疽、肺炭疽和脑膜炎炭疽等。

一、临床意义

（一）致病物质

该菌的主要致病物质是荚膜和炭疽毒素。荚膜具有抗吞噬作用，有利于炭疽芽孢杆菌在宿主体内繁殖扩散。炭疽毒素是造成感染者致病和死亡的主要原因，这种毒素由保护性抗原、水肿因子和致死因子三种成分组成。任何一种毒素性抗原单独存在都不能引起毒性反应，三种成分同时存在则引起典型的炭疽中毒症状。炭疽毒素直接损伤脑血管内皮细胞，增强血管壁的通透性，使有效血容量不足，致微循环灌注量减少，血液呈高黏滞状态，易发生 DIC 和感染性休克而导致死亡。

（二）所致疾病

该菌的主要传染源为患炭疽的食草动物（牛、羊、马等）。病原菌可经皮肤、呼吸道和胃肠道侵入机体引起炭疽。根据传播途径不同分为皮肤炭疽、肺炭疽和肠炭疽三种类型。各型均可导致败血症，偶见引起炭疽性脑膜炎，死亡率极高。

1. 皮肤炭疽　是最常见的一种，占炭疽的 95% 以上。因接触病畜或受染毛皮而感染，由颜面、四肢等皮肤小伤口侵入，在局部出现小疖、水疱，继而变成脓疱，最后形成坏死、溃疡并形成特有的黑色焦痂，故名炭疽。患者常伴有高热、寒战等全身症状，如不及时治疗可发展成败血症而死亡。

2. 肺炭疽　多因在处理病畜皮毛时吸入芽孢，在肺组织中局部发芽繁殖。病初高热、寒战、干咳、头痛、乏力、全身不适，部分有胸痛。2~3d 内症状加重，持续高热、咯血痰、呼吸困难、发绀，可出现血性胸腔积液。

3. 肠炭疽　较为少见。是由于食入未煮熟的病畜肉类、奶或被污染食物而感染。临床表现为高热、食欲不振、恶心、呕吐、剧烈腹痛、腹泻，严重者出现呕血、血便、肠穿孔、大量腹水，病情进展迅速，可继发肺炭疽、脑膜炎型炭疽、脓毒症休克而死亡。肠炭疽早期症状无特异性，诊断困难。

炭疽患者病后可获得持久免疫力，再次感染者甚少，主要是体液免疫和特异性抗体对吞噬细胞的调理作用所造成。预防炭疽重点是加强牲畜管理，病畜应严格隔离或处死，必须焚毁或深埋于 2m 以下。对易感人群用炭疽减毒活疫苗进行特异性预防，可获得半年至一年的免疫力。

> **重点提示**
> 炭疽的分型

二、生物学性状

（一）形态与染色

该菌为致病菌中最大的 G⁺ 粗大杆菌，两端平截，无鞭毛，在新鲜标本中，呈单个或短链状排列，经人工培养后呈长链状排列，如竹节样（图 9-1）；在氧气充足环境下易形成芽孢；在机体内或含血清的培养基中可形成荚膜。

（二）培养特性

该菌为需氧或兼性厌氧菌。营养要求不高，在普通营养琼脂培养基上培养 24h，形成灰

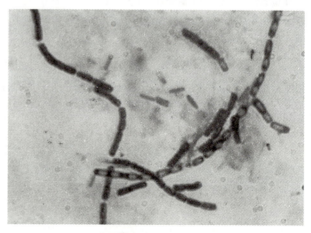

图 9-1　炭疽芽孢杆菌（革兰氏染色，×1 000）

白色粗糙型菌落，边缘不整齐，在低倍镜下观察边缘呈卷发状。在血平板上不溶血。在肉汤培养基培养 24h，管底有絮状沉淀生长，无菌膜。在明胶培养基中经 37℃ 24h 可使表面液化呈漏斗状，细菌沿穿刺线向四周扩散成倒松树状。将有毒菌株接种在含碳酸氢钠的血平板上，置 5% CO$_2$ 孵箱，37℃ 24~48h 可产生荚膜，变为黏液型菌落，用接种针挑取时可见拉丝状，而无毒株仍形成粗糙型菌落，此特征有助于对该菌的鉴别。

（三）其他

该菌含有荚膜抗原、菌体抗原和保护性抗原。荚膜抗原具有抗吞噬作用，抗原性较弱，所产生的抗体无免疫保护性。若以高效价抗荚膜血清与具有荚膜的炭疽杆菌作用，在其周边外发生抗体的特异性沉淀反应，镜下可见荚膜肿胀，称为荚膜肿胀试验，对该菌有鉴别意义。菌体抗原由等相对分子质量的 N- 乙酰葡萄糖胺和 D- 半乳糖组成，耐热，与毒力无关。能与特异性抗体发生环状沉淀反应，即环状沉淀试验。该试验可用于炭疽芽孢杆菌的流行病学调查。保护性抗原是炭疽芽孢杆菌代谢过程中产生的一种蛋白质，是炭疽毒素的组成部分，具有免疫原性，其相应的抗体有抗炭疽芽孢杆菌感染的作用。

该菌的繁殖体抵抗力弱。但芽孢的抵抗力极强，在动物皮毛和土壤中可生存数年至数十年，煮沸 10min 或干热 140℃经 3h 或高压蒸汽灭菌 15min 才能被杀死。耐受一般消毒剂，在 5% 苯酚溶液中需 2h 才能被杀灭；对碘及氧化剂较敏感，1∶2 500 碘液 10min、3% H$_2$O$_2$ 1h、0.5% 过氧乙酸 10min、4% 高锰酸钾溶液 15min 可以杀死芽孢。若在含微量青霉素的培养基上，链状排列的杆菌形态发生变异，变成大而均匀的串珠状，称串珠试验，对该菌有鉴别意义。

（程丹丹）

第三节　鼠疫耶尔森菌

鼠疫耶尔森菌（*Yersinia pestis*）是鼠疫的病原菌。鼠疫是一种自然疫源性烈性传染病，是我国法定管理的甲类传染病。

一、临床意义

（一）致病物质

该菌的致病物质主要包括 F1 抗原、V-W 抗原和外膜蛋白抗原、内毒素以及鼠疫耶尔森菌产生的鼠毒素。

1. **F1 抗原**　是鼠疫耶尔森菌的荚膜成分，为一种不耐热的糖蛋白，具有抗吞噬作用，与细菌的毒力有关。F1 抗原的抗原性强，特异性高，其相应抗体具有免疫保护作用。

2. **V-W 抗原**　由毒力质粒 DNA 编码，W 抗原位于菌体表面，是一种脂蛋白，V 抗原存在于细胞质中，为可溶性蛋白。V-W 抗原具有抗吞噬作用，与细菌的毒力有关。

3. **外膜蛋白抗原**　其编码基因与 V-W 基因存在于同一个质粒上，具有抗吞噬作用，能使细菌突破宿主的防御机制导致机体发病。

4. **鼠毒素**　是一种由质粒 DNA 编码产生的外毒素，为可溶性蛋白，具有很强的抗原性，经 0.2% 甲醛溶液处理可制成类毒素，用于预防鼠疫或用于免疫动物制备抗毒素。该毒素只有当细菌自溶后才释放，对大鼠和小鼠的毒性很强。

5. **内毒素**　其性质与肠杆菌内毒素相似，可引起机体发热、产生休克和 DIC 等。

（二）所致疾病

该菌的毒力很强，少量细菌即可致病，主要寄生于啮齿类动物，传播媒介以鼠蚤为主。鼠疫是自然疫源性传染病，一般先在鼠类间发病和流行，当大批病鼠死亡后，失去宿主的鼠蚤通过叮咬而传染人类，引起人类鼠疫。人患鼠疫后，可通过人蚤或呼吸道等途径在人群中传播流行。鼠疫患者死亡后皮肤常呈紫黑色，故又称黑死病。临床上常见的鼠疫主要有以下三种类型。

1. 腺鼠疫　鼠疫耶尔森菌通过鼠蚤叮咬进入人体后，可被吞噬细胞吞噬并在细胞内生长繁殖，再沿淋巴引流到达局部淋巴结，引起严重的淋巴结炎。最常侵犯腹股沟淋巴结，其次是腋下和颈部淋巴结，一般为单侧，引起局部肿胀、出血和坏死。

2. 肺鼠疫　原发性肺鼠疫是由于吸入空气中的鼠疫耶尔森菌引起的，发病急骤，主要表现为寒战、高热，体温可达 40~41℃，初期表现为干咳，继之咳嗽频繁，咳出稀薄泡沫样痰，痰中带血或纯血痰，脉搏细速，呼吸急促，颜面潮红，眼结膜充血，口唇、颜面、四肢及全身皮肤发绀。若不及时给予有效治疗，常于发病 1~3d 内死亡；而继发性肺鼠疫多继发于腺鼠疫或败血症型鼠疫，与原发性肺鼠疫表现类似，主要表现为病情突然加重，出现咳嗽、胸痛、呼吸困难，鲜红色泡沫样血痰等。

3. 败血症型鼠疫　重症腺鼠疫或肺鼠疫的病原菌可侵入血流，大量繁殖，引起败血症型鼠疫，主要表现为畏寒、高热，剧烈头痛、谵妄、神志不清，脉搏细速、心律不齐、血压下降、呼吸窘迫，皮下及黏膜出血、腔道出血等，若不及时抢救常于发病 1~3d 内死亡。

人体对鼠疫耶尔森菌无天然免疫力，病后可获得持久免疫力，很少再次感染。病菌的消灭主要依赖机体吞噬细胞的吞噬。防治包括加强海关检疫；疫区灭鼠、灭蚤，发现鼠疫患者要立即进行隔离，并立即上报；在流行地区接种鼠疫活菌苗；用抗生素治疗必须早期、足量，磺胺类、四环素、氯霉素、氨基糖苷类抗生素等治疗均有效。

二、生物学性状

（一）形态与染色

该菌为 G⁻ 短杆菌，呈卵圆形，瑞氏-吉姆萨染色后菌体两端出现浓染现象。有荚膜，无鞭毛，无芽孢。在陈旧培养物或 3% NaCl 培养基上培养后，菌体呈明显多形态性，如球形、杆形、棒形或哑铃状等，有时仅见到着色极浅的细菌轮廓。

（二）培养特性

该菌为兼性厌氧菌。最适生长温度 28~30℃，最适 pH 6.9~7.1。营养要求不高，在普通营养琼脂培养基上能生长，但生长速度缓慢。在含血液或组织液的培养基上培养 48h，可形成细小、圆形和黏稠的粗糙型菌落。在肉汤培养基中开始呈浑浊，24h 后表现为沉淀生长，48h 在液体表面形成薄菌膜，稍加摇动后菌膜呈"钟乳石"状下沉，此特征有一定的鉴别意义。

（三）其他

该菌的抗原结构复杂，种类较多，至少有 18 种抗原，重要的有 F1 抗原、V-W 抗原和外膜蛋白抗原等抗原。对理化因素抵抗力较弱，湿热 70~80℃ 10min 或 100℃ 1min 可以杀灭，5% 甲酚溶液或 5% 苯酚溶液 20min 内可将痰液中的鼠疫耶尔森菌杀死。但在自然环境中的生存能力强，在干燥的咳痰和蚤粪中能存活数周，在冻尸中能存活 4~5 个月，可耐日光直射 1~4h。

> **重点提示**
>
> 鼠疫的传播方式及分型

> **知识拓展**
>
> ### 鼠疫斗士
>
> 伍连德博士，我国现代医学先驱、我国检疫事业创始人，他及他的团队为抗击 1910 年东北地区鼠疫做出重大贡献。
>
> 1910 年冬东北地区发生大规模鼠疫，伍连德被当时的清政府任命为全权总医官，赴东北

领导防疫工作。他带领团队以满腔的爱国热忱、扎实的医学知识、科学严谨的治学态度，冒着被传染的危险解剖尸体，发现了鼠疫耶尔森菌，认为该菌可通过"飞沫传染"实现"人传人"，并在世界上首次提出"肺鼠疫"的概念。随后他们采取了佩戴伍式口罩、加强铁路公路检疫、设置交通要道隔离区，对疫区进行隔离、火化死者遗体、建立临时医院收治患者等多种措施，控制住了东北地区暴发的鼠疫。

（程丹丹）

思考题

1. 试述主要的动物源性细菌有哪些，各能通过何种途径引起哪些人兽共患病？

2. 患者，男，40岁，因食用病死山羊肉2d不适就诊。患者自述家中饲养山羊多年，近日家中山羊不明原因连续死亡，羊尸体血液不凝固，食用这些羊肉的第2日出现呕吐，体格检查发现患者右手无名指出现水疱、严重水肿，全身中毒症状重，伴肠麻痹及血便。

请思考：

（1）患者最可能感染了何种病原菌？与食用死亡山羊肉有关吗？

（2）家中病死的山羊应如何正确处置？

ER 9-3

练习题

第十章 ｜ 其他原核细胞型微生物

教学课件

思维导图

学习目标

1. 掌握梅毒密螺旋体的传播途径和致病特点。
2. 熟悉钩端螺旋体、立克次体、支原体、衣原体、放线菌的传播途径、致病特点。
3. 了解钩端螺旋体、立克次体、支原体和衣原体的形态特征及培养特性。
4. 学会对钩端螺旋体、立克次体、支原体和衣原体引起相关感染性疾病进行敏锐观察，识别并开展健康教育，综合施护施治与预防。
5. 具有对生物安全、医院感染及食品安全等重要性的认识，具备良好的职业责任心、社会责任感和扎根基层关爱患者、服务群众的为民情怀。

第一节　螺　旋　体

案例

患者，男，26 岁，畏寒、发热、有明显头痛、肌肉痛 3d 而就诊。自述感觉肢体无力，体格检查腓肠肌压痛明显，结膜充血，浅表淋巴结肿大伴疼痛。有疫水接触史。

请问：

1. 根据以上情况分析，该患者最可能是感染了哪种病原体？
2. 该如何防治此病？

一、概述

螺旋体（*Spirochete*）是一类细长、柔软、弯曲呈螺旋状、运动活泼的原核细胞型微生物。其基本结构和生物学性状与细菌相似，以二分裂方式繁殖，对抗生素敏感。螺旋体在自然界和动物体内广泛存在，种类很多，对人致病的主要有 3 个属。①钩端螺旋体属：对人致病的主要是钩端螺旋体（*Leptospira*）。②密螺旋体属：对人致病的主要是梅毒密螺旋体（*Microspironema pallidum*）。③疏螺旋体属：对人致病的主要有伯氏疏螺旋体（*Borrelia burgdorferi*）和回归热螺旋体（*Borrelia recurrentis*）。

二、常见致病性螺旋体

（一）钩端螺旋体

钩端螺旋体分为致病和不致病两大类，致病性钩端螺旋体引起人和动物的钩端螺旋体病，简称钩体病。钩端螺旋体病是全球性分布的一种人兽共患病，我国西南和南方各省多见，是我国重点监控和防治的传染病之一。

1.临床意义　钩端螺旋体的致病因素主要是内毒素样物质、溶血素和细胞毒性因子。钩端螺旋体细胞壁中含有类似 G⁻ 菌的脂多糖物质,其致病机制与细菌的内毒素相似,但毒性较低;溶血素能破坏红细胞膜而致溶血;细胞毒性因子注入小鼠,可出现肌肉痉挛和呼吸困难。

钩体病是一种人兽共患病,是我国农村某些地区常见的急性传染病之一。本病以 6~10 月份流行为主,主要见于洪涝灾害期间,可呈暴发性流行。农民、渔民、与感染动物接触的兽医、屠宰场工作者容易感染。鼠类、猪、犬为主要储存宿主和传染源。动物感染钩端螺旋体后大多呈隐性感染,少数家畜感染后可引起流产。钩端螺旋体在感染动物的肾脏内长期繁殖,并不断从尿液排出体外,污染水和土壤,人与污染的水和土壤接触而被感染。患钩体病的孕妇可经胎盘传给胎儿。

钩端螺旋体能穿透完整的皮肤、黏膜或其破损处侵入人体,在局部迅速繁殖,并经淋巴系统或直接进入血液循环引起钩端螺旋体血症,出现全身中毒症状,临床表现有发热、头痛、乏力、全身肌肉酸痛、眼结膜充血、浅表淋巴结肿大和腓肠肌压痛等典型症状。由于钩端螺旋体血清型别不同、毒力不同及宿主免疫水平的差异,临床表现相差很大。轻者仅出现感冒样症状及轻微的自限性发热,重者可出现黄疸、出血、休克、DIC、心肾功能不全、脑膜炎,甚至死亡。

人体感染钩体后以体液免疫为主,特异性抗体可保持多年,病后对同型钩端螺旋体可产生持久的免疫力。

2. 生物学性状　钩端螺旋体一端或两端弯曲呈钩状,菌体常呈 S 形或 C 形,G⁻ 不易着色,Masson-Fontana 镀银染色呈棕褐色。在暗视野显微镜下可直接观察悬液标本中钩端螺旋体的形态和运动方式(图 10-1)。

钩端螺旋体为需氧或微需氧;适宜生长温度为 28~30℃;最适 pH 7.2~7.4;营养要求较高,在含 10% 兔血清的柯氏培养基(Korthof medium)中缓慢生长,在液体培养基中 1~2 周呈半透明云雾状。钩端螺旋体有表面抗原和内部抗原,是钩体分型和分群的依据。目前钩端螺旋体至少可分 25 个血清群、273 个血清型,我国发现的至少有 19 个血清群、161 个血清型。对理化因素的抵抗力较其他致病性螺旋体强,56℃ 10min、5% 甲酚皂溶液、1% 苯酚溶液、1% 漂白粉溶液处理可使其灭活,对青霉素等敏感。钩端螺旋体在酸碱度中性的湿土或水中可存活数月,这在疾病传播上有重要意义。

200μm

图 10-1　钩端螺旋体(镀银染色,×1 000)

(二)梅毒密螺旋体

梅毒密螺旋体又称苍白密螺旋体(*Treponema pallidum*),是引起梅毒的病原体。梅毒是一种危害较严重的性传播疾病,是全球性公共卫生问题。

1. 临床意义　梅毒密螺旋体具有很强的侵袭力,但至目前未发现有内毒素和外毒素,致病因素尚不十分清楚,可能与其荚膜样物质和透明质酸酶等侵袭性酶类有关。荚膜样物质可黏附宿主细胞、抑制补体和吞噬细胞的杀灭作用;透明质酸酶可分解组织、细胞基质内和血管基底膜,有利于梅毒密螺旋体的扩散及病理损害。

人是梅毒密螺旋体唯一的传染源,所致疾病梅毒是性传播疾病之一,侵犯皮肤黏膜、心血管、神经、骨骼等组织器官造成多系统损害。主要通过性接触传播,引起获得性梅毒;也可经胎盘由母体传染给胎儿,引起先天梅毒。获得性梅毒临床表现较为复杂,按病程分为三期。

(1)一期梅毒:感染后 3 周左右局部出现无痛性硬性下疳,多见于外生殖器,其溃疡渗出物中含有大量梅毒密螺旋体，传染性极强。约 1 个月下疳自然愈合。进入血液中的梅毒密螺旋体可潜伏于体内，经 2~3 个月无症状的潜伏期后进入第二期。

（2）二期梅毒：全身皮肤黏膜出现梅毒疹，全身淋巴结肿大，有时亦可累及骨、关节、眼及其他脏器。在梅毒疹和淋巴结中含有大量梅毒密螺旋体，如不治疗，一般 3 周至 3 个月后体征可自行消退。从硬性下疳至梅毒疹消失后 1 年，称早期梅毒（即一、二期梅毒），传染性强，破坏程度较小，但隐伏一段时间后又可反复发作。

（3）三期梅毒：又称晚期梅毒。此期不仅出现皮肤黏膜溃疡性坏死病灶，而且侵犯内脏器官或组织，严重者 10~15 年后，引起不可逆转的心血管及中枢神经系统病变，甚至死亡。此期病灶中不易查到梅毒密螺旋体，传染性虽小，但破坏性大，病程长，可危及生命。

先天性梅毒由梅毒孕妇经胎盘传播给胎儿，引起胎儿全身性感染，导致流产、早产或死胎；通过产道感染新生儿，可有皮肤病变、间质性角膜炎、先天性耳聋、马鞍鼻、锯齿形牙等特殊体征。

梅毒的免疫以细胞免疫为主，属带菌免疫；体液免疫只有一定的辅助防御作用，意义不大。梅毒密螺旋体从体内清除后仍可再次感染，而且仍可出现一期梅毒症状。此病周期性潜伏与再发的原因可能与体内产生的免疫力有关，如机体免疫力强，螺旋体能变成颗粒形或球形，在体内一些部位潜伏起来，一旦机体免疫力下降，螺旋体又可侵犯体内某些部位而复发。

2. 生物学性状　梅毒密螺旋体致密而规则，两端尖直，运动活泼，有 8~14 个致密而规则的螺旋（图 10-2）。用普通染料不易着色，经 Masson-Fontana 镀银染色染成棕褐色，也可用暗视野显微镜直接观察标本中梅毒密螺旋体，其形态和运动方式多样，有移行、屈伸、滚动等。

梅毒密螺旋体至今尚不能用人工培养基培养，有些菌株能在家兔睾丸或眼前房内缓慢生长。其有表面特异性抗原，能刺激机体产生特异性抗体，该抗体对机体有保护作用。梅毒密螺旋体侵入机体破坏组织后，组织中的磷脂黏附于螺旋体表面形成复合抗原，刺激机体产生抗磷脂的自身抗体，此抗体称为反应素，对机体无保护作用，但可与生物组织中的脂质发生反应，用于梅毒的血清学诊断。

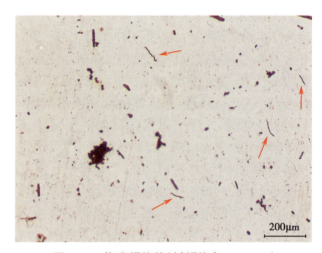

200μm

图 10-2　梅毒螺旋体（镀银染色，×1 000）

抵抗力极弱，对冷、热、干燥特别敏感，50℃ 5min 或离体后在干燥环境中 1~2h、在血液中 4℃ 放置 3d 均可使其灭活，故血库 4℃ 冰箱储存 3d 以上的血液无传染梅毒的危险。对常用化学消毒剂敏感，对青霉素、四环素、红霉素或砷剂敏感。

（三）其他螺旋体

1. 伯氏疏螺旋体　是莱姆病的病原体。莱姆病是人兽共患传染病，本病的传染源为患病或带菌动物，储存宿主为啮类动物和蜱类，主要经硬蜱叮咬动物或人而传播。硬蜱叮咬人时，此类螺旋体可随其唾液侵入皮肤，在局部繁殖，叮咬部位会出现缓慢扩展的移行性红斑，可自行消退。可通过血液或淋巴液扩散至全身多个器官，出现全身不适、头痛、关节痛、肌肉痛、发热及局部淋巴结肿大，一般可持续 3~8 周。若不及时治疗，患者会出现明显的神经系统症状和心脏受累的征象，出现程度不等的关节疼痛、关节炎或慢性侵蚀性滑膜炎，以膝、肘、髋等大关节多发。关节炎常反复发作或呈慢性持续数年。

伯氏疏螺旋体生物学特性及培养特性与钩端螺旋体相似,营养要求高,能在含有葡萄糖、氨基酸、牛血清白蛋白及长链脂肪酸的 1% 软琼脂培养基中生长。感染早期可口服阿莫西林、四环素等,晚期一般使用青霉素联合头孢类抗生素等静脉滴注。

2. 回归热螺旋体 是引起人类回归热的病原体,回归热是一种以周期性反复发作为特征的急性传染病。根据传播媒介的不同,可分为两类。一类为虱传回归热,引起流行性回归热,通过人体虱传,病原体为回归热疏螺旋体;另一类为蜱传回归热,又称地方性回归热,通过软蜱传播,病原体为杜通疏螺旋体、赫姆斯疏螺旋体等。预防以避免虱和蜱的叮咬为主。治疗首选青霉素。

此外,能导致机体感染的螺旋体还有奋森螺旋体,属于疏螺旋体,寄居在人类口腔中,一般不致病,当机体抵抗力降低时,常与寄居在口腔的梭杆菌协同引起樊尚咽峡炎、齿龈炎等。

(蒋 琪)

第二节　支　原　体

一、概述

支原体(*Mycoplasma*)是一类缺乏细胞壁,呈高度多形性,能通过滤菌器,在无生命培养基中能生长繁殖的最小原核细胞型微生物。因其生长时呈分支状,故称为支原体。其中人型支原体、生殖支原体、解脲支原体与泌尿生殖道感染相关。

支原体主要以二分裂方式繁殖,还有分节、断裂、出芽或分枝等繁殖方式。在固体培养基上培养,形成"油煎蛋"状菌落(图10-3)。支原体因无细胞壁,对理化因素的抵抗力比细菌弱。不耐热,对 75% 乙醇、甲酚敏感,对多西环素、交沙霉素、左旋氧氟沙星和司帕沙星等药物敏感。

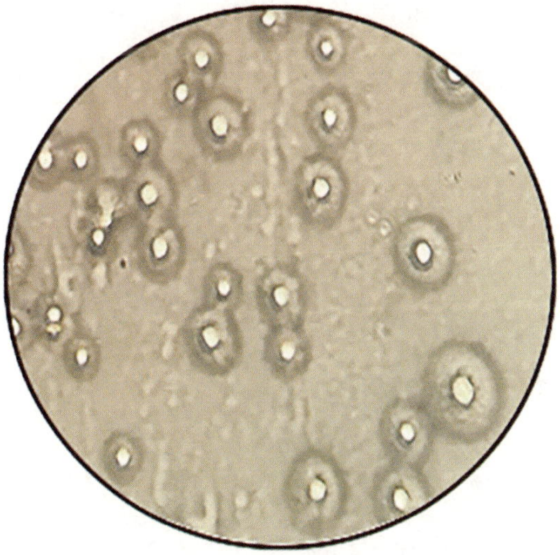

图 10-3　肺炎支原体的菌落(×400)

二、常见致病性支原体

支原体广泛分布于人及动物体内,大多不致病,对人致病的主要有肺炎支原体、解脲脲支原体等。

(一)肺炎支原体

从正常人和动物的呼吸道黏膜上可分离出多种支原体,其中能确定对人致病的只有肺炎支原体(*Mycoplasma pneumoniae*),主要引起人类原发性非典型肺炎。

1. 临床意义 肺炎支原体主要经飞沫传播,是原发性非典型肺炎的病原体。本病大多发生于夏末秋初,以 5~15 岁人群发病率较高。肺炎支原体进入呼吸道后,借助顶端的特殊结构(黏附因子P1 蛋白)及荚膜、毒性代谢产物等致病物质,引起以细胞损害和细胞间质炎症为主要病理变化的间质性肺炎,亦可合并支气管肺炎,故称为原发性非典型肺炎。潜伏期 2~3 周,症状较轻,有不规则发热、头痛、刺激性咳嗽。临床上常用分离培养、血清学试验如冷凝集试验、生长抑制试验等进行检查。治疗多采用罗红霉素、克拉霉素、阿奇霉素等大环内酯类或氧氟沙星和司帕沙星等喹诺酮类抗生素治疗,但有耐药株产生。

2. 生物学性状 肺炎支原体多为球形或丝状,普通染色不易着色,吉姆萨染色呈淡紫色。培养要求较高,培养基中必须加入 10%~20% 的人或动物血清才能很好生长。肺炎支原体由于没有细胞壁,对理化因素敏感。

(二) 解脲脲支原体

解脲脲支原体(*Ureaplasma urealyticum*)形态同肺炎支原体,吉姆萨染色呈紫蓝色。其菌落小,能分解尿素,可与肺炎支原体区别。解脲脲支原体是人类泌尿生殖道常见的病原体之一,现已明确其通过性接触传播,引起尿道炎、前列腺炎等泌尿生殖道感染;亦可经胎盘传播引起早产、自然流产、先天畸形、死胎和不孕症等,经产道感染可致新生儿肺炎或脑膜炎。

> **重点提示**
>
> 常见致病性支原体的类型和所致疾病

> **知识拓展**
>
> #### 支原体与性传播性疾病
>
> 我国于 1986 年首次分离出解脲脲支原体,20 世纪 90 年代开始受到广泛重视。在非淋菌性尿道炎中,除衣原体外,解脲脲支原体是一种很重要的病原体。淋病患者中解脲脲支原体检出率比非淋菌性尿道炎的解脲脲支原体高 2 倍多,可能因淋球菌损伤泌尿生殖道黏膜有利于解脲脲支原体的黏附,也是淋病治愈后有些人仍有症状遗留的原因。生殖器支原体与非淋菌性尿道炎有关。生殖道的支原体感染与自然流产、出生缺陷、死胎和不孕(育)均有关系。

(蒋 琪)

第三节 衣 原 体

一、概述

衣原体(*Chlamydia*)是一类严格细胞内寄生、有独特发育周期、能通过细菌滤器的原核细胞型微生物。共同特点:①为球形或椭圆形,革兰氏染色阴性。②具有细胞壁,其组成与 G^- 菌相似。③有独特的发育周期,以二分裂方式繁殖。④有 DNA 和 RNA 两类核酸。⑤缺乏能量来源,需宿主提供,故严格的细胞内寄生。⑥对多种抗生素敏感。

衣原体在感染细胞内有独特的发育周期,包括原体和始体两个阶段。原体在胞外,呈球形或类球形,性质稳定,具有感染性;始体在胞内,又称网状体,形状不甚规则,为衣原体的分裂象,是一种过渡形态,以二分裂方式繁殖,形成许多子代原体。大量原体堆积在细胞内形成多种不同形状的包涵体,包涵体经碘液染色呈棕褐色。原体发育成熟后,从感染细胞中释放出来,再感染新的易感细胞,开始新的发育周期。

衣原体广泛寄生于人类、哺乳动物及禽类,仅少数能致病。能引起人类疾病的衣原体主要有沙眼衣原体、肺炎衣原体及鹦鹉热衣原体,其中最常见的是沙眼衣原体。人类是沙眼衣原体的自然宿主,包括沙眼生物变种、淋巴肉芽肿生物变种和鼠生物变种,主要引起沙眼、泌尿生殖系统疾病、淋巴肉芽肿及婴幼儿肺炎。

二、常见致病性衣原体

沙眼衣原体(*Chlamydia trachomatis*)主要寄生于人类,是引起衣原体性结膜炎即沙眼的病原体。

1.临床意义 沙眼衣原体主要致病物质有内毒素样物质及其主要外膜蛋白,通过吸附于易感的柱状或杯状黏膜上皮细胞，引起沙眼、包涵体结膜炎、泌尿生殖道感染及性病淋巴肉芽肿等。①沙眼：主要经直接或间接接触传播，即眼-眼或眼-手-眼的途径传播。传播媒介为污染的毛巾、脸盆、水等。沙眼衣原体侵袭眼结膜上皮细胞引起炎症，早期以流泪、黏液脓性分泌物、结膜充血及滤泡增生为主要症状体征，后期炎症病灶出现纤维组织增生、结膜瘢痕，引起眼睑内翻倒睫，角膜血管翳，影响视力，导致失明。沙眼病后免疫力不强，易重复感染。②包涵体结膜炎：婴儿经产道感染，能自愈。成人经手传染至眼，或通过污染的游泳池水感染。③泌尿生殖道感染：已成为全球热点的公共卫生问题。通过性接触传播，引起泌尿生殖道感染，男性表现为尿道炎、附睾炎、前列腺炎；女性表现为阴道炎、宫颈炎等，输卵管炎是较严重的并发症。④性病淋巴肉芽肿：淋巴肉芽肿生物变种引起，两性接触传播。男性侵犯腹股沟淋巴结，引起化脓性淋巴结炎和慢性淋巴肉芽肿。女性可侵犯会阴、肛门和直肠，引起会阴-肛门-直肠组织狭窄。

机体感染衣原体后，能诱导产生型特异性细胞免疫和体液免疫。但通常免疫力不强，且时间短暂，因而常造成持续性感染、隐性感染和反复感染。此外，也可能出现免疫病理损伤——由迟发型超敏反应引起，如性病淋巴肉芽肿等。

重点提示

常见致病性衣原体的类型和所致疾病

2. 生物学性状　沙眼衣原体呈球形或椭圆形，吉姆萨染色呈紫红色，在光学显微镜下可以看见。大多数衣原体可在 6~8d 龄的鸡胚卵黄囊中繁殖，在如海拉细胞、人羊膜细胞等组织细胞中培养生长良好。性病淋巴肉芽肿衣原体可接种于脑内培养，鹦鹉热衣原体可接种于腹腔内培养。采用吉姆萨染色或荧光抗体染色镜检，观察有无包涵体及衣原体。用 PCR 技术可直接检测衣原体核酸。

沙眼衣原体对热和常用消毒剂敏感，在 60℃仅能存活 5~10min；70% 乙醇 30s 或 2% 来苏儿 5min 均可杀死衣原体；衣原体耐冷，在 -70℃ 可存活数年；对四环素、红霉素、多西环素等药物敏感。

（蒋　琪）

第四节　立克次体

一、概述

立克次体（*Rickettsia*）是一类严格细胞内寄生的原核细胞型微生物，其生物学性状与细菌类似。立克次体的共同特点：①大小介于细菌和病毒之间，形态以球杆状或杆状为主，革兰氏染色阴性。②专性细胞内寄生，以二分裂方式繁殖。③有 DNA 和 RNA 两类核酸。④与节肢动物关系密切，节肢动物可成为寄生宿主、储存宿主或同时成为传播媒介。⑤大多是人兽共患病原体。⑥对多种抗生素敏感。立克次体是可引起斑疹伤寒、恙虫病、Q 热等传染病的病原体。常见的立克次体有普氏立克次体、斑疹伤寒立克次体（又称莫氏立克次体）和恙虫病立克次体。

二、常见致病性立克次体

1. 临床意义　立克次体寄生于人虱、鼠蚤、恙螨等节肢动物体内，通过节肢动物叮咬或其粪便污染伤口进入人体，或通过接触、呼吸道或眼球结膜进入人体。致病物质主要有内毒素和磷脂酶 A 两类。内毒素的主要成分为脂多糖，可引起机体发热、血管内皮细胞损伤等；磷脂酶 A 能溶解宿主细胞膜或细胞内吞噬体膜，有利于立克次体穿入宿主细胞内生长繁殖。

由立克次体引起的疾病统称为立克次体病，但不同的立克次体所引起的疾病各不相同。其中，普氏立克次体引起流行性斑疹伤寒（或虱传斑疹伤寒），通过人类体虱进行传播，体虱叮咬患者后，普氏立克次体随患者血液感染体虱消化道，在患者与他人亲密接触过程中体虱转移至新的宿主，叮咬人类皮肤形成伤口，普氏立克次体随粪便感染伤口，从而引起流行性斑疹伤寒。斑疹伤寒群立克次体通过鼠蚤叮咬或粪便感染人体，引起地方性斑疹伤寒（或鼠传斑疹伤寒），造成地方性的流行性传播。斑点热群立克次体主要通过蜱类传播，受环境湿度和温度、自然植被与野生动物等因素的影响，呈现地域流行性特征。恙虫病由恙虫病东方体引起，通过恙螨幼虫传播，主要分布于丛林地区，又称丛林斑疹伤寒见表10-1。

表10-1 主要立克次体病及流行区域

病原体	代表疾病	媒介	我国流行地区
斑疹伤寒群 普氏立克次体、斑疹伤寒立克次体	流行性和地方性斑疹伤寒	人虱 鼠蚤	分布较广
斑点热群 立氏立克次氏体、康氏立克次氏体	北亚蜱传斑点热、黑龙江蜱传斑点热、内蒙古蜱传斑点热	蜱类	分布较广
恙虫病东方体	恙虫病	恙螨	海南、广东、福建、浙江、广西、云南、四川、湖南、西藏、台湾等地区

2. 生物学性状 立克次体大多呈球杆状，有细胞壁，G⁻，但不易着色，吉姆萨染色呈紫蓝色。在感染的宿主细胞内，立克次体排列不规则，多存在于感染细胞的细胞质或细胞核内。培养立克次体的常用方法有动物接种、鸡胚接种和细胞培养。立克次体对热敏感，56℃加热30min死亡，0.5%石炭酸溶液和来苏儿5min可杀灭，对低温和干燥抵抗力较强，可在干虱粪中存活两个月左右。对四环素、氯霉素敏感。

> **重点提示**
>
> 常见致病性立克次体的类型和所致疾病

立克次体细胞壁中的脂多糖与变形杆菌的某些菌株，如 OX_{19}、OX_2、OX_k 的菌体（O）抗原有共同抗原成分。由于立克次体难以培养，变形杆菌抗原易于制备，故可用变形杆菌 OX_{19}、OX_2、OX_k 菌株代替相应的立克次体进行立克次体病的血清学诊断，该试验称为外斐反应。外斐反应是立克次体诊断最经典的方法，但特异性差，目前逐渐被特异性较高的荧光免疫法取代。

（蒋 琪）

第五节 放 线 菌

> **案例**
>
> 　　患者，女，51岁，发热1周伴口臭及头痛入院。职业农民，2年来反复出现咽痛、畏寒、发热，诊断为慢性扁桃体炎，对症处理后好转。全麻下行双侧扁桃体切除术，术中发现双侧扁桃体与邻近组织粘连，术后双侧扁桃体标本送病检，镜下见放线菌团块。诊断为扁桃体放线菌病。
>
> **请问：**
> 1. 本案例最终明确诊断的依据是什么？
> 2. 放线菌感染多见于哪些部位？

一、概述

　　放线菌（*Actinomycete*）是一类介于细菌与真菌之间呈分枝状菌丝生长的原核细胞型微生物，因菌落呈放射状生长而得名。其最突出的特性之一是能产生大量、种类繁多的抗生素。放线菌属在自然界分布广泛，与人类关系十分密切，大部分为正常菌群，寄居在人和动物口腔、上呼吸道、胃肠道与泌尿生殖道，常引起内源性感染。放线菌包括衣氏放线菌、牛型放线菌、内氏放线菌、黏液放线菌和龋齿放线菌等，其中衣氏放线菌最常见。

二、常见致病性放线菌

衣氏放线菌引起的感染多发生于机体抵抗力降低、糖尿病、拔牙或颌骨骨折、腹部穿透性外伤引起的内源性感染，感染多见于面颈部、腹部和肺部，其中面颈部占60%，腹部占20%，肺放线菌病相对罕见。表现为慢性肉芽肿性病变，特征是化脓或肉芽肿性炎、多发脓肿和经久不愈的脓窦，组织多有纤维化与瘢痕形成，脓液、窦道或窦管中可见黄色硫磺样颗粒为特征性表现。面颈部放线菌感染初期局部呈无痛硬结或肿块，临床症状随发病部位、病程进展而有不同，可有发热、盗汗等症状。临床分三级：局部硬块无窦道为一级，有外窦道为二级，侵入邻近重要脏器为三级。腹部放线菌病表现为腹部肉芽肿性疾病，最常见的临床表现为腹部肿块，坚硬且与腹壁浸润活动度小，有腹痛、腹泻、便血、消瘦、发热等症状，极易误诊为恶性肿瘤。肺放线菌感染多表现为咳嗽、脓痰、咯血、胸痛及发热，这些表现类似于常见的呼吸道疾病。

> **重点提示**
>
> 常见致病性放线菌的类型和所致疾病

（蒋 琪）

思考题

1. 试结合梅毒密螺旋体、肺炎支原体、沙眼衣原体、恙虫热立克次体的传播途径及致病特点，提出对这些病原生物所致疾病的防控措施。

2. 患者，男，25岁，因寒战、咳嗽、气短1d入院。发病前数周有下田劳作及污水接触史。体格检查：T 39.3℃，两腋下及腹股沟淋巴结肿大、压痛，结膜充血，两肺闻及湿啰音，腓肠肌压痛。钩端螺旋体血清学诊断试验（+）。初步诊断为钩体病。给予青霉素抗钩体病治疗6d，康复出院。

ER 10-3

练习题

请思考：

（1）你能给出该患者初步诊断为钩体病的依据吗？

（2）如何预防钩端螺旋体感染？

第十一章 ｜ 常见病原性真菌

教学课件

思维导图

第一节 浅部感染真菌

浅部感染真菌指感染角蛋白组织（表皮角质层、毛发、甲板）、侵入皮下组织局部的真菌，包括皮肤癣菌、角层癣菌和皮下组织感染真菌。皮肤癣菌和角层癣菌主要侵犯表皮、毛发和指（趾）甲等角质层组织，引起花斑癣、体癣、手足癣和股癣等。皮下组织感染真菌主要为孢子丝菌和着色真菌，可经外伤感染侵入皮下，感染一般多限于局部，亦可经淋巴管或血行等途径扩散。

一、皮肤感染真菌

（一）皮肤癣菌

皮肤癣菌（*Dermatophyte*）是子囊菌类真菌。主要特点是有光滑的子囊孢子。它是引起浅部真菌感染最常见的病原性真菌，多因接触患者、患病动物、污染物（如毛巾、衣服、鞋子等）而感染，该菌具有嗜角质蛋白的特性，侵犯表皮、毛发和指（趾）甲等表面角化组织引起皮肤癣症。其致病机制主要是皮肤癣真菌在组织中增殖及其代谢产物的刺激产生病理反应，引起局部病变和炎症见表11-1。

表 11-1 皮肤癣菌的种类及侵犯的部位

皮肤癣菌属	侵犯皮肤	侵犯毛发	侵犯指甲
毛癣菌属	+	+	+
表皮癣菌属	+	−	+
小孢子菌属	+	+	−

皮肤癣菌主要有毛癣菌、表皮癣菌和小孢子菌 3 个属（图 11-1），均可侵犯皮肤，引起体癣、手足癣和股癣等。毛癣菌和表皮癣菌可引起甲癣，又称灰指（趾）甲；毛癣菌和小孢子癣菌可侵犯毛发，引起头癣、发癣与须癣。

1. 毛癣菌属 有 20 余种，有十几种对人有致病性，可引起人的皮肤、毛发和指（趾）甲感染，其菌落可呈颗粒状、粉末状、绒毛状，颜色为黄色、橙黄色、橘黄色、白色和淡红色等。镜下可见细长、薄壁、棒状、两端钝圆的大分生孢子以及侧生、散在或呈葡萄状的小分生孢子。

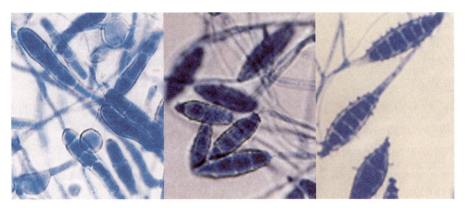

图 11-1　表皮癣菌、毛癣菌和小孢子菌的孢子形态（×400，由左至右）

2. **表皮癣菌属**　对人致病的只有絮状表皮癣菌一个菌种，可侵犯人体表皮、指（趾）甲，但不侵犯毛发，临床上可致体癣、足癣、手癣、股癣和甲癣等。该菌在沙氏葡萄糖琼脂培养基上室温下生长，菌落开始如蜡状，继而出现粉末状，由白色变成黄绿色。表皮癣菌不产生小分生孢子，经培养，在菌丝的侧壁及顶端可形成大分生孢子，其形态呈棍棒状，壁薄，由 3~5 个细胞组成。菌丝较细、有分隔，间或可见球拍状、结节状及螺旋状菌丝。

3. **小孢子菌属**　已有 15 个种，对人致病的大约有 8 种，只侵犯毛发与皮肤，引起头癣和体癣，不侵犯指（趾）甲。其菌落呈绒毛状或粉末状，表面粗糙，菌落颜色呈灰色、橘红色或棕黄色；镜下可见厚壁的梭形大分生孢子，卵圆形的小分生孢子长在菌丝的侧枝末端；菌丝有隔，呈结节状、球拍状或梳状。

（二）角层癣菌

角层癣菌主要侵犯人体皮肤浅表的角质层和毛干，引起角层型和毛干型病变。此类真菌不侵犯组织细胞，通常也不引起免疫应答。主要有糠秕马拉色菌、球形马拉色菌、限制性马拉色菌等，其中以引起花斑癣的糠秕马拉色菌最常见。花斑癣皮疹好发于颈部、躯干、上臂及腹部等部位，形如汗渍斑点，又称"汗斑"。

二、皮下组织感染真菌

皮下组织感染真菌主要有孢子丝菌和着色真菌，为外源性感染真菌，经伤口侵入，在局部皮下组织繁殖，可经淋巴、血液缓慢向皮下组织、骨组织等扩散。

（一）孢子丝菌属

该菌属于腐物寄生性真菌，广泛分布于土壤和植物表面，常见致病的有申克孢子丝菌（*Sporothrix schenckii*）、球形孢子丝菌（*Sporothrix globosa*）、孢子丝菌属其他致病种等。

申克孢子丝菌是一种二相性真菌，革兰氏染色镜检可见 G⁺ 梭形和卵圆形孢子（图 11-2）。在沙氏葡萄糖琼脂培养基（SDA）上，经 25℃培养 3~5d 开始生长，初为灰白色黏稠小点，逐渐扩大变为黑色或褐色有褶皱薄膜的菌落。在玻片培养中可见菌丝两侧伸出细长分生孢子柄，末端长出梨状小分生孢子。在含有胱氨酸的血琼脂平板上 37℃培养，则长出酵母型菌落。人类多因外伤接触带菌的花草和荆棘等而

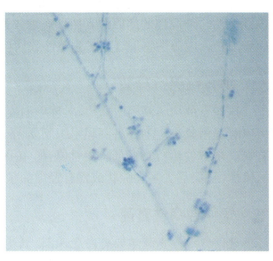

图 11-2　申克孢子丝菌小分生孢子（×400）

感染,此菌可经皮肤微小伤口侵入,沿淋巴管扩散,引起亚急性或慢性肉芽肿,使淋巴管形成链状硬结,有的出现溃疡和坏死,称孢子丝菌下疳。病变多发生于四肢,儿童多发生于面部。此菌也可通过口或呼吸道感染,经血液播散至其他器官,引起其他脏器或全身性感染。

(二)着色真菌

着色真菌广泛存在于自然界中,好生于潮湿地带的腐烂植物和土壤中。致病的着色真菌以卡氏枝孢霉(*Cladosporium carrionii*)最常见,其次为裴氏着色芽生菌和疣状瓶霉。

着色真菌的分生孢子分树枝型、剑顶型、花瓶型(图 11-3)。这类真菌在沙氏葡萄糖琼脂培养基上生长缓慢,常需培养数周,菌落棕褐色,表面有极短的菌丝。该菌为腐生菌,广泛存在于土壤中,主要经伤口感染,多侵犯四肢皮肤,一般人与人之间不直接传播。潜伏期约 1 个月,有的达数月乃至 1 年,病程呈慢性,可长达几十年。早期患者皮肤发生丘疹,丘疹增大形成结节,结节融合成菜花状或疣状,呈红色或暗红色。随着病情发展,原病灶结疤愈合,新病灶又在四周产生,日久瘢痕广泛,影响淋巴回流,形成肢体"象皮肿"。免疫功能低下者可经血液播散累及脏器,乃至侵犯中枢神经或颅内感染。

> **重点提示**
>
> 浅部感染真菌的分类及所致疾病

图 11-3　疣状瓶霉、卡氏枝孢霉及链格孢霉的分生孢子(×400)

(蒋 琪)

第二节　深部感染真菌

深部感染真菌指侵犯深部组织和内脏以及全身的一类真菌,其感染可以是外源性的,也可以是内源性的。外源性的病原性真菌致病力较强,常可引起慢性肉芽肿样炎症、溃疡和坏死,并可导致患者死亡。内源性感染真菌多为条件致病性真菌,虽然致病力较弱,但若延误诊治亦可危及生命。

一、地方性流行真菌

这些真菌均属双相型真菌,对环境温度敏感,一般在宿主体内或 37℃培养时呈酵母型,在 25℃培养时呈菌丝型。主要有荚膜组织胞质菌、粗球孢子菌、皮炎芽生菌、巴西副球孢子菌和马尔尼菲青霉。地方性流行真菌属外源性真菌,在正常人体内不存在,通过呼吸道、消化道、黏膜及伤口侵入机体,感染后大多无症状或仅有轻微症状,受地理、气候等条件限制感染具有地方性。

二、条件致病性真菌

条件致病性真菌主要有白念珠菌、新生隐球菌复合群、曲霉、毛霉和肺孢子菌等。条件致病性真菌多为非致病菌或宿主正常菌群的成员,当宿主免疫力下降、菌群失调或寄居部位改变时,通过内源性或外源性途径侵入机体。近年来，随着广谱抗生素、激素类药物、免疫抑制剂和抗肿瘤药物等广泛使用，条件致病性真菌成为了医院感染的重要病原体之一，感染病例呈现上升趋势。

（一）白念珠菌

白念珠菌（*Candida albicans*）属于人体正常菌群，存在于正常人的口腔、上呼吸道、肠道与阴道黏膜处。

1. 临床意义　白念珠菌感染多见于免疫力低下者，感染类型有以下几种类型：①皮肤黏膜感染，好发于皮肤潮湿、褶皱处，如乳房下、腋窝、腹股沟、肛门周围、会阴部及指（趾）间，形成有分泌物的糜烂病灶。黏膜感染有鹅口疮、口角糜烂、外阴与阴道炎等，其中鹅口疮最常见，多见于新生儿。②内脏及中枢神经系统感染，白念珠菌可经血流扩散，引起肺炎、支气管炎、食管炎、肠炎、膀胱炎和肾盂肾炎等，也可侵犯中枢神经系统，可引起脑膜脑炎、脑脓肿等。③超敏反应性皮疹，对白念珠菌过敏的人，皮肤上可出现超敏反应性皮疹，症状类似湿疹或皮肤癣菌疹。

2. 生物学性状　该菌菌体呈圆形或卵圆形，G^+，着色不均匀。出芽繁殖，孢子长出芽管，芽管不与母体脱离，在组织内易形成芽生孢子及假菌丝。白念珠菌在沙氏葡萄糖琼脂培养基、普通营养琼脂培养基和血琼脂平板上均生长良好，需氧，37℃或室温培养 2~3d，可形成类酵母型菌落，在假菌丝中间或其末端形成厚膜孢子为该菌特征之一（图 11-4）。

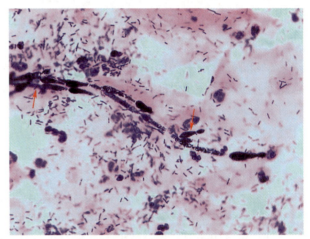

图 11-4　白念珠菌（阴道分泌物标本，革兰氏染色，×1 000）

（二）新生隐球菌复合群

新生隐球菌复合群（*Cryptococcus neoformans complex*）广泛分布于自然界，尤其在鸽粪中大量存在，正常人体表、口腔及粪便也可检出该菌。

1. 临床意义　新生隐球菌复合群的重要致病物质为荚膜，荚膜具有抑制吞噬细胞吞噬和抑制机体免疫应答等作用。该菌大量存在于干燥的鸽子粪便中，故鸽子是主要的传染源，呼吸道为主要的传播途径，人因吸入鸽粪污染的空气而感染，引起隐球菌病。

当机体免疫力低下时，新生隐球菌复合群可引起内源性感染或外源性感染，但一般是外源性感染。在临床上，尤其是 AIDS 患者、血液系统恶性肿瘤患者或用皮质激素治疗的患者，对新生隐球菌复合群高度易感。当该菌经呼吸道吸入后，首先感染的部位是肺部，大多数感染症状不明显，且能自愈；少数可引起支气管肺炎；严重患者可见肺大片浸润，呈暴发感染，甚至死亡。部分患者的感染可从肺播散至全身其他部位，包括皮肤、骨、心脏等，最易侵犯的部位是中枢神经系统，引起亚急性或慢性脑膜炎，首先表现为脑膜刺激征、头痛、颈项强直，病程进展缓慢，最后可导致瘫痪。临床表现类似结核性脑膜炎，预后不良。

近年来，抗生素、激素和免疫抑制剂的广泛使用，使新生隐球菌复合群感染的发病率逐渐增多，因此要合理应用上述药物，并要避免接触鸽子、鸽粪，减少感染的机会。

2. 生物学性状　细菌为圆形酵母型真菌，外周有肥厚荚膜，折光性强，一般染色法不易着色，难以发现，故名隐球菌。用墨汁负染后镜检，可见黑色的背景中有圆形或卵圆形的透明菌体，其外包绕有透明的荚膜，荚膜比菌体大 2~3 倍（图 11-5）。在沙氏葡萄糖琼脂培养基和血琼脂平板上，经 37℃培养 3~5d 形成酵母型菌落，表面黏稠，由乳白色转为橘黄色，终为棕色，日久菌落可液化。此菌能分解尿素，故可与白念珠菌区别。

（三）曲霉

曲霉（*Aspergillus*）广泛分布于自然界，多达 800 余种。烟曲霉、黄曲霉、构巢曲霉、黑曲霉和土曲霉等是常见的条件致病性真菌，其中以烟曲霉感染最为常见。

1. 临床意义 曲霉能侵犯机体许多部位而致病，所致疾病有感染性、中毒性和超敏反应性疾病，统称曲霉病。常见的曲霉病：

（1）**呼吸系统曲霉病**：曲霉可产生丰富的分生孢子，飘散于空气中，被人吸入而致病。曲霉孢子可引起过敏性支气管哮喘或肺部感染，孢子在肺组织生长并扩散，引起坏死性肺炎或咯血，甚至播散到脑、心肌、肾等器官。

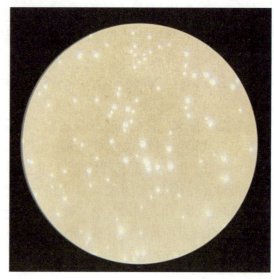

图 11-5　新生隐球菌复合群的酵母样细胞（墨汁负染色，×1 000）

（2）**曲霉毒素中毒与致癌**：多由黄曲霉、杂色曲霉、寄生曲霉、烟曲霉、赭曲霉等引起，产生的毒素有黄曲霉毒素、杂色曲霉毒素、寄生曲霉毒素、烟曲霉毒素、赭曲霉毒素等，这些毒素具有肝脏毒、肾脏毒和神经毒作用，可引起人和动物急、慢性中毒，其中已确认黄曲霉毒素与恶性肿瘤，尤其是肝癌的发生密切相关。目前，曲霉病的治疗包括抗真菌药物及外科局部病灶切除，以及进行免疫调节辅助治疗。伊曲康唑、伏立康唑等唑类药物，两性霉素 B 等多烯类药物，卡泊芬净、米卡芬净等棘白菌素类药物均具有抗曲霉活性。

2. 生物学性状 曲霉的菌丝为分枝状、多细胞性、有隔菌丝。接触培养基的菌丝部分可分化出壁厚而膨大的足细胞，形成一个菊花样的头状结构，称为分生孢子头（图 11-6）。由此长出直立的分生孢子梗，孢子梗末端膨大成顶囊，在顶囊周围有放射状排列的单层或双层小梗，在小梗顶端长出成串的分生孢子，形似皇冠。不同菌种的孢子有不同的颜色，此可作为分类的特征之一。曲霉在沙氏葡萄糖琼脂培养基上生长良好，可形成绒毛状、粉末状或丝状菌落。

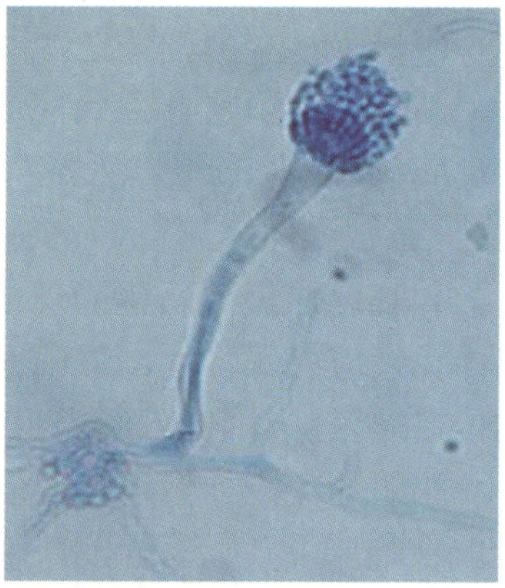

（四）毛霉

毛霉（*Mucor*）广泛分布于自然界，常引起食物霉变，也是人类条件致病性真菌。当机体抵抗力极度低下，如慢性消耗性疾

图 11-6　曲霉的分生孢子头（×400）

病、长期应用放疗、化疗及免疫抑制剂等治疗的患者可引起继发感染。大多首先发生在鼻或耳部，后可经血液侵入脑，引起脑膜炎，亦可扩散到肺、胃肠道等全身各器官，死亡率较高。

（五）卡氏肺孢菌

卡氏肺孢菌（*Pneumocystis carinii*）因具有原生动物的生活史及虫体形态归属于原虫，故以往曾被称为肺孢子虫，但近年来发现该菌的超微结构及基因和编码的蛋白与真菌相似，所以被归属于真菌。该菌广泛分布于自然界，可寄生于健康的人体及多种动物的体内，主要经空气传播。当人体免疫力下降时可导致肺部感染，引起间质性浆细胞肺炎，又称卡氏肺孢菌肺炎。本病多见于营养不良及身体虚弱的儿童、应用免疫抑制剂、抗癌化疗或先天性免疫缺陷的患者。近年来，卡氏肺孢菌肺炎成为 AIDS 患者最常见的并发症及主要的致死原因，如 AIDS 患者合并本病，发病初期为间质性肺炎，病情迅速发展，重症患者可因窒息而死亡，未经治疗的患者死亡率几乎为 100%。

该菌为单细胞型真菌，具有原虫及酵母菌的特点，孢子囊为圆形，内含 2~8 个孢子，各有一个核，成熟的孢子囊内含 8 个孢子。可采取患者的痰液或支气管灌洗液，经革兰氏染色或美蓝染色镜检，如发现孢子囊即可确诊。此外，还可以检测抗原、核酸等。

思考题

1. 试结合深部感染真菌的主要生物学性状及致病特点，提出对深部感染真菌的防治措施。

2. 患者，男，38 岁，因反复发热伴头痛 20d 入院。有喂养鸽子史。患者 20d 前无明显诱因出现发热，T 39.0℃，伴有全身冷汗、头痛，无咳嗽、咳痰。入院前出现突发意识丧失，伴有脸色发绀，持续约 3min 后恢复。脑脊液标本用墨汁负染后镜检见圆形透亮菌体，外周有一层肥厚荚膜。革兰氏染色及抗酸染色未检出其他病原菌。

ER 11-3

练习题

请思考：

(1) 该患者最有可能是何种病原体感染，依据是什么？

(2) 如何预防该种病原体的感染？

第十二章 | 肝炎病毒

ER 12-1
教学课件

ER 12-2
思维导图

学习目标

1. 掌握肝炎病毒的种类及传播途径。
2. 熟悉各型肝炎病毒主要的生物学性状和致病性及实验室检查、防治原则。
3. 了解其他类型肝炎病毒的微生物学检查及生物学特性。
4. 学会运用血清学和病原学知识，提高护理病毒性肝炎患者的能力。
5. 具有生物安全防护免于职业暴露的意识，树立良好的责任心和职业自豪感。

案例

患者，女，39 岁，因发热 6d，全身黄染 5d 就诊。患者 6d 前无明显诱因出现发热，T 38.5℃ 左右，食欲缺乏，乏力，有恶心、呕吐。上腹部彩超：肝大，胆囊水肿，脾大。实验室检查：转氨酶升高，肝功能异常，HBV DNA 载量 $3.04×10^3$（正常参考范围 $<1×10^2$），HBV 表面抗原（HBsAg）（+）、HBV e 抗原（HBeAg）（+）、HBV 核心抗体 IgM 型（HBcAb IgM）（+）、HBV e 抗体（HBeAb）（-）、HBV 表面抗体（HBsAb）（-）、甲型肝炎病毒抗体（抗 -HAV）（-）、丙型肝炎病毒抗体（抗 -HCV）（-）。

请问：

1. 该患者最可能感染的病原体是什么，诊断依据是什么？
2. 该病原体表达的抗原主要有哪些？
3. 如何防治该病原体感染？

肝炎病毒（hepatitis virus）指引起病毒性肝炎的病原体。目前常见的人类肝炎病毒有 HAV、HBV、丙型肝炎病毒、HDV 和戊型肝炎病毒 5 种类型。

重点提示

肝炎病毒的分类

第一节　甲型肝炎病毒

甲型肝炎病毒（hepatitis A virus，HAV）现归类于小 RNA 病毒科、嗜肝 RNA 病毒属（原归类为新型肠道病毒 72 型），是引起甲型肝炎的病原体。

一、临床意义

（一）传染源与传播途径

甲型肝炎的主要传染源是患者和隐性感染者，主要经粪 - 口途径传播。病毒污染食物、水源、海产品、食具等可引起暴发或散在流行，其传播流行与卫生条件差和不良个人卫生习惯有紧密联系。

甲型肝炎的潜伏期通常为 14~28d，在潜伏期末，患者转氨酶升高前，病毒就可以出现在患者的血液和粪便中。临床典型症状出现2~3周后，机体血清中开始出现特异性抗体，所以血液和粪便的传染性逐渐消失。感染HAV后，多数人表现为隐性感染，但病毒通过粪便排出污染环境，成为重要的传染源。

（二）所致疾病及致病机制

甲型肝炎只引起急性肝炎，不会造成慢性肝炎。HAV经口侵入机体后，首先在口咽部或唾液腺中增殖，然后进入小肠淋巴结中增殖，继而进入血流形成病毒血症，最终侵犯肝脏，在肝细胞内大量增殖，并通过胆汁进入肠腔，随粪便排出。由于HAV在体外培养细胞中增殖缓慢，细胞损害轻微，所以HAV体内致病机制除了与病毒的直接损害有关外，机体的免疫应答也可能是引起肝组织损害的重要原因。

HAV无论是隐性感染还是显性感染，都可诱导产生持久的免疫力。抗-HAV IgM出现在感染早期，于发病后1周达到高峰，可以在体内维持2个月左右。抗-HAV IgG出现在急性期后期或恢复期，可在体内维持多年，对同型病毒的再感染有免疫力。另外，有活力的NK细胞、特异性效应CTL细胞在消灭病毒、控制HAV感染中亦很重要。

二、生物学性状

HAV为球形，无包膜，核衣壳呈20面体立体对称，核心为单正链RNA（＋ssRNA），具有感染性（图12-1）。HAV的免疫原性非常稳定，目前仅发现有1个血清型。HAV对温度、乙醚、酸、碱等抵抗力较强，可耐受60℃ 1h、100℃ 5min才能使其灭活，对紫外线敏感，常用的消毒剂如乙醇、甲醛、苯酚、漂白粉均可消除其传染性。

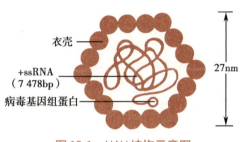

衣壳
＋ssRNA
（7 478bp）
病毒基因组蛋白
27nm

图12-1　HAV结构示意图

（李新伟）

第二节　乙型肝炎病毒

乙型肝炎病毒（hepatitis B virus，HBV）是乙型肝炎的病原体。1965年HBV抗原首次在澳大利亚人血清中发现，1970年Dane在肝炎患者血清中观察到了完整的HBV颗粒（即丹氏颗粒），首次确认了HBV。

一、临床意义

（一）传染源与传播途径

乙型肝炎主要的传染源是患者和无症状HBsAg携带者。HBV感染后的潜伏期较长（45~250d），处于潜伏期、急性期、慢性活动期的患者血液和体液（如唾液、乳汁、羊水、精液和阴道分泌物等）均有传染性。无症状HBsAg携带者不易被察觉，是更危险的传染源。传播途径：

1. 血液和血液制品传播　HBV可大量存在于血液中，人体极易感染HBV，极微量的污染物进入无特异保护力的机体即可导致感染。因此，输血、血液制品、注射、外科和牙科手术、针刺（如文眉、穿耳、文身）、共用剃刀或牙刷等均可造成传播。此外，医院内污染的器械如内镜等均可引起医院内传播。

2. 性传播及密切接触传播　HBV可存在于HBV感染者的唾液、精液和阴道分泌物中，所以同性或异性的性行为、HBsAg阳性的家庭成员间长期密切接触均可传播HBV。

3. 垂直传播　HBV的垂直感染多发生于胎儿期和围生期，如果母亲为乙型肝炎患者或HBV携带者，分娩时病毒经产道进入新生儿创口可使其感染，哺乳是HBV的传播途径之一，也可通过胎盘将病毒传给胎儿。

(二)所致疾病及致病机制

乙型肝炎临床表现复杂，有 HBsAg 无症状携带者、急性肝炎、慢性肝炎、重症肝炎多种类型。HBV 感染与原发性肝癌关系密切。

迄今尚未完全清楚 HBV 的致病机制。近期研究表明，病毒与宿主细胞间的相互作用及免疫病理反应是肝细胞损伤的主要原因。HBV 进入机体后，首先感染以肝细胞为主的多种细胞，在细胞内复制后产生完整的病毒颗粒，受感染细胞可向血清中释放多种抗原成分，如 HBsAg、HBeAg 等，可诱导机体产生特异性体液免疫应答和细胞免疫应答，免疫应答的强弱与临床症状的轻重、转归和预后有密切关系。

(三)实验室诊断及防治原则

1.实验室诊断　乙型肝炎的实验室诊断常用血清学方法检测血清标志物，包括抗原 - 抗体系统和病毒核酸等。目前临床上诊断乙型肝炎的检测方法包括酶联免疫吸附试验（enzyme linked immuno-sorbent assay，ELISA）和放射免疫测定（radioimmunoassay，RIA），其中 ELISA 检测患者血清中 HBV 抗原和抗体最为常用，主要检测 HBsAg、HBsAb，HBeAg、HBeAb、HBcAb。临床上 HBV 抗原 - 抗体检测常用于：①筛选供血员。②诊断乙型肝炎及判断预后。③乙型肝炎的流行病学调查。④判定乙型肝炎疫苗的接种效果等。

（1）**HBV 抗原的检测**：可检测 HBsAg、HBeAg、前 S1 抗原（PreS1）和前 S2 抗原（PreS2），任何一项指标阳性都提示有 HBV 感染。HBsAg 单项阳性提示处于感染早期或携带 HBV。HBeAg、PreS1 和 PreS2 阳性则提示 HBV 有活动性增殖和强传染性。HBsAg 如在体内持续阳性 6 个月以上，多表明已转为慢性。

（2）**HBV 抗体的检测**：HBV 感染后，机体可产生 HBsAb、抗 -PreS1、抗 -PreS2、HBcAb、HBeAb 等多种特异性抗体。感染早期即可从血清中检测出 HBcAb IgM，是 HBV 感染早期诊断的重要指标，该抗体下降速度与患者病情相关，如 1 年内不降至正常，则提示有转为慢性肝炎的可能；HBcAb IgG 的产生晚于 IgM，慢性 HBV 感染者，HBcAb IgG 呈持续阳性。HBsAb、抗 -PreS1、抗 -PreS2 对 HBV 感染有保护作用，这些抗体出现时，相应的病毒抗原检测结果则转阴，预示病情开始好转。HBeAb 随着 HBeAg 的消失而出现，标志着病毒的复制减少、传染性降低。

HBV 抗原、抗体的血清学标志与临床关系较为复杂，必须对几项指标同时分析，方能作出正确的诊断，结果分析见表 12-1。

采用实时荧光定量 PCR 可以定量检测患者血清中的 HBV DNA，特异性强、敏感性高。HBV DNA 的定量检测是病毒存在和复制的可靠指标，结合 HBV 血清学检测，广泛用于 HBV 的临床诊断和药物效果评价。

表 12-1　HBV 抗原、抗体检测结果的临床分析

HBsAg	HBeAg	HBsAb	HBeAb	HBcAb	结果分析
+	−	−	−	−	HBV 感染或无症状携带者
+	+	−	−	−	急性或慢性乙型肝炎，或无症状携带者
+	+	−	−	+	急性或慢性乙型肝炎，传染性强，即"大三阳"
+	−	−	+	+	急性感染趋向恢复，即"小三阳"
−	−	+	+	+	既往感染恢复期
−	−	+	+	−	既往感染恢复期
−	−	−	−	+	既往感染
−	−	+	−	−	既往感染或接种过疫苗

2. **防治原则**　HBV 的一般性预防重点包括：①加强供血员筛选，以提高血液及血液制品的安全性。②严格消毒患者生活物品和医疗器械，杜绝医源性传播。③保证使用一次性注射器和输液器。HBV 的特异性预防分为人工主动免疫和人工被动免疫。人工主动免疫最有效的预防方法是接种乙肝疫苗，全程一共需要接种 3 针，现在普遍采用的 0、1、6 个月的程序进行接种（新生儿第 1 针应在出生后 24h 内接种）；人工被动免疫为使用乙型肝炎免疫球蛋白（HBIG），主要用于紧急预防。目前仍缺乏高效的药物用于乙型肝炎的治疗。

二、生物学性状

（一）形态与结构

电子显微镜下，HBV 感染者血清中可见到病毒颗粒有 3 种不同形态，即大球形颗粒、小球形颗粒和管形颗粒（图 12-2）。

1. **大球形颗粒**　即丹氏颗粒（Dane granule），是完整的、有感染性的 HBV 颗粒。在电子显微镜下呈双层结构，直径约 42nm。外壳含脂质双层和病毒编码的包膜蛋白，相当于病毒的包膜，其中包膜蛋白由 HBsAg、PreS1、PreS2 组成。内层表面的衣壳蛋白为乙型肝炎核心抗原（hepatitis B core antigen，HBcAg），相当于病毒的衣壳，呈正 20 面体立体对称。丹氏颗粒中心部含有 HBV 的 DNA 和 DNA 聚合酶。

2. **小球形颗粒**　直径约 22nm，HBV 感染后可大量存在于血液中。主要由 HBsAg 即病毒的包膜蛋白所组成。

3. **管形颗粒**　直径 22nm，长度可在 100~700nm，是由小球形颗粒连接而形成，所以具有与 HBsAg 相同的免疫原性，亦存在于血液中。小球形颗粒和管形颗粒均不是完整的 HBV，而是由 HBV 在肝细胞内复制过程中合成的过剩病毒衣壳形成，因不含有 HBV DNA 及 DNA 聚合酶，故无感染性。

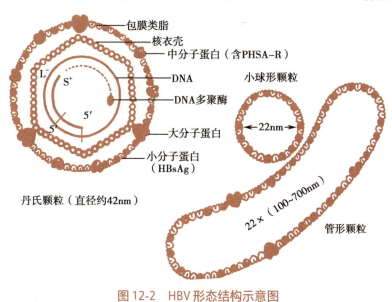

图 12-2　HBV 形态结构示意图
PHSA-R：多聚人血清白蛋白的受体；L：长链；S：短链；5'：5'端。

（二）抗原组成

1. **HBV 表面抗原**（HBV surface antigen，HBsAg）　化学成分是糖蛋白，存在于丹氏颗粒、小球形颗粒和管型颗粒表面，是机体受 HBV 感染的主要标志之一。HBsAg 可刺激机体产生乙型肝炎表面抗体（HBV surface antibody，anti-HBs，HBsAb）。HBsAb 是 HBV 的中和抗体，见于乙型肝炎恢复期，既往 HBV 感染者或接种 HBV 疫苗后。HBsAb 的出现表示机体对 HBV 有免疫力。

2. **HBV 核心抗原**（HBV core antigen，HBcAg）　存在于丹氏颗粒核心结构的表面和乙型肝炎患者的感染肝细胞核内，是内衣壳成分，因其表面被 HBsAg 所覆盖，故不易从感染者的血清中检出。HBcAg 免疫原性很强，可刺激感染者机体产生 HBV 核心抗体（HBcAb）IgM 型，但此抗体对病毒无中和作用，所以对机体无保护作用。在乙型肝炎的急性期、恢复期和 HBsAg 携带者的血清中常可测出 HBcAb。HBcAb IgM 阳性提示 HBV 正在肝内持续复制。

3. HBV e 抗原（HBeAg）　是一种可溶性蛋白质，是由 PreC 基因和 C 基因编码的产物，病毒在肝细胞内首先合成其前体，经切割加工后形成 HBeAg 可释放到细胞外。因此，HBeAg 只存在于 HBV 感染者的血清中。HBeAg 的消长与 HBV 复制及病毒 DNA 聚合酶在血清中的消长基本一致，故 HBeAg 阳性可作为体内 HBV 复制与血清具有强传染性的指标之一。HBeAg 可刺激机体产生抗体，对 HBV 感染有一定保护作用。但是由于 PreC 基因可发生突变，导致 e 抗体阳性时，HBV 仍可大量复制，所以需同时辅以 HBV-DNA 检测以判断预后。

（三）其他

HBV DNA 是不完全双链环状 DNA，HBV 负链 DNA 载有编码病毒蛋白质的全部基因，至少含有 4 个开放读码框架（ORF），分别称为 S、C、P 和 X 区。S 区编码 HBV 的 HBsAg、PreS1 和 PreS2 三种抗原。C 区编码 HBcAg 和 HBeAg 两种蛋白。P 区编码 HBV DNA 聚合酶、逆转录酶及 RNA 酶 H（RNaseH）等与复制有关的酶。X 区编码的蛋白称为 HBxAg，可以反式激活细胞内的原癌基因及 HBV 基因，与肝癌的发生、发展有关。

HBV DNA 易发生变异，特别是前 S 或 S 区基因较易突变。基因突变可影响基因复制表达，也可影响机体免疫应答。HBV 对外界环境的抵抗力强，能耐受干燥、低温，对 70%~75% 乙醇不敏感。加热煮沸 100℃ 10min、高压蒸汽、干烤 160℃ 2h 可灭活 HBV。对 0.5% 过氧乙酸、5% 次氯酸钠、3% 漂白粉溶液敏感，可用于消除其传染性。

> **重点提示**
> HBV 的检查与防治原则

（李新伟）

第三节　其他肝炎病毒

一、丙型肝炎病毒

（一）临床意义

丙型肝炎病毒（hepatitis C virus，HCV）是丙型肝炎的病原体。HCV 的传染源主要是丙型肝炎患者和无症状 HCV 携带者，主要经输入血液或血液制品传播，也可通过性接触方式和垂直方式传播。HCV 感染易发展为慢性肝炎，可引起肝硬化和肝癌。

目前诊断 HCV 最常用的方法是检测血清中抗 -HCV，可用于快速筛选献血员、辅助诊断丙型肝炎。丙型肝炎病毒 RNA 检测是诊断丙型肝炎病毒感染的敏感指标。丙型肝炎的一般预防措施与乙型肝炎相同。目前，预防丙型肝炎的重点是加强对献血者的管理。我国抗 -HCV 的检测是献血者筛选的必需步骤，可以减少 HCV 通过血液和血液制品的感染和传播。加强医院内易污染器械的消毒及隔离措施，以防止医源性传播。目前尚无丙型肝炎疫苗。

（二）生物学性状

HCV 为单正链 RNA，球形，核衣壳外为脂质包膜和刺突。丙型肝炎病毒包膜蛋白的抗原性易发生变异，不断逃避机体的免疫监视功能，使病毒长期存在于体内，这是丙型肝炎易发展为慢性感染的原因之一。HCV 对脂溶剂（如乙醚、氯仿等）敏感，加热 100℃ 5min、紫外线照射、甲醛处理等可使之灭活。

二、丁型肝炎病毒

（一）临床意义

丁型肝炎病毒（hepatitis D virus, HDV）是缺陷病毒，需在 HBV 或其他嗜肝 DNA 病毒的辅助下才能复制。HDV 感染呈世界性分布，患者是主要传染源，HDV 传播途径与 HBV 基本相同。HDV 感染方式有 2 种类型：①联合感染，即未感染过 HBV 的正常人，同时发生 HBV 和 HDV 的感染。②重叠感染，即在已有 HBV 感染的基础上再感染 HDV。重叠感染常可导致原有的乙型肝炎病情加重与恶化，病死率高。

目前诊断 HDV 感染的常规方法是用 ELISA 或 RIA 测定感染者血清中丁型肝炎病毒抗体（抗 -HDV）和丁型肝炎病毒抗原（HDVAg）。其中，抗 HDV IgM 升高有助于早期诊断；抗 HDV IgG 升高及 IgM 的持续阳性有助于诊断慢性感染。

预防丁型肝炎的重要措施是切断 HDV 的传播途径。因为 HDV 的传播途径与 HBV 相同，防治乙型肝炎的措施同样适用于丁型肝炎。因 HDV 感染需 HBV 的辅助，故接种 HBV 疫苗也可预防 HDV 的感染。

（二）生物学性状

HDV 呈球形，核心为单股负链 RNA。

三、戊型肝炎病毒

（一）临床意义

戊型肝炎病毒（hepatitis E virus, HEV）是戊型肝炎的病原体。HEV 的传染源为患者和隐性感染者，尤其是处于潜伏期末和急性期的患者传染性最强，是戊型肝炎的重要传染源，经粪 - 口途径传播，主要是通过被污染的水传播。HEV 随患者粪便排出后污染食物、餐具、水源引起散发或暴发流行，发病高峰期多在雨季或洪水后。潜伏期为暴露后 2~10 周，平均为 5~6 周。病毒经血液进入肝脏，在肝细胞内复制，释放入血液和胆汁中，并经粪便排出体外。HEV 通过对肝细胞的直接损伤和免疫病理作用引起肝细胞的炎症或坏死，常见的临床表现有急性戊型肝炎（包括急性黄疸型和无黄疸型）、胆汁淤滞性及重症肝炎。多数患者于发病后 6 周左右开始好转，不发展为慢性。HEV 主要侵犯青壮年，儿童感染多表现为亚临床型，但成人感染症状较重，孕妇（尤其是孕 6~9 个月，第 3 孕期）患戊型肝炎病情最为严重，可发生急性肝衰竭、流产或死胎。

目前临床上诊断 HEV 感染常用的方法是用 ELISA 检测血清中的戊型肝炎病毒抗体（抗 -HEV）IgM 或抗 -HEV IgG，其中抗 -HEV IgM 是 HEV 感染早期诊断的依据。HEV 一般性预防原则与甲型肝炎相同，但无特异性免疫球蛋白和抗病毒药物以供防治。

（二）生物学性状

HEV 为单正链 RNA，球形，无包膜，尚不能进行体外细胞中培养。对高热和氯仿敏感，煮沸可使其灭活。

临床常见的甲型、乙型、丙型、丁型、戊型肝炎病毒的主要特点见表 12-2。

表 12-2　常见肝炎病毒的特点

病毒	核酸类型	致病特点	传播途径
HAV	RNA	主要表现为急性肝炎，一般不转变为慢性肝炎	粪 - 口途径
HBV	DNA	急性，可转为慢性，与肝纤维化、硬化、肝癌相关	血源途径
HCV	RNA	与乙肝相似，容易发展成为慢性肝炎，是输血后引起肝炎肝硬化的主要病因	血源途径
HDV	RNA	属于缺陷病毒，可与乙肝同时感染，导致乙肝的病情加重或恶化	血源途径
HEV	RNA	与甲肝相似，不发展成为慢性肝炎	粪 - 口途径

四、肝炎相关病毒

目前除公认的甲、乙、丙、丁、戊型肝炎外，仍然有相当比例的急慢性输血后肝炎、散发性、急性重型肝炎病因不明，病原包括庚型肝炎病毒、己型肝炎病毒、TT型肝炎病毒。但尚缺乏对这些病毒的致病机制的深入性研究。此外，还有一些病毒如风疹病毒、EB病毒、巨细胞病毒、单纯疱疹病毒、黄热病毒等也可引起肝脏炎症，但由于此症状仅属该类病毒全身感染的一部分，故未列入肝炎病毒之内。

（李新伟）

思考题

1. 试归纳 HAV、HBV、HCV、HDV 和 HEV 的形态特征、传染源、传播途径和所致疾病，试述在施护施治工作中将怎样预防 HBV 的感染？

2. 患者，男，50岁，因右上腹肋间闷痛半年入院。医嘱抽血做"两对半"检查及肿瘤五项检查，B超提示肝硬化性变，S_6 段见一 30mm×40mm 肿物，边界不清。

请思考：

(1) 你知道医嘱抽血做的"两对半"检查包括哪些内容吗？

(2) 试列出"两对半"中的"大三阳"和"小三阳"的内容。

3. 患者，男，25岁，食欲不振1周而就诊。检查：丙氨酸氨基转移酶(ALT)84U/L(速率法，参考范围：≤41U/L)，血清总胆红素(TB)60μmol/L(钒酸盐法，参考范围：5.1~28.0μmol/L)，甲型肝炎IgG抗体(−)，HBsAg(+)，HBeAg(+)，HBcAb IgM(+)。

请思考：

(1) 本例可能性最大的临床诊断是什么？

(2) 诊断的依据是什么？

ER 12-3

练习题

学习目标

1. 掌握单纯疱疹病毒、水痘 - 带状疱疹病毒、狂犬病病毒的传染源、传播途径、所致疾病。
2. 熟悉 EB 病毒、巨细胞病毒、人乳头瘤病毒的传染源、传播途径、所致疾病。
3. 了解各病毒的生物学性状。
4. 学会应用水痘 - 带状疱疹病毒、狂犬病病毒等病毒的相关知识进行疾病预防宣教。
5. 具有生命至上价值观和维护公共卫生安全责任感。

案例

患者，女，38 岁，发热 6d，伴全身多处皮疹、水疱收入住院。发病前有水痘患者接触史。体格检查：T 39.2℃，面部、颈部、躯干、四肢可见散在分布红色斑丘疹、水疱，部分水疱已破溃结痂。诊断为成人水痘。给予抗病毒感染治疗。

请问：
1. 引起水痘的病原体是什么？该病原体可通过什么途径传播？
2. 需要对该患者进行哪些健康宣教？

第一节　单纯疱疹病毒

一、临床意义

疱疹病毒（herpes virus）是一群中等大小的有包膜的双股 DNA 病毒，包括单纯疱疹病毒（herpes simplex virus，HSV）、水痘 - 带状疱疹病毒、EB 病毒、巨细胞病毒等。HSV 在人群中分布广泛，感染率高，主要侵犯皮肤及黏膜。HSV 有 HSV-1 和 HSV-2 两个血清型。

1. 感染类型

（1）**原发感染**：HSV-1 主要经直接接触传播，原发感染较轻，多为隐性感染，仅少数表现为显性感染，以口腔、唇、眼、脑等腰以上部位感染为主；而 HSV-2 主要经性接触传播，以生殖器等腰以下部位感染为主。

（2）**潜伏感染**：原发感染后，如机体不能彻底清除病毒，病毒由感觉神经纤维传递到感觉神经节，以非复制的状态潜伏在神经细胞中，持续终生，一般 HSV-1 潜伏于三叉神经节和颈上神经节，HSV-2 潜伏于骶神经节。

（3）**复发性感染**：当机体受到某些刺激如情绪紧张、其他病毒感染、细胞免疫被抑制时，潜伏病毒被激活，沿感觉神经下行到末梢，在该神经所支配的上皮细胞中复制，引起复发性局部疱疹，可表现为反复发作。复发性感染病程短,组织损伤轻,且感染更为局限化,一般 8~10d 后痊愈,复发期病毒排出,具有传染性。

2. 所致疾病

(1)HSV-1 所致的主要疾病:龈口炎、唇疱疹、疱疹性角膜结膜炎和脑炎。龈口炎属儿童原发感染,以发热、口腔内水疱性损伤为主。唇疱疹多为复发性感染,常见于口唇、鼻腔黏膜皮肤交界处的成群水疱。疱疹性角膜结膜炎以角膜溃疡为主,常伴有结膜上皮细胞损伤,严重复发可导致瘢痕和失明。在免疫缺损的患者中,病毒可能引起脑炎,可出现神经系统后遗症,病死率较高。

(2)HSV-2 所致的主要疾病:生殖器疱疹和新生儿疱疹。生殖器疱疹主要表现为男女生殖器官出现疼痛性水疱损伤,可伴有发热和腹股沟淋巴结肿大。新生儿疱疹感染途径以产道感染为常见,表现为皮肤、眼和口腔局部疱疹,重症患儿表现为疱疹性脑膜炎或全身播散性感染。

> **重点提示**
> 单纯疱疹病毒感染类型

二、生物学性状

疱疹病毒具有相似的生物学性状:病毒体呈球形,核心为双链线性 DNA,衣壳呈 20 面体立体对称,核衣壳周围有一层被膜,其外层是包膜,含有病毒编码的糖蛋白;除 EB 病毒外,均能在人二倍体细胞内增殖,引起细胞病变,核内形成嗜酸性包涵体,病毒可以使受染细胞融合,形成多核巨细胞(图 13-1)。HSV 具有较宽的宿主范围,能在多种细胞(人胚肺、人胚肾、地鼠肾等细胞)中增殖,病毒复制迅速,致细胞病变快。

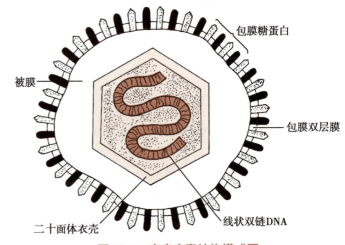

图 13-1 疱疹病毒结构模式图

（万从碧）

第二节 水痘-带状疱疹病毒

一、临床意义

水痘-带状疱疹病毒(varicella-zoster virus,VZV)是引起水痘和带状疱疹的病原体,主要侵犯皮肤。人是 VZV 的唯一自然宿主。

原发感染主要表现为水痘。VZV 传染性强,水痘患者和带状疱疹患者是主要传染源。水痘患者急性期上呼吸道分泌物及水痘、带状疱疹患者疱疹液中均含有高滴度的感染性病毒颗粒。VZV 主要通过呼吸道传播、接触传播和垂直传播。病毒先在局部淋巴结中增殖,约 5d 后入血,进入肝和脾中增殖后再次入血,播散至全身的皮肤,10~21d 后皮肤出现斑疹、丘疹、疱疹,并可发展为脓疱疹。皮疹先见于躯干、头部,后延及全身,常伴有发热等症状。疱疹数日后结痂,无继发感染者痂脱落不留痕迹。儿童水痘一般为自限性,症状较轻。成人水痘一般病情较重,可并发肺炎。新生儿水痘重症比例较高,病死率较高。细胞免疫缺陷或使用糖皮质激素的患者水痘病情较严重。

复发性感染多表现为带状疱疹。原发感染后,VZV 潜伏于脊髓后根神经节或脑神经的感觉神经节中。当机体受到某些刺激导致细胞免疫功能损害或低下时,潜伏的 VZV 被激活,沿感觉神经下行到达其所支配的皮肤细胞,在细胞内增殖引起疱疹,疱疹沿感觉神经支配的皮肤分布,串联成带状,疼痛剧烈。带状疱疹一般多见于胸、腹或头颈部,少数发生于三叉神经眼支所支配的部位。此外,肿瘤、器官移植、接受激素治疗及 HIV 感染人群合并带状疱疹感染时可出现严重的并发症。

水痘感染后机体产生特异性体液免疫和细胞免疫,终身不再感染,但对长期潜伏于神经节中病毒不能清除,故不能阻止病毒激活而发生带状疱疹。可接种水痘减毒活疫苗预防水痘感染,18 月龄接种第一剂,满 4 岁接种第二剂。

> **重点提示**
>
> 水痘 - 带状疱疹病毒传染源、传播途径、所致疾病

二、生物学性状

VZV 形态结构与其他疱疹病毒相似。VZV 只有一个血清型,无动物储存宿主。VZV 对热敏感,60℃ 30min 可灭活;对紫外线、乙醇、碘伏、碘酊、含氯消毒剂等敏感。

（万从碧）

第三节　EB 病毒

EB 病毒（Epstein-Barr virus,EBV）是 1964 年自非洲儿童恶性淋巴瘤细胞培养物中发现的一种疱疹病毒。

一、临床意义

EBV 在人群中感染非常普遍。EBV 传染源为患者和隐性感染者。EBV 主要经唾液传播,也可经性接触传播。儿童初次感染多无明显症状,少数出现咽炎和上呼吸道感染。B 细胞是 EBV 的主要靶细胞。EBV 感染后,在口咽部或腮腺上皮细胞增殖,释放的病毒感染局部淋巴组织中的 B 细胞,B 细胞入血导致全身性 EBV 感染。在正常个体中,大多数感染的细胞被清除,只有少量 EBV 潜伏感染的 B 细胞持续存在。所致疾病有:

1. 传染性单核细胞增多症　是一种急性全身淋巴细胞增生性疾病,见于青春期初次感染大量 EBV。潜伏期约为 40d,典型的临床表现为发热、咽炎、颈淋巴结炎、肝脾大、血单核细胞和异形淋巴细胞增多。病程可持续数周,预后较好。如果没有并发症,病死率很低。急性患者口腔黏膜的上皮细胞内出现大量病毒,由唾液排出病毒可持续 6 个月之久。严重免疫缺陷的儿童、AIDS 患者及器官移植者病死率较高。

2. 伯基特淋巴瘤（Burkitt lymphoma）　是一种低分化的单克隆 B 细胞瘤,多见于 6 岁左右儿童,好发部位为颜面、腭部。流行病学调查显示 EBV 感染与伯基特淋巴瘤密切相关。

3. 鼻咽癌　多发生在 40 岁以上人群。因所有鼻咽癌组织中均可找到 EBV 的核酸和抗原;鼻咽癌患者血清中的 EBV 抗体效价高于正常人,鼻咽癌经治疗病情好转后,抗体效价亦逐渐下降,故认为 EBV 感染与鼻咽癌密切相关。

EBV 原发感染后,机体产生特异性中和抗体和细胞免疫应答。中和抗体可防止外源性 EBV 再感染,但不能完全清除细胞内潜伏的 EBV。细胞免疫在限制原发感染和慢性感染中发挥重要作用。在体内潜伏的病毒与宿主保持相对平衡状态,EBV 可在口咽部继续低滴度的增殖性感染,持续终生。

二、生物学性状

EBV 形态结构与其他疱疹病毒相似。

（万从碧）

第四节 巨细胞病毒

一、临床意义

巨细胞病毒（cytomegalovirus，CMV）在人群中的感染极为普遍，人类是巨细胞病毒唯一宿主。巨细胞病毒的传染源为患者及隐性感染者。病毒可长期或间歇从感染者的尿液、唾液、泪液、乳汁、精液、宫颈及阴道分泌物排出。病毒可通过垂直或水平方式传播：①垂直传播，病毒可通过胎盘、产道和/或乳汁至新生儿。②接触传播，经口-口或手-口等途径传播（接触带病毒分泌物/物品）。③性接触传播。④医源性传播，包括输血和器官移植等。

巨细胞病毒的感染类型包括：

1. 先天性感染 孕妇在孕期3个月内感染，病毒可通过胎盘引起胎儿原发感染，出现流产、死胎或先天性疾病。少数感染新生儿临床症状表现为肝脾大、黄疸、血小板减少性紫癜、溶血性贫血、神经系统损伤及先天性畸形等。也有少部分的亚临床感染患儿在出生后数月至数年才出现智力低下和先天性耳聋等。

2. 围生期感染 新生儿可经产道、母乳感染巨细胞病毒。一般多无明显临床症状，尿液和咽分泌物中大量排出病毒，少数表现为短暂的间质性肺炎、肝脾轻度肿大、黄疸。多数患儿预后良好。

3. 儿童和成人原发感染 通常呈隐性感染，感染后多数可长期带毒，表现为潜伏感染，并长期或间歇地排出病毒。少数感染者出现临床症状，表现为巨细胞病毒单核细胞增多症，出现疲劳、肌痛、发热、肝功能异常和单核细胞增多等症状。

4. 免疫功能低下者感染 在免疫功能低下者（白血病、淋巴瘤、AIDS、器官移植和长期使用免疫抑制剂者等）中，巨细胞病毒原发感染或潜伏病毒的激活均可引起严重疾病，如HCMV肺炎、肝炎和脑膜炎等。巨细胞病毒是导致AIDS患者机会感染的常见病原体之一，常导致视网膜炎。HCMV感染也可抑制机体的免疫功能。

二、生物学性状

巨细胞病毒形态结构与其他疱疹病毒相似。巨细胞病毒在体外仅在成纤维细胞中增殖，在上皮细胞和淋巴细胞中则呈低水平增殖。病毒增殖较缓慢，复制周期较长，出现细胞病变需2~6周，表现为细胞肿胀，核增大，形成巨核细胞。在病毒培养物中，游离病毒较少，病毒主要通过细胞-细胞间扩散。在患者标本中可见核内和细胞质嗜酸性包涵体，特别是核内可出现周围绕有一轮晕的大型包涵体（图13-2）。

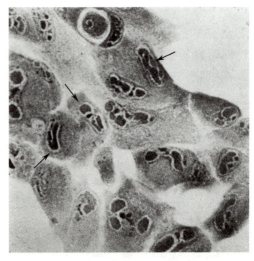

图13-2 巨细胞病毒感染人胚成纤维细胞（×400）

箭头所指为核内包涵体。

（万从碧）

第五节 人乳头瘤病毒

一、临床意义

人乳头瘤病毒（human papilloma virus，HPV）主要引起人体皮肤、黏膜的增生性病变。乳头瘤病毒目前已分离出 100 多种,不同的型别可引起不同的临床表现。HPV 根据感染部位不同,可分为嗜皮肤性和嗜黏膜性两大类,两类之间有一定交叉。

HPV 对皮肤和黏膜上皮细胞具有高亲嗜性,可以通过微小的创口感染鳞状上皮的基底层细胞,病毒一旦进入细胞,则伴随着基底上皮细胞向表层上皮分化的过程而完成 DNA 复制。皮肤受紫外线或 X 射线等照射造成的很小损伤,以及其他理化因素造成的皮肤、黏膜损伤,均可为 HPV 感染创造条件。HPV 主要通过直接接触感染者的病变部位或间接接触被病毒污染的物品传播,也可以引起垂直传播。HPV 由于型别及感染部位不同,所致疾病也不尽相同。

1. 皮肤疣 包括扁平疣、寻常疣和肉贩疣等,病毒仅停留于局部皮肤和黏膜中,不产生病毒血症,多属于自限性和一过性损害。扁平疣主要由 HPV3 型和 10 型引起,多发于青少年颜面、手背与前臂等处。HPV1、2、3 和 4 型可感染手和足部角化上皮细胞,引起寻常疣,多见于少年和青年。HPV7 型主要感染肉类加工从业者的手部皮肤,引起肉贩疣。

2. 尖锐湿疣 主要由 HPV6 型和 11 型感染泌尿生殖道皮肤黏膜所致,又称生殖器疣,属于性传播疾病。女性感染部位主要是阴道、阴唇和子宫颈,男性多见于外生殖器及肛周等部位。HPV6 型和 11 型属于低危型 HPV,很少引起癌变。

3. 宫颈癌 高危型 HPV 感染可引起子宫颈、外阴及阴茎等生殖器上皮内瘤样变,长期可发展为恶性肿瘤,以宫颈癌最常见。与宫颈癌发生最相关的是 HPV16、18 型,二者属于高危型 HPV。

局部药物治疗或激光、冷冻等疗法可用于皮肤疣和尖锐湿疣的治疗。可通过接种 HPV 疫苗预防宫颈癌。

二、生物学性状

HPV 呈球形,二十面体立体对称,无包膜。病毒基因组是超螺旋、双链环状 DNA。由于 HPV 复制需要依赖与细胞分化阶段密切相关的上皮细胞因子等,迄今尚不能在常规的组织细胞中进行培养。

知识拓展

HPV 疫苗

宫颈癌是严重威胁女性健康的恶性肿瘤,研究显示,高危型 HPV 持续感染与宫颈癌发病有直接相关性,为适龄女性接种 HPV 疫苗能有效降低宫颈癌及癌前病变的发生率。HPV 疫苗是全球首个把癌症作为适应证列入说明书的疫苗。2018 年 4 月,国家药品监督管理局有条件批准用于预防宫颈癌的九价 HPV 疫苗上市。至此,全球已经上市使用的所有 HPV 疫苗品种在我国均有供应,这些疫苗能更好地满足公众对疫苗接种的不同需求,为宫颈癌的预防提供了新的有效手段。

（万从碧）

第六节　狂犬病病毒

一、临床意义

狂犬病病毒(rabies virus,RV)是一种嗜神经性病毒,是狂犬病的病原体。狂犬病是人兽共患疾病,是目前病死率最高的传染病,一旦发病,病死率近乎 100%。病犬是狂犬病的主要传染源,其次是猫，狐狸、狼以及蝙蝠等动物。患病动物唾液中含有大量病毒，于发病前 5d 即具有传染性。人类对狂犬病病毒普遍易感，人通常因患病动物咬伤、抓伤而感染，亦可因患病动物舔舐黏膜或伤口而感染。人被咬伤后，病毒通过伤口进入体内，先在肌纤维细胞中增殖，再沿着传入神经纤维上行至脊髓后根神经节大量增殖，然后散布至脊髓和脑各部位神经细胞，使神经细胞肿胀、变性，造成损害。在发病前数日，病毒沿传出神经进入唾液腺内增殖，不断随唾液排出。

狂犬病患者的病程可分为潜伏期、前驱期、兴奋期和麻痹期四个阶段。

1. 潜伏期 此期患者无任何症状，一般为 1~3 个月，极少数短至两周以内或长至一年以上。潜伏期的长短取决于咬伤部位与头部距离的远近、伤口的深浅和大小、有无衣服阻挡以及侵入病毒的数量。

2. 前驱期 此期患者出现不适、厌食、疲劳、头痛和发热等不典型症状，部分患者会在原暴露部位出现特异性神经性疼痛或感觉异常，如痒、麻及蚁行感等。还可能出现无端的恐惧、焦虑、激动、易怒、神经过敏、失眠或抑郁等症状。前驱期通常 2~4d。

3. 兴奋期 表现为发热、高度兴奋、恐惧不安、恐水、怕风、发作性咽喉肌痉挛、呼吸困难等。恐水是本病的特殊症状，患者见水、闻流水声、饮水或仅提及饮水时，均可引起严重的咽喉肌痉挛，故狂犬病又名"恐水症"。亮光、噪声、触动或气流也可能引发痉挛。本期一般持续 1~3d。

4. 麻痹期 此期患者痉挛停止，出现弛缓性瘫痪，由安静进入昏迷状态。最后因呼吸、循环衰竭死亡。本期持续 6~18h。

> **知识拓展**
>
> ## 狂犬病暴露分级
>
> 《狂犬病暴露预防处置工作规范（2023 年版）》根据接触方式和暴露程度将狂犬病暴露分为三级：①接触或者喂饲动物，或者完好的皮肤被舔舐为Ⅰ级暴露。②裸露的皮肤被轻咬，或者无明显出血的轻微抓伤、擦伤为Ⅱ级暴露。③单处或者多处贯穿性皮肤咬伤或者抓伤，或者破损皮肤被舔舐，或者开放性伤口、黏膜被唾液或者组织污染，或者直接接触蝙蝠为Ⅲ级暴露。

判断为狂犬病Ⅱ级暴露者应及时处置伤口并接种狂犬病疫苗。首先用肥皂水和流动清水交替冲洗伤口，再用生理盐水洗净伤口，最后用稀释碘伏等消毒伤口。接种狂犬病疫苗可采用 5 针免疫程序，即于 0（注射当日）、3、7、14 和 28d 各注射狂犬病疫苗 1 剂次，共注射 5 剂次；也可采用"2-1-1"免疫程序，即于 0d 注射狂犬病疫苗 2 剂次（左、右上臂三角肌各注射 1 剂次），第 7、21 日各注射 1 剂次，共注射 4 剂次。判断为狂犬病Ⅲ级暴露者，除及时处置伤口并接种狂犬病疫苗外，还应注射狂犬病被动免疫制剂，如狂犬病患者免疫球蛋白、抗狂犬病血清等。

二、生物学性状

该病毒形态似子弹状，一端钝圆，另一端扁平，有包膜。衣壳呈螺旋对称排列包裹病毒 RNA，共同形成核衣壳（图 13-3）。狂犬病病毒在易感动物或人的中枢神经细胞中增殖时，可在细胞质中形成一个或多个、圆形或椭圆形的嗜酸性包涵体，称内氏小体（Negri body）（图 13-4），可作为辅助诊断狂犬病的指标。

该病毒对热、日光、紫外线、干燥抵抗力较弱，加热 56℃ 30min~1h 或 100℃ 2min 即被灭活，也易被强酸、强碱、碘、甲醛、乙酸、肥皂水及离子型和非离子型去污剂灭活。但在脑组织内的病毒于室温或 4℃ 条件下可保持传染性 1~2 周。

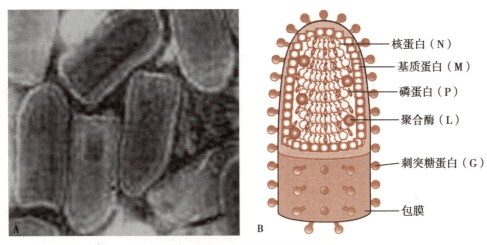

图 13-3　狂犬病病毒的形态与结构
A. 病毒形态投射电镜图（负染，×200 000）；B. 病毒结构模式图。

核蛋白（N）
基质蛋白（M）
磷蛋白（P）
聚合酶（L）
刺突糖蛋白（G）
包膜

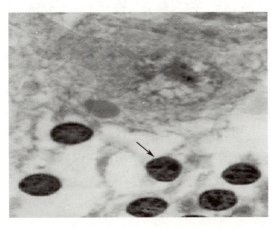

图 13-4　狂犬病病毒感染的神经细胞胞质中的内氏小体（苏木精 - 伊红染色，×1 000）

重点提示

狂犬病病毒传染源、传播途径、所致疾病

（万从碧）

思考题

1. 试分析单纯疱疹病毒和水痘 - 带状疱疹病毒所致的原发感染、潜伏感染和复发性感染的区别，并提出防治措施。

2. 水痘患者是否需要隔离，为什么？

3. 患儿，女，10 岁，1h 前在小区被狗咬伤，伤口位于左上臂，有出血。

请思考：

（1）该患儿有感染什么病原体的风险？

（2）需要对患儿采取哪些措施预防感染？

ER 13-3

练习题

第十四章 | 呼吸道感染常见病毒

教学课件

思维导图

学习目标

1. 掌握流行性感冒病毒的抗原变异特点和致病性,掌握呼吸道病毒的传播特点及预防。
2. 熟悉麻疹病毒、腮腺炎病毒、风疹病毒、冠状病毒的致病性。
3. 了解其他呼吸道病毒的致病性。
4. 学会运用呼吸道感染病毒相关知识进行疾病卫生宣教、健康指导和预防保健。
5. 具有严谨科学的学习态度和新时代医者职业精神,牢固树立生物安全防范呼吸道传染病意识。

呼吸道病毒指一类能侵犯呼吸道引起呼吸道感染或以呼吸道为侵入门户引起其他组织器官发生病变的病毒。较为常见的呼吸道病毒有正黏病毒科中的流行性感冒病毒、副黏病毒科中的副流感病毒、麻疹病毒、腮腺炎病毒、呼吸道合胞病毒,以及其他病毒科的腺病毒、风疹病毒、冠状病毒、鼻病毒和呼肠病毒等。大部分呼吸道感染是此类病毒所引起。多数呼吸道病毒感染具有传播快、传染性强、潜伏期短、发病急、可反复感染和易继发细菌性感染等特点。

案例

患者,女,35 岁,发热,伴头痛、咽痛、肌肉痛、咳嗽、鼻塞 5d,出现呼吸急促,遂就诊。体格检查:T 39℃,P110 次/min,X 射线未见异常。初步诊断为流行性感冒。

请问:

1. 该患者感染了什么微生物? 该微生物易发生变异吗?
2. 为确诊流感,常选的检查项目是什么?
3. 预防该疾病传播的主要措施有哪些?

第一节　流行性感冒病毒

流行性感冒病毒(influenza virus)简称流感病毒,属正黏病毒科,分甲(A)、乙(B)、丙(C)、丁(D)四型,是流行性感冒(简称流感)的病原体。甲型流感病毒除引起人类流感外,还可引起禽、马、猪等多种动物感染,且易发生变异,曾多次引起世界性大流行。乙型流感病毒仅感染人类且致病性较低,一般引起局部或小流行。丙型流感病毒可感染人类和猪,但感染后症状轻微,很少引起流行。丁型流感病毒是近几年新发现的、主要感染牛的牛流感病毒,是否导致人发病并不清楚。

一、临床意义

流感病毒的传染源主要是患者。病毒主要经飞沫或气溶胶传播，冬季多为流行季节。病毒侵入呼吸道黏膜上皮细胞后可在细胞内增殖，病毒增殖可引起细胞产生空泡变性、坏死并迅速扩散至邻近细胞，导致纤毛坏死和脱落、黏膜水肿、充血等病理改变。

人对流感病毒普遍易感。潜伏期通常为 1~4d，患者出现鼻塞、流涕、咽痛和咳嗽等局部症状。发病初期 2~3d 鼻咽部分泌物中病毒含量最高，此时传染性最强。病毒仅在局部增殖，一般不产生病毒血症，但可释放内毒素样物质入血，引起畏寒、发热、乏力、头痛、全身酸痛等症状，有时伴有呕吐、腹痛、腹泻等消化道症状。流感属于自限性疾病，无并发症患者通常 5~7d 可恢复。但年老体弱者和婴幼儿等抵抗力较差的人群易继发细菌感染，一般为继发细菌性感染所引起的肺炎，病死率较高。继发感染的常见细菌是肺炎链球菌、金黄色葡萄球菌和流感嗜血杆菌等。

值得注意的是，近年来世界许多国家发生了禽流感大流行，并从多种禽类和候鸟中分离到甲型禽流感病毒 H5N1 亚型。禽流感病毒根据致病强弱分为高致病性、低致病性和非致病性三种，H5N1 及 H7N9 亚型毒株属于高致病性禽流感病毒。通常禽流感病毒与人流感病毒存在受体特异性差异，禽流感病毒不易感染人。禽流感病毒目前尚未证实具有人传人的能力，但重组形成的新病毒有可能会引起人与人之间流行。

感染流感病毒后，人体可获得对同型病毒的免疫力，一般维持 1~2 年，对不同型流感病毒无交叉保护作用，对新亚型也无交叉免疫。呼吸道局部 sIgA 在清除呼吸道病毒、抵抗再感染中起主要作用；HA 中和抗体、NA 抗体及 CTL 在阻止病毒吸附感染细胞及在细胞间扩散起重要作用。

二、生物学性状

（一）形态与结构

流感病毒形态多为球形，初次从体内分离出的病毒有时呈丝状或杆状。其核酸为 RNA，核衣壳呈螺旋对称，有包膜。病毒体可分为核心和包膜两部分（图 14-1）。

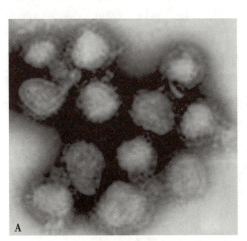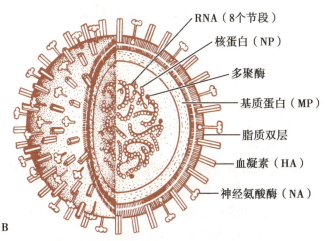

RNA（8个节段）
核蛋白（NP）
多聚酶
基质蛋白（MP）
脂质双层
血凝素（HA）
神经氨酸酶（NA）

图 14-1 流感病毒的形态与结构
A. 病毒形态（负染色，透射电镜 ×100 000）；B. 甲型流感病毒结构模式图。

1. **核心** 病毒核心为病毒的核衣壳，由核酸、核蛋白（NP）和 RNA 多聚酶（PB1、PB2、PA）组成。其核酸为分节段的单负链 RNA，甲型、乙型流感病毒分 8 个节段，丙型流感病毒分 7 个节段，每个节段为一个基因组，能编码相应的结构或功能蛋白，这一结构特点使病毒在复制过程中易发生基因重组,从而导致基因编码的蛋白抗原发生变异而出现新的病毒株。核蛋白是病毒主要结构蛋白,抗原结构稳定,很少发生变异,具有型特异性。核蛋白是一种可溶性抗原,其相应抗体没有中和病毒的能力。核蛋白、三种RNA多聚酶复合体一起与RNA节段相连形成核糖核蛋白(RNP),即呈螺旋对称的核衣壳。

2. 包膜 流感病毒包膜分两层。内层为基质蛋白M1,位于包膜与核心间,具有保护病毒核心和维持病毒形态的作用。基质蛋白M1抗原结构稳定,具有型特异性。外层为脂质双层构成的包膜,位于基质蛋白之外,来源于宿主细胞膜。包膜内嵌膜蛋白M2,构成膜通道,有利于病毒的脱壳及血凝素的产生。包膜表面镶嵌有两种由病毒基因编码的糖蛋白刺突,即血凝素和神经氨酸酶。

(1)**血凝素**(hemagglutinin, HA):呈柱状。主要功能:①与病毒吸附、穿入宿主细胞和病毒的传播有关。②凝集红细胞,HA能与人、鸡、豚鼠等多种动物红细胞表面受体结合,引起红细胞凝集,简称血凝,这种现象可用以检测流感病毒的增殖。③具有亚型和株的特异性,可刺激机体产生中和抗体,抑制病毒的感染性。HA抗原结构不稳定,易发生变异,是甲型流感病毒划分亚型的主要依据之一。

(2)**神经氨酸酶**(neuraminidase, NA):呈蘑菇状。主要功能:①参与病毒的释放,NA可水解宿主细胞表面糖蛋白末端的N-乙酰神经氨酸,有利于成熟病毒的芽生释放。②促进病毒的扩散,NA可破坏细胞膜上病毒特异的受体,液化细胞表面的黏液,使病毒从细胞上解离,有利于病毒的扩散。③刺激机体产生抗神经氨酸酶抗体,此抗体可抑制酶的水解作用,从而抑制病毒的释放与扩散,但无中和病毒的感染性能力。NA抗原结构也不稳定,易发生变异,也是甲型流感病毒划分亚型的主要依据之一。

(二)分型与变异

1. 分型 根据NP和M蛋白抗原性的不同可将流感病毒分为甲、乙、丙、丁四型,四型之间无交叉免疫。甲型流感病毒根据其表面HA和NA抗原性的不同,又可分为若干亚型。乙型、丙型流感病毒尚未发现亚型。

2. 变异 三型流感病毒中最易发生变异的是甲型流感病毒,主要是HA和NA的抗原性易发生变异,尤以HA为甚。二者变异可同时出现,也可单独发生,病毒的变异幅度与流行关系密切。流感病毒抗原变异有两种形式。①抗原漂移(antigenic drift):由病毒基因点突变造成,其变异幅度小,属量变,即亚型内变异,每2~5年出现一次,常引起局部中、小型流行。②抗原转换(antigenic shift):可能主要是人流感和禽流感病毒间基因重组所致,其变异幅度大,属质变,产生新亚型(如H1N1→H2N2、H2N2→H3N2),因人群对新亚型缺乏免疫力而发生大流行。近一个世纪甲型流感病毒已经历过数次抗原转换,每次抗原转换都曾引起世界性的流感暴发流行。同一时期可有两个亚型同时流行,如果不同型别病毒同时流行,也可发生基因重组而形成新的亚型。乙型和丙型流感病毒抗原性较稳定,没有抗原转换,仅引起局部流行和散发病例。

(三)其他

该病毒可用鸡胚和细胞培养。最常用鸡胚培养,初次分离病毒以接种鸡胚羊膜腔为宜,传代适应后可接种于鸡胚尿囊腔。细胞培养一般可用原代猴肾细胞(PMK)和狗肾传代细胞(MDCK)。流感病毒在鸡胚和培养细胞中并不引起明显的细胞病变,需用红细胞凝集试验和血凝抑制试验等免疫学方法证实病毒的存在并进行种的鉴定。

该病毒抵抗力较弱,不耐热,56℃ 30min即被灭活。室温下感染能力很快丧失,0~4℃能存活数周,-70℃以下可长期保存。对干燥、日光、紫外线、脂溶剂、氧化剂及酸等均比较敏感。

> **重点提示**
> 流感病毒的生物学性状和变异

(田维珍)

第二节　冠状病毒

冠状病毒（coronavirus）属于冠状病毒科（*Coronaviridae*）冠状病毒亚科（*Orthocoronavirinae*）下的 α-、β-、γ-、δ-冠状病毒属。其中 α- 和 β-冠状病毒主要感染哺乳类动物，如蝙蝠、猪、牛、猫、犬、貂、骆驼、虎、狼、老鼠、刺猬、穿山甲等。γ- 和 δ-冠状病毒主要感染禽类。目前发现 7 种可以感染人并致病的重要冠状病毒（human coronavirus，HCoV），分别属于 α- 和 β-冠状病毒属，即 HcoV-229E、HCoV-OC43、HCoV-NL63、HCoV-HKU1、SARS 冠状病毒（severe acute respiratory syndrome coronavirus，SARS-CoV）、中东呼吸综合征冠状病毒（Middle East respiratory syndrome coronavirus，MERS-CoV）和新型冠状病毒（SARS-CoV-2）7 个型别。

一、临床意义

冠状病毒主要经飞沫传播，可感染各年龄组人群，引起上呼吸道感染。感染一般为轻型或亚临床感染，但有些毒株可导致免疫力较弱的老人和儿童发生严重的下呼吸道感染，某些毒株还可引起成人的腹泻或胃肠炎，偶有毒株引起新生儿坏死性结肠炎的报道。病后患者免疫力不强，可发生再感染。

SARS-CoV 是严重急性呼吸综合征（SARS）的病原体，突发性地在人群间流行，其源头是否来源于野生动物目前尚不明了。传染源主要是 SARS 患者，以近距离飞沫传播为主。病毒经患者分泌物、排泄物或血液污染的媒介从呼吸道或眼结膜侵入人体，不排除粪 - 口等其他途径传播。潜伏期一般为 4~5d。起病急，传播快，以发热为首发症状（持续高于 38℃），伴乏力、头痛、关节痛，继而出现干咳、胸闷气短等呼吸困难症状，肺部出现明显病理变化。有的患者伴有腹泻。严重者肺部病变进展迅速，同时出现低氧血症和呼吸窘迫，常伴有心律失常、过敏性血管炎和 DIC 等症状，病死率高。SARS 的预防主要是隔离患者和严格消毒，目前尚无有效的疫苗，亦未发现有肯定疗效的治疗药物，治疗主要是采取综合性支持疗法和对症治疗。

MERS-CoV 是中东呼吸综合征（MERS）的病原体。目前其确切的宿主和传播途径尚不清楚。MERS 可表现为重症、轻症和无症状感染，通常表现为重症肺炎等呼吸道感染，起病急骤，以发热、咳嗽、畏寒、肌肉酸痛等为首发症状，进一步发展为肺炎、急性呼吸窘迫综合征，合并肾功能或多器官功能障碍综合征等，甚至导致机体死亡。

新型冠状病毒是新型冠状病毒感染（COVID-19）的病原体。传染源主要是新型冠状病毒感染者，以呼吸道飞沫和密切接触传播为主，在相对封闭的环境中经气溶胶传播，接触被病毒污染的物品后也可造成感染。潜伏期多为 2~4d，主要表现为咽干、咽痛、咳嗽、发热等，部分患者可伴有肌肉酸痛、嗅觉味觉减退或丧失、鼻塞、流涕、腹泻、结膜炎等。少数患者病情继续发展，发热持续，并出现肺炎相关表现。重症患者多在发病 5~7d 后出现呼吸困难和 / 或低氧血症。严重者可快速进展为急性呼吸窘迫综合征、脓毒症休克、难以纠正的代谢性酸中毒和出凝血功能障碍及多器官衰竭等。极少数患者还可有中枢神经系统受累等表现。

> **重点提示**
>
> SARS-CoV、SARS-CoV-2 的致病性

二、生物学性状

冠状病毒呈多形性，主要呈圆形或类圆形，核酸为单正链 RNA，核衣壳呈螺旋对称。因包膜表面有排列间隔较宽的刺突，电镜下整个病毒形如日冕或花冠，故命名为冠状病毒（图 14-2）。冠状病毒可在人胚肾、肠、肺原代细胞中增殖。对理化因素抵抗力较弱，对常用消毒剂、脂溶剂、紫外线及热均敏感，56℃ 30min 或 37℃数小时便丧失感染性。

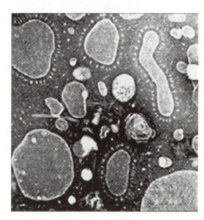
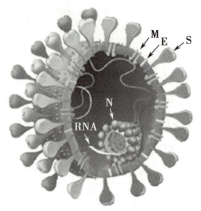

图 14-2　冠状病毒的形态与结构

（田维珍）

第三节　麻疹病毒

麻疹病毒（measles virus）是麻疹的病原体，属副黏病毒科。麻疹是一种以发热和呼吸道卡他症状及全身性出疹为特征的急性呼吸道传染病。麻疹病毒可感染任何年龄段的易感人群，好发于 6 个月 ~5 岁的婴幼儿，无免疫力者接触后发病率几乎达 100%，常因并发症的发生而导致死亡。我国自广泛应用麻疹减毒活疫苗以来其发病率显著降低，但近年来出现发病年龄推迟的现象。

一、临床意义

人是麻疹病毒唯一自然宿主。传染源是急性期患者，在出疹前后 4~5d 传染性最强，易感者接触后几乎全部发病。病毒主要通过飞沫直接传播，也可通过污染玩具、日常用具等间接传播。病毒首先在侵入的呼吸道上皮细胞内增殖，继之入血形成第一次病毒血症；随后经血流到达全身淋巴组织和单核吞噬细胞系统，在其细胞内增殖后再次入血，形成第二次病毒血症。此时由于眼结膜、呼吸道黏膜、消化道黏膜、小血管等处均有病毒增殖，故临床上出现发热、畏光、流涕、咳嗽及结膜炎、鼻炎和上呼吸道卡他症状。发热 2d 后，大多数患者口腔两颊内侧黏膜出现中心灰白、周围红色的科氏斑（Koplik spot），对临床早期诊断有一定意义。此后 1~3d，患者全身皮肤相继出现红色斑丘疹，从面部、躯干到四肢，病程 1 周左右。无并发症的患者大多可自愈，但有些年幼体弱的患儿易并发细菌性肺炎，这是麻疹患儿死亡的主要原因。此外，尚有 1% 的麻疹患者在其恢复后多年可出现亚急性硬化性全脑炎（subacute sclerosing panencephalitis, SSPE），属于麻疹病毒急性感染后的迟发并发症，患者大脑功能发生渐进性衰退，表现为反应迟钝、精神异常、运动障碍，患者多于发病后 1~2 年内死亡。麻疹只有一个血清型病后可获得牢固的免疫力，一般为终身免疫。

> **重点提示**
> 麻疹病毒的致病性

二、生物学性状

麻疹病毒呈球形。病毒核酸为完整的不分节段的单负链 RNA，核衣壳为螺旋对称，包膜表面有血凝素（HA）和融合因子（F）两种刺突。病毒能在多种原代或传代细胞中增殖，产生融合、多核巨细胞病变，在胞质及胞核内均可见嗜酸性包涵体。病毒对理化因素抵抗力较弱，加热 56℃ 30min 可被灭活，对脂溶剂、一般消毒剂和紫外线敏感。

（田维珍）

第四节　腮腺炎病毒

一、临床意义

人是腮腺炎病毒的唯一宿主，传染源是患者和病毒携带者，病毒主要通过飞沫传播，5~14 岁儿童易感，好发于冬春季节。该病传染性强，潜伏期一般为 1~3 周。病毒侵入呼吸道上皮细胞和面部局部淋巴结内增殖后入血，形成短暂的病毒血症，再通过血液侵入腮腺及睾丸或卵巢等其他器官。患者的主要症状为一侧或双侧腮腺肿大，并伴有发热、肌痛和乏力等，病程 1~2 周。青春期感染者，可引起睾丸炎，或卵巢炎等并发症，也有少数患者并发无菌性脑膜炎。腮腺炎性脑膜炎或脑膜脑炎的死亡率较低，通常预后良好且无后遗症。

病后人体可获得牢固免疫力，甚至亚临床感染也能获得终身免疫。婴儿可从母体获得被动免疫，故 6 个月以内婴儿很少患腮腺炎。对于腮腺炎患者应及时隔离以防传播，疫苗接种是有效预防措施。常用疫苗是麻疹 - 腮腺炎 - 风疹三联疫苗（MMR）。

> **重点提示**
>
> 腮腺炎病毒的致病性

二、生物学性状

腮腺炎病毒（mumps virus）是流行性腮腺炎的病原体，属副黏病毒科。病毒呈球形，核酸为单负链 RNA，核衣壳呈螺旋对称。包膜表面有血凝素 - 神经氨酸酶（HN）和融合因子（F）两种刺突。该病毒可在鸡胚羊膜腔或鸡胚细胞、猴肾细胞内增殖，可引起细胞融合，出现多核巨细胞，但细胞病变不明显。腮腺炎病毒只有一个血清型。该病毒抵抗力较弱，56℃ 30min 可被灭活，对紫外线及脂溶剂敏感。

（田维珍）

第五节　风疹病毒

一、临床意义

风疹病毒（rubella virus）是风疹的病原体。人是风疹病毒的唯一自然宿主。人群对风疹病毒普遍易感，儿童是主要易感者。病毒主要通过呼吸道传播，在上呼吸道黏膜上皮细胞内增殖后入血引起病毒血症。患者主要临床症状为发热和麻疹样出疹，并伴有耳后和枕下淋巴结肿大。成人症状较重，除皮疹外，常伴有关节疼痛、血小板减少、出疹后脑炎等。

风疹病毒易发生垂直感染，若孕妇在妊娠早期（20 周内）感染风疹病毒，病毒可通过胎盘感染胎儿，引起流产或死胎，也可导致胎儿发生先天性风疹综合征，其主要表现是先天性心脏病、白内障和神经性耳聋等。

风疹病毒感染后，机体可获得持久而牢固的免疫力。接种风疹减毒活疫苗或麻疹 - 腮腺炎 - 风疹三联疫苗（MMR）是预防风疹的有效措施，接种对象是风疹病毒抗体阴性的育龄妇女和学龄前儿童。风疹病毒抗体阴性的孕妇，如接触风疹患者，应立即注射大剂量丙种球蛋白紧急预防。

二、生物学性状

风疹病毒属披膜病毒科。病毒呈不规则球形，核酸为单正链 RNA，核衣壳呈 20 面体立体对称，包膜表面有刺突，具有血凝和溶血活性。风疹病毒只有一个血清型，不耐热，对脂溶剂敏感，紫外线可使其灭活。

（田维珍）

第六节　其他呼吸道病毒

其他呼吸道病毒及其主要特性见表14-1。

表 14-1　其他呼吸道病毒及其主要特性

病毒名称	病毒科	形态与结构	血清型	所致疾病
副流感病毒	副黏病毒科	球形，−ssRNA，核衣壳螺旋对称，有包膜，刺突有 HN 蛋白和 F 蛋白	1~5 个血清型	普通感冒、小儿气管炎、支气管炎、肺炎等
腺病毒	腺病毒科	球形，dsDNA，核衣壳 20 面体立体对称，无包膜	A~G 7 共 7 组 42 个血清型	婴幼儿咽炎、支气管炎、肺炎、眼结膜炎、胃肠炎、急性出血性膀胱炎等
呼吸道合胞病毒	副黏病毒科	球形，−ssRNA，核衣壳螺旋对称，有包膜，刺突有 G 蛋白和 F 蛋白	1 个血清型	婴幼儿细支气管炎和肺炎、成人普通感冒等
鼻病毒	小 RNA 病毒科	球形，+ssRNA，核衣壳 20 面体立体对称，无包膜	114 个血清型	婴幼儿细支气管炎和支气管肺炎、成人普通感冒等
呼肠病毒	呼肠病毒科	球形，dsRNA，20 面体立体对称，无包膜	3 个血清型	上呼吸道疾病和胃肠道疾病等

（田维珍）

思考题

1. 甲型流感病毒为什么容易引起世界性大流行？

2. 人类对流感病毒和麻疹病毒的免疫力有何区别，为什么？

3. 患儿，1 岁，5d 前体温升高，伴咳嗽、流涕、流泪，两眼分泌物多、结膜充血、畏光。3d 前其母发现在患儿口腔下磨牙相对应的颊黏膜上有周围红晕的细小沙粒状白点。1d 前在全身症状加重的同时，患儿头、面、颈部出现一些淡红色斑丘疹。就医后被诊断为麻疹。

ER 14-3

请思考：

(1) 麻疹早期诊断的重要依据是什么？

(2) 麻疹的临床特征有哪些？

练习题

第十五章 | 肠道感染常见病毒

教学课件

思维导图

ER 15-1　ER 15-2

学习目标

1. 掌握肠道病毒的种类及共同特性；脊髓灰质炎病毒的临床意义和生物学性状。
2. 熟悉柯萨奇病毒、埃可病毒及轮状病毒的临床意义。
3. 了解其他肠道感染病毒的临床意义和生物学性状。
4. 学会运用肠道病毒相关知识进行疾病预防与宣教。
5. 培养学生具有防止"病从口入"的意识、严谨的科学态度和辩证的科学精神。

案例

　　患者，女，54岁，幼年时患脊髓灰质炎并留有后遗症，双下肢长短、粗细不同，患侧下肢肌肉萎缩、无力，走路颠簸。

请问：

1. 该患者可能感染了什么微生物，传播途径是什么？
2. 该微生物的致病机制是什么？
3. 如何最有效预防该疾病？

第一节　肠道感染病毒概述

　　肠道感染病毒是一类经消化道感染和传播、能在肠道中复制，并引起人类相关疾病的胃肠道感染病毒。肠道感染病毒虽然主要经消化道传播和感染，但引起的主要疾病却在肠道外，包括脊髓灰质炎、无菌性脑膜炎、心肌炎、手足口病等多种疾病。

一、肠道感染病毒常见种类

　　肠道感染病毒种类繁多，主要包括：小RNA病毒科中的脊髓灰质炎病毒、柯萨奇病毒、埃可病毒、新型肠道病毒等；呼肠病毒科中的轮状病毒；腺病毒科中的肠道腺病毒及杯状病毒科中的杯状病毒（诺如病毒和札幌病毒）等（表15-1）。

表15-1　肠道感染病毒常见种类及型别

科	属	种	血清型
小RNA病毒科	肠道病毒属	脊髓灰质炎病毒	3个血清型（Ⅰ~Ⅲ）
		柯萨奇病毒A组	23个血清型（A1~A22，A24）
		柯萨奇病毒B组	6个血清型（B1~B6）

科	属	种	血清型
		埃可病毒	31 个血清型（1~9、11~27、29~33）
		新型肠道病毒	4 个血清型（68~71）
	嗜肝病毒属	HAV	1 个血清型
	鼻病毒属	人类鼻病毒	115 个血清型
呼肠病毒科	轮状病毒属	人轮状病毒	A~G 7 个组，A 组分 14 个 G 血清型（VP7 血清型）和至少 20 个 P 血清型（VP4 血清型）
杯状病毒科	诺如病毒属	诺如病毒	5 个基因组
	札幌病毒属	札幌病毒	4 个基因组
星状病毒科	星状病毒属	人星状病毒	8 个血清型
腺病毒科	哺乳动物腺病毒属	肠道腺病毒	40、41、42 三型

二、肠道病毒的共同特性

1. **形态结构**　病毒体呈球形，衣壳为 20 面体对称，无包膜。基因组为单正链 RNA，具有感染性。

2. **培养特性**　多数肠道病毒能在有相应膜受体的易感细胞中增殖，以破胞方式释放，迅速产生细胞病变；但柯萨奇病毒 A 组的某些型别（如 A1、A19 和 A22），只能在新生乳鼠体内增殖。

3. **抵抗力**　对理化因素的抵抗力较强，耐乙醚及酸，在 pH 3~5 条件下稳定，不易被胃酸和胆汁灭活，56℃ 30min 可被灭活，对紫外线、干燥敏感。

4. **传播途径**　主要经粪 - 口途径传播，以隐性感染多见。肠道病毒虽然在肠道细胞中增殖，却可引起多种肠道外感染性疾病，临床表现多样化。一种型别的肠道病毒可引起几种疾病或病征，而一种疾病或病征又可由不同型别的肠道病毒引起。

> **重点提示**
> 肠道病毒的种类和共同特性

（田维珍）

第二节　脊髓灰质炎病毒

脊髓灰质炎病毒（poliovirus）是脊髓灰质炎的病原体。该病毒可侵犯脊髓前角运动神经细胞，导致弛缓性肢体麻痹。脊髓灰质炎多见于儿童，故又称小儿麻痹症。

一、临床意义

患者、隐性感染者及无症状病毒携带者均为传染源，主要经粪 - 口途径传播，夏秋季流行，5 岁以下儿童为主要的易感者。脊髓灰质炎病毒经呼吸道、口咽和肠道侵入机体，先在局部黏膜和咽、肠道集合淋巴结中增殖，90% 以上为隐性感染。少数感染者因机体抵抗力较弱，在肠道局部淋巴结内增殖的病毒可侵入血流形成第一次病毒血症，患者可出现发热、头痛等症状。随后病毒随血流扩散至全身淋巴组织和易感的非神经组织细胞内进一步增殖，再次释放，侵入血流形成第二次病毒血症，患者主要表现为发热、头疼、咽喉痛或伴有恶心呕吐等症状。此时免疫系统若能阻止病毒入侵，则中枢神经系统不受侵犯，表现为顿挫感染，病程终止，上述症状于数日内消失。若机体免疫系统较弱，则病毒突破血脑屏障并在脊髓前角运动神经等靶细胞中增殖，导致细胞变性坏死。初始症状与顿挫感染相似，随后患者可出现背痛、颈项强直等脑膜刺激征。若细胞病变轻微则仅引起暂时性肌肉麻痹，以四肢多见，下肢尤甚，患者多于数日至数月内可自行恢复；少数患者细胞受损严重，造成永久性的弛缓性肢体麻痹后遗症。极少数患者可发展为延髓麻痹，常因呼吸和心脏功能衰竭而死亡。

显性或隐性感染后，机体可获得对同型病毒牢固的免疫力。肠道局部产生的特异性 sIgA 可阻止病毒进入血流，并可从肠道中清除病毒；血清中的中和抗体能终止病毒血症的发展，可阻止病毒进入中枢神经系统。中和抗体在体内维持时间很长，对同型病毒具有牢固的免疫力，对异型病毒感染也有交叉免疫作用。胎儿可通过胎盘从母体获得特异性 IgG，IgG 可在新生儿体内维持数月，故 6 个月以内的婴幼儿少有发病。

病毒侵入的数量、病毒的毒力及宿主的免疫状态是决定感染结局的关键因素。目前尚无特异性的治疗脊髓灰质炎病毒感染的药物，疫苗接种是预防脊髓灰质炎最有效的措施。常用的疫苗有脊髓灰质炎灭活疫苗（IPV，Salk 疫苗）和脊髓灰质炎减毒活疫苗（OPV，Sabin 疫苗），二者均为三价混合疫苗（TIPV 或 TOPV），免疫后均可获得三个血清型脊髓灰质炎病毒感染的免疫力。

> **知识拓展**
>
> ### 我国脊髓灰质炎疫苗的研发生产
>
> 顾方舟及其团队是我国脊髓灰质炎疫苗研发生产的拓荒者。1957 年，他们临危受命研制脊髓灰质炎疫苗。他们借鉴中医制作丸剂的方法，创造性地改良配方，1963 年研制出活疫苗新剂型——活疫苗"糖丸"。"糖丸"疫苗的诞生使上百万的孩子免于残疾。1990 年全国消灭脊髓灰质炎规划开始实施。2000 年"中国消灭脊髓灰质炎证实报告签字仪式"举行，顾方舟作为代表郑重签下了自己的名字。2019 年 9 月，顾方舟被授予"人民科学家"国家荣誉称号。

二、生物学性状

（一）形态与结构

该病毒为单正链 RNA，球形（图 15-1），无包膜结构，衣壳是 VP1、VP2、VP3、VP4 四种蛋白组成的 20 面体立体对称结构。VP1、VP2、VP3 暴露于病毒衣壳表面，是病毒与宿主细胞表面受体相结合的部位，同时也是中和抗体的主要结合位点。VP4 位于衣壳内部与病毒 RNA 相连接，可维持病毒的空间构型。

（二）抗原构造与分型

该病毒有两种不同的病毒颗粒，一种为具有感染性的完整病毒颗粒，称致密（dense，D）抗原，又称中和抗原，可与中和抗体结合，具有型特异性；另一种为空壳颗粒，是完整病毒颗粒经 56℃灭活后 RNA 释放出来，或为未装配核心的空心衣壳，称为无核心（coreless，C）抗原。根据抗原免疫原性的不同，脊髓灰质炎病毒可以分为Ⅰ、Ⅱ、Ⅲ三个血清型，三型病毒之间无交叉免疫反应，我国以Ⅰ型致病为主。

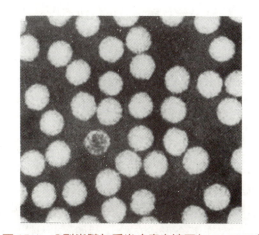

图 15-1　Ⅰ型脊髓灰质炎病毒电镜图（×594 000）

（三）其他

该病毒仅能在人胚肾、人羊膜及猴肾等灵长类动物细胞中增殖。病毒在胞质内增殖后出现典型的溶细胞性病变，导致细胞变

> **重点提示**
>
> 脊髓灰质炎病毒的型别、致病特点和防治原则

圆、坏死和脱落，甚至最终使细胞裂解释放大量的病毒。对理化因素的抵抗力较强，在污水和粪便中可存活数月，耐酸，不易被胃酸、蛋白酶和胆汁灭活。但对干燥、热和紫外线敏感，56℃ 30min 可被迅速灭活，但 1mol/L $MgCl_2$ 和其他二价阳离子能显著提高病毒对热的抵抗力。过氧化氢、漂白粉也可迅速将其灭活。

（田维珍）

第三节　轮状病毒

轮状病毒（rotavirus）是因为电镜下的病毒颗粒形态酷似"车轮状"而被命名，在分类学上归属呼肠病毒科，是引起人类、哺乳动物和鸟类腹泻的重要病原体。依据病毒结构蛋白 VP6 的抗原性，将轮状病毒分为 A~G 七个组，其中 A 组轮状病毒是世界范围内婴幼儿重症腹泻最常见的病原体，该病毒呈世界性分布；B 组轮状病毒引起成人腹泻，病死率低。

一、临床意义

该病毒传染源为患者及无症状带毒者，主要通过粪 - 口途径传播，也可经呼吸道、接触传播。7 组轮状病毒中，A~C 组可引起人和动物腹泻，D~G 组只引起动物腹泻。A 组轮状病毒的感染呈世界性分布，是引起 6 个月至 2 岁婴幼儿严重胃肠炎的主要病原体，占病毒性胃肠炎的 80% 以上，也是发展中国家导致婴幼儿死亡的主要原因之一。B 组轮状病毒可引起成人急性胃肠炎，但仅见于我国有过报道，多为自限性感染。C 组轮状病毒对人的致病性与 A 组相类似，但发病率较低。温带地区婴幼儿轮状病毒腹泻有比较明显的季节性，多发于秋冬季节，在我国常称为"秋季腹泻"。

该病毒侵入人体后在小肠黏膜绒毛细胞内增殖，使细胞受损，造成微绒毛萎缩、变短和脱落。由于受损细胞合成双糖酶的能力丧失，乳糖及其他双糖在肠腔内潴留，同时腺窝细胞增生也可导致水和电解质分泌增加，重吸收减少，所以患者可出现严重的腹泻与消化不良。其主要临床表现为呕吐、水样腹泻、腹痛和脱水，并伴有发热。少数患儿因严重脱水和电解质平衡紊乱而死亡。

人感染轮状病毒后可很快产生血清中和抗体及分泌型抗体。这些免疫分子对同型病毒感染有免疫保护作用，其中以肠道局部 SmIg 最为重要。但不同的病毒血清型间无交叉免疫，故可再次感染。新生儿可通过胎盘从母体获得特异性 IgG，从初乳中获得 SmIg，故新生儿常不受感染或仅为亚临床感染。

二、生物学性状

该病毒呈球状（图 15-2），核心由 11 个不连续的双链 RNA 基因片段组成，周围包绕两层衣壳，无包膜。电镜下可见病毒的内衣壳由 22~24 个呈辐射状结构的亚单位附着在病毒核心上，并向外延伸与外衣壳汇合形成车轮状，故称其为轮状病毒。轮状病毒分为 A~G 7 个组，其中 A、B、C 组与人腹泻有关。

该病毒对理化因素及外界环境的抵抗力较强，室温下非常稳定，在粪便中可存活数日至数周，耐乙醚、酸、碱，在

> **重点提示**
>
> *轮状病毒的形态和致病特点*

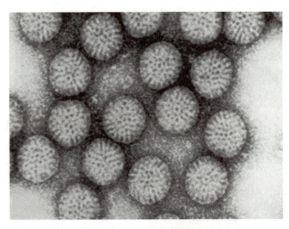

图 15-2　轮状病毒电镜图

pH 3.5 或 pH 10 时仍具有感染性，经胰酶作用后其感染性增强。不耐热，55℃ 30min 可被灭活。

（田维珍）

第四节　其他肠道病毒

一、柯萨奇病毒和埃可病毒

柯萨奇病毒（Coxsackie virus）是 1948 年从疑似麻痹型脊髓灰质炎患儿粪便中分离出来的一株病毒。埃可病毒（ECHO virus）是 1951 年在脊髓灰质炎流行期间，偶然从健康儿童的粪便中分离出来的，但当时对其与人类疾病的关系不清楚。柯萨奇病毒和埃可病毒的生物学性状、传播途径及致病过程机制与脊髓灰质炎病毒基本相似。

根据柯萨奇病毒对乳鼠的致病特点和对细胞培养的敏感性不同，可将其分为 A、B 两组，A 组包括 23 个血清型（A1~A22、A24，其中 A23 现归类为埃可病毒 9 型），B 组包括 6 个血清型（B1~B6）。埃可病毒对乳鼠不致病，包括 31 个血清型（1~9、11~27、29~33）。

柯萨奇病毒和埃可病毒以隐性感染为主，可侵犯胃肠道、呼吸道、皮肤、肌肉、心脏和中枢神经系统等不同靶器官，故临床表现多样，可引起无菌性脑炎、疱疹性咽炎、麻痹、胸痛、心肌炎、心包炎、婴幼儿腹泻、手足口病和肝炎等。其显著的致病特点是病毒主要在肠道中增殖，却很少引起肠道疾病；不同的肠道病毒可引起相同的临床疾病，同一型病毒也可引起几种不同的临床疾病。

1. 无菌性脑膜炎　几乎所有的肠道病毒都与无菌性脑膜炎、脑炎和轻瘫有关。无菌性脑膜炎患者先表现为发热，头痛和全身不适，然后出现颈项强直和脑膜刺激征等。肠道病毒所致的无菌性脑膜炎几乎每年夏秋季均有发生。其中埃可病毒 3、11、18、19 型，新型肠道病毒 71 型等所致的病毒性脑膜炎曾引起过暴发性流行。

2. 疱疹性咽峡炎　主要由 A 组柯萨奇病毒的 2~6、8、10 型引起，以夏秋季多见，患者主要为 1~7 岁儿童。典型症状是发热、咽痛，在软腭、悬雍垂周围出现水疱性溃疡损伤。

3. 手足口病　引发手足口病（Hand-foot-and-mouth disease，HFMD）的肠道病毒有 20 多种，其中以柯萨奇病毒 A 组 16 和肠道病毒 71 型最为常见，但肠道病毒 71 型曾引起过多次大流行，其重症率和病死率均高于柯萨奇病毒 A 组 16 所致的手足口病。手足口病以春末夏初多见，发病高峰主要为 5~7 月，好发于 6 个月至 3 岁的儿童，疾病特点为手、足、臀部皮肤出现皮疹，伴口舌黏膜水疱疹等，可伴发热。

4. 流行性胸痛　常由柯萨奇 B 组病毒引起，症状为突发性发热和单侧胸痛。

5. 心肌炎和扩张型心肌病　柯萨奇 B 组病毒是病毒性心肌炎的常见病原体，可引起成人和儿童的原发性心肌病，约占心脏病的 5%。新生儿患病毒性心肌炎死亡率高。

6. 眼病　主要见于由柯萨奇 A24 型引起的急性结膜炎和肠道病毒 70 型引起的急性出血性结膜炎，临床表现为结膜充血和水肿，分泌物增多，结膜下出血等。

此外，肠道病毒感染可能还与病毒感染后疲劳综合征、1 型糖尿病相关。感染两种病毒后血清中很快出现中和抗体，对同型病毒有持久免疫力。目前尚无理想疫苗和特异治疗方法，加强粪便、水源和饮食管理尤为重要。

> **重点提示**
>
> 柯萨奇病毒、埃可病毒的致病特点

二、新型肠道病毒

新型肠道病毒（new enteroviruses）指 1969 年以后陆续分离出来的肠道病毒，包括 68、69、70、71 型。除 69 型外均与人类疾病有关。新型肠道病毒形态结构、基因组及理化性状与脊髓灰质炎病毒相似。

1. 肠道病毒 68 型（EV68）　由呼吸道感染患儿标本中分离获得,主要引起儿童肺炎及支气管肺炎。

2. 肠道病毒 69 型（EV69）　从健康儿童的直肠标本中分离得到,致病性目前尚不清楚。

3. 肠道病毒 70 型（EV70）　是人类急性出血性结膜炎（又称红眼病）的病原体。与其他肠道病毒不同的是 EV70 并不能感染肠道细胞,而是直接感染眼结膜。主要通过接触传播,传染性强,多感染成人。治疗以对症治疗为主,干扰素滴眼液有较好的治疗效果,预后效果良好,一般无后遗症。

4. 肠道病毒 71 型（EV71）　是引起人类中枢神经系统感染的重要的病原体,可引起手足口病、疱疹性咽峡炎、无菌性脑膜炎、脑干脑炎及类脊髓灰质炎等多种疾病,严重者可致死。

> **重点提示**
>
> 新型肠道病毒的致病特点

三、杯状病毒

杯状病毒（calicivirus）是一种具有典型杯状形态、无包膜的单链 RNA 病毒。杯状病毒科包括 4 个属,即诺如病毒属、札幌病毒属、囊泡病毒属和兔病毒属,可引起人类急性病毒性胃肠炎的杯状病毒是诺如病毒属和札幌病毒属,它们是除轮状病毒外的人类病毒性腹泻的主要病原体。

（一）诺如病毒

诺如病毒（Norovirus）以往被称为小圆状结构病毒（small round structure virus, SRSV）,其原型病毒为诺瓦克病毒（Norwalk virus）。诺瓦克病毒是 1968 年在某学校暴发流行的急性胃肠炎患者粪便中首次发现的病原体。

诺如病毒是全球引起急性病毒性胃肠炎暴发流行的主要病原体之一。患者、隐性感染者及健康带毒者均可为传染源,粪 - 口传播为主要传播途径,也可通过呕吐物的气溶胶传播。诺如病毒传染性强,秋冬季高发,人群普遍易感;在人口聚集的学校、幼儿园、医院等场所容易引起暴发流行,从而成为突发公共卫生问题。诺如病毒感染后引起小肠绒毛轻度萎缩和黏膜上皮细胞的破坏。潜伏期为 24~48h,然后突然发病,恶心、呕吐、腹痛和水样腹泻,症状通常持续 1~3d。多数感染者呈自限性,预后较好,无死亡病例发生。诺如病毒感染人体后可诱生相应抗体,仅有一定的保护作用,不足以抵抗再次感染,但再次感染通常无症状。

（二）札幌病毒

札幌病毒（Sapovirus）因其表面有典型的杯状凹陷,棱高低不平,故被称为“典型杯状病毒”（classic calicivirus）。札幌病毒是 1977 年在托儿所腹泻患儿的研究中被证实的,该病毒为引起该托儿所腹泻暴发的病原体,后被国际病毒命名委员会命名为札幌病毒。札幌病毒主要引起 5 岁以下儿童腹泻,但发病率很低,其临床症状类似轻症的轮状病毒感染。

（三）星状病毒

星状病毒（astrovirus）在电镜下表面结构呈星形,有 5~6 个角,所以被命名为星状病毒。病毒核衣壳为规则 20 面体,无包膜,核酸为单正链 RNA。该病毒呈世界性分布,粪 - 口途径传播,是星状病毒性胃肠炎的主要病原体,患者、隐性感染者和病毒携带者是其主要传染源。主要引起婴幼儿和老年人腹泻,冬季多见。星状病毒侵犯十二指肠黏膜细胞,并在其中大量繁殖,造成细胞死亡,释放病毒于肠腔中,引起持续性的呕吐、腹泻、发热和腹痛,以水样便为主;但症状较轻,病程 1~4d。感染后可产生保护性抗体,免疫力较牢固。目前尚无特效的抗病毒药物及星状病毒疫苗研制的报道。因此,应遵循以切断传播途径为主的综合性防治原则,对症或支持治疗为主要治疗措施。

（四）肠道腺病毒

肠道腺病毒（enteric adenovirus）指引起急性胃肠炎的腺病毒。其中 40、41、42 三型已证实可引起消化道感染,是引起婴儿病毒性腹泻的常见病原体之一,因腹泻而入院治疗的患儿中约 15% 是由肠道腺病毒引起的。世界各地均有儿童腺病毒胃肠炎报告,主要经粪 - 口途径传播,也可经呼吸道传播。四季均可发病,以夏秋季多见,可引起暴发流行。主要侵犯 5 岁以下儿童,引起水样腹泻,伴有咽炎、咳嗽等呼吸道症状和较轻的发热及呕吐症状。通过检查病毒抗原、核酸及血清学检查可以辅助诊断。目前尚无特异性疫苗和抗病毒治疗方法,主要采取对症治疗。

知识拓展

手足口病的个人预防措施

手足口病是一种急性传染病,是全球性传染病,世界大部分地区均有此病流行的报道。1981 年我国上海地区首次发现并报道手足口病,近年来流行呈上升趋势。2008 年 5 月我国将此病正式纳入丙类传染病。手足口病的个人预防措施包括:①注意饮食卫生,避免病从口入。②避免与患儿接触,幼托机构发现患者,要采取隔离措施。③平时加强体质锻炼。④调理脾胃,及早治疗食积。

(田维珍)

思考题

1. 常见的消化道感染病毒有哪些,各引起哪些主要疾病,应如何施护施治?

2. 患儿,女,2 岁,发热待诊收住院治疗。体温在 39~40℃波动,持续高热 2d。手足出现形态为圆形或椭圆形的疱疹,疱壁厚,疱液少,不易破溃,周围有炎性红晕,上覆以较薄的灰黄色假膜,触之疼痛,饮食受限。住院期间,3d 内疱疹出齐,持续 5d 全部消退,皮疹大多不结痂、无瘢痕。并且伴随有口腔黏膜病变,流涎明显。进行血清学检查,为肠道病毒 EV71 型病毒感染。

ER 15-3

练习题

请思考:

(1) 该患儿可能患何种疾病?

(2) 针对患儿,可采取何种预防该种疾病传播的措施?

第十六章 | 其他病毒及朊粒

ER 16-1 ER 16-2

教学课件　　　思维导图

> **学习目标**
>
> 1. 掌握 HIV、乙型脑炎病毒的传染源、传播途径、致病机制及所致疾病。
> 2. 熟悉人类嗜 T 细胞病毒、蜱传脑炎病毒、登革病毒、汉坦病毒和克里米亚 - 刚果出血热病毒的传染源、传播途径和所致疾病；熟悉朊粒所致疾病。
> 3. 了解各种病毒的生物学性状。
> 4. 学会应用常见病毒相关知识进行疾病预防与宣教。
> 5. 培养学生具有关心、爱护、尊重患者的意识及职业生物安全防护意识。

> **案例**
>
> 患者，男，30 岁，胸闷、呼吸困难 2 周，间断发热 1 周。入院检查发现 HIV 抗体（+），CD4$^+$T 细胞计数 12 个 /μl（参考范围 418~980 个 /μl），胸部 CT 发现双肺弥漫分布磨玻璃影。诊断为 AIDS、肺孢子菌肺炎。给予抗感染治疗。
>
> **请问：**
> 1. 该患者的 CD4$^+$T 细胞数量为什么明显下降？
> 2. 需要给该患者提供怎样的心理护理和支持？

第一节　逆转录病毒

逆转录病毒为单正链 RNA 有包膜的病毒，含有逆转录酶，可将病毒基因组 RNA 转录为 DNA。对人类致病的逆转录病毒主要为 HIV 和人类嗜 T 细胞病毒。

一、人类免疫缺陷病毒

人类免疫缺陷病毒（human immunodeficiency virus，HIV）是获得性免疫缺陷综合征（acquired immunedeficiency syndrome，AIDS）（又称艾滋病）的病原体。HIV 有 HIV-1 和 HIV-2 两个血清型，全球 AIDS 大多由 HIV-1 所致，HIV-2 只见于非洲西部。

（一）临床意义

1. 传染源与传播途径　AIDS 的传染源是 HIV 感染者和 AIDS 患者。HIV 主要存在于感染者的血液、精液、阴道分泌物、乳汁及脑脊液等体液中。主要传播途径有：

（1）**性传播**：性接触传播是目前 HIV 的主要传播方式，AIDS 是重要的性传播疾病。

（2）**血液传播**：接受含有 HIV 的血液或血液制品、骨髓或器官移植，使用 HIV 污染的注射器、针头及其他医疗器械或理发美容工具等，均有感染 HIV 的风险；静脉吸毒者为高危人群。

（3）**垂直传播**：HIV 可经胎盘、产道或母乳喂养方式传播，其中经胎盘传播最为多见。

医护人员、检测及研究人员接触 HIV 感染者或 AIDS 患者的血液和体液机会多，工作时应注意职业生物安全防护。

2. 致病机制及临床表现 HIV 能选择性地侵犯表达 CD4 分子的细胞，主要指 CD4$^+$T 细胞和单核巨噬细胞，使 CD4$^+$T 细胞数量减少和功能障碍，引发免疫功能进行性衰退。HIV 感染整个过程可分为 4 期：

（1）**急性感染期**：HIV 感染后在体内大量复制增殖，引起病毒血症。患者出现发热、咽炎、乏力、淋巴结肿大、皮疹等症状，一般 2~3 周后症状自然消失，转入无症状潜伏期。在急性感染期可以从感染者血中检测到 HIV 抗原 p24，但 HIV 抗体可能尚未转阳，通常 HIV 抗体在感染 4~8 周之后才能在血液中检出。

（2）**潜伏期**：一般长达 6 个月 ~10 年甚至更长。机体多无临床症状或症状轻微，有无痛性淋巴结肿大。病毒潜伏在淋巴结等组织细胞中，低水平复制，血液中检测不到病毒。此期内感染者血中可检出 HIV 抗体。

（3）**AIDS 相关综合征期**：随着 HIV 大量复制、受染细胞数量的增多，CD4$^+$T 细胞数量不断减少，免疫损伤进行性加重。患者出现持续性低热、盗汗、全身不适、体重下降、腹泻、持续性全身淋巴结肿大等症状体征，逐渐加重。

（4）**典型 AIDS 期**：此期患者血液中 HIV 载量高，CD4$^+$T 细胞明显下降，免疫功能严重缺陷，出现多种机会性感染和恶性肿瘤等。常见的机会感染病原生物有白念珠菌、卡氏肺孢菌、新生隐球菌复合群、结核分枝杆菌、李斯特菌、巨细胞病毒、EB 病毒、单纯疱疹病毒、水痘 - 带状疱疹病毒、隐孢子虫等。AIDS 相关的恶性肿瘤主要包括卡波西肉瘤（Kaposi sarcoma）、伯基特淋巴瘤、多克隆 B 细胞恶性变产生的恶性淋巴瘤等。许多 AIDS 患者还会出现神经系统疾患，如 AIDS 痴呆综合征等。

3. 病后免疫及防治原则 HIV 感染后诱导机体产生体液免疫和细胞免疫，包括出现中和抗体、发挥 ADCC 效应的 NK 细胞及 CTL 细胞等，但均不能完全清除病毒，致使 HIV 在体内持续复制，形成长期的慢性感染状态。

目前尚无有效的 HIV 疫苗上市。预防 HIV 感染可采取以下措施：①广泛深入开展防治 AIDS 的宣传教育，普及 AIDS 预防知识，营造关爱 HIV 感染者及 AIDS 患者的社会环境。②洁身自好，提倡安全性生活。③宣传无偿献血知识，加强采供血机构和血液的管理，确保输血和血液制品安全。④禁止共用注射器、剃须刀和牙刷等。

> **重点提示**
>
> HIV 的传染源、传播途径、致病机制及所致疾病

> **知识拓展**
>
> ### 世界艾滋病日
>
> WHO 于 1988 年将每年的 12 月 1 日定为世界艾滋病日，号召世界各国和国际组织在这一日举办相关活动，宣传和普及预防 AIDS 的知识，唤起人们对 HIV 感染者和 AIDS 患者的同情和得到理解，号召全球人民共同行动，支持 AIDS 防治及反歧视方面的工作。世界艾滋病日的标志是红丝带，象征着大众对 HIV 感染者的关心与支持。

（二）生物学性状

HIV 为球形有包膜的病毒。核衣壳呈圆锥状，核心含两条单正链 RNA 和核衣壳蛋白 p7，衣壳

由具有高度特异性的衣壳蛋白 p24 组成；外层为脂蛋白包膜，刺突为包膜糖蛋白 gp120 和跨膜糖蛋白 gp41；核衣壳与包膜之间为基质蛋白（MA，p17）；病毒颗粒还含有复制病毒所需的逆转录酶（RT）、整合酶（IN）和蛋白酶（PR）（图 16-1）。gp120 是 HIV 与宿主细胞表面 CD4 分子结合的部位；gp41 介导病毒包膜与宿主细胞膜的融合。

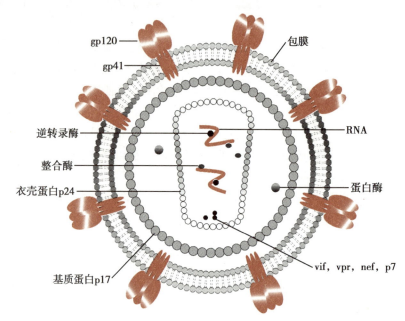

gp120
包膜
gp41
逆转录酶
RNA
整合酶
衣壳蛋白p24
蛋白酶
基质蛋白p17
vif, vpr, nef, p7

图 16-1　HIV-1 病毒颗粒结构模式图

HIV 对理化因素的抵抗力较弱，高压蒸汽灭菌法或煮沸 100℃ 20min 可被灭活。70% 乙醇、0.5% 过氧乙酸溶液或 0.5% 次氯酸溶液等均可灭活 HIV。冻干血液制品加热 68℃ 72h 可彻底灭活病毒。HIV 对紫外线有较强的抵抗力。

二、人类嗜 T 细胞病毒

人类嗜 T 细胞病毒（human T-cell lymphotropic virus，HTLV）是引起人类恶性肿瘤的 RNA 肿瘤病毒。HTLV 分为 HTLV-1 和 HTLV-2 两型，以下主要介绍 HTLV-1。

（一）临床意义

HTLV-1 主要感染 CD4⁺T 细胞，是成人 T 细胞白血病（ATL）的病原体。HTLV-1 的传染源是 ATL 患者和 HTLV 感染者，主要通过输血、性接触传播，亦可经胎盘、产道和哺乳等途径垂直传播。ATL 好发于 40 岁以上成人，HTLV 感染后多无临床症状，经过长期潜伏期，约有 1/20 的感染者发展为 ATL。ATL 的临床表现多样，分为急性型、淋巴瘤型、慢性型和隐匿型。主要的临床表现为淋巴结肿大、肝脾大、皮肤损害等，有些病例出现高钙血症，外周血白细胞增高并出现异形淋巴细胞。急性型和淋巴瘤型 ATL 的病情进展快，预后不良。

HTLV-1 感染后，机体可产生特异性抗体和细胞免疫。细胞免疫可杀伤病毒感染的靶细胞；但抗体出现后病毒抗原表达减少，影响细胞免疫清除感染的靶细胞。

（二）生物学性状

HTLV-1 为球形包膜病毒。核衣壳呈二十面体，核心含核衣壳蛋白和两条单正链 RNA。包膜糖蛋白 gp46 可与靶细胞表面的 CD4 分子结合，包膜上嵌有跨膜蛋白 gp21。

（万从碧）

第二节 虫媒病毒和出血热病毒

一、乙型脑炎病毒

乙型脑炎病毒（encephalitis B virus）简称乙脑病毒，是引起流行性乙型脑炎（简称乙脑）的病原体。乙脑是一种严重的急性传染病，病毒主要侵犯中枢神经系统，严重者病死率高，幸存者常留下神经系统后遗症。

（一）临床意义

1. 传染源和传播途径 乙脑病毒的主要传染源是携带病毒的猪、牛、羊、马、驴、鸭、鹅、鸡等家畜、家禽和各种鸟类。在我国，猪是最重要的传染源和中间宿主，特别是当年生幼猪，由于缺乏免疫力，具有较高的感染率和高滴度的病毒血症，养殖者及周围人群可因高频率接触病毒而感染。人感染病毒后仅发生短暂的病毒血症，且血中病毒滴度不高，因此患者不是主要的传染源。

乙脑病毒的主要传播媒介是三带喙库蚊。蚊子吸血后，病毒先在其肠上皮细胞中增殖，然后经血液进入唾液腺，通过叮咬易感动物而传播。病毒通过蚊子在动物-蚊-动物中形成自然循环，其间带病毒蚊子叮咬人类，则可引起人类感染。受感染的蚊子可带毒越冬并可经卵传代，因此蚊子既是传播媒介又是重要的储存宿主。

2. 致病机制及临床表现 人群对乙脑病毒普遍易感，但多表现为隐性感染，由于成人可因隐性感染获得免疫力，因此10岁以下儿童发病者居多。近年来由于在儿童中普遍接种疫苗，故成年人和老年人的发病率相对增高。

病毒经带毒蚊子叮咬进入人体后，先在皮肤朗格汉斯细胞和局部淋巴结等处增殖，经毛细血管和淋巴管进入血流，引起第一次病毒血症。病毒随血流播散到肝、脾等处的巨噬细胞中，继续大量增殖，再次入血，引起第二次病毒血症，临床上表现为发热、头痛、寒战、全身不适等流感样症状。绝大多数感染者病情不再继续发展，成为顿挫感染。但在少数免疫力不强的感染者身上，病毒可突破血脑屏障侵犯中枢神经系统，在脑组织神经细胞内增殖，引起神经细胞变性、坏死和脑膜炎症，出现中枢神经系统症状体征，如高热、头痛、意识障碍、抽搐和脑膜刺激征等，严重者可进一步发展为昏迷、中枢性呼吸衰竭或脑疝。

乙脑主要在亚洲的热带和亚热带国家和地区流行。乙脑的流行与蚊虫的消长相关，在热带地区，蚊子一年四季均可繁殖，故全年均可发生流行或散发流行；在亚热带和温带地区则有明显的季节性，以夏、秋季流行为主。

> **重点提示**
>
> 乙型脑炎病毒的传染源、传播途径、致病机制及所致疾病

乙脑病毒抗原性稳定，病后免疫力稳定而持久，隐性感染也可获得牢固的免疫力。可接种乙脑减毒活疫苗预防乙脑。

（二）生物学性状

乙脑病毒颗粒呈球形，核衣壳呈二十面体立体对称，有包膜，包膜上含有糖蛋白刺突。乙脑病毒只有1个血清型。病毒在培养细胞中连续传代后可使毒力下降，我国研制成功的减毒活疫苗就是将强毒株在原代仓鼠肾细胞中连续传代后选育而来的。乙脑病毒对酸、乙醚和三氯甲烷等脂溶剂敏感，不耐热，56℃ 30min、100℃ 2min均可使之灭活。对化学消毒剂也较敏感，多种消毒剂可使之灭活。在低温中能较长时间保存，-20℃可以存活数月，在-70℃可以保存数年。

二、蜱传脑炎病毒

（一）临床意义

蜱传脑炎病毒（tick-borne encephalitis virus，TBEV）又称森林脑炎病毒，引起以中枢神经系统病

变为特征的森林脑炎。森林脑炎主要流行于俄罗斯、东欧、北欧以及我国东北和西北林区，主要发生在春夏季。

森林脑炎是一种中枢神经系统的急性传染病，属于自然疫源性疾病。森林中的蝙蝠、野鼠、松鼠、野兔、刺猬等野生动物以及牛、马、羊等家畜均可作为传染源。蜱是传播媒介，病毒不仅能在蜱体内增殖，还能经卵传代，并能在蜱体内越冬，因此蜱既是传播媒介又是储存宿主。在自然疫源地，病毒可通过蜱叮咬野生动物在自然界循环。人类进入自然疫源地被带毒蜱叮咬而受感染。病毒亦可通过胃肠道传播，感染病毒的山羊可通过乳汁排出病毒，饮用含病毒的生羊奶可引起感染。此外，实验室工作者和与感染动物密切接触者还可通过吸入气溶胶感染。人感染病毒后，大多数表现为隐性感染，少数感染者经 7~14d 的潜伏期后突然发病，出现高热、头痛、呕吐、颈项强直、昏睡及肢体弛缓性瘫痪等症状。重症患者可出现发音困难、吞咽困难、呼吸及循环衰竭等延髓麻痹症状，病死率较高。显性感染和隐性感染均可获得持久的免疫力。

（二）生物学性状

蜱传脑炎病毒呈球形，衣壳呈二十面体对称，外有包膜，核酸为单正链 RNA。蜱传脑炎病毒可分为三个亚型，即欧洲亚型、远东亚型和西伯利亚亚型。不同来源的毒株毒力差异较大，但抗原性较一致。

三、登革病毒

（一）临床意义

登革病毒（dengue virus, DENV）是登革热、登革出血热 / 登革休克综合征的病原体。登革热广泛流行于全球热带、亚热带的国家和地区。

人和灵长类动物是登革病毒的主要储存宿主。白纹伊蚊和埃及伊蚊是主要传播媒介。在热带和亚热带丛林地区，猴和猩猩等灵长类动物对登革病毒易感，是丛林登革热的主要传染源。动物感染后不出现明显的症状及体征，但有病毒血症，蚊子通过叮咬带毒动物而形成病毒在自然界的原始循环。在城市和乡村地区，患者和隐性感染者是主要传染源，感染者在发病前 24h 到发病后 5d 内出现病毒血症，血液中含有大量的病毒，在此期间通过蚊子叮咬而传播，形成人 - 蚊 - 人循环。人群对登革病毒普遍易感。

登革病毒通过蚊子叮咬进入人体后在毛细血管内皮细胞和单核巨噬细胞系统内增殖，然后进入血液循环，形成第一次病毒血症；随后定位于单核巨噬细胞系统和淋巴组织中的登革病毒继续增殖，再次释入血流形成第二次病毒血症，引起相应临床症状，潜伏期约 4~8d。临床上，登革热可表现为两种不同类型：登革热和登革出血热 / 登革休克综合征。登革热又称典型登革热，为自限性疾病，病情较轻，以高热、头痛、皮疹、全身肌肉和骨、关节酸痛等为典型临床特征，其发热一般持续 3~7d 后骤退至正常，部分患者在退热后 1~5d 体温又再次升高，表现为双峰热或马鞍热。少数患者骨、关节疼痛剧烈，因此，登革热也曾被称为"断骨热"。登革出血热 / 登革休克综合征是登革热的严重临床类型，病情较重，初期有典型登革热的症状体征，随后病情迅速发展，出现严重出血现象，表现为皮肤大片紫癜及瘀斑、鼻出血、消化道及泌尿生殖道出血等，并可进一步发展为出血性休克，病死率高。

（二）生物学性状

病毒颗粒呈球形，有包膜。核衣壳呈 20 面体，由单正链 RNA 和衣壳蛋白 C 共同组成。病毒对热敏感，56℃ 30min 可以灭活。氯仿、丙酮等脂溶剂、脂酶或去氧胆酸钠可以通过破坏病毒包膜而灭活登革病毒。75% 乙醇、1% 碘酒、2%~3% 过氧化氢溶液等消毒剂可以灭活登革病毒。登革病毒对胃酸、胆汁和蛋白酶均敏感，对紫外线、γ 射线敏感。

四、汉坦病毒

（一）临床意义

汉坦病毒（Hantavirus，HV）是肾综合征出血热（hemorrhagic fever with renal syndrome，HFRS）的病原体。

HFRS是一种多宿主性的自然疫源性疾病，其主要宿主动物和传染源均为鼠类，如黑线姬鼠、褐家鼠、大林姬鼠和大白鼠等。动物源性传播是主要的传播途径，即携带病毒的动物通过唾液、尿液、粪便等排出病毒污染环境，人或动物通过呼吸道、消化道摄入或直接接触感染动物受到传染。感染病毒的孕妇有可能经胎盘将病毒传给胎儿。人类对汉坦病毒普遍易感，但多呈隐性感染，仅少数人发病。HFRS的潜伏期一般为两周左右，起病急，发展快。典型病例具有三大主症，即发热、出血和肾脏损害；典型临床病程可分为五期，即发热期、低血压休克期、少尿期、多尿期和恢复期。HFRS的病理改变以肾脏最为突出，主要表现为肾小球血管的充血和出血、上皮细胞变性和坏死、肾间质水肿出血等。

HFRS患者发热1~2d即可检测出特异性IgM抗体，第7~10日达高峰；第2~3日可检测出特异性IgG抗体，第14~20日达高峰，可持续多年甚至终生；但隐性感染产生的免疫力则不持久。HFRS病后可获稳定而持久的免疫力，二次感染发病者极为罕见。

（二）生物学性状

汉坦病毒颗粒具有多形性，多数呈圆形或卵圆形，病毒颗粒表面有脂质双层包膜，核酸类型为单负链RNA。多种传代、原代及二倍体细胞均对汉坦病毒敏感。汉坦病毒抵抗力不强。对酸和脂溶剂（如乙醚、三氯甲烷、丙酮、苯等）敏感，56~60℃ 1h、紫外线照射等也可灭活病毒。

五、克里米亚-刚果出血热病毒

（一）临床意义

克里米亚-刚果出血热病毒（Crimean-Congo hemorrhagic fever virus，CCHFV）是克里米亚-刚果出血热的病原体。

此病毒是一种自然疫源性疾病。野生啮齿类动物，牛、羊、马、骆驼等家畜及野兔、刺猬和狐狸等是病毒的主要储存宿主。硬蜱既是该病毒的传播媒介，也因病毒在蜱体内可经卵传代而成为储存宿主。该病的传播途径包括虫媒传播、动物源性传播和人-人传播。虫媒传播是主要的传播途径，通过带毒硬蜱的叮咬而感染；动物源性传播主要指与带毒动物直接接触或与带毒动物的血液、排泄物接触传播；人-人传播主要通过接触患者的血液、呼吸道分泌物、排泄物等引起感染。

人群普遍易感，但患者多为青壮年。本病的潜伏期为5~7d，临床表现为高热、剧烈头痛和肌痛等症状；出血现象明显，轻者多为皮肤黏膜的点状出血，重者可有鼻出血、呕血、血尿、便血甚至低血压休克等；患者一般无明显的肾损害。发病后1周左右血清中出现中和抗体，2周左右达高峰，并可持续多年。病后免疫力持久。

（二）生物学性状

此病毒的形态、结构、培养特性和抵抗力等与汉坦病毒相似。

（万从碧）

第三节　朊　粒

朊粒（prion）又称朊蛋白（prion protein，PrP），是一种由宿主细胞基因编码的、构象异常的蛋白质，不含核酸，具有自我复制能力和传染性。朊粒是人和动物传染性海绵状脑病（transmissible spongiform encephalopathy，TSE）的病原体。

一、临床意义

TSE 是一种慢性、进行性和致死性的中枢神经系统变性脑病，又称朊粒病。该疾病的共同特点是：①潜伏期长，可达数年甚至数十年之久。②一旦发病，病程呈亚急性、进行性发展，最终死亡，患者临床表现以痴呆、共济失调、震颤等中枢神经系统症状为主。③病理学特征表现为脑皮质神经细胞空泡变性、死亡，星形胶质细胞增生，脑皮质疏松呈海绵状，并有淀粉样斑块形成，脑组织中无炎症反应。④朊粒免疫原性低，不能刺激宿主产生特异性免疫应答。主要的人类和动物朊粒病有库鲁病、克-雅病、变异型克-雅病、羊瘙痒病、牛海绵状脑病等。

二、生物学性状

人类和多种哺乳动物的染色体中存在着编码朊蛋白的基因。在正常情况下，PrP 基因编码细胞朊蛋白（PrP^c）。PrP^c 是一种正常的糖基化膜蛋白，PrP^c 的分子构象主要以 α 螺旋为主，对蛋白酶 K 敏感，可溶于非变性去污剂，对人和动物没有致病性，也没有传染性。某些因素作用可引起 PrP^c 错误折叠，致使其构象发生异常改变，形成具有致病作用的羊瘙痒病蛋白（scrapie prion protein，PrP^{Sc}），即朊粒。此时 PrP^{Sc} 的分子构象以 β 折叠为主，仅存在于感染的人和动物组织中，对蛋白酶 K 有抗性，具有致病性与传染性。因此，朊粒的本质是一种异常折叠的 PrP，由 PrP^c 转变为 PrP^{Sc} 而成。

朊粒对理化因素有很强的抵抗力：对热有很强的抗性（121.3℃，20min 不能灭活朊粒，需 134℃，≥2h 才能使其失去传染性）；对蛋白酶 K 不敏感。此外，朊粒对辐射、紫外线及常用消毒剂也有很强的抗性。目前灭活朊粒是采取化学处理和高压蒸汽灭菌相结合的方法：室温 20℃、1mol/L NaOH 溶液，作用 1h 后，再置高压蒸汽灭菌器（134℃，≥2h）灭活朊粒。

（万从碧）

思考题

1. 试比较 HIV、乙型脑炎病毒、蜱传脑炎病毒、登革病毒、汉坦病毒和克里米亚-刚果出血热病毒的形态特征、传染源、传播途径、所致疾病，并提出防治措施。

2. 患者，男，35 岁，反复腹泻伴低热 6 个月余收入院。患者有同性性行为史。入院检查 HIV 抗体（+）、梅毒密螺旋体抗体（+）。诊断为 AIDS、隐性梅毒。给予抗病毒等治疗。

ER 16-3

练习题

请思考：

（1）该患者存在哪些感染 HIV 的高危因素？

（2）护理该患者应该采取哪些安全防护措施？

第十七章 | 人体寄生虫学概述

ER 17-1 教学课件　ER 17-2 思维导图

　　人体寄生虫学(human parasitology)是研究与人体健康有关的寄生虫的临床意义、生物学性状与流行因素的科学。

第一节　寄生虫的生物学

案例

　　患者,男,29 岁,因反复腹痛、腹泻 2 月余曾按肠炎治疗未见好转就诊。体格检查:B 超检查未见异常,血常规检查显示嗜酸性粒细胞百分数(EOS%)15%(计算法参考范围 0.5%~5%)。粪便饱和盐水漂浮法检查,镜下见大量蛔虫卵、鞭虫卵,对患者粪便碘液涂片见大量贾第鞭毛虫包囊、少许蛔虫卵与鞭虫卵。患者平时有生食蔬菜、泡菜、饮生水等习惯。

　　请问:
　　1. 该患者的寄生虫感染有什么特点?
　　2. 临床上如何预防寄生虫的感染?

一、寄生现象、寄生虫、宿主及生活史

(一)寄生现象

　　在自然界,随着漫长的生物演化过程,不同生物之间逐渐形成了复杂的关系。其中两种不同的生物共同生活的现象,称为共生(symbiosis)。根据共生生物之间的利害关系,共生关系分为三种类型。

　　1. 共栖(commensalism)　指两种生物共同生活,其中一方受益,另一方既不受益也不受害。如人结肠内的阿米巴以细菌为食物,不侵犯人体组织,对人无利也无害。

　　2. 互利共生(mutualism)　指两种生物共同生活,彼此相互依赖,共同受益,称为互利共生。如牛、马胃内的纤毛虫,以分解植物纤维而获取营养,同时将植物纤维分解为有利于牛、马吸收的糖类物质,而纤毛虫的繁殖和死亡,又为牛、马提供蛋白质。

3. 寄生（parasitism）　指两种生物在一起生活，其中一方受益，另一方受害，后者为前者提供营养物质和居住场所，这种生活关系称为寄生现象。如似蚓蛔线虫寄生在人的小肠，从肠腔获取营养并损害人体。

（二）寄生虫

寄生关系中长期或短暂地依附于另一种生物体内或体表、获得营养并给对方造成损害的低等生物称为寄生虫（parasite）。寄生虫的种类繁多，按照人体寄生虫与宿主的关系，可分为以下几类。

1. 按寄生部位　分为体内寄生虫和体外寄生虫，如蛔虫寄生于小肠、疟原虫的红内期寄生于人体红细胞，红外期寄生于肝细胞；蚤和虱寄生于体表。

2. 按寄生性质　①专性寄生虫：至少有一个阶段营寄生生活，如血吸虫。②兼性寄生虫：既可营自生生活亦可营寄生生活，如粪类圆线虫既可寄生于宿主肠道内，也可以在土壤中营自生生活。③偶然寄生虫：因偶然机会侵入宿主而营寄生生活，如蝇蛆。④机会致病寄生虫：通常为隐性感染状态，当宿主免疫功能受损时出现异常增殖并致病，如刚地弓形虫。

3. 按寄生时间　分为长期寄生虫和暂时性寄生虫，如成虫阶段必须过寄生生活的钩虫和只在获取食物时侵袭人体的蚊等。

（三）宿主

在寄生关系中，被寄生虫寄生的生物称为宿主（host）。寄生虫在发育过程中需要一种或一种以上的宿主，按寄生关系的性质，可分为以下几类。

1. 终宿主（definitive host）　指寄生虫成虫或有性生殖阶段所寄生的宿主。

2. 中间宿主（intermediate host）　指寄生虫幼虫或无性生殖阶段所寄生的宿主。有些寄生虫发育过程中需要多个中间宿主，按其寄生顺序依次称为第一中间宿主和第二中间宿主等。

3. 储存宿主（reservoir host）　有些寄生虫除寄生于人体外，还可寄生于某些脊椎动物体内，这些动物是人体寄生虫病的重要传染源，在流行病学上起到储存和保虫的作用，又称保虫宿主。

4. 转续宿主（paratenic host）　指含有滞育状态寄生虫幼虫的非适宜宿主。幼虫在转续宿主体内不发育，如有机会进入适宜宿主体内后，才能发育为成虫。

> **重点提示**
>
> 宿主的种类

（四）生活史

寄生虫完成一代生长、发育、繁殖的全过程及所需的环境条件称为寄生虫的生活史（life cycle）。寄生虫的发育过程一般包括寄生虫部位、排出途径、外界发育、感染阶段、感染途径和体内移行等。按照生活史过程中是否需要中间宿主，可将生活史分为直接型和间接型两类。①直接型：在完成生活史的过程中不需要中间宿主，如蛔虫、钩虫等。②间接型：有些寄生虫在完成生活史的过程中需要在中间宿主体内发育至感染期后才能感染宿主，如肝吸虫、肺吸虫、血吸虫等。

在寄生虫生活史过程中具有感染人体能力的发育阶段称为感染阶段（infective stage）。如肝吸虫生活史中有虫卵、毛蚴、胞蚴、雷蚴、尾蚴、囊蚴、童虫和成虫等多个阶段，只有囊蚴进入人体引起感染，因此囊蚴为肝吸虫的感染阶段。

二、寄生关系的演化

寄生虫经历了漫长的适应宿主环境的过程，从自然生活演化为寄生生活，其形态结构和生理功能要发生变化以适应寄生环境。

（一）形态结构的改变

由自由生活变为寄生生活，寄生虫的形态结构变化主要表现为体形的改变、器官的变化和新器官的产生。如肠道寄生虫的线虫和绦虫多演化为线状或带状，以适应狭长的肠腔。又如在体外寄生的跳蚤，为便于在皮毛之间移动，虫体形成两侧扁平、无翅，外形如梭的形态。

寄生虫为适应寄生生活，可产生新的器官，但有些器官也可退化或消失，如吸虫和绦虫为增加吸附组织结构的能力，产生了吸盘或吸槽；完成营寄生生活的绦虫可靠体壁吸收营养物质，其消化器官则退化消失；为了增加生存机会，体内寄生线虫的生殖器官高度发达，大大地增加了产卵能力。

（二）生理功能的改变

消化道寄生虫能分泌抗胃蛋白酶和抗胰蛋白酶等物质，以抵抗消化液的作用，并且在肠道的低氧环境下，将能量代谢转变为糖酵解的方式。为了维持种族繁衍，寄生虫形成了超强的繁殖能力，如一条绦虫每一个成熟的节片都具有雌雄生殖系统。

（王 蕾）

第二节　寄生虫与宿主的相互作用

寄生虫与宿主的关系主要包括寄生虫对宿主的损害作用及宿主对寄生虫的防御两个方面。寄生虫侵入宿主后，可对宿主产生不同程度的损害，同时宿主对寄生虫的感染也会产生不同程度的免疫力加以清除。二者相互作用的结果，一般可表现为宿主清除或杀灭寄生虫或寄生虫引起感染但无临床症状的带虫者或出现明显的临床症状，称为寄生虫病。

一、寄生虫对宿主的损害作用

（一）掠夺营养

寄生虫在宿主体内生长、发育和繁殖所需的营养物质均来源于宿主，导致宿主营养消耗，抵抗力下降，如寄生于人体肠道内的蛔虫或绦虫，影响肠道吸收功能，并以人体消化或半消化的食物为食，引起宿主营养不良。

（二）机械性损伤

寄生虫在体内的移行和定居，可对宿主组织造成损害或破坏。如姜片虫依靠吸盘吸附人体肠壁，可造成肠壁损伤；大量蛔虫扭结成团可引起肠梗阻；钩虫咬附于肠黏膜，使黏膜糜烂出血；肺吸虫童虫在宿主体内移行可引起多个脏器损伤。

（三）毒性作用与免疫损伤

寄生虫的分泌物、排泄物、脱落物或死亡虫体的分解产物对宿主均有毒性作用，或能引起免疫病理损伤。如血吸虫抗原与宿主抗体结合形成免疫复合物沉积于肾小球，可引起肾小球基底膜损伤；蛔虫的幼虫引起的哮喘；溶组织内阿米巴分泌溶组织酶，有助于虫体侵入从而形成肠壁溃疡和肝脓肿；细粒棘球蚴的囊液可引起Ⅰ型超敏反应等。

> **重点提示**
>
> 寄生虫对宿主的损害作用

二、宿主对寄生虫的免疫作用

宿主对寄生虫可产生一系列的防御反应，机体通过非特异性免疫和特异性免疫抵抗寄生虫的入侵。

（一）固有免疫

固有免疫又称非特异性免疫，是人类在长期的进化过程中逐渐建立起来的天然防御机制，如皮肤、黏膜和胎盘的免疫屏障作用；吞噬细胞的吞噬作用；免疫分子对寄生虫的杀伤作用。另外宿主对某些寄生虫具有先天不感染性，如鼠感染的伯氏疟原虫不能使人感染。

（二）适应性免疫

适应性免疫又称特异性免疫，由寄生虫抗原刺激宿主免疫系统所产生的针对该类抗原的特异性免疫应答。根据其发生机制可分为体液免疫和细胞免疫，根据其结果可分为消除性免疫和非消除性免疫。

1. 消除性免疫　指人体感染寄生虫后，机体所产生的免疫既可清除体内寄生虫，又能对再感染产生完全抵抗力，如热带利什曼原虫引起的皮肤利什曼病。

2. 非消除性免疫　人体感染寄生虫后产生免疫力，但不能完全清除体内原有的寄生虫，仅表现在一定程度上能抵抗再感染，如带虫免疫和伴随免疫。疟疾患者发作停止后，体内疟原虫未被完全清除，但宿主对相同虫种感染具有一定的抵抗力，这种状态称为带虫免疫。血吸虫感染后所产生的免疫力对体内活的成虫无明显杀伤效应，但可杀伤再次侵袭的童虫，这种状态称为伴随免疫。

（三）免疫逃避

寄生虫逃避宿主免疫力攻击的现象称为免疫逃避，其机制复杂，与多种因素相关。

1. 抗原性改变　寄生虫可通过改变其抗原表位逃避宿主的免疫攻击，如寄生虫具有不同的发育阶段，每个阶段的抗原不同，即使在同一发育阶段，有些虫种抗原亦可产生变化，称为抗原变异；还有些寄生虫能将宿主成分结合在体表，导致宿主免疫系统不能识别，称为抗原伪装。

2. 抑制宿主的免疫应答　寄生虫抗原有些可直接诱导宿主的免疫抑制，通过调节性 T 细胞、封闭抗体、免疫抑制因子或降低巨噬细胞的吞噬功能等。

3. 解剖位置隔离　寄生在组织、细胞、腔道中的寄生虫由于特殊的解剖生理屏障，使其与免疫系统隔离，可对寄生虫提供一定程度的保护作用。如肠道寄生虫较少受到宿主免疫力的作用。

（四）超敏反应

某些寄生虫感染后引起的免疫病理损伤可直接对人体造成巨大危害，按发病机制分为 I、II、III、IV 型超敏反应。如蠕虫感染后的荨麻疹、细粒棘球绦虫囊液所致的休克等属于 I 型超敏反应；在内脏利什曼病和疟疾患者中，因虫体抗原吸附于红细胞表面，出现溶血，属于 II 型超敏反应；血吸虫虫卵释放的可溶性抗原，形成大量免疫复合物沉积在肾小球基底膜，导致血吸虫肾炎，属于 III 型超敏反应；血吸虫虫卵沉积在肝脏和肠壁，引起的虫卵肉芽肿，是 T 细胞介导的 IV 型超敏反应。

（王　蕾）

第三节　寄生虫感染人体的特点

一、隐性感染和慢性感染

通常人体感染寄生虫后没有明显的临床症状体征，或在临床上出现一些症状后，未经治疗或治疗不彻底而逐渐转入慢性持续感染阶段。慢性感染（chronic infection）是寄生虫病的特点之一，在慢性感染期，人体往往同时伴有组织损伤和修复，如血吸虫病流行区患者大部分属于慢性期血吸虫病，成虫在体内存活时间较长，并且宿主体内出现修复性病变。

隐性感染（silent infection）指人体感染寄生虫后，既无明显的临床表现，又不易用常规方法检获病原体的一种寄生现象。如弓形虫、卡氏肺孢子虫等机会致病寄生虫常为隐性感染，当机体抵抗力下降或者免疫功能不全时，这些寄生虫可在体内大量增殖、致病力大大增强，出现明显的临床症状体征。

二、多寄生现象

人体同时感染两种或两种以上寄生虫时，称为多寄生现象（polyparasitism），这种现象在消化道的寄生虫中较为普遍,如蛔虫与鞭虫同时感染的机会较高。有时候不同虫种在同一宿主体内可能会相互促进或制约,如短膜壳绦虫的寄生有利于蓝氏贾第鞭毛虫的生存,感染疟原虫可使宿主对鼠鞭虫、旋毛虫等产生免疫抑制。

三、幼虫移行症

幼虫移行症(larva migrans)指寄生虫幼虫侵入非正常宿主不能发育为成虫,在宿主体内移行,引起宿主局部或全身病症。根据幼虫侵入的部位不同,幼虫移行症可分为皮肤幼虫移行症和内脏幼虫移行症。其中内脏移行症是以内脏损害为主,如犬弓首线虫的虫卵被人误食后,不能发育为成虫,但可侵犯组织脏器,是最常见的内脏移行症的病原体,另外斯氏狸殖吸虫、广州管圆线虫也是常见的引起内脏幼虫移行症的病原体。

皮肤幼虫移行症则以皮肤损害为主,如犬钩虫引起的匐行疹,禽类的血吸虫引起人的尾蚴性皮炎和斯氏狸殖吸虫童虫引起的游走性皮下结节或包块。

四、异位寄生

异位寄生(ectopic parasitism)指某些寄生虫在常见寄生部位以外的组织或器官内寄生,引起异位病变的现象。如肺吸虫的常见寄生部位在肺部,但也可寄生于腹腔、脑等部位。

(王 蕾)

第四节　寄生虫病的流行

寄生虫病在一个地区流行必须具备三个基本环节,即传染源、传播途径和易感人群。当这三个环节在某一地区同时存在并相互联系时,就会引起寄生虫病的流行。

一、寄生虫病流行的基本环节

(一)传染源

人体寄生虫病的传染源指感染了寄生虫的人和动物,包括患者、带虫者及储存宿主。如蛲虫感染的带虫者或患者从粪便排出蛲虫卵都是传染源,例如华支睾吸虫病的传染源可以是人或猫、犬等储存宿主。

(二)传播途径

传播途径指寄生虫从传染源排出,借助于某些传播因素侵入另一宿主的全过程。人体寄生虫常见的传播途径有:

1.经口感染　为最常见的感染途径,包括经水源传播和食物传播。如蛔虫的感染期虫卵、原虫的包囊可通过污染的食物、饮水等被人误食而感染;生食或半生食含有囊蚴的鱼、虾、蟹类或含有绦虫囊尾蚴的猪肉、牛肉也可使人感染。

2.经皮肤感染　寄生虫感染阶段经皮肤侵入人体,如钩虫的丝状蚴、血吸虫的尾蚴均可经皮肤侵入人体使人感染。

3.经媒介昆虫传播　有些寄生虫在媒介节肢动物体内发育为感染阶段,经节肢动物叮刺吸血感染人体,如疟原虫的子孢子、丝虫的丝状蚴等。

4.经接触感染　寄生在体表或腔道的寄生虫可因直接接触或间接接触而感染,如阴道毛滴虫、疥螨、蠕形螨等。

5.自体感染　有些寄生虫可通过体内或体外途径使自体发生重复感染,如猪带绦虫、粪类圆线虫、微小膜壳绦虫等。

6. 其他感染方式　如弓形虫通过胎盘传播、疟原虫通过输血感染、肺孢子虫经呼吸道感染等。

（三）易感人群

易感人群指对寄生虫缺乏免疫力或免疫力低下的人群。一般情况下，人对寄生虫普遍易感。而一些特定人群如儿童、从非流行区进入流行区（此前未接触该寄生虫）的人群尤其易感。

二、影响寄生虫病流行的因素

（一）自然因素

自然因素包括地理环境和气候因素，如温度、湿度、光照、雨量等。自然因素可通过影响流行过程的三个环节而发挥作用。地理环境可通过影响寄生虫的中间宿主，如肺吸虫的第二中间宿主溪蟹和蝲蛄只在山区小溪中生长，所以肺吸虫病大多只在丘陵和山区流行。气候条件会影响寄生虫在外界的生长、发育及其中间宿主或昆虫媒介的滋生，如血吸虫的毛蚴孵化和尾蚴的逸出除需水资源外，还与温度、光照等有关。

（二）生物因素

间接型生活史的寄生虫，其中间宿主或节肢动物的存在是这些寄生虫病流行的必需条件。如长江以北的自然条件不适合日本血吸虫的中间宿主钉螺的生存，因而我国北方地区几乎无血吸虫病流行。

（三）社会因素

社会因素包括社会制度、经济状况、文化教育水平、医疗卫生、防疫保健、居住条件，以及生产方式和生活习惯等。如较差的卫生条件，增加了寄生虫病流行的机会。

三、寄生虫病流行的特点

（一）地方性

某些疾病在某一地区经常发生，而无须自外地输入，这种情况称地方性。寄生虫病的流行常有明显的地方性，主要与当地的气候条件、中间宿主或媒介节肢动物的地理分布、人群的生活习惯，以及生产方式等有关。如钩虫病在我国淮河及黄河以南地区广泛流行；有些食源性寄生虫病，如肝吸虫病、旋毛虫病的流行，与当地居民的饮食习惯密切相关。

（二）季节性

由于温度、湿度、雨量、光照等气候条件会对寄生虫的中间宿主和媒介节肢动物种群数量的消长产生影响，因此寄生虫病的流行往往有明显的季节性。如钩虫感染多见于春、夏季；间日疟原虫的流行季节与中华按蚊或嗜人按蚊的活动季节一致；急性血吸虫病常出现于夏季，人们因农田生产或下水活动接触疫水而感染血吸虫。

（三）自然疫源性

在原始森林或荒漠地区，一些寄生虫可以在脊椎动物之间传播。当人偶然进入该地区时，则可从脊椎动物通过一定途径传播给人，这种地区称为自然疫源地。这类不需要人的参与而存在于自然界的人兽共患寄生虫病称为自然疫源性寄生虫病。

> **知识拓展**
>
> ### 寄生虫病
>
> 我国幅员辽阔，资源丰富，曾经是寄生虫病流行严重的国家之一。中华人民共和国成立初期，我国将疟疾、血吸虫病、丝虫病、内脏利什曼病和钩虫病列为重点防治的寄生虫病。我国经过艰苦奋斗，内脏利什曼病已于1958年得到有效控制，1994年已基本消灭了丝虫病，

2021年已经被WHO认定为无疟疾国家，血吸虫病和钩虫病的发病率也明显下降。

随着生态环境的改变，一些过去不太引人注意的寄生虫病却凸显出来，如棘球蚴病、猪囊尾蚴病、华支睾吸虫病、并殖吸虫病和旋毛虫病。我国寄生虫病防治的任务还十分艰巨，仍需全社会和专业人员协同、各种防治措施并重、从防治实际出发综合治理，以最终达到控制和消灭寄生虫病的目的。

（王 蕾）

思考题

1. 防治寄生虫病应采取哪些综合措施？

2. 患者，男，50岁，农民，因反复出现上腹隐痛不适，间有黑便，自觉头晕、乏力入院。体格检查：贫血貌，脐与剑突之间有压痛，肝脾未触及。血常规：WBC 4.29×10^9/L，RBC 3.15×10^{12}/L，HGB 59g/L。初步诊断为上消化道出血，原因待查。给予对症治疗，病情有所缓解。入院期间行胃镜检查发现患者十二指肠球部黏膜苍白，可见数条白色虫体。

请思考：

(1) 结合患者的情况试述感染寄生虫的途径有哪些？

(2) 应如何预防控制寄生虫的感染？

ER 17-3

练习题

第十八章 | 常见医学蠕虫

ER 18-1
教学课件

ER 18-2
思维导图

学习目标

1. 掌握常见医学蠕虫（线虫、吸虫、绦虫）生活史特点及主要致病性。
2. 熟悉常见医学蠕虫（线虫、吸虫、绦虫）的成虫、虫卵及幼虫的形态。
3. 了解常见医学蠕虫（线虫、吸虫、绦虫）的实验室检查、流行与防治原则。
4. 学会正确采集常见医学蠕虫病的实验室检查标本及辨认成虫、虫卵，能对常见医学蠕虫病的防治及流行病学开展宣教。
5. 具有关心关爱患者的职业美德和医者职业精神。

蠕虫是一类能借助肌肉伸缩而蠕动的多细胞无脊椎动物。寄生于人体的蠕虫称为医学蠕虫，主要包括线虫、吸虫和绦虫等。根据其生活史类型可分为两类：

1. 土源性蠕虫 完成生活史过程中不需要中间宿主，为直接型，其虫卵或幼虫在外界发育至感染阶段后直接感染人体。主要有蛔虫、鞭虫、蛲虫、钩虫等。

2. 生物源性蠕虫 完成生活史过程中需要中间宿主，为间接型，其虫体只有在中间宿主体内发育至感染阶段后才能感染人体。主要有丝虫、旋毛虫、吸虫及绦虫等。

第一节　常见线虫

线虫属于线形动物门，已发现的有 2 万余种，绝大多数营自生生活，少数营寄生生活。寄生于人体并能导致严重疾病的常见线虫有 10 余种。成虫呈圆柱形，身体不分节；雌雄异体，雌虫一般大于雄虫；雌虫尾端多尖直，雄虫尾端多向腹面卷曲或膨大。虫卵一般为卵圆形或椭圆形，无卵盖；卵壳呈无色、黄色或棕黄色；卵内容物为卵细胞或幼虫。

线虫发育的基本过程分为虫卵、幼虫和成虫三个阶段。多数线虫在发育过程中不需要中间宿主，在外界适宜条件下直接发育为感染阶段的虫卵或幼虫，经口或皮肤感染宿主，如蛔虫、鞭虫、蛲虫、钩虫等；少数线虫在发育过程中需要中间宿主，雌虫产出的幼虫必须在中间宿主体内发育为感染期幼虫，才能经口或经媒介感染宿主，如丝虫、旋毛虫等。

一、似蚓蛔线虫

（一）临床意义

似蚓蛔线虫（*Ascaris lumbricoides*）简称蛔虫，是一种大型线虫。成虫寄生于人体的小肠中，引起蛔虫病。

1. 幼虫致病 幼虫在组织中移行主要致组织机械性损伤，并可引起局部和全身超敏反应。人体最常受损的器官是肺，临床表现为发热、咳嗽、哮喘、黏液痰或血痰及发热、荨麻疹、血中嗜酸粒细胞增多、IgE 升高等，即蛔蚴性肺炎。

2. 成虫致病　成虫是蛔虫的主要致病阶段。

（1）**掠夺营养和影响吸收**：蛔虫在小肠内掠夺宿主营养和影响小肠对营养物质的吸收功能，患者常出现间歇性脐周腹痛、消化不良、腹泻或便秘等症状。重度感染的儿童出现营养不良，甚至发育障碍。

（2）**超敏反应**：蛔虫可引起Ⅰ型超敏反应。表现为荨麻疹、哮喘、结膜炎等症状。

（3）**并发症**：蛔虫成虫具有钻孔的习性，可钻入胆道、胰管、阑尾等处，分别引起胆道蛔虫病、胰腺炎、阑尾炎等并发症。胆道蛔虫病是临床上最为常见的并发症，可出现胆道大出血、肝脓肿、胆结石、胆囊破裂及胆汁性腹膜炎。患者体温升高、食入辛辣刺激食物，以及不适当的驱虫治疗等因素是引起成虫在小肠内窜扰的诱因。大量的虫体扭结成团堵塞肠管，或使其寄生肠段蠕动出现障碍，均可引起肠梗阻甚至肠穿孔。

> **重点提示**
>
> 蛔虫感染的临床意义

（二）生物学性状

1. 形态

（1）**成虫**：虫体呈长圆柱形，头尾两端稍细，似蚯蚓，是人体常见的大型线虫。虫体活时为粉红色或微黄色，死后呈灰白色。体表有细横纹和两条白色的侧线。雌虫长 20~35cm，尾端尖直；雄虫长 15~31cm，尾端向腹面卷曲。

（2）**虫卵**：分受精卵和未受精卵（图 18-1）。受精卵大小为（45~75）μm×（35~50）μm，呈宽椭圆形。卵壳较厚，卵壳表面有一层由雌虫子宫分泌的、波浪状蛋白质膜，通常被胆汁染成棕黄色。早期卵壳内含一个大而圆的卵细胞，在卵细胞与两端卵壳之间有新月形间隙。未受精卵多呈长椭圆形，大小为（88~91）μm×（39~44）μm。蛋白质膜和卵壳均较受精卵薄，卵壳内含许多大小不等的屈光颗粒。受精卵或未受精卵的蛋白质膜有时可脱落，变成无色透明的脱蛋白质膜卵，由于卵壳较厚，仍可与其他线虫卵区别，但应特别注意与钩虫卵相鉴别。卵壳厚而透明是蛔虫卵的主要特征。

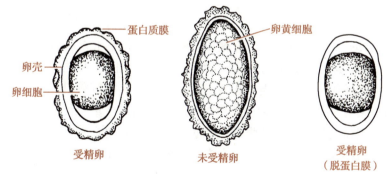

图 18-1　蛔虫卵示意图

2. 生活史　成虫寄生于人体小肠，空肠最为多见。以肠内消化、半消化食物为营养。雌、雄成虫交配产卵，每条雌虫每日产卵可多达 24 万个，卵随粪便排出。受精卵在温暖、潮湿、阴暗、氧气充足的土壤中，卵内细胞约经 2 周发育为含蚴卵，卵内幼虫蜕皮 1 次，发育为对人具有感染性的感染性虫卵。感染性虫卵污染食物被人吞食后，卵内幼虫在小肠上段破壳孵出。幼虫主动钻入肠壁，进入小静脉或淋巴管，经肝、右心到达肺，幼虫穿出肺泡毛细血管进入肺泡，在肺泡内约经 2 周发育，蜕皮 2 次。然后幼虫沿支气管、气管到达咽部，被宿主随唾液或食物吞咽入食管，经胃并回到小肠。在小肠内完成第 4 次蜕皮后，经数周发育为成虫。幼虫在移行过程中也可随血流到达其他器官，造成机械性损伤，但一般不能发育为成虫。自感染人体到雌虫产卵需 60~75d。成虫的寿命通常为 1 年左右（图 18-2）。

> **重点提示**
>
> 蛔虫生活史

（三）流行情况

该虫呈世界性分布，为我国最常见的人体寄生虫之一，通常在温暖、潮湿、卫生条件差的地区人群中普遍感染。感染率一般农村高于城市，儿童高于成人。多数感染者体内寄生虫体数量较少，少数感染者体内寄生虫体数量较多，可达上千条。蛔虫病的传染源为患者和带虫者。

蛔虫分布广泛且感染率高的主要原因：①生活史简单，虫卵在外界环境中不需中间宿主，即可直接发育为感染期卵。②雌虫产卵量大。③虫卵对外界因素的抵抗力强，在适宜的土壤中可存活数月至一年，食醋、酱油或盐水均不能将其杀死。④粪便管理不当，使用未经无害化处理的人粪施肥，或随地排便造成虫卵污染土壤、蔬菜和环境。⑤人们卫生习惯不良，如生吃未洗净的瓜果和蔬菜、饮生水、玩泥土等，均可造成误食虫卵。⑥苍蝇、蟑螂及禽、畜的机械性携带虫卵，可造成蛔虫卵的广泛传播。

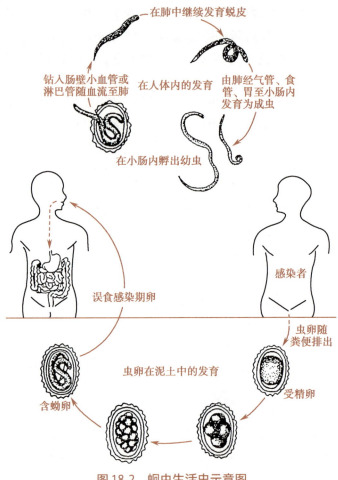

图 18-2　蛔虫生活史示意图

二、毛首鞭形线虫

（一）临床意义

毛首鞭形线虫（*Trichuris trichiura*）简称鞭虫，成虫主要寄生于人体盲肠，引起鞭虫病。成虫以细长的前端钻入肠黏膜、黏膜下层甚至肌层，吸食组织液和血液，加之其分泌物的刺激作用，可致肠壁黏膜组织出现充血、水肿或出血等慢性炎症反应。轻度感染多无明显症状，重度感染可致慢性贫血，严重感染者可出现头晕、恶心、呕吐、腹痛、慢性腹泻、消瘦及贫血等。儿童营养不良或并发肠道致病菌感染后可引起重度感染，重度感染可导致直肠脱垂。

> **重点提示**
>
> 鞭虫的临床意义

（二）生物学性状

1. 形态

（1）**成虫**：成虫外形似马鞭，虫体前 3/5 细长，后 2/5 粗短。雌虫长 35~50mm，尾端钝圆。雄虫长 30~45mm，尾部向腹面呈螺旋状弯曲。

（2）**虫卵**：虫卵形似腰鼓形，黄褐色，大小（50~54）μm ×（22~23）μm，卵壳较厚，两端各有 1 个透明栓，卵内含 1 个卵细胞（图 18-3）。

2. 生活史　成虫寄生于盲肠，也可寄生在结肠、直肠。人是唯一的宿主。在寄生部位交配产卵后，虫卵随粪便排出。虫卵在温暖、阴湿的土壤中，经 3~5 周发育为感染性虫卵，内含一幼虫。感染性虫卵随食物或水经口感染人体，卵内幼虫在小肠内孵出，侵入肠黏膜，摄取营养，约 10d 后返回肠腔，移行至盲肠发育为成虫。自误食感染性虫卵到成虫产卵需 1~3 个月，成虫寿命 3~5 年。

图 18-3　鞭虫卵示意图

（三）流行情况

该虫广泛分布于热带及亚热带地区，我国各地都有分布，常与蛔虫的分布相一致。南方地区感染率高于北方，儿童高于成人。鞭虫的流行分布特点、流行因素及防治措施与蛔虫基本相同。鞭虫常与蛔虫感染并存，但感染率低于蛔虫，一般驱虫药物对鞭虫的疗效较蛔虫差。

三、蠕形住肠线虫

（一）临床意义

蠕形住肠线虫（*Enterobius vermicularis*）简称蛲虫，成虫寄生于人体的小肠末端、盲肠或结肠，引起蛲虫病。蛲虫的主要致病作用为雌虫在肛门周围及会阴部移行产卵，刺激皮肤奇痒及继发性炎症，并影响患者睡眠。患者常表现为烦躁不安、失眠、食欲减退、消瘦，婴幼儿常表现为突发性夜惊、啼哭等，反复感染可影响儿童身心健康。雌虫可侵入阴道、尿道等处致异位损害，可引起阴道炎、子宫内膜炎、输卵管炎和尿道炎等。

（二）生物学性状

1. **形态** 蛲虫成虫体细小，乳白色，线头状。前端两侧膨大形成头翼，咽管末端膨大呈球形，称为咽管球。雌、雄虫体大小悬殊。雌虫长 8~13mm，虫体中部膨大呈纺锤形，尾端长直而尖细；雄虫长 2~5mm，尾端向腹面卷曲，因交配后死亡，一般不易见到。虫卵卵壳厚，无色透明，一侧扁平，另一侧稍凸，形似柿核。大小（50~60）μm×（20~30）μm。虫卵自虫体排出时，卵内细胞已发育至蝌蚪期胚胎（图 18-4）。

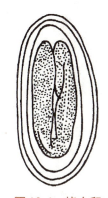

图 18-4　蛲虫卵示意图

2. **生活史** 成虫寄生于人体小肠末端、盲肠或结肠等处，以肠内容物、组织或血液为食。雌、雄成虫交配后，雄虫很快死亡而被排出体外。夜间当宿主熟睡后肛门括约肌松弛时，雌虫可自肛门爬出体外，在肛门周围和会阴皮肤皱褶处大量产卵。雌虫产卵后，多数死亡，少数可由肛门返回肠腔或进入阴道、尿道等处异位寄生。黏附在肛门周围和会阴皮肤上的虫卵，其卵内蝌蚪期胚胎约经 6h 可发育为幼虫，并蜕皮 1 次，发育为感染性虫卵，感染性虫卵是蛲虫的感染阶段。

雌虫在肛周的蠕动刺激使肛门周围发痒，当患儿用手瘙痒时，感染性虫卵污染手指，以肛门—手—口方式形成自身感染；也可散落在玩具、衣裤、被褥、食物上使其他人经口感染。感染性虫卵被人误食后，在胃和小肠内受消化液的作用，幼虫在十二指肠内孵出，沿小肠下行到结肠内发育为成虫。自吞食感染性虫卵到雌虫产卵需 2~4 周，雌虫的寿命一般不超过 2 个月。

> **重点提示**
>
> 蛲虫的生活史

（三）流行情况

该虫呈世界性分布，感染率一般是城市高于农村，儿童高于成人，其中集居生活的儿童高于散居儿童。蛲虫病的传染源为患者和带虫者。

蛲虫的感染方式：①自体外重复感染，即肛门—手—口直接感染，为该虫感染的主要方式，当用手搔抓肛周皮肤时，手指被虫卵污染，此时若用手拿取食物或吮吸手指时，可造成自身反复感染；②间接感染，虫卵可通过污染的玩具、用具及衣被等物品造成感染；③吸入感染，虫卵可漂浮在尘埃中，经吸入导致感染。

四、十二指肠钩口线虫与美洲板口线虫

（一）临床意义

寄生于人体的钩虫主要有十二指肠钩口线虫（*Ancylostoma duodenale*）和美洲板口线虫（*Necator americanus*），分别简称为十二指肠钩虫和美洲钩虫，成虫寄生于人体小肠，引起钩虫病，在肠道危害最严重。两种钩虫的致病作用相同，但十二指肠钩虫引起的皮炎较多，成虫引起的贫血较严重。因此，十二指肠钩虫对人的危害比美洲钩虫大。

1. 幼虫致病

（1）**钩蚴性皮炎**：又称粪毒。丝状蚴侵入皮肤后，数分钟至1h可引起局部皮肤剧痒、灼痛，继而出现充血，形成小出血点、丘疹，1~2d形成小水疱，若并发细菌感染则形成脓疮。多见于与土壤接触的手指、足趾间皮肤薄嫩处等部位。

（2）**钩蚴性肺炎**：幼虫移行至肺，可损伤肺泡和肺毛细血管，引起局部出血、超敏反应和炎症病变，重者可导致哮喘。

2. 成虫致病　成虫是钩虫的主要致病阶段。

（1）**消化系统症状**：成虫口囊咬附在肠黏膜上，造成散在性出血点及小溃疡，致上腹部不适及隐痛、恶心、呕吐、腹泻等消化道症状。少数患者表现为喜食泥土、煤渣、生米、生豆、墙灰、碎纸等，此种现象称为异嗜症，是钩虫病的特有症状。异嗜症患者服铁剂后症状多可消失。

（2）**贫血**：钩虫病的主要症状是贫血，呈低色素小细胞性贫血。其贫血的原因是：①成虫咬附在肠黏膜上吸血。②分泌抗凝素，阻止血液凝固，利于吸血、伤口渗血。③钩虫不断更换吸血部位，造成肠黏膜多处新旧伤口出血，使患者经常处于慢性失血状态。④虫体活动造成组织血管损伤，引起出血。临床表现为皮肤及黏膜苍白、乏力、心悸、气促等，重者导致全身水肿甚至丧失劳动能力。

（3）**婴儿钩虫病**：几乎均由十二指肠钩虫引起。儿童重度感染可引起严重贫血、发育障碍，病死率高。

（二）生物学性状

1. 形态

（1）**成虫**：细长，约1cm，略弯曲。活时为肉红色，死后为灰白色。前端有一发达的口囊。十二指肠钩虫的口囊内有2对钩齿，虫体前端和尾端均向背面弯曲，呈C形。美洲钩虫口囊内有1对板齿，虫体前端向背面弯曲，尾端向腹面弯曲，呈S形。口囊两侧有头腺1对，能分泌抗凝素及乙酰胆碱酯酶，抗凝素可阻止宿主肠壁伤口的血液凝固，有利于钩虫的吸血。乙酰胆碱酯酶可破坏乙酰胆碱，影响神经介质的传导，降低宿主肠壁的蠕动，有利于虫体的附着。雌虫大于雄虫，雌虫尾端尖直，雄虫尾部角皮膨大形成交合伞。

（2）**虫卵**：呈椭圆形，大小（56~76）μm×（35~40）μm，卵壳薄、无色透明。新鲜粪便中的卵内含卵细胞数多为4~8个，卵壳与卵细胞间有明显的空隙。患者便秘或粪便放置过久，卵内细胞可分裂为桑椹期甚至发育为幼虫。两种钩虫卵极相似，不易区别。

2. 生活史　两种钩虫生活史过程基本相似。成虫寄生于人体小肠上段，借助口囊内的钩齿或板齿咬附于肠黏膜，以血液、淋巴液等为食。雌、雄成虫交配产卵，卵随粪便排出体外。在菜地、农田、桑园等温暖、潮湿、荫蔽及氧气充足的疏松土壤中，卵内细胞迅速发育为幼虫，经1~2d孵出杆状蚴。杆状蚴以土壤中的细菌和有机物为食，经7~8d发育，蜕皮2次变成丝状蚴。丝状蚴是钩虫的感染阶段，有明显的向温性、向湿性、向上性、向触性和聚集性的特点，当与人体皮肤接触时，受到皮肤温度的刺激，活动力增强，靠其机械性穿刺活动和酶的作用，钻入毛囊、汗腺、皮肤破损处及较薄的指、趾间皮肤，也可通过口腔或食管黏膜侵入人体。丝状蚴侵入皮肤后，在局部停留约24h，然后进入小静脉或淋巴管，随血流经右心至肺，穿出肺毛细血管进入肺泡，借助于细支气管、支气管上皮细胞纤毛的摆动，向上移行至咽，被吞咽后经食管、胃至小肠。小肠内的幼虫再经2次蜕皮，逐渐发育为成虫。自丝状蚴侵入皮肤到成虫交配产卵，一般需5~7周。成虫寿命一般为3年左右，十二指肠钩虫最长可达7年，美洲钩虫最长可达15年（图18-5）。

（三）流行情况

该虫呈世界性分布，在热带、亚热带国家更为广泛。我国除少数气候干燥、寒冷地区外均有流行。北方以十二指肠钩虫为主，南方以美洲钩虫为主，但多数地区为两种钩虫混合感染。钩虫病患者和带虫者是传染源。虫卵随宿主粪便排出体外，可通过施肥、随地大便等方式污染环境，在适宜的条件下孵出幼虫并发育为丝状蚴。人们赤手、赤足在田间劳作或种植蔬菜、红薯、玉米、棉花、烟草等农作物时，易接触被丝状蚴污染的土壤而感染。矿井阴湿、温暖，环境卫生不良，也有利于钩虫的传播。此外，食莴苣也可导致十二指肠钩虫感染；婴儿可通过使用被丝状蚴污染的尿布、穿"土裤子"或睡沙袋、麦秸等方式感染，也有经胎盘或母乳感染的报道。

五、班氏吴策线虫与马来布鲁线虫

（一）临床意义

我国仅有蚊虫传播的班氏吴策线虫（*Wuchereria bancrofti*）和马来布鲁线虫（*Brugia malayi*），分别简称班氏丝虫和马来丝虫。丝虫是一类

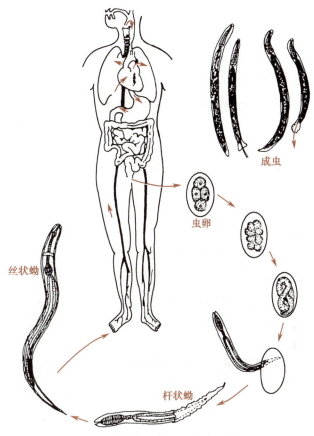

图 18-5　钩虫形态及生活史示意图

由节肢动物传播的线虫。虫体细长形如丝线而得名，已知寄生于人体内的丝虫有 8 种。班氏丝虫和马来丝虫均寄生于人体的淋巴系统，引起丝虫病。丝虫病的发生和发展取决于患者的免疫状况、感染程度、重复感染情况、丝虫寄生的部位及继发感染等因素。丝虫病的潜伏期多为 4~5 个月，也有 1 年甚至更长者。病程可达数年至数十年。

1. 急性期超敏反应与炎症反应　幼虫和成虫的抗原均可刺激机体产生超敏反应及炎症反应，临床表现为周期性发作的淋巴管炎、淋巴结炎、丹毒样皮炎、丝虫热等。发生下肢淋巴管炎时，可见一条红线离心性延伸，即逆行性淋巴管炎。淋巴结炎常见淋巴结肿大，有压痛。当炎症波及小腿皮肤浅表淋巴管时，局部出现一片红肿，有灼热感，这种情况称丹毒样皮炎。成虫寄生于阴囊内的淋巴管时，可出现精索炎、附睾炎及睾丸炎。同时常伴有畏寒、发热等症状，临床称为丝虫热。有的患者仅有寒热症状而无局部症状，可能为深部淋巴管炎和淋巴结炎所致。

2. 慢性期阻塞性病变　随着急性炎症的反复发作，最后淋巴管部分或完全阻塞。临床表现随阻塞部位不同而异。

（1）**象皮肿**：淋巴液蛋白质含量高，流入皮下组织，可刺激皮下组织增生、增厚、粗糙变硬，形似大象皮，故名象皮肿。多见于下肢和阴囊，也可发生于上肢、乳房和阴唇等部位。象皮肿的产生使局部血液循环发生障碍，皮肤免疫力降低，易引起细菌感染，导致局部炎症和慢性溃疡，这些病变又可加重象皮肿的发展。

（2）**睾丸鞘膜积液**：阻塞发生在精索、睾丸淋巴管时，淋巴液可流入鞘膜腔内，引起睾丸鞘膜积液。

（3）**乳糜尿**：腹主动脉前淋巴结或肠淋巴干阻塞后，从小肠吸收的乳糜液经腰干淋巴管反流至肾淋巴管，引起肾淋巴管曲张破裂，乳糜液随尿液排出，使尿液呈乳白色。

（二）生物学性状

1. 形态

(1)成虫：两种丝虫成虫的形态及结构基本相似。虫体细长如丝线，体表光滑，乳白色。雌虫大于雄虫，雌虫尾端钝圆，略向腹面弯曲，雄虫尾端向腹面卷曲 2~3 圈。班氏丝虫雌虫长（72~105）mm，雄虫长（28~42）mm；马来丝虫雌虫长（50~62）mm，雄虫长（20~28）mm。雌虫为卵胎生，直接产幼虫，此幼虫称微丝蚴。因成虫寄生于淋巴管、淋巴结中，一般不易见到。

(2)微丝蚴：虫卵在雌虫子宫内直接发育为微丝蚴。微丝蚴细长，头端钝圆，尾端尖细，外被鞘膜，活时呈蛇样运动。染色后可见许多圆形或椭圆形的体核，前端无体核处称头间隙。班氏微丝蚴体态柔和，弯曲大而自然，无小弯；头间隙较短；体核排列均匀，清晰可数；无尾核。马来微丝蚴体态僵硬，大弯中有小弯；头间隙较长；体核排列紧密，不易分清；有尾核 2 个，呈前后排列。体态、头间隙、体核的排列及尾核的有无，是两种微丝蚴的鉴别要点（图 18-6）。

2. 生活史 两种丝虫的生活史基本相同，都需经过幼虫在中间宿主蚊体内发育和成虫在终宿主人体内的发育两个阶段（图 18-7）。

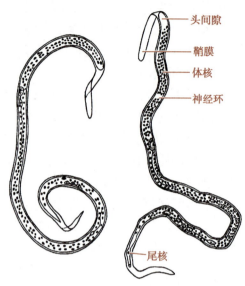

图 18-6 班氏微丝蚴和马来微丝蚴示意图

图中标注：头间隙、鞘膜、体核、神经环、尾核

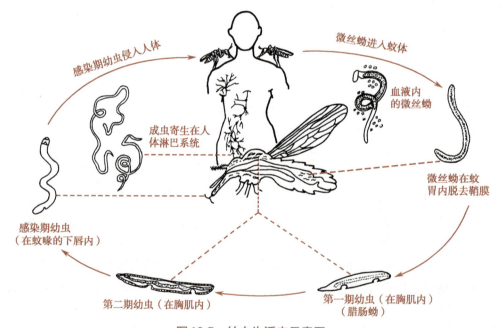

图 18-7 丝虫生活史示意图

图中标注：感染期幼虫侵入人体、微丝蚴进入蚊体、成虫寄生在人体淋巴系统、血液内的微丝蚴、微丝蚴在蚊胃内脱去鞘膜、感染期幼虫（在蚊喙的下唇内）、第二期幼虫（在胸肌内）、第一期幼虫（在胸肌内）（腊肠蚴）

(1)在蚊体内发育：当媒介蚊虫叮吸丝虫病患者或带虫者的血液时，微丝蚴随血液进入蚊胃。经 1~7h，脱去鞘膜，穿过胃壁经血腔侵入胸肌。微丝蚴在胸肌内变为腊肠期蚴，经分化、蜕皮，发育为感染性幼虫，即丝状蚴。丝状蚴是丝虫的感染阶段。丝状蚴活动力强，离开胸肌经血腔到达蚊虫下唇。班氏微丝蚴在蚊体内发育至丝状蚴需 10~14d，马来微丝蚴约需 6d。当感染丝虫的蚊虫叮咬人吸血时，丝状蚴自下唇逸出经皮肤侵入人体。

(2)在人体内发育：丝状蚴侵入人体后，迅速侵入附近的淋巴管，再移行至大淋巴管和淋巴结内寄居，经 2 次蜕皮发育为成虫。雌雄成虫交配后，雌虫产出微丝蚴，微丝蚴多数随淋巴液进入血液循环。微丝蚴白天滞留于内脏毛细血管中，夜晚出现于外周血，这种在外周血中夜多昼少的现象称为夜现周期性，其机制尚未阐明。两种微丝蚴出现于外周血的时间略有不同，班氏微丝蚴为 22:00~2:00，马来微丝蚴出现的时间为 20:00~4:00。微丝蚴夜现周期性与当地媒介蚊种叮吸人血的活动高峰时间相一致。微丝蚴在人体内一般可活 2~3 个月。成虫的寿命一般为 4~10 年，个别可达 40 年。

班氏丝虫除在浅部淋巴系统寄生外，更多寄生于深部淋巴系统，主要见于下肢、阴囊、精索、腹腔、腹股沟、肾盂等部位。马来丝虫多寄生于上、下肢浅部淋巴系统，以下肢最为多见。

（三）流行情况

丝虫病流行极广，是全世界重点防治的六大热带病之一。班氏丝虫病主要流行于热带、亚热带、温带大部分地区，以亚洲、非洲较重。马来丝虫病流行于东南亚、东亚和南亚国家。我国通过大规模防治工作，现已基本消灭了丝虫病，但仍需警惕零星病例。该虫传染源是丝虫病患者或带虫者，传播途径为通过感染丝虫的媒介蚊虫叮咬人吸血，丝状蚴经破损的皮肤侵入人体而造成感染。人群对丝虫普遍易感。

六、旋毛形线虫

（一）临床意义

旋毛形线虫（*Trichinella spiralis*）简称旋毛虫，是寄生于人体的最小线虫。成虫和幼虫分别寄生于同一宿主的小肠和横纹肌中，显著区别于其他蠕虫。旋毛虫病是一种人兽共患寄生虫病。该虫的主要致病阶段是幼虫，临床表现多样化，轻者可无症状，重者可在 3~7 周内死亡。其致病过程可分为连续的 3 个阶段。

1. 侵入期 约感染后 1 周，幼虫及成虫钻入肠黏膜，虫体的分泌物等可引起十二指肠炎和空肠炎，表现为恶心、呕吐、腹痛等消化道症状，并伴有厌食、乏力、低热等全身症状。

2. 幼虫移行期 为 2~3 周，新生幼虫随淋巴、血液循环侵入全身各器官及横纹肌内发育，导致血管炎和肌炎等。临床上多发和突出的表现为全身肌肉酸痛，尤以腓肠肌为甚，压痛、全身性血管炎、水肿、发热、血中嗜酸性粒细胞增多等。心肌炎并发心力衰竭是本病患者死亡的主要原因。

3. 囊包形成期 为 4~16 周，幼虫周围逐渐形成囊壁，梭形囊包形成，组织炎症逐渐消失，症状减轻等，但肌痛仍可持续数月。

在感染后 1~4 周，患者出现水肿为重要的临床症状，发生率可达 29%~100%，水肿可从眼睑逐渐到面部及四肢。眼睑水肿伴有结膜出血和球结膜水肿，对急性旋毛虫病诊断有重要意义。

（二）生物学性状

1. 形态

（1）**成虫**：细小，乳白色，虫体前端稍细，后端较粗。雄虫长 1.4~1.6mm，雌虫长 3~4mm。雄虫尾端有一对叶状交配附器，无交合刺。雌虫子宫内充满虫卵，在近阴门处可孵化为幼虫。

（2）**幼虫**：进入肠壁血管，随血液循环移行至横纹肌内，逐渐卷曲形成囊包。囊包呈梭形，其纵轴与肌纤维平行，大小（0.25~0.5）μm×（0.21~0.42）μm，一个囊包内通常含 1~2 条幼虫。

2. 生活史 旋毛虫的宿主包括人、猪、羊、犬、猫、鼠和多种野生动物。成虫寄生于小肠，主要是十二指肠和空肠上段，幼虫寄生于同一宿主的横纹肌内。被寄生的宿主既是终宿主，又是中间宿主，但必须转换宿主才能完成生活史。

当宿主食入含有活幼虫囊包的肉类后，在消化液的作用下幼虫在小肠上段自囊包中逸出，48h 内发育为成虫。雌、雄虫交配后，雄虫死亡，雌虫重新钻入肠黏膜，甚至到腹腔和肠系膜淋巴结处寄生。感染后第 5 日，雌虫产出幼虫，幼虫侵入小血管或淋巴管，经右心、肺、左心、主动脉到达身体各部，但只有在横纹肌中才能继续发育。感染后 1 个月，在横纹肌内形成幼虫囊包。含有活幼虫的囊包是旋毛虫的感染阶段。经 6~7 个月,幼虫囊包两端开始钙化,囊内幼虫随之死亡。雌虫寿命为 1~2 个月,有时可长达 3~4 个月。

(三) 流行情况

我国除海南以外的地区均有动物感染旋毛虫的报道。在自然界,旋毛虫是肉食动物的寄生虫,主要在动物之间流行传播。目前,已知有 150 多种动物有自然感染。在我国,感染率较高的动物有猪、犬、猫、鼠、熊、狐等 10 余种。动物之间的传播是摄食兽尸而致,是人类感染的自然疫源。猪是人类感染旋毛虫的主要传染源,猪的感染主要是吞食了含囊包的肉屑、鼠类或污染的饲料。人是由于食人含囊包的生或半生的动物肉类而感染;切生肉的刀或砧板污染了囊包,如再切熟食,人吃了污染囊包的熟食亦可感染。囊包抵抗力强,能耐低温,猪肉中的囊包在 -15℃需储存 20d 才死,-12℃可存活 57d,70℃时很快死亡,在腐肉中能存活 2~3 个月。凉拌、腌制、熏烤及涮食等方法常不能杀死幼虫。

(李新伟)

第二节　常见吸虫

吸虫属扁形动物门吸虫纲。吸虫纲的各种吸虫形态结构及生活史基本相似。成虫呈叶状或舌状,少数呈圆柱形(如血吸虫),背腹扁平,两侧对称;具口吸盘和腹吸盘;前端沿口、咽、食管向后延伸为两肠支,末端为盲管,无肛门。除血吸虫外,均为雌雄同体。虫卵多呈椭圆形,均有卵盖(血吸虫无卵盖),其大小、形态、颜色、卵壳及内含物等因虫种不同而异。

吸虫生活史复杂,有世代交替和宿主转换现象,通常包括虫卵、毛蚴、胞蚴、雷蚴、尾蚴、囊蚴、童虫和成虫等阶段。均需螺体作为中间宿主。感染阶段除血吸虫为尾蚴外均为囊蚴。感染方式除血吸虫为经皮肤感染外均为经口感染。成虫寄生于人及其他脊椎动物体内,人为终宿主,脊椎动物为储存宿主,引起的疾病均属人兽共患寄生虫病。

重点提示

常见医学蠕虫的种类

寄生于人体的吸虫有 30 余种,我国常见的有华支睾吸虫、布氏姜片吸虫、卫氏并殖吸虫、斯氏狸殖吸虫和日本血吸虫等。

一、华支睾吸虫

(一) 临床意义

华支睾吸虫(*Clonorchis sinensis*)主要寄生在终宿主人或猫、犬等哺乳动物的肝胆管内,故称肝吸虫,是引起华支睾吸虫病(又称肝吸虫病)的病原体。

肝吸虫病属人兽共患寄生虫病,亦是重要的食源性寄生虫病之一。肝吸虫寄生于人体肝胆管内。人感染肝吸虫后主要表现为肝损害。虫体的机械刺激、阻塞作用及虫体分泌物、代谢产物的影响,造成胆管内膜及胆管周围炎症反应,导致胆管上皮细胞脱落、增生,管壁变厚,管腔狭窄,加之虫体阻塞作用,引起阻塞性黄疸;感染严重时门脉区周围纤维组织增生、肝实质萎缩变性,甚至形成胆汁淤积性肝硬化。由于胆汁引流不畅,易于继发细菌感染。肝吸虫患者常有急或慢性胆管炎、胆囊炎、肝胆管梗阻及胆石症等并发症。WHO 明确了华支睾吸虫与胆管癌的关系,并确认其为致胆管癌 I 类致癌因素。

在临床上轻度感染者无明显临床表现;中度感染者可表现为食欲缺乏、厌油腻、头晕、乏力、上腹部不适和肝区隐痛;重度感染者可出现营养不良、肝脾大、腹痛腹泻和黄疸等症状。晚期出现肝硬化、腹水,甚至上消化道大出血、肝性脑病而死亡。儿童和青少年感染还可出现营养不良,贫血、低蛋白血症、肝大、发育障碍,少数患者可出现侏儒症。

（二）生物学性状

1. 形态

（1）成虫：虫体背腹扁平，狭长，前端较尖，后端钝圆，形似葵花籽仁状。活体为肉红色，半透明，死后为灰白色。大小为（10~25）mm×（3~5）mm。口吸盘位于虫体前端，腹吸盘位于虫体前 1/5 处，略小于口吸盘。雌雄同体，子宫管状，盘曲于卵巢与腹吸盘之间，内含大量虫卵。一对睾丸前后排列于虫体后 1/3 处，呈分支状，故名华支睾吸虫。

（2）虫卵：形似芝麻粒，黄褐色。大小为（25~37）μm×（12~20）μm，为人体常见寄生蠕虫虫卵最小的一种。一端较窄有卵盖，卵盖两侧可见突起的肩峰，卵盖的对端稍宽且钝圆，有一小疣状突起，卵内含一成熟的毛蚴（图18-8）。

2. 生活史 包括在人体外的发育和在人体内的发育（图18-9）。

（1）在人体外的发育：成虫寄生于人或猫、犬、猪等哺乳动物的肝胆管内，产出的虫卵随胆汁进入消化道，随粪便排出体外。虫卵在水中被第一中间宿主淡水螺如豆螺、沼螺、涵螺吞食，在螺体消化道内孵出毛蚴，后者穿过肠壁在螺体内发育，经胞蚴、雷蚴等阶段无性繁殖形成大量尾蚴。成熟的尾蚴逸出螺体，侵入第二中间宿主淡水鱼或虾体内，经20~35d发育成为囊蚴。

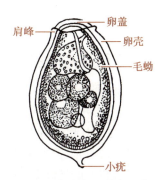

图18-8　华支睾吸虫卵示意图

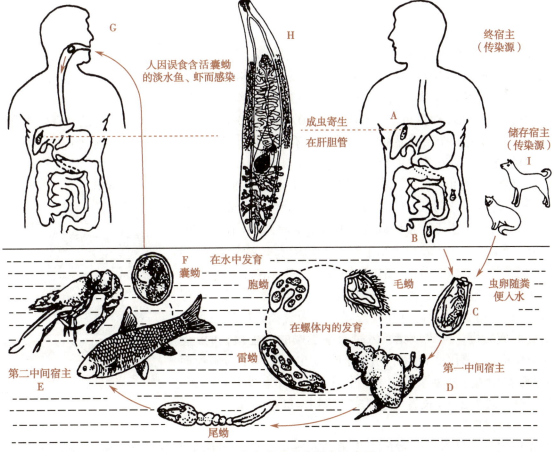

图18-9　华支睾吸虫生活史示意图

A. 寄生部位：肝胆管（临床诊断、实验诊断）；B. 排卵途径：随粪便（标本采集）；C. 诊断虫期：虫卵；D. 第一中间宿主：淡水螺（豆螺、沼螺等）；E. 第二中间宿主：淡水鱼或虾；F. 感染阶段：囊蚴；G. 感染途径：经口；H. 致病虫期：成虫；I. 储存宿主：猫、犬、猪等。

（2）**在人体内的发育**：当哺乳动物猫、狗等食入含有活囊蚴的淡水鱼、虾时，囊蚴进入消化道，在消化液的作用下幼虫在十二指肠中脱囊而出。幼虫沿胆汁流动的逆方向移行，经胆总管至肝胆管，也可经血液循环或穿过肠壁经腹腔进入肝胆管内，发育为童虫，约 1 个月后发育为成虫并产卵。虫卵随胆汁进入消化道并随宿主粪便排出体外，可取粪便或十二指肠引流液检查确诊。成虫寿命一般为 20~30 年。

（三）流行情况

该虫目前在我国除西北部的地区外各地都有不同程度流行，广东、广西的部分地区流行较严重。肝吸虫病为生食或半生食含囊蚴的鱼虾感染所致。

二、布氏姜片吸虫

（一）临床意义

布氏姜片吸虫（*Fasciolopsis buski*）简称姜片虫，是寄生于人体或猪小肠中的大型吸虫，以十二指肠多见，引起姜片虫病。成虫不仅掠取营养，而且成虫吸盘发达，吸附力强，造成的机械性损伤较明显，虫体数量多时还可覆盖肠黏膜，妨碍消化、吸收，甚至导致肠梗阻。被吸附的肠黏膜及附近组织可发生炎症、出血、水肿甚至溃疡或脓肿。成虫的代谢产物可引起荨麻疹等超敏反应。轻度感染者无明显症状或仅有轻度腹痛、腹泻等；中度感染者可出现消化功能紊乱、营养不良等；重度感染者可出现消瘦、贫血、腹水，甚至发生衰竭、死亡。儿童反复重度感染可导致发育障碍。

（二）生物学性状

1. 形态

（1）**成虫**：虫体肥厚，卵圆形，背腹扁平，前窄后宽，形似姜片。活时呈肉红色，死后呈青灰色。大小（20~75）mm×（8~20）mm，厚 0.5~3mm，是寄生人体的最大吸虫。口吸盘较小，位于虫体前端；腹吸盘靠近口吸盘后方，漏斗状，大小为口吸盘的 4~5 倍。雌雄同体。

（2）**虫卵**：椭圆形，淡黄色。大小（130~140）μm×（80~85）μm，为人体常见的最大寄生虫卵。卵壳薄而均匀，一端有一个不明显的卵盖，卵内含有一个卵细胞和 20~40 个卵黄细胞（图 18-10）。

2. 生活史
人是姜片虫的终宿主，猪是重要的储存宿主，中间宿主为扁卷螺，菱角、荸荠、茭白、浮萍等水生植物为媒介植物。囊蚴是姜片虫的感染阶段，经口感染。成虫寄生于人或猪的小肠上段，多见于十二指肠，虫卵随粪便排出，虫卵入水，在适宜温度 26~30℃下，经 3~7 周发育孵出毛蚴。毛蚴侵入扁卷螺体内，经 1~2 个月完成胞蚴、母雷蚴、子雷蚴和尾蚴阶段的无性生殖、发育。成熟的尾蚴自扁卷螺逸出后，在水中吸附于菱角、荸荠、茭白、浮萍等水生植物，分泌成囊物质并脱去尾部成为囊蚴。尾蚴也可在水面结囊形成囊蚴。当人或猪食入带有活囊蚴的水生植物时，囊蚴进入消化道，在消化液和胆汁的作用下，幼虫在小肠上段破囊而出，借助吸盘附着于小肠黏膜。1~3 个月后，发育为成虫并产卵。成虫的寿命一般为 2 年，长者可达 4.5 年（图 18-11）。

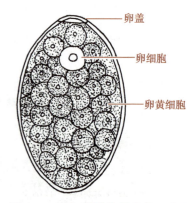

图 18-10　布氏姜片吸虫卵示意图

（卵盖、卵细胞、卵黄细胞）

（三）流行情况

人或猪因食入带有活囊蚴的水生植物而感染。姜片虫病主要分布于亚洲的温带及亚热带地区，我国除东北及内蒙古、新疆、西藏、青海、宁夏等地区尚无报道外，其他地区均有报道。

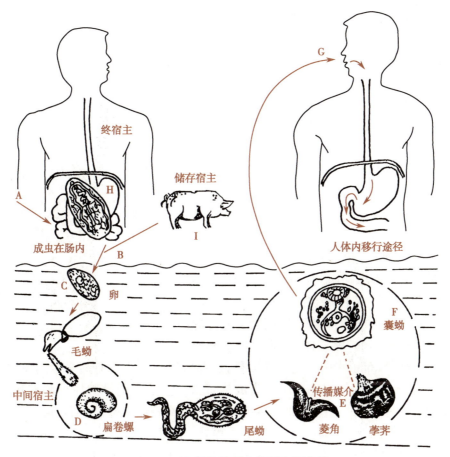

图18-11 布氏姜片吸虫生活史示意图

A.寄生部位：小肠；B.排卵途径：随粪便（标本采集）；C.诊断虫期：虫卵；D.中间宿主：扁卷螺；E.传播媒介：水生植物；F.感染阶段：囊蚴；G.感染途径：经口、误食；H.致病虫期：成虫；I.储存宿主：猪。

三、卫氏并殖吸虫

（一）临床意义

卫氏并殖吸虫（*Paragonimus westermani*）简称肺吸虫，可寄生于多种器官，但主要寄生于人或猫科、犬科等多种肉食哺乳动物的肺脏，引起肺吸虫病。该虫的致病主要由童虫或成虫在组织器官中移行、窜扰和寄生所引起。虫体进入肺脏所引起的病理过程可分为3期。

1.脓肿期 主要因虫体移行造成组织破坏和出血，伴炎性渗出，继之病灶四周产生肉芽组织而形成薄膜状脓肿壁，并逐渐形成脓腔。

2.囊肿期 随着脓腔内大量炎性细胞坏死、溶解及液化，脓肿内容物变成赤褐色黏稠性液体。囊壁因肉芽组织增生变厚出现纤维化包膜而形成囊肿。

3.纤维瘢痕期 虫体死亡或转移至他处，囊肿内容物排出或被吸收，囊内由肉芽组织充填，最后病灶纤维化形成瘢痕。

临床表现为胸痛、咳嗽、痰中带血或铁锈色痰，易误诊为肺结核和肺炎。此外，肺吸虫病常累及全身多个器官，症状较复杂。若虫体移行到脑，可引起癫痫、偏瘫等。若虫体移行至皮下组织，可引起皮下移行性包块及结节。

（二）生物学性状

1.形态

（1）成虫：长椭圆形，虫体肥厚，背部隆起，腹面扁平，形如半粒黄豆。长（7~12）mm×宽（4~6）mm×

厚（2~4）mm。活时为红褐色，死后呈灰白色。口、腹吸盘大小略同，口吸盘位于虫体前端，腹吸盘位于虫体中横线之前。雌雄同体。雌性生殖器官有分叶的卵巢一个，与盘曲的子宫并列于腹吸盘两侧；雄性生殖器官有分支状的睾丸一对，左右并列于虫体后 1/3 处。雌雄生殖系统主要器官左右并列，故名并殖吸虫。

（2）**虫卵**：不规则椭圆形，金黄色，大小（80~118）μm×（48~60）μm，前端较宽，有一个大而明显的扁平卵盖，略倾斜，后端稍窄。卵壳厚薄不均，无卵盖端较厚。卵内含 1 个卵细胞和 10 多个卵黄细胞（图 18-12）。

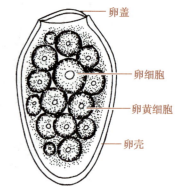

图 18-12　卫氏并殖吸虫卵示意图

2. 生活史　人是肺吸虫的终宿主，猫科、犬科动物等为重要的储存宿主，川卷螺是第一中间宿主，溪蟹、蝲蛄为第二中间宿主，囊蚴是肺吸虫的感染阶段，经口感染。成虫主要寄生于人或猫科、犬科等肉食哺乳动物的肺组织内，以血液和坏死组织为食，形成虫囊。虫囊与支气管相通，产出的虫卵可随痰液咳出，或被咽下后随粪便排出体外。虫卵入水，在适宜条件 25~30℃下，约 3 周孵出毛蚴。毛蚴侵入第一中间宿主川卷螺体内，经胞蚴、母雷蚴、子雷蚴等无性繁殖阶段，形成大量尾蚴。成熟尾蚴自螺体逸出，在水中主动侵入第二中间宿主溪蟹、蝲蛄体内，发育形成囊蚴。如溪蟹、蝲蛄死亡裂解，囊蚴可散布于水中。当人或猫科、犬科等动物食入含有活囊蚴的溪蟹、蝲蛄或生水时，囊蚴在消化液的作用下，幼虫在小肠脱囊成为童虫。童虫靠前端腺体分泌液和强有力的活动穿过肠壁进入腹腔。1~3 周后，童虫从腹腔穿过膈肌进入胸腔而入肺，最后在肺中发育为成虫并产卵。有些童虫可侵入其他器官，如皮下、脑、眼眶等处，引起异位寄生。自囊蚴进入宿主到成虫产卵约需 2 个月。成虫的寿命一般为 5~6 年，长者可达 20 年（图 18-13）。

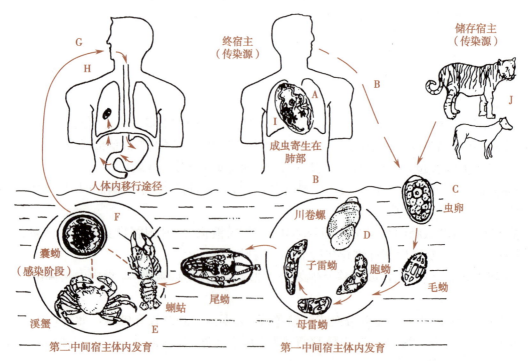

图 18-13　卫氏并殖吸虫生活史示意图

A. 寄生部位：肺；B. 排卵途径：随痰、粪便（标本采集）；C. 诊断虫期：虫卵；D. 第一中间宿主：川卷螺；E. 第二中间宿主：溪蟹、蝲蛄；F. 感染阶段：囊蚴；G. 感染途径：经口；H. 感染方式：生食或半生食含活囊蚴溪蟹、蝲蛄；I. 致病虫期：成虫；J. 储存宿主：食肉类哺乳动物。

（三）流行情况

该虫流行于日本、朝鲜、东南亚及非洲、南美洲等地，我国东北地区及四川、浙江等地较为严重，其余地方也有流行。该虫囊蚴是肺吸虫的感染阶段，经口感染，人群普遍易感。

四、斯氏狸殖吸虫

（一）临床意义

斯氏狸殖吸虫（*Pagumogonimus skrjabini*）主要寄生在果子狸、猫、犬等动物体内，在人体内一般不发育为成虫，主要引起幼虫移行症。该虫是一种人兽共患以兽为主的寄生虫。侵入人体的虫体大多数处于童虫状态，到处游窜，引起幼虫移行症，分为皮肤型与内脏型。皮肤型幼虫移行症患者主要表现为游走性皮下结节或包块，常见于胸背部、腹部，亦可见于头颈部、四肢、腹股沟及阴囊等处。包块紧靠皮下，大小一般为 1~3cm，边界不清，无明显红肿。内脏型幼虫移行症患者因幼虫移行侵犯的器官不同而出现不同的损害及表现，其全身症状多见，常有肝损害。

（二）生物学性状

1. 形态 成虫狭长，两端较尖，呈梭形。大小约（11.0~18.5）mm×（3.5~6.0）mm，最宽处在腹吸盘水平，长宽比例约（2.4~3.2）:1。腹吸盘位于虫体前约 1/3 处，略大于口吸盘。虫卵与卫氏并殖吸虫相似。

2. 生活史 与卫氏并殖吸虫相似。第一中间宿主为拟钉螺及中国小豆螺等小型螺类，第二中间宿主为多种溪蟹和石蟹，终宿主为果子狸、猫、犬等。蛙、鼠、鸡、兔等可作为转续宿主。人不是本虫的适宜宿主，绝大多数虫体在人体内处于童虫阶段，但有时能在肺中发育成熟并产卵。感染阶段是溪蟹、石蟹体内的囊蚴。

（三）流行情况

斯氏狸殖吸虫在国外尚未见报道，国内发现于甘肃、山西、陕西、四川、云南、贵州等地。

五、日本血吸虫

（一）临床意义

血吸虫（schistosome）又称裂体吸虫，寄生于人体的血吸虫主要有日本血吸虫（*Schistosoma japonicum*）、埃及血吸虫、曼氏血吸虫、间插血吸虫、湄公血吸虫和马来血吸虫 6 种。

在我国，流行的是日本血吸虫，成虫寄生于人及牛、马等哺乳动物的门静脉-肠系膜静脉系统内，引起日本血吸虫病。该虫的尾蚴、童虫、成虫、虫卵均可对宿主造成损害，其中以虫卵致病最为显著。血吸虫各虫期释放的抗原性物质尤其是可溶性虫卵抗原释放入血或组织内，诱发宿主产生免疫应答，这些特异性免疫应答的后果是引起一系列免疫病理变化，是造成宿主损害而导致血吸虫病的重要原因。

1. 尾蚴致病 尾蚴钻入人体皮肤后引起尾蚴性皮炎。多在接触疫水后数小时出现，局部出现丘疹或荨麻疹、瘙痒。属 I 型、IV 型超敏反应。

2. 童虫致病 童虫移行时可致血管炎，表现为毛细血管充血、点状出血、栓塞、炎细胞浸润等。最常受累的器官是肺，表现为局部炎症。

3. 成虫致病 成虫寄生在门静脉-肠系膜静脉系统内，由于对血管壁的刺激，可致静脉内膜炎和静脉周围炎。成虫的代谢产物、分泌物、排泄物等作为循环抗原不断释放入血，与机体产生的相应抗体形成免疫复合物沉积于器官，引起 III 型超敏反应。临床表现为蛋白尿、水肿、肾功能减退等症状。

4. 虫卵致病 虫卵是血吸虫病的主要致病阶段。虫卵沉积于肝和肠壁血管中，卵内活毛蚴不断释放可溶性虫卵抗原，刺激宿主发生 IV 型超敏反应，形成虫卵肉芽肿。以虫卵为中心的肉芽肿体积较大，常出现中心坏死，形成嗜酸性脓肿，肉芽肿逐渐发生纤维化，形成瘢痕组织。虫卵肉芽肿及其纤维化堵塞血管，破坏血管及周围组织。重度感染者发展至晚期，肝门脉周围广泛纤维化，使窦前静脉阻塞，门静脉循环发生障碍，血流受阻，导致门静脉高压、腹水、肝脾大、侧支循环开放、交通静脉因血流量增多而变得粗大弯曲，呈现静脉曲张。曲张的静脉一旦破裂，可引起大量出血。

　　日本血吸虫病按病程的发展可分为急性、慢性和晚期血吸虫病。①急性血吸虫病：临床表现为发热、腹痛、腹泻、肝脾大及嗜酸粒细胞增多，粪便检查可查到大量虫卵。②慢性血吸虫病：急性血吸虫病患者未经治疗或经治疗未愈、经反复轻度感染而获得免疫力的患者均可演变为慢性血吸虫病。临床症状不明显或有间歇性腹泻、腹痛、黏液脓血便、肝脾大、消瘦、乏力等症状。③晚期血吸虫病：晚期血吸虫病指肝纤维化门静脉高压症。患者多因反复或大量感染血吸虫尾蚴又未经及时治疗或治疗不彻底，经过5~15年的发展而成晚期血吸虫病。临床表现为肝硬化、巨脾、腹水、门静脉高压等，多因上消化道出血、肝性脑病而死亡。儿童重度反复感染可影响生长发育而致侏儒症。成虫可出现在门脉系统以外的异位寄生，虫卵沉积后造成肺、脑等处的异位损害。

（二）生物学性状

1. 形态

（1）**成虫**：虫体呈长圆柱状，外观似线虫，雌雄异体。雌虫的发育成熟必须有雄虫的存在与合抱，雌虫很少能单独发育成熟。雄虫粗短，乳白色，大小（12~20）mm×（0.5~0.55）mm。前端有发达的口、腹吸盘，自腹吸盘以下虫体扁平，两侧向腹面卷曲形成沟槽，称抱雌沟。睾丸多为7个，呈串珠状排列于腹吸盘之后的虫体背面。雌虫细长，呈灰褐色，大小（20~25）mm×（0.1~0.3）mm，常居于抱雌沟内。有卵巢1个，位于虫体中部，呈长椭圆形。肠管在腹吸盘后分为两支，延伸至虫体中部之后汇合成单一的盲管。

（2）**虫卵**：呈椭圆形，淡黄色，大小（74~106）μm×（55~80）μm，卵壳薄，无卵盖，表面常附有宿主组织残留物。卵壳一侧有一小棘，是鉴别日本血吸虫卵的重要标志。卵内含有一毛蚴，毛蚴与卵壳之间有一些大小不等的油滴状毛蚴分泌物，具有抗原性，能透出卵壳，导致宿主组织免疫病理损害。

（3）**毛蚴**：呈梨形或长椭圆形，前端稍尖，平均大小约99μm×35μm。灰白色，半透明，周身被有纤毛。体前端有顶腺和一对侧腺，均开口于虫体前端，能分泌溶组织物质。

（4）**尾蚴**：长280~360μm，分体部和尾部，尾部又分尾干与尾叉。前端有口吸盘，腹吸盘位于体后部。腹吸盘周围有5对穿刺腺，开口于虫体前端，能分泌多种酶类。

　　日本血吸虫虫卵、毛蚴、尾蚴见图18-14。

2. 生活史

人是日本血吸虫的终宿主，牛、马等多种哺乳动物为重要的储存宿主，钉螺为中间宿主，尾蚴是感染阶段，经皮肤感染。成虫寄生于人和多种哺乳动物的门静脉-肠系膜静脉内，以血液为食。雌雄合抱的虫体交配后，雌虫在宿主肠黏膜下层的静脉末梢内产卵。

　　虫卵随血流移动并主要沉积在肝、肠壁。肠壁上成熟虫卵内的毛蚴分泌物透过卵壳，破坏血管壁及周

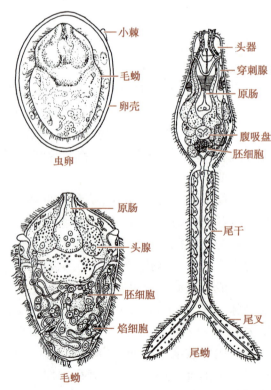

图18-14　日本血吸虫虫卵、毛蚴、尾蚴示意图

围肠黏膜组织,在血管内压、肠蠕动和腹内压增加的情况下,虫卵随溃破组织落入肠腔并随宿主粪便排出体外(虫卵大部分沉积于肝、肠等组织内,仅有少部分被排出)。

虫卵入水,在适宜环境下孵出毛蚴。毛蚴遇中间宿主钉螺即主动侵入,在钉螺体内经母胞蚴、子胞蚴的无性繁殖,产生大量尾蚴。尾蚴自螺体逸出后,主要分布在水面,含有血吸虫尾蚴的水体称为疫水,具有传染性。尾蚴遇到人和哺乳动物时,以吸盘吸附在皮肤上,借尾部的摆动、体部的伸缩,以及穿刺腺分泌的溶蛋白酶类对皮肤组织的溶解作用,迅速穿入宿主皮肤,并脱去尾部成为童虫。童虫经小血管或小淋巴管随血流至肺循环进入体循环而达全身各部,但只有到达门静脉-肠系膜静脉系统的童虫才能发育为成虫。雌、雄成虫合抱并继续发育。合抱的虫体再回到肠系膜下静脉中寄居、交配、产卵。自尾蚴侵入宿主至成虫产卵至少约需24d。一般在人体感染30d后可在粪便中检到虫卵。成虫在人体内寿命约5年,最长可活40年(图18-15)。

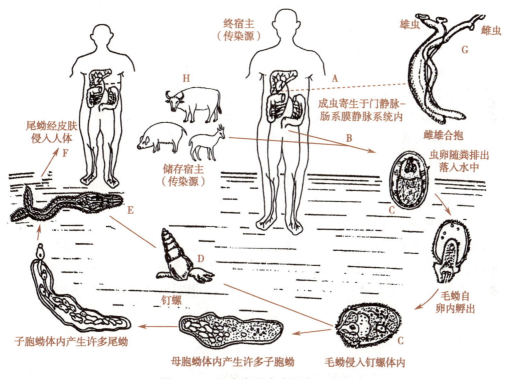

图18-15 日本血吸虫生活史示意图

A. 寄生部位:门静脉-肠系膜静脉系统内;B. 排卵途径:随粪便(标本采集);C. 诊断虫期:虫卵、毛蚴;D. 中间宿主:钉螺;E. 感染阶段:尾蚴;F. 感染途径:皮肤、接触疫水;G. 致病虫期:成虫、虫卵、尾蚴、童虫;H. 储存宿主:哺乳动物。

(三)流行情况

该虫尾蚴是感染阶段,主要经皮肤感染,分布于中国、日本、菲律宾、印度尼西亚等国。我国长江流域及其以南的湖南、湖北、广东、广西、上海、福建等地均有流行。

(孙 莉)

第三节 常见绦虫

绦虫属于扁形动物门绦虫纲,均营寄生生活。成虫白色或乳白色,背腹扁平,左右对称,呈带状,虫体分节;雌雄同体,无口囊和消化道,靠体壁吸收营养;虫体由头节、颈部和链体三部分组成。绦虫成虫均寄生于宿主的肠腔内,幼虫寄生于宿主组织中。主要虫种有猪带绦虫、牛带绦虫、细粒棘球绦虫等。

一、猪带绦虫

（一）临床意义

猪带绦虫（*Taenia solium*）又称链状带绦虫，成虫寄生于人体小肠，引起猪带绦虫病，幼虫寄生于猪或人体组织内，引起猪囊尾蚴病。

1. 猪带绦虫病　成虫寄生于人体小肠，多为 1~2 条，引起猪带绦虫病：成虫摄取宿主营养；头节上吸盘、小钩等固着器官的吸附作用损伤肠黏膜；虫体活动的机械性刺激；虫体代谢产物的毒性作用是猪带绦虫病的主要致病原因。粪便中发现绦虫节片是患者求医最常见的原因。患者可出现上腹部不适或隐痛、消化不良、腹泻、体重减轻等临床症状，少数患者有头痛、头晕、乏力、失眠等神经症状，偶可引起阑尾炎或肠梗阻。

2. 猪囊尾蚴病　猪囊尾蚴寄生于人体多种组织、器官内，引起囊尾蚴病。组织、器官内寄生的猪囊尾蚴是致病的主要阶段，其危害远大于成虫。囊尾蚴通过机械性作用破坏局部组织、压迫周围器官等引起占位性病变，虫体代谢产物、毒素引起超敏反应。其危害程度因寄生部位和数量而不同。猪囊尾蚴病根据寄生部位不同，通常可分为 3 种类型。

（1）**皮下及肌肉型囊尾蚴病**：囊尾蚴寄生于皮下或肌肉组织中，最为常见。表现为皮下结节，可见结节近圆形，黄豆大小，手可触及，活动良好。数目可由 1 个至数千个不等，躯干较多，四肢较少。轻度感染可无症状或仅有局部轻微麻、痛感。虫体寄生数量多时，可自觉肌肉酸痛无力、发胀、麻木等临床表现。

（2）**脑囊尾蚴病**：危害最严重。发病时间以感染后 1 个月至 1 年最为多见，长者可达 30 年。因囊尾蚴在脑内寄生，压迫脑组织，出现炎症、软化及水肿等病理变化，临床表现极为复杂。癫痫发作、颅内压增高和神经精神症状是脑囊尾蚴病的三大主要症状。

（3）**眼囊尾蚴病**：囊尾蚴可寄生于眼的任何部位，大多数见于玻璃体及视网膜下。症状轻者表现为视力障碍，常有虫体蠕动。虫体死亡后产生强烈的刺激，严重者可失明。

猪带绦虫病和囊尾蚴病可单独发生，也可同时存在。据统计，囊尾蚴病患者中约有半数患者有或曾患过猪带绦虫病。

（二）生物学性状

1. 形态

（1）成虫：乳白色，带状，薄而透明，长 2~4m。虫体前端较细，向后逐渐变宽，由 700~1 000 个节片组成，可分为头节、颈部和链体三部分。

头节近似球形，直径约 0.6~1mm，有 4 个吸盘，顶端还具有能伸缩的顶突，顶突周围排列有两圈小钩，头节具有吸附作用。颈部纤细，长 5~10mm，具有生发功能。链体依次分为幼节、成节和孕节。近颈部的幼节宽度大于长度，节片内生殖器官尚未发育成熟。中部的成节接近方形，每一成节具发育成熟的雌、雄生殖器官各一套。孕节长度大于宽度，内仅有充满虫卵的子宫，子宫主干向两侧分支，每侧约 7~13 支，呈树枝状，子宫分支数为虫种的重要鉴别特征（图 18-16）。

（2）**虫卵**：呈圆球形，直径约 31~43μm。卵壳极薄易破碎，虫卵自孕节排出时，多无卵壳。卵壳内的胚膜较厚，棕黄色，周围有放射状条纹，内含一个直径约 14~20μm 的六钩蚴（图 18-16）。

（3）**幼虫**：又称猪囊尾蚴，俗称囊虫。为黄豆大小、乳白色、半透明的囊状物，囊内充满透明囊液。头节米粒大小，翻卷收缩入囊内呈白点状，头节受胆汁刺激后可翻出，其结构与成虫头节相同（图 18-16）。

2. 生活史

人是猪带绦虫唯一的终宿主，也可作为中间宿主，猪和野猪是主要的中间宿主。感染阶段是猪囊尾蚴、猪带绦虫卵，经口感染或自体感染。

成虫寄生于人体小肠，以头节的吸盘及小钩固着在肠壁上，孕节常单节或数节相连脱离链体，随宿主粪便排出。当孕节受挤压时，虫卵可从孕节中散出。当虫卵或孕节被猪或野猪等中间宿主吞食后，在消化液的作用下经 24~72h，胚膜破裂，六钩蚴逸出并钻入小肠壁，进入血管或淋巴管随血液循环到达猪各组织器官。约经 60~70d，发育为猪囊尾蚴。多寄生于股内侧肌肉，其次为腰肌、肩胛下肌、咬肌、腹内侧肌、心肌、舌肌等运动较多的肌肉。还可寄生于脑、眼、肝等处。含囊尾蚴的猪肉俗称"米猪肉""豆猪肉"。猪囊尾蚴也是猪带绦虫的感染阶段。

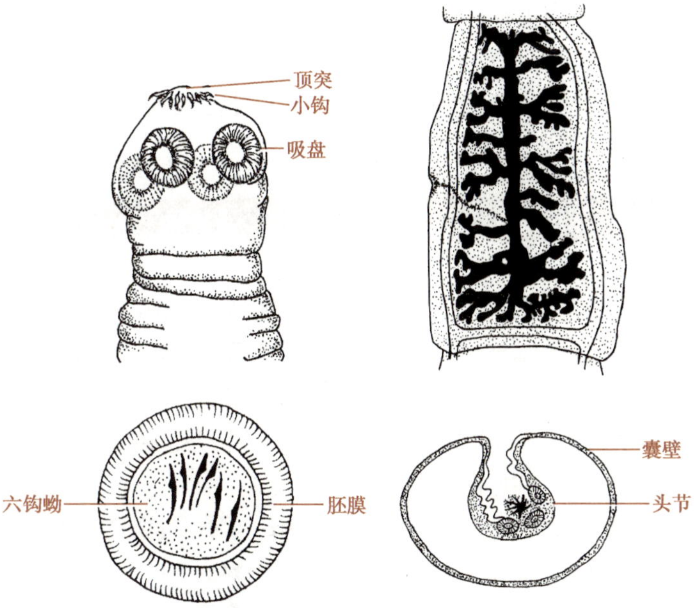

当人误食含有活囊尾蚴的猪肉后，囊尾蚴在小肠内受胆汁的作用，头节翻出，吸附于肠壁，并从颈部不断长出链体，经 2~3 个月发育为成虫。成虫的寿命可达 25 年以上。囊尾蚴在猪体内可存活 3~5 年。

人也可作为猪带绦虫的中间宿主。从孕节散出的虫卵若被人误食，在肠内孵化出六钩蚴，到达人体各部位发育为囊尾蚴，引起猪囊尾蚴病。囊尾蚴一般寄生在人体的皮下组织、肌肉、脑、眼、心等处。人感染虫卵的方式有 3 种。①异体感染：误食他人排出的虫卵污染的食物、水等而感染。②自体外感染：猪带绦虫患者误食自己排出的虫卵而感染。③自体内感染：猪带绦虫病患者因恶心、呕吐时，肠道内的绦虫孕节因肠道逆蠕动而返入胃中，经消化液刺激，卵内六钩蚴孵出，最终在人体各组织内发育为囊尾蚴引起感染（图 18-17）。此种方式危害最为严重。

（三）流行情况

该虫为世界性分布，主要流行于欧洲、中美洲及印度。在我国主要分布于东北、华北、西北及云南、广西等地。

二、牛带绦虫

牛带绦虫（*Taenia saginata*）又称肥胖带绦虫，成虫寄生于人体小肠，引起牛带绦虫病。

牛带绦虫的形态、生活史、致病性与猪带绦虫相似（图 18-18、表 18-1）。二者虫卵形态相似，故发现虫卵时，只能诊断为带绦虫病。孕节中子宫分支数及形态与猪带绦虫不同，是鉴别虫种的重要依据。人为该虫的唯一终宿主，牛为中间宿主，人因食入生的或未熟的含有牛囊尾蚴的牛肉而感染。其由于孕节活动力较强，可自动从肛门逸出，致多数患者能自己发现排出的节片。牛囊尾蚴不能寄生在人体，这是牛带绦虫与猪带绦虫的重要区别。

顶突
小钩
吸盘

六钩蚴
胚膜

囊壁
头节

图 18-16　猪带绦虫形态示意图

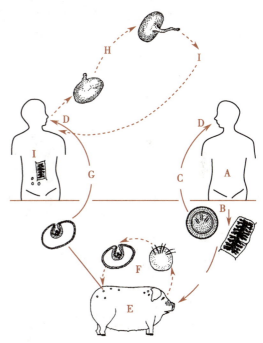

图 18-17　猪带绦虫生活史示意图

A. 寄生部位：成虫寄生于终宿主人体的小肠（诊断）；B. 排虫途径：粪便（标本采集：虫卵、孕节）；C. 感染虫期：虫卵（流行、预防）；D. 感染途径：口；E. 中间宿主：猪；F. 猪体内发育：虫卵—六钩蚴—囊尾蚴；G. 感染虫期：囊尾蚴（食源性）；H. 人体内发育：囊尾蚴—成虫；I. 自体感染：自体外或自体内。

牛带绦虫病呈世界性分布，我国新疆、内蒙古、西藏、云南、宁夏、四川、广西、贵州等地均有牛带绦虫病的流行。

猪带绦虫与牛带绦虫的主要区别见表18-1，生活史比较见图18-18。

表 18-1　猪带绦虫与牛带绦虫的主要区别

区别要点		猪带绦虫	牛带绦虫
形态	体长	2~4m	4~8m
	节片	700~1 000节，略透明	1 000~2 000节，不透明
	头节	圆球形，直径约1mm，具有顶突及小钩	方形，直径1.5~2.0mm，无顶突及小钩
	孕节	子宫分支不整齐，每侧分支7~13支	子宫分支整齐，每侧分支15~30支
生活史	感染阶段	猪囊尾蚴、猪带绦虫卵	牛囊尾蚴
	中间宿主	猪、人	牛
	孕节脱落	数节连在一起脱落，被动排出	单节脱落，常主动逸出肛门
致病性	幼虫	引起猪囊尾蚴病	—
	成虫	引起猪带绦虫病	引起牛带绦虫病
实验诊断	孕节、虫卵	粪便检查孕节、虫卵	粪便检查孕节、肛门拭子法查虫卵
	囊尾蚴	手术摘除皮下结节检查	—

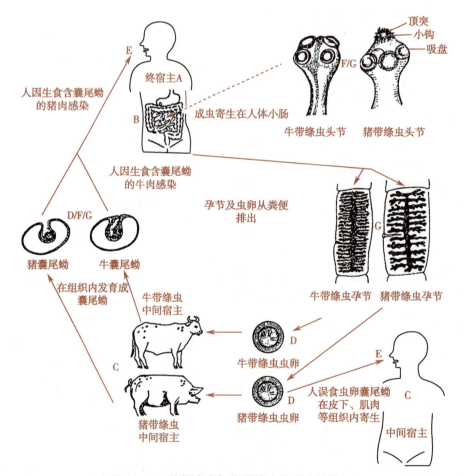

图 18-18　猪带绦虫与牛带绦虫生活史比较图

A. 终宿主：人；B. 成虫寄生部位：小肠（临床表现、诊断）；C. 中间宿主：牛、猪、人（流行、预防）；D. 感染阶段：虫卵、囊尾蚴（食源性）；E. 感染途径：口；F. 致病虫期：成虫、囊尾蚴（临床表现、诊断）；G. 诊断虫期：孕节、虫卵、囊尾蚴。

三、细粒棘球绦虫

（一）临床意义

细粒棘球绦虫（*Echinococcus granulosus*）又称包生绦虫，成虫寄生于犬科动物的小肠内，其幼虫称为棘球蚴，寄生于草食动物牛、羊等动物，也可寄生于人。棘球蚴可寄生在人体的任何部位，常寄生于肝、肺等处，引起棘球蚴病（又称包虫病）。棘球蚴病是一种严重危害人类健康和畜牧业生产的人兽共患病，对人体的危害取决于棘球蚴的大小、数量、寄生部位和寄生时间、机体的反应性，以及有无合并症。因棘球蚴生长缓慢，往往在感染后5~20年才出现症状。由于棘球蚴的不断生长压迫周围组织、器官，引起组织细胞萎缩、坏死，所以临床表现极其复杂。

1. 包块 寄生表浅部位可形成包块，触之坚韧，压之有弹性，叩诊时有震颤感；寄生腹腔可形成巨大囊肿，腹部有明显肿大。

2. 局部压迫和刺激症状 随寄生部位的不同，可出现不同的表现，受累部位有疼痛和坠胀感。如寄生在肝脏可致肝区疼痛，阻塞性黄疸；寄生在肺可致胸痛、咳嗽、咯血等；寄生在脑部可致颅内压增高、头痛、呕吐、癫痫等；寄生在骨内易造成骨折。

3. 毒性和超敏反应 棘球蚴的内含物溢出可引起一系列的胃肠道紊乱症状，常伴有厌食、消瘦、贫血、儿童发育障碍、恶病质等毒性症状，以及荨麻疹、哮喘、嗜酸粒细胞增多等超敏反应症状。如囊液大量进入血液循环，常可出现严重的超敏反应性休克甚至突然死亡。

（二）生物学性状

1. 形态

（1）**成虫**：体长2~7mm，是绦虫中较小的虫种之一。除头节、颈部外，整个链体只有幼节、成节和孕节各一节，偶尔多一节。头节呈梨形，具有顶突和4个吸盘。顶突伸缩力很强，其上有2圈小钩。成节有雌、雄生殖器官各1套。孕节内的子宫具不规则的分支和侧囊，含200~800个虫卵。

（2）**幼虫**：即棘球蚴，为圆形或近圆形的囊状物。大小不等，其直径可由不足1cm至数十厘米。由囊壁及囊内容物组成，囊壁分两层，外层为角皮层，内层为生发层：角皮层乳白色，半透明，厚约1mm，易破碎；生发层，厚约2μm。生发层可向囊内长出原头蚴、生发囊（育囊）和子囊。每个生发囊内含5~30个原头蚴。原头蚴与成虫头节相似，其区别在于体积较小和缺少顶突。囊腔内充满无色澄清囊液，又称棘球蚴液。棘球蚴液中漂浮着许多游离的原头蚴、育囊、子囊及囊壁的碎片，统称棘球蚴砂（图18-19）。

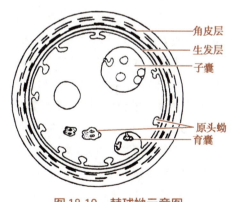

图18-19 棘球蚴示意图

（3）**虫卵**：与猪带绦虫卵、牛带绦虫卵相似，三者在光学显微镜下难以区别。

2. 生活史 细粒棘球绦虫的终宿主是犬、狼等犬科食肉类动物，中间宿主是羊、牛、骆驼等多种偶蹄类草食动物和人，感染阶段是虫卵，感染方式为经口感染。

成虫寄生于犬、狼等犬科食肉类动物的小肠上段，借头节附着在肠壁上。孕节或虫卵随粪便排出，广泛污染牧场、畜舍、土壤及水源等。当牛、羊、骆驼等草食动物吞食虫卵或孕节后，六钩蚴在肠内孵出钻入肠壁，随血液循环到达肝、肺等器官，经3~5个月发育为直径1~3cm的棘球蚴，最大可长到30~40cm。随后，棘球蚴逐渐长大，囊内长出原头蚴、生发囊和子囊等。含有棘球蚴的牛、羊等动物的内脏被犬科动物吞食后，囊内原头蚴散出，在胆汁刺激下头节翻出，吸附于小肠壁，每个原头蚴都可发育为一条成虫。一个直径10cm的棘球蚴内原头蚴数量常在10万个左右。因此，在犬、狼等终宿主动物小肠中寄生的成虫可达数千条至上万条。从原头蚴发育至成虫约需8周。

成虫寿命5~6个月。

人可作为细粒棘球绦虫的中间宿主。虫卵被人误食后，经3~5个月可在肝、肺等器官中发育为棘球蚴。棘球蚴在人体内寄生一般为单个，约占患者的80%以上（图18-20）。

（三）流行情况

棘球蚴病分布地域广泛，呈世界性分布，畜牧业发达地区是该病主要流行区，不仅危害人体健康，而且使畜牧业遭受重大损失，随着世界畜牧业的发展而不断扩散，现已成为全球性重要的公共卫生问题。在我国，棘球蚴病主要流行于新疆、青海、甘肃、宁夏、西藏、内蒙古和四川，其次是陕西、河北、山西等地，牧民感染率高，是我国重点防治的寄生虫病之一。

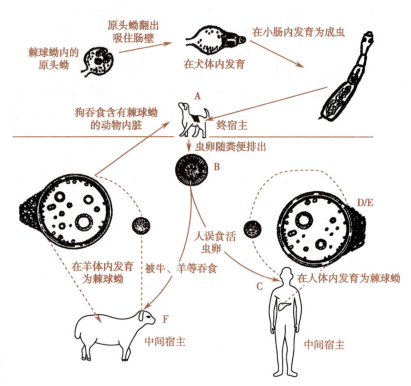

图18-20　细粒棘球绦虫生活史示意图

A. 终宿主：犬、狼；B. 感染阶段：虫卵、棘球蚴；C. 感染途径：口；D. 致病虫期：棘球蚴；E. 诊断虫期：棘球蚴；F. 中间宿主：牛、羊、人。

（孙 莉）

思考题

1. 试比较各种线虫、吸虫、绦虫的寄生部位、感染阶段、感染途径、中间宿主、终宿主等生活史知识要点，并提出防控这些寄生虫感染的措施。

2. 患者，男，51岁，因发热2个月以发热待查收入院。患者近2个月来无诱因出现发热（最高达40℃），无明显规律性，发热前感畏寒，偶有寒战，10min左右体温升高，同时伴头晕、乏力，持续2~3h，出汗后热退，不伴咽痛、咳嗽，无腹痛、腹泻，无尿频、尿急、尿痛，无盗汗，热退后自觉一切如常。患者居住血吸虫病疫区，10年前曾先后2次被诊断为急性血吸虫病，均正规抗血吸虫病治疗。

体格检查：T 38.5℃，肝右锁骨中线肋下2.0cm，剑突下4.0cm，质中，光滑，边缘整齐，有触痛及叩击痛，脾左锁骨中线肋下8.0cm，质中，光滑，有切迹。其余体格检查均正常。实验室检查无异常发现。肝脏CT：慢性血吸虫肝病改变并脾巨大。最后行肝穿刺活检：肝细胞广泛变性水肿，见淋巴细胞片灶浸润，部分肉芽组织增生，可见血吸虫虫卵。

请思考：日本血吸虫病的主要致病阶段是什么？为什么？

3. 患者，男，31岁，因肌肉酸痛1个月，头痛、头晕、呕吐收入院。初步诊断为脑梗死。治疗10d后未见好转，重新考虑诊断，经详细询问病史及体格检查，患者诉常吃"生皮、生肉"，并有排节片史；胸前区有多个皮下活动性结节。活检皮下结节，确诊为猪囊尾蚴病。免疫学诊断囊虫抗体阳性。经吡喹酮驱虫治疗后，症状完全缓解出院。

请思考：猪囊尾蚴病与猪带绦虫病是一回事吗？

练习题

第十九章 | 常见医学原虫

教学课件　　　　思维导图

学习目标

1. 掌握溶组织内阿米巴、杜氏利什曼原虫、蓝氏贾第鞭毛虫、阴道毛滴虫、疟原虫、刚地弓形虫、卡氏肺孢菌、隐孢子虫的生活史及致病特点。
2. 熟悉常见致病原虫的流行与防治原则。
3. 了解常见致病原虫的形态。
4. 学会常见原虫性疾病的护理事项,具备初步防控常见原虫性疾病的能力。
5. 具有关心关爱患者的职业美德和医者职业精神。

原虫(protozoa)是能独立完成生命活动的单细胞真核动物。虫体微小,结构简单,具有运动、消化、排泄、呼吸、生殖及对外界刺激产生反应等生理功能。原虫在自然界分布广、种类多,绝大多数营自生生活,少数营寄生生活。与医学有关的原虫有数十种,依据运动细胞器的有无和类型,可将原虫分为叶足虫、鞭毛虫、孢子虫和纤毛虫四大类,常见的医学原虫有溶组织内阿米巴、杜氏利什曼原虫、蓝氏贾第鞭毛虫、阴道毛滴虫、疟原虫、刚地弓形虫、卡氏肺孢子虫、隐孢子虫。

第一节　常见叶足虫

叶足虫的基本特征是具有叶状伪足的运动细胞器,可做变形运动,故称之为阿米巴。大多数种类寄生于人体的消化道和腔道内,以二分裂法繁殖。常见的人体寄生阿米巴有 7 种,其中主要致病虫种为溶组织内阿米巴,少数营自生生活的阿米巴偶可侵入人体致病。

一、溶组织内阿米巴

案例

患者,女,36 岁,腹痛、腹泻 8d。患者有喝生水的习惯,近 3d 腹泻次数减少,但腹痛加剧,伴轻度的里急后重,大便呈果酱色。职业:农民。体格检查:T 38.2℃,皮肤弹性差,左下腹有轻度压痛。粪便检查:暗红色,有腥臭味及黏液。生理盐水涂片可见大量红细胞,少量白细胞和溶组织内阿米巴大滋养体,初步诊断为阿米巴痢疾。
请问:
如何防止溶组织内阿米巴的感染?

(一)临床意义

溶组织内阿米巴(*Entamoeba histolytica*)又称痢疾阿米巴,主要寄生于人体结肠内,在一定条件下可侵入肠壁组织,引起阿米巴痢疾;也可随血流侵入肝、肺、脑等组织器官,引起肠外阿米巴病。

溶组织内阿米巴的致病与虫株的致病力、虫体的寄生环境和宿主的免疫状态等多种因素有关。人体感染溶组织内阿米巴后,绝大多数人表现为无症状的带虫者。所致疾病:

1. 肠阿米巴病 病变部位多见盲肠、升结肠,也可累及乙状结肠和直肠。溶组织内阿米巴借其溶组织酶及伪足侵入肠壁黏膜层、黏膜下层生长繁殖,引起组织溶解与坏死,形成口小底大的"烧瓶状"溃疡。溃疡内的坏死黏膜、血液和滋养体落入肠腔,则出现痢疾症状,即阿米巴痢疾。典型临床表现为发热、腹痛、腹泻、酱红色黏液脓血便,有特殊的腥臭味。慢性期组织破坏和愈合同时存在,纤维组织增生,形成包块状阿米巴肿。

2. 肠外阿米巴病 最常见的是肝脓肿,其好发部位在肝右叶,患者多表现为发热、肝脏肿大、肝区疼痛等症状。其次是肺脓肿,多因肝脓肿穿破横膈进入胸腔所致。此外,还可见阿米巴脑脓肿和皮肤阿米巴病。

重点提示

溶组织内阿米巴感染的临床意义

(二) 生物学性状

1. 形态 溶组织内阿米巴的生活史有滋养体和包囊两个发育阶段。

(1) 滋养体:分为小滋养体和大滋养体。小滋养体又称肠腔型滋养体,寄生于结肠,以肠道细菌和内容物为营养,不致病。虫体直径为 12~30μm,运动迟缓,内外质分界不明显。内质食物泡中可见吞噬的细菌。

大滋养体又称组织型滋养体,寄生于肠壁及肠外组织中,有致病力。虫体直径 20~60μm,适宜的温度下形态多变。细胞质分为外质和内质,内、外质界限清晰。外质透明,向外伸出指状或舌状伪足,并不断地伸缩,使虫体做定向运动,即阿米巴运动。内质呈颗粒状,随外质突出或缩入,内含细胞核、食物泡及吞噬的红细胞。胞质内有无被吞噬的红细胞是阿米巴的重要鉴别特征。虫体经铁苏木素染色后,可见蓝黑色的泡状核,核膜较薄,核膜内缘有排列整齐、大小均匀、细小的染色质粒,核小而圆,多位于中央。

(2) 包囊:圆球形,直径 10~20μm,囊壁较薄,无色透明,内含 1~4 个细胞核。经碘液染色,包囊呈淡黄色,可见核及核仁。未成熟的包囊可见 1~2 个细胞核、染成棕色的糖原泡及无色棒状的拟染色体;成熟的包囊可见 4 个细胞核,糖原泡及拟染色体随包囊的成熟而消失。四核包囊为成熟包囊,是溶组织内阿米巴的感染阶段。经铁苏木素染色后,拟染色体呈蓝黑色,糖原泡因糖原溶解而呈空泡状(图 19-1)。

2. 生活史 溶组织内阿米巴发育基本过程:包囊→滋养体→包囊。四核包囊经口感染,在小肠下段经肠内胰蛋白酶等碱性消化液的作用,囊壁变薄,加之虫体的活动使虫体脱囊而出为四核滋养体,并迅速分裂成 4 个单核滋养体,再分裂为 8 个小滋养体并定居于结肠黏膜皱褶和肠腺窝内,以宿主肠黏液、细菌及已消化食物为营养,行二分裂法增殖。

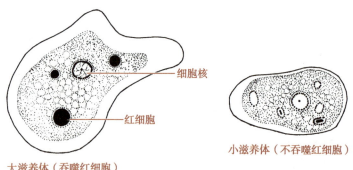

大滋养体(吞噬红细胞) 细胞核 红细胞 小滋养体(不吞噬红细胞)

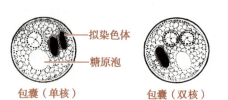

包囊(单核) 拟染色体 糖原泡 包囊(双核) 包囊(四核成熟包囊)

图 19-1 溶组织内阿米巴滋养体与包囊示意图

在结肠功能正常时,部分小滋养体随肠内容物向下移动,因肠内环境变化,如营养、水分被吸收减少等,小滋养体停止活动,排出未消化的食物,缩小成圆形并分泌胶状物质形成囊壁,成为包囊。未成熟包囊有 1~2 个细胞核，成熟包囊含有 4 个核。包囊随粪便排出，粪便中可见一核、二核或四核包囊。包囊对外界抵抗力强，通过污染饮水或食物而感染新的宿主。若肠蠕动加快时，小滋养体也可随粪便排出，因其抵抗力弱而迅速死亡。

当肠壁受损、肠功能紊乱或机体免疫力下降时，肠腔内的小滋养体借伪足及其分泌的酶和毒素侵入肠壁组织，吞噬红细胞变为大滋养体。大滋养体在肠壁内行二分裂法大量增殖，加之伪足的机械运动，致使局部肠黏膜和组织坏死，形成溃疡。

大滋养体可随坏死组织落入肠腔，随粪便排出体外而死亡，或在肠腔内变为小滋养体，再形成包囊随粪便排出体外。肠壁组织内的大滋养体有时也可侵入血管，随血流到达肝、肺和脑等器官寄生繁殖，引起相应脏器的病变。组织内的大滋养体不能形成包囊（图 19-2）。

重点提示

溶组织内阿米巴的生活史

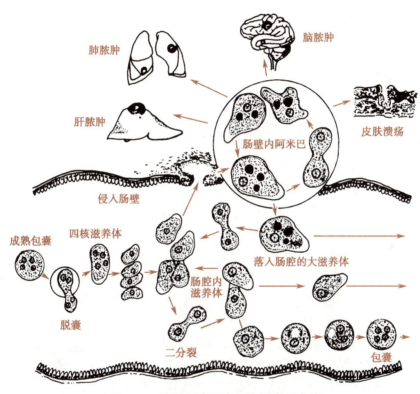

图 19-2 溶组织内阿米巴生活史示意图

（三）流行情况

该虫在我国各地均有分布，经济不发达、卫生条件差的地区人群感染率高。传染源为溶组织内阿米巴感染的患者或带虫者。人体感染的主要方式是经口感染，食用被成熟包囊污染的食品、饮水或使用被污染的餐具；苍蝇或蟑螂携带的包囊污染食物也可造成传播。该虫的感染呈世界性分布，多见于热带和亚热带，感染状况与区域经济发展水平、公共卫生条件、个人卫生习惯以及机体免疫力关系密切。

二、其他阿米巴

除溶组织内阿米巴外，人体消化道内还存在一些非致病性阿米巴，它们一般不侵入肠壁组织，但如果有大量原虫寄居、宿主防御功能下降或合并有细菌感染而致肠功能紊乱时，也会引起一些病症。在人体肠道内寄居的非致病性阿米巴主要有结肠内阿米巴、哈门内阿米巴、齿龈内阿米巴等（表 19-1）。

表 19-1　其他阿米巴

分类	感染方式	感染阶段	所致疾病	形态及生活史
结肠内阿米巴	经口感染	成熟包囊	引起肠道感染	其形态、生活史与溶组织内阿米巴相似
哈门内阿米巴	经口感染	成熟包囊	可引起狗、猫阿米巴性结肠炎	其形态、生活史与溶组织内阿米巴相似
齿龈内阿米巴	直接接触感染	滋养体	与齿龈化脓性细菌合并感染	生活史仅有滋养体期

（龙小山）

第二节　常见鞭毛虫

鞭毛虫是以鞭毛作为运动细胞器的原虫。与医学有关的鞭毛虫主要寄生于人体的消化道、泌尿生殖道、血液及其他组织内，以二分裂法繁殖。对人体危害较大的鞭毛虫有杜氏利什曼原虫、蓝氏贾第鞭毛虫和阴道毛滴虫等。

一、杜氏利什曼原虫

（一）临床意义

杜氏利什曼原虫（*Leishmania donovani*）主要寄生于人体肝、脾、骨髓及淋巴结的巨噬细胞内，引起内脏利什曼病，又称黑热病。根据传染源来源不同，利什曼病在流行病学上大致可以分为三种不同的类型，即人源型、犬源型和自然疫源型。

1. 内脏利什曼病　杜氏利什曼原虫感染人体后，在巨噬细胞内增殖，导致巨噬细胞被大量破坏并不断增生，患者出现长期不规则发热，伴脾、肝、淋巴结肿大（其中脾大最为常见，约占 95%），消瘦、贫血、白细胞及血小板减少，血清丙种球蛋白明显增高，白蛋白/球蛋白比例倒置，出现蛋白尿和血尿，易并发各种感染性疾病。

2. 皮肤利什曼病　部分内脏利什曼病患者在用锑剂治疗过程中，或在治愈后数年甚至十余年后可发生皮肤利什曼病，患者在面部、颈部、四肢、躯干等部位出现含有利什曼原虫的皮肤结节，结节呈大小不等的肉芽肿，或呈暗色丘疹状，常见于面部及颈部，有的酷似瘤型麻风。

3. 淋巴结型利什曼病　病变局限于淋巴结，临床表现是全身多处淋巴结肿大，肿大的淋巴结以腹股沟和股部最多见，其次是颈部、腋下和上滑车，再次是耳后、锁骨上和腋窝处，局部无明显压痛或红肿。患者的一般情况大多良好，少数出现低热和乏力，肝脾很少触及，嗜酸性粒细胞增多。多数患者可自愈。

> **重点提示**
>
> 杜氏利什曼原虫感染的临床意义

（二）生物学性状

1. 形态　杜氏利什曼原虫包括无鞭毛体和前鞭毛体两个发育阶段。

（1）无鞭毛体（amastigote）：又称利杜体，是感染阶段，常见寄生于单核巨噬细胞内，在骨髓或淋巴结穿刺涂片中可散在于细胞外。虫体卵圆形，大小约（2.9~5.7）μm×（1.8~4.0）μm。经瑞氏染色后，细胞质呈蓝色，细胞核一个，为圆形，呈红色或淡紫色，位于虫体一侧。动基体位于核前或一侧呈细杆状，染色较深，其前端有一个点状的基体发出一条根丝体。基体和根丝体在光学显微镜下难以区分。

（2）前鞭毛体（promastigote）：又称鞭毛体，常寄生于媒介白蛉的消化道内，为利什曼原虫感染期。成熟的虫体呈长梭形，大小（14.3~20.0）μm×（1.5~1.8）μm。核位于虫体中部，前端有动基体和基体，由基体发出 1 根鞭毛，为虫体的运动器官。前鞭毛体运动活泼，在培养基内常以虫体前端聚集成团，排列成菊花状。经瑞氏染色后，细胞质为淡蓝色，细胞核呈紫色（图 19-3）。

2. 生活史 杜氏利什曼原虫生活史需要两个宿主,即白蛉和人或哺乳动物。

(1)**在白蛉体内的发育**:当雌性白蛉叮咬内脏利什曼病患者或被感染的动物时,血液或皮肤内含无鞭毛体的巨噬细胞被吸入白蛉胃内,随后巨噬细胞破裂,24h 后逐渐发育为早期前鞭毛体,3~4d 发育为成熟鞭毛体。鞭毛体以二分裂法繁殖,并向咽部移动,约 1 周后具有感染性的前鞭毛体大量聚集在喙中。

(2)**在人体内的发育**:当感染有前鞭毛体的雌性白蛉叮人吸血时,前鞭毛体随白蛉唾液注入人体,被巨噬细胞吞噬后,一部分虫体被吞噬杀灭,一部分虫体逐渐变圆,失去鞭毛发育为无鞭毛体。此时,巨噬细胞内形成纳虫空泡,虫体在纳虫空泡内不但可以存活,而且还能不断分裂增殖,最终导致巨噬细胞破裂,释出的无鞭毛体再侵入其他巨噬细胞,重复上述过程,形成恶性循环(图 19-4)。

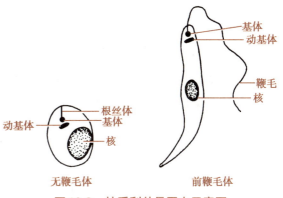

图 19-3 杜氏利什曼原虫示意图

重点提示

杜氏利什曼原虫的生活史

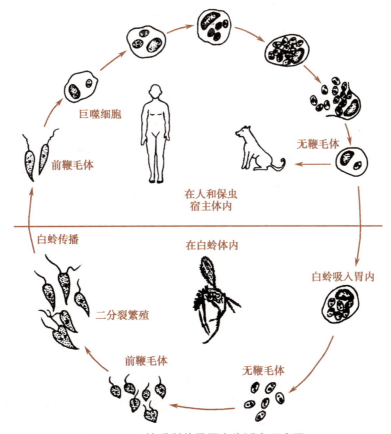

图 19-4 杜氏利什曼原虫生活史示意图

(三)流行情况

该虫呈世界性分布,在亚洲主要流行于印度、孟加拉国和尼泊尔。我国曾流行于长江以北地区,被列为五大寄生虫病之一,经过 20 世纪 50 年代大规模防治,取得了显著的效果。该虫近年来在新疆、内蒙古、甘肃、四川、陕西、山西等地仍有新病例出现,应引起重视。传染源是内脏利什曼病患者或被感染的动物,无鞭毛体通过白蛉叮咬使人感染,人群普遍易感。

二、蓝氏贾第鞭毛虫

（一）临床意义

蓝氏贾第鞭毛虫（*Giardia lamblia*）简称贾第虫，主要寄生于人体小肠，引起腹泻、消化不良等病症。人感染蓝氏贾第鞭毛虫时，由于滋养体大量吸附于肠黏膜上，影响肠的吸收功能，使大部分可溶性的脂肪不能被吸收，引起腹泻。粪便中含有大量脂肪颗粒，但无脓血。临床表现轻重不一，多数为无症状的带虫者，少数出现水样腹泻、腹痛、呕吐及发热等症状。有时虫体可寄生于胆道，引起胆囊炎和胆管炎，也可引起儿童贫血及营养不良。

> **重点提示**
>
> 蓝氏贾第鞭毛虫感染的临床意义

（二）生物学性状

1.形态 蓝氏贾第鞭毛虫包括滋养体和包囊两个发育阶段。

（1）滋养体：虫体正面形似半个纵切的梨形，长（9~21）μm×宽（5~15）μm×厚（2~4）μm，虫体两侧对称，前端钝圆，后端尖细，腹面扁平，背面隆起；腹面前半部向内凹陷形成吸盘状凹陷窝，借此吸附在宿主肠黏膜上；经铁苏木素染色，在吸盘状凹陷窝的底部有一对并列的卵圆形的泡状核；一对轴柱平行纵贯虫体，其中部可见一对半月形中央小体；有前侧鞭毛、后侧鞭毛、腹鞭毛和尾鞭毛各一对。虫体借鞭毛的摆动可作翻滚运动。

（2）包囊：椭圆形，大小（8~14）μm×（7~10）μm。碘液染色后呈黄绿色，囊壁与虫体之间有明显的空隙，核位于虫体的一端，未成熟的包囊内有 2 个核，成熟包囊内有 4 个核，囊内可见轴柱及丝状物（图 19-5）。

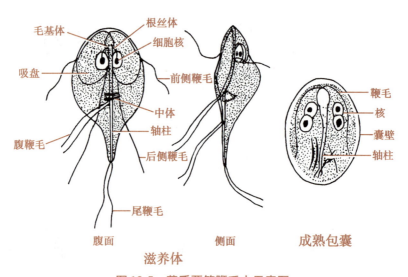

图 19-5　蓝氏贾第鞭毛虫示意图

2.生活史 蓝氏贾第鞭毛虫生活史简单。滋养体为营养繁殖阶段，成熟的 4 核包囊为感染阶段。人因误食成熟包囊污染的饮水或食物而被感染，包囊在十二指肠内脱囊形成滋养体。滋养体主要寄生在十二指肠或小肠上端，借吸盘吸附于肠黏膜，以二分裂法增殖。滋养体若落入肠腔，可随食物移向结肠，在小肠下端或结肠内形成包囊并随粪便排出体外。滋养体也可随腹泻者粪便排出体外。

> **重点提示**
>
> 蓝氏贾第鞭毛虫的生活史

（三）流行情况

该虫呈世界性分布，我国分布也很广泛，儿童及旅行者感染率高，为人体常见的肠道寄生虫之一。传染源为随粪便排出包囊的人和动物（如牛、羊、猪、兔、猫、狗等），感染者一次粪便排出的包囊数可达 4 亿，一昼夜可排 9 亿。感染人体的主要方式是通过粪 - 口途径传播，误食含有贾第鞭毛虫包囊污染的食物或水而感染。任何年龄的人群对本虫均易感，儿童、年老体弱者和免疫功能缺陷者尤其易感。包囊对外界抵抗力强，常见消毒剂不能杀死自来水中的包囊。

三、阴道毛滴虫

案例

患者，女，28 岁，已婚，因外阴瘙痒、阴道分泌物增多 3d 来院就诊。患者自述分泌物为黄绿色，呈泡沫状，有腥臭。同时还伴有尿频、尿急等症状，月经后加重。妇科检查：外阴部红肿，宫颈糜烂Ⅲ度。取阴道分泌物生理盐水涂片可见大量梨形或圆形虫体，前端可见 4 根鞭毛，后端有 1 根鞭毛，运动时向一侧偏转。初步诊断为滴虫阴道炎。

请问：
1. 如何防止阴道毛滴虫感染？
2. 临床上对该类患者护理的注意事项有哪些？

（一）临床意义

阴道毛滴虫（*Trichomonas vaginalis*）简称阴道滴虫，寄生于女性阴道、尿道及男性尿道、前列腺内，以性传播为主，引起滴虫阴道炎、尿道炎及前列腺炎。该虫的致病性与虫株毒力以及宿主内环境密切相关，正常情况下，健康女性的阴道内存在有乳酸杆菌，能分解阴道上皮细胞内糖原产生乳酸，使阴道内保持酸性环境（pH 3.8~4.4），可抑制滴虫及其他细菌的生长繁殖，称阴道自净作用。妊娠、产后或月经期，阴道内 pH 升高接近中性，有利于滴虫和其他细菌生长繁殖。阴道毛滴虫大量繁殖时，与乳酸杆菌竞争糖原，可使乳酸产生减少，使阴道内环境变为中性或碱性，破坏了阴道自净作用，促使滴虫大量繁殖以及细菌繁殖，引起滴虫阴道炎。感染后可出现轻重不等的临床表现，大多数女性感染者无临床症状或症状不明显，典型滴虫阴道炎患者的常见症状为外阴瘙痒，白带增多呈黄色泡沫状，伴有特殊气味。

尿路感染时可出现尿急、尿频、尿痛等症状，严重时外阴部有灼热刺痛感。妇科检查可见外阴红肿，阴道黏膜充血、水肿及分泌物增多，少数患者子宫颈弥漫性糜烂、点状出血，称为"草莓状宫颈"。男性感染者大多数无临床症状，呈带虫状态，少数严重感染者表现为滴虫性尿道炎、前列腺炎和附睾炎，表现为尿痛、前列腺肿大及触痛、尿道口痒感或有少量分泌物。

重点提示

阴道毛滴虫感染的临床意义

（二）生物学性状

1. 形态　阴道毛滴虫仅有滋养体期。活虫体形似水滴，无色透明，有折光性，体态多变，活动力强，大小为（7~32）μm×（10~15）μm。固定染色后虫体呈梨形，可见纵贯虫体的轴柱、虫体前 1/3 处有椭圆形的细胞核、外侧 1/2 处有一层波动膜。虫体具有 4 根前鞭毛和 1 根后鞭毛，借助鞭毛的摆动和波动膜的波动作向前和旋转式运动（图 19-6）。

2. 生活史　阴道毛滴虫生活史简单，仅有滋养体期，以二分裂法繁殖。滋养体主要寄生于女性阴道内，以后穹处多见，也可在尿道或子宫内寄生。男性感染除寄生于尿道、前列腺外，也可在睾丸、附睾或包皮下寄生。滋养体既是感染阶段，也是致病阶段，可通过直接或间接接触方式在人群中传播。

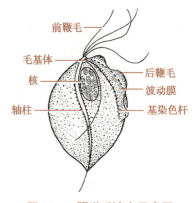

前鞭毛

毛基体

核

轴柱

后鞭毛

波动膜

基染色杆

图 19-6　阴道毛滴虫示意图

（三）流行情况

该虫呈世界性分布，在我国的流行也很广泛。传染源为滴虫阴道炎患者、无症状带虫者或男性感染者。感染人体的主要方式有两种：直接接触和间接接触。前者通过性接触传播；后者通过使用公共浴池、浴具、共用游泳衣裤、坐式马桶等传播。各地感染率不一，以 16~35 岁年龄组的女性感染率最高。阴道毛滴虫抵抗能力强，在外界环境中可保持较长时间的活力。

> **重点提示**
>
> 阴道毛滴虫的生活史

（龙小山）

第三节　常见孢子虫

孢子虫为无运动细胞器的寄生性原虫，发育阶段多且生活史复杂。全部发育阶段均营寄生生活，包括无性生殖和有性生殖两种繁殖方式。两种生殖方式可在一个或分别在两个宿主体内完成。对人体危害较大的孢子虫中有疟原虫、弓形虫、隐孢子虫等。

一、刚地弓形虫

（一）临床意义

刚地弓形虫（*Toxoplasma gondii*）简称弓形虫，是一种机会致病性原虫。广泛寄生于人和多种动物的有核细胞内，造成多种脏器和组织损害，引起人兽共患的弓形虫病。该虫感染人体的主要方式是通过食入未煮熟的含各发育期的弓形虫的肉、蛋、乳制品或被卵囊污染的食物和水源而感染，输血或器官移植也可引起感染。感染阶段有卵囊、假包囊、包囊等阶段。该虫的致病作用与虫株毒力和宿主的免疫状态有关。速殖子是主要的致病阶段，其在宿主细胞内反复增殖，破坏细胞，引起组织炎症和水肿。慢性感染时若包囊破裂，可引起炎症反应、水肿、坏死及肉芽肿等。

1. 先天性弓形虫病　妊娠期妇女感染弓形虫后，其血中速殖子经胎盘传给胎儿。受染胎儿主要表现为脑积水、大脑钙化灶和视网膜脉络膜炎等。弓形虫在各脏器大量增殖，可使新生儿出现全身性水肿、皮疹、肝脾大、肝炎等全身中毒症状。在妊娠前 3 个月内感染，可造成流产、死胎或畸胎，其中畸胎发生率最高，如无脑儿、小头畸形、脊柱裂等。

2. 获得性弓形虫病　可因虫体侵袭部位和机体的免疫应答程度的不同而呈现不同的临床症状，免疫力正常者多呈隐性感染。淋巴结肿大是获得性弓形虫病最常见的临床表现，多见于颌下和颈后淋巴结。弓形虫也常累及脑和眼部，引起中枢神经系统损害，如脑炎、脑膜炎、癫痫和精神异常。弓形虫眼病以视网膜脉络膜炎多见，成人表现为视力突然下降，婴幼儿可见手抓眼症，对外界事物反应迟钝，也可出现斜视、虹膜睫状体炎、葡萄膜炎等。免疫力低下的肿瘤、AIDS 等患者感染后，可使隐性感染转为急性重症感染，出现脑炎、脑膜炎、心肌炎、视力下降等临床表现，常成为主要致死原因。

> **重点提示**
>
> 刚地弓形虫感染的临床意义

（二）生物学性状

1. 形态　弓形虫发育的全过程有 5 种不同形态的阶段：滋养体、包囊、裂殖体、配子体和卵囊。其中滋养体、包囊、卵囊与弓形虫的传播和致病有关（图 19-7）。

（1）**滋养体**：因增殖迅速又称速殖子（tachyzoite），游离的速殖子呈香蕉形或新月形，大小为 (4~7) μm × (2~4) μm。经吉姆萨染色后细胞质呈蓝色，细胞核呈红色，位于虫体中央。滋养体常单个散在于血液、脑脊液或渗出液中，急性期滋养体速殖子可二分裂增殖为形态较小的多个缓殖子（bradyzoit），这种缓殖子也可数个至数十个寄生于宿主细胞内，呈纺锤形或椭圆形，这种被宿主细胞膜包绕的虫体集合体称假包囊（pseudocyst）。假包囊是弓形虫的主要致病阶段。

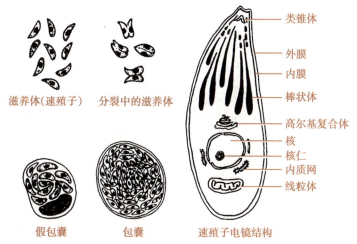

滋养体(速殖子)　　分裂中的滋养体

类锥体
外膜
内膜
棒状体
高尔基复合体
核
核仁
内质网
线粒体

假包囊　　　包囊　　　速殖子电镜结构

图 19-7　刚地弓形虫形态示意图

（2）**包囊**：圆形或椭圆形，直径 5~100μm，外有囊壁，内含数个至数千个增殖缓慢的滋养体，即缓殖子，其形态与速殖子相似，但虫体较小。包囊可长期在组织内寄生。包囊在一定条件下可破裂，缓殖子进入新的细胞形成包囊。

（3）**裂殖体**：在猫科动物小肠绒毛上皮细胞内发育增殖，成熟的裂殖体为长椭圆形，内含 4~29 个裂殖子，一般为 10~15 个，呈扇状排列，裂殖子形如新月状，前尖后钝，较滋养体小。

（4）**配子体**：游离的裂殖子侵入肠上皮细胞发育形成配子母细胞，进而发育为配子体。配子体有雌雄之分，雌配子体积可达 10~20μm，核染成深红色，较大，胞质深蓝色；雄配子体量较少，成熟后形成 12~32 个雄配子，其两端尖细，长约 3μm。雌雄配子受精结合发育为合子（zygote），而后发育成卵囊。

（5）**卵囊**（oocyst）：又称囊合子，圆形或椭圆形，大小为 10~12μm，内含 2 个孢子囊，每个孢子囊内含有 4 个新月形的子孢子。

2. 生活史　弓形虫生活史复杂，全过程需要两个宿主，分别进行有性生殖和无性生殖。在猫科动物内进行有性生殖，同时进行无性生殖，所以猫科动物是弓形虫的终宿主兼中间宿主。在人或其他动物体内只能进行无性生殖，为弓形虫的中间宿主。

（1）**在终宿主体内的发育**：当猫或猫科动物食入成熟卵囊或含有包囊、假包囊的动物内脏或肉类组织时被感染。子孢子、缓殖子和速殖子侵入宿主小肠上皮细胞内进行裂体增殖，形成裂殖体，释放的裂殖子再侵入肠上皮细胞，经数次裂体增殖后发育为雌、雄配子体，进而发育为雌、雄配子，二者结合成合子，再发育为卵囊。上皮细胞破裂后，卵囊进入肠腔随粪便排出体外，在适宜的环境中经 2~4d 发育成具有感染性的成熟卵囊。

（2）**在中间宿主体内的发育**：当猫粪中的卵囊或动物肉类中的包囊或假包囊被中间宿主如人、牛、羊、猪等吞食后，在肠内逸出子孢子、缓殖子或速殖子，随即侵入肠壁经血或淋巴液进入单核巨噬细胞内寄生，并扩散至全身各器官组织，如脑、淋巴结、肝、心、肺、肌肉等，进入细胞内并发育增殖，形成假包囊。

当速殖子增殖到一定数量，胞膜破裂，速殖子侵入新的组织细胞，反复增殖。在免疫功能正常的机体，部分速殖子侵入宿主细胞特别是脑、眼、骨骼肌，增殖速度减慢，转化为缓殖子，并分泌成囊物质，形成包囊。包囊在宿主体内可存活数月、数年或更长。当机体免疫功能低下或长期应用免疫抑制剂时，组织内的包囊可破裂，释出缓殖子，进入血流和其他新的组织细胞继续发育增殖，形成假包囊。假包囊和包囊是中间宿主之间或中间宿主与终宿主之间互相传播的主要感染阶段（图 19-8）。

重点提示

刚地弓形虫的生活史

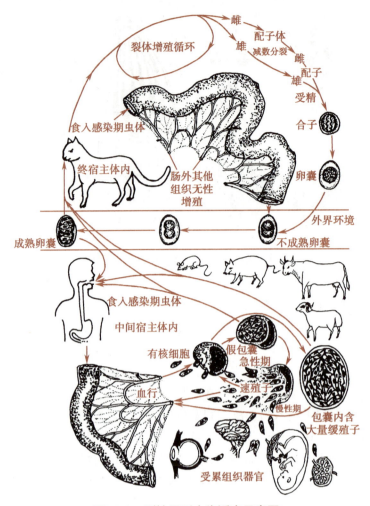

图 19-8　刚地弓形虫生活史示意图

（三）流行情况

该虫的传染源广泛，如猫、多种家畜、家禽及野生动物，其中猫及猫科动物是重要传染源。人食入未煮熟的含各发育期的弓形虫的肉、蛋、乳制品或被卵囊污染的食物和水源；输血或器官移植也可引起感染。人对弓形虫普遍易感；胎儿和婴幼儿的易感性较成人高，肿瘤和免疫功能缺陷或受损患者比正常人更易感。

二、卡氏肺孢菌

（一）临床意义

卡氏肺孢菌（*Pneumocyslis carinii*）主要寄生于人和多种哺乳动物的肺部，机体免疫力下降时可引起肺孢菌肺炎。该虫感染人体的主要方式是成熟包囊经呼吸道感染，通过咳痰飞沫传播。所致疾病是卡氏肺孢菌病。该菌是一种机会致病性病原体，可寄生在肺泡、肺泡上皮细胞或肺间质中。健康人体感染后多无临床表现，免疫功能低下者感染会出现呼吸系统症状。临床上分流行型和散发型两种类型。

1. 流行型　又称婴儿型，一般发生于 6 个月以内的虚弱婴儿，多为早产儿、营养不良或患先天性免疫缺陷综合征的婴幼儿。病变主要是间质性浆细胞性肺炎，患儿干咳、发热、呼吸及脉搏增快，严重时出现呼吸困难、发绀甚至死亡。

2. 散发型　肺泡间质以淋巴细胞浸润为主，多发生于免疫功能低下的成人及儿童，AIDS 患者最为常见。该病起病急，多数患者出现干咳、呼吸困难、发绀等，X 线检查可见两肺弥漫性浸润灶。

如诊断治疗不及时,病死率很高。

(二) 生物学性状

1. 形态 卡氏肺孢菌生活史包括滋养体(小滋养体、大滋养体)和包囊两个时期。小滋养体圆形或卵圆形,直径为 1.2~2.0μm;大滋养体形态多变,直径为 2.0~5.0μm。包囊圆形或椭圆形,直径为 5.0~8.0μm,成熟包囊内含 8 个新月形囊内小体。

2. 生活史 成熟包囊经呼吸道进入肺泡内,囊内小体脱囊逸出成为小滋养体,逐渐发育为大滋养体,并以二分裂、内出芽或接合生殖等多种方式繁殖。随后大滋养体表膜增厚,逐渐发育为包囊。囊内细胞核不断分裂,细胞质再分裂形成囊内小体,最后发育为含有 8 个囊内小体的成熟包囊(图 19-9)。

(三) 流行情况

该菌感染流行常发生于婴幼儿集中的场所,散发病例多见于儿童或成人,传播途径与咳痰飞沫直接传染有关。

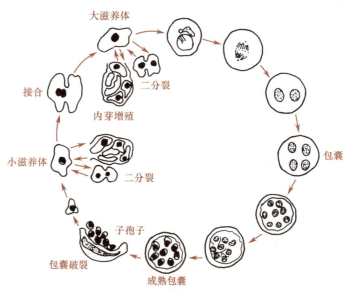

图 19-9　卡氏肺孢菌生活史示意图

三、隐孢子虫

(一) 临床意义

隐孢子虫(*Cryptosporidium*)广泛存在于多种脊椎动物体内,寄生于人和大多数哺乳动物的主要是微小隐孢子虫(*Cryptosporidium parvum*),是引起婴幼儿腹泻和旅行者腹泻的主要病原体。该虫主要寄生于小肠上皮细胞刷状缘,引起肠绒毛损伤,造成消化不良和吸收功能障碍,特别是脂肪和糖类吸收功能严重障碍,导致患者严重持久的腹泻,大量水及电解质从肠道丢失。临床症状的严重程度与病程长短取决于宿主的免疫状况。

免疫功能正常宿主的症状一般较轻,多为自限性腹泻,大便呈水样或糊状,一般无脓血,日排便 2~20 余次,持续 4~14d。免疫功能缺陷宿主的症状重,常为持续性霍乱样水泻,常伴随剧烈腹痛,水、电解质紊乱和酸中毒,严重者也可累及整个消化道,甚至呼吸道等肠外组织器官。隐孢子虫感染常为 AIDS 患者并发腹泻而死亡的原因。

(二) 生物学性状

1. 形态 隐孢子虫发育的全过程包括滋养体、裂殖体、配子体和卵囊等阶段。卵囊呈圆形或椭圆形,直径 4~7μm,囊壁光滑,成熟的卵囊内含 4 个裸露的月牙形子孢子和一团由颗粒物、空泡组成的残留体。经改良抗酸染色,卵囊呈玫瑰红色,子孢子形态多样不规则排列,残留体为暗黑色颗粒状(图 19-10)。

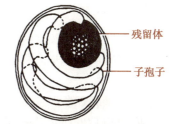

图 19-10　隐孢子虫卵囊示意图

2. 生活史 隐孢子虫生活史简单,完成整个生活史只需要一个宿主,人和许多动物都是该虫的易感宿主。发育过程分裂体增殖、配子增殖和孢子增殖三个阶段。成熟卵囊是感染阶段。当宿主吞食成熟卵囊后,在消化液的作用下子孢子在小肠内脱囊而出,侵入小肠上皮细胞,发育为滋养体,经裂体增殖产生裂殖子。

裂殖子在上皮细胞内不断重复裂体增殖,造成上皮细胞被破坏。经多次裂体增殖后,部分裂殖子侵入肠上皮细胞发育为雌、雄配子体，二者结合进行有性生殖形成合子。合子进行孢子生殖，发育为卵囊。卵囊有薄壁和厚壁两种类型，薄壁卵囊约占20%，其内子孢子可在宿主肠内直接逸出，侵入肠上皮细胞，继续无性繁殖，形成宿主自身体内重复感染；厚壁卵囊约占80%，发育成熟后脱落入肠腔排出体外，可感染新宿主（图19-11）。

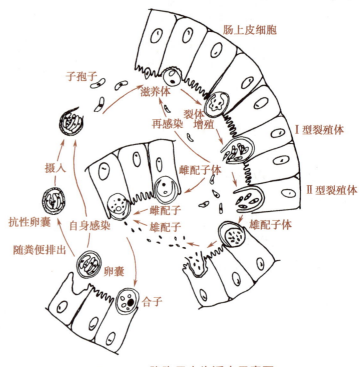

图19-11 隐孢子虫生活史示意图

（三）流行情况

该虫呈世界性分布，各地感染率高低不一，一般发达国家或地区感染率低于发展中国家或地区。隐孢子虫患者、带虫者是重要的传染源，牛、羊、犬、猫等40多种哺乳动物均可作为该虫的储存宿主，是重要的动物性传染源。食入被隐孢子虫成熟卵囊污染的食物、水源是主要传播方式；另外痰液中的卵囊也可通过飞沫传播。婴幼儿、AIDS患者、免疫功能低下者均为易感人群。

四、疟原虫

案例

患者，男，54岁，因间断发热5d入院。患者于入院前5d、3d、1d各发热1次，每次发热，均伴寒战、头痛、面色苍白，寒战持续10min至2h，接着体温迅速上升，最高达40.5℃，持续3h后，全身大汗淋漓，大汗后体温降至正常。患者3个月前曾到非洲阿尔及利亚（疟疾高发区）考察，被蚊虫叮咬。血常规检查：WBC $6.21×10^9$/L，N 33%，L 54%，Hb 72g/L，RBC $2.79×10^{12}$/L，PLT $162×10^9$/L；外周血涂片在红细胞内找到疟原虫；B超见肝脾大，实质回声均匀。

请问：

1. 简述如何防止疟原虫的感染？
2. 临床上对该类患者护理的注意事项？

（一）临床意义

疟原虫（Plasmodium）寄生于人体红细胞和肝细胞内，是引起疟疾（malaria）的病原体，疟疾是我国重要的寄生虫病之一。寄生于人体的疟原虫有4种，即间日疟原虫（Plasmodium vivax）、恶性疟原虫（Plasmodium falciparum）、三日疟原虫（Plasmodium malariae）和卵形疟原虫（Plasmodium ovale）。我国主要流行的是间日疟原虫，其次是恶性疟原虫，三日疟原虫少见，卵形疟原虫罕见。人体感染主要方式是通过雌性按蚊叮咬将子孢子传播给被叮咬者，此外还可通过胎盘、输血等方式传播。疟原虫的致病阶段是红细胞内期，与红细胞的胀破密切相关。

1. 潜伏期 疟原虫的子孢子侵入人体至疟疾发作前的间期为潜伏期，包括疟原虫红细胞外期和红细胞内期裂体增殖使虫量达到发作阈值的时间。潜伏期的长短与进入人体的疟原虫虫株、子孢子数量和机体的免疫力有密切关系。恶性疟的潜伏期为 7~27d；三日疟的潜伏期为 18~35d；卵形疟的潜伏期为 11~16d；间日疟短潜伏期虫株为 13~25d，长潜伏期虫株为 6~12 个月或甚至更长。

2. 疟疾发作　典型疟疾发作表现为周期性寒战、高热和出汗退热三个连续阶段。红细胞内期疟原虫裂体增殖，导致红细胞破裂，大量裂殖子、疟原虫的代谢产物、红细胞碎片及变性的血红蛋白进入血流，刺激吞噬细胞产生内源性热原质，与疟原虫的代谢产物一起作用于下丘脑的体温调节中枢，引起发热。随着血内刺激物被吞噬和降解，机体通过大量出汗，体温逐渐恢复正常。疟疾发作周期与疟原虫在红细胞内期裂体增殖的周期是一致的，即典型的间日疟和卵形疟为隔日发作 1 次，三日疟为 72h 发作 1 次，恶性疟为 36~48h 发作 1 次。若寄生的原虫不同步时，发作间隔则无规律。疟疾发作的次数与机体免疫力及治疗相关。免疫力随发作逐渐增强，疟疾发作可自行停止。

3. 再燃与复发　疟疾初发后，残存在红细胞内的疟原虫在一定条件下大量增殖，再次引起的疟疾发作，称为再燃。再燃与宿主免疫力下降、疟原虫的抗原变异有关。复发指经治疗红细胞内期疟原虫已被消灭，没有再感染，经数周或数年后而又出现疟疾发作。目前认为复发与肝细胞内迟发型子孢子的休眠体复苏有密切关系。恶性疟和三日疟只有再燃，没有复发；间日疟和卵形疟既有再燃，也有复发。

4. 贫血　由于疟原虫直接大量破坏红细胞，加之脾功能亢进，红细胞被吞噬破坏以及免疫溶血和骨髓抑制等原因，导致贫血。其中恶性疟贫血最严重。

5. 脾大　是疟疾的主要特征，其原因与疟原虫代谢产物刺激巨噬细胞增生、肝脾充血以及纤维组织增生有关。疟疾发作停止后脾大可持续存在，故脾大可作为某些地区流行程度的判断指标。

6. 凶险型疟疾　多发生在恶性疟原虫感染的恶性疟流行地区的儿童及无免疫力的人群中，以脑型多见，占 90% 以上。表现为剧烈头痛、持续高热（40~41℃）、多发性惊厥、昏迷等。其发病机制可能与被疟原虫寄生的红细胞与脑微血管内皮细胞发生粘连，引起脑微血管阻塞，导致局部组织缺氧、坏死及全身功能紊乱有关。凶险型疟疾来势凶猛，若不能及时治疗，死亡率很高。

> **重点提示**
>
> 疟原虫感染的临床意义

7. 疟性肾病　系由免疫复合物引起的 Ⅲ 型超敏反应所致，多见于三日疟长期未痊愈患者。

（二）生物学性状

1. 形态　疟原虫有早期滋养体（环状体）、晚期滋养体（大滋养体）、裂殖体和配子体等形态。瑞氏或吉姆萨染色后，疟原虫的细胞质呈蓝色，细胞核呈紫红色，疟色素呈棕黄色。4 种疟原虫的基本结构相同，但在人体红细胞内的发育各期形态不尽相同，是诊断、鉴别各种疟原虫的重要依据。除疟原虫本身的形态特征不同之外，被寄生红细胞的形态有无变化以及变化的特点也可用于鉴别虫体（表 19-2）。

（1）**滋养体**：是疟原虫在红细胞内摄食和发育的阶段，按发育先后分为早期滋养体和晚期滋养体。裂殖子侵入红细胞后发育为早期滋养体，此期形态特点为胞核小，胞质少，中间有空泡，虫多呈环状，故又称之为环状体。以后虫体长大，胞核亦增大，胞质增多，有时伸出伪足、胞质中出现疟色素（malarial pigment）。间日疟原虫和卵形疟原虫寄生的红细胞可以变大、变形，颜色变浅，常有明显的红色薛氏点，此时为晚期滋养体，又称大滋养体。

（2）**裂殖体**：晚期滋养体进一步发育成熟后，虫体变圆，胞质内空泡消失，核开始分裂，但胞质未分裂，称未成熟裂殖体。当细胞核经分裂后的数目达到 12~24 个，胞质随之分裂，每一个核都被部分胞质包裹，成为一个裂殖子，则称成熟裂殖体。此期棕褐色的疟色素集中成团，出现在虫体中部。被寄生的红细胞变化同大滋养体。

（3）**配子体**：疟原虫经过数次裂体增殖、部分裂殖子侵入红细胞后，不再进行裂体增殖，而虫体长大、呈圆或卵圆形，形成配子体。配子体有雌、雄之分。雌配子体较大，虫体饱满，胞质致密，深

表 19-2　四种疟原虫红细胞内各期形态

各期形态	间日疟原虫	恶性疟原虫	三日疟原虫	卵形疟原虫
早期滋养体（环状体）	胞质环状，环较大，淡蓝色，直径约为 RBC 的 1/3；红色核 1 个；一个 RBC 内只寄生 1 个疟原虫	环较小，直径约为 RBC 的 1/5；核 1~2 个；一个 RBC 内常有数个疟原虫寄生；虫体常位于 RBC 边缘	环较粗，深蓝色，直径约为 RBC 的 1/3；红色核 1 个	似三日疟原虫
晚期滋养体（大滋养体）	虫体渐增大，形状不规则，胞质增多，胞质内有空泡，出现伪足；疟色素棕黄色，细小杆状分散在胞质内	外周血中不易见到，主要集中在内脏毛细血管。体小，圆形，胞质深蓝色；疟色素黑褐色，集中	体小，圆形或带状，胞质致密；疟色素深褐色，分布于虫体边缘	虫体圆形，似三日疟原虫，但较大；疟色素似间日疟，但较细小
未成熟裂殖体	核开始分裂，胞质逐渐集中呈圆形，空泡消失；疟色素开始集中	外周血中不易见到。虫体仍似大滋养体，但核开始分裂；疟色素开始集中	体小，圆形，空泡消失；核开始分裂；疟色素集中	体小，圆形或卵圆形，空泡消失；核开始分裂；疟色素集中较迟
成熟裂殖体	含裂殖子 12~24 个，排列不规则，疟色素聚集成堆	外周血中不易见到，含裂殖子 8~36 个，排列不规则；疟色素集中成团	裂殖子 6~12 个，排成花瓣状；疟色素常集中在中央	裂殖子 6~12 个，排列一环；疟色素集中在中央或一侧
雌配子体	圆形，占满 RBC，胞质深蓝色；核深红色，小而致密，偏于一侧；疟色素均匀分布	新月形，胞质深蓝色，核致密，深红色，位于中央；疟色素黑褐色，分布于核周围	圆形，如正常 RBC 大小；胞质深蓝色；核小而致密，深红色，偏于一侧；疟色素分散	虫体似三日疟原虫，但稍大；疟色素似间日疟原虫
雄配子体	圆形，占满 RBC，胞质浅蓝，核淡红、大而疏松，位于中央；疟色素均匀分布	腊肠形，胞质淡蓝色，核疏松，淡红色，位于中央；疟色素分布核周围	圆形，略小于正常 RBC，胞质蓝色，核疏松，淡红色，位于中央；疟色素多而分散	似三日疟原虫，但稍大；疟色素似间日疟原虫
被寄生红细胞的变化	除环状体外，各期均胀大，色淡，有鲜红色的薛氏小点	正常或缩小，常见粗大稀疏的紫褐色茂氏点	正常大小，偶见少量淡紫色齐氏点	略胀大，色淡，部分 RBC 变长形，边缘呈锯齿状，薛氏点粗大，环状体期即出现

蓝色，疟色素多而粗大，核小而致密，深红色，多偏于虫体一侧；雄配子体较小，胞质稀薄，浅蓝色，疟色素少而细小，核大而疏松，淡红色，位于虫体中央。被配子体寄生的红细胞大小颜色变化同裂殖体。

2. 生活史　寄生于人体的四种疟原虫生活史基本相同，包括在人体（肝细胞内、红细胞内）和按蚊体两个发育阶段（图 19-12）。

（1）**在人体内的发育**：疟原虫进入人体先后在肝细胞和红细胞内发育增殖。在肝细胞内的增殖称为红细胞外期，在红细胞内的增殖称为红细胞内期。

1）红细胞外期：疟原虫感染阶段是雌性按蚊唾液腺中的子孢子。当唾液中含有感染性子孢子的雌性按蚊叮刺人体时，子孢子随其唾液进入人体血液内，约 30min 后经血流侵入肝细胞，摄取肝细胞内营养，变为滋养体。随后胞质增大，核开始分裂，进行无性裂体增殖，形成红外期裂殖体。成熟的红外期裂殖体内含有数以万计的裂殖子，裂殖子胀破肝细胞释出，一部分被巨噬细胞吞噬，另一部分则侵入红细胞内发育。间日疟原虫完成红外期发育约为 8d，恶性疟原虫约为 6d，三日疟原虫为 11~12d，卵性疟原虫约为 9d。

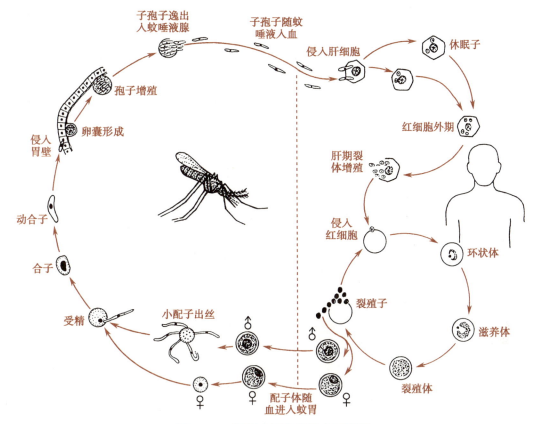

图 19-12　间日疟原虫生活史示意图

图中文字标注：

子孢子逸出入蚊唾液腺　子孢子随蚊唾液入血　侵入肝细胞　休眠子

孢子增殖　卵囊形成　侵入胃壁　动合子　合子　受精　小配子出丝

红细胞外期　肝期裂体增殖　侵入红细胞　环状体　滋养体　裂殖子　裂殖体

配子体随血进入蚊胃

目前多数学者认为间日疟原虫子孢子在遗传学上具有两种不同的类型，即速发型子孢子和迟发型子孢子。当两种类型子孢子进入肝细胞后，速发型子孢子很快完成红外期裂体增殖，而迟发型子孢子则经过一段或长或短的休眠期后才能完成红外期裂体增殖。休眠期的子孢子称为休眠子，与疟疾的复发有关。

2）红细胞内期：肝细胞释放出的红外期裂殖子侵入红细胞，经早期滋养体、晚期滋养体、未成熟裂殖体、成熟裂殖体，直到胀破红细胞，裂殖子散入血流。一部分被吞噬细胞吞噬，另一部分侵入正常红细胞重复裂体增殖。间日疟原虫完成红内期裂体增殖一个周期约需48h，恶性疟原虫需36~48h，三日疟原虫约需72h，卵性疟原虫约需48h。

疟原虫经过几代红细胞内期裂体增殖后，部分裂殖子侵入红细胞不再进行裂体增殖而是发育成雌、雄配子体。配子体可在人体内存活30~60d，成熟的配子体如被雌性按蚊吸入，则开始在蚊体内的发育。

（2）在按蚊体内的发育：疟原虫在按蚊体内的发育包括在蚊胃内的配子生殖和在蚊胃壁进行的孢子增殖两个阶段。当雌性按蚊叮刺疟疾患者或带虫者血液时，红内期疟原虫随血液进入蚊胃，只有雌、雄配子体可继续发育为雌、雄配子，红细胞内期其他发育阶段的疟原虫均被消化。雌、雄配子受精形成合子，从而完成配子增殖。合子发育为动合子，穿过胃壁，在蚊胃壁弹性纤维膜下形成囊合子（卵囊），虫体在囊内迅速进行孢子增殖，形成数以万计的子孢子。子孢子呈梭形，当囊合子成熟后，子孢子从囊壁微孔逸出或破囊散出，通过蚊血淋巴液到达唾液腺。子孢子是疟原虫的感染阶段，当蚊再次叮吸人血时，子孢子随唾液进入人体。

（三）流行因素

外周血有配子体的患者和带虫者是疟疾的传染源。血中带红细胞内期疟原虫的献血者也可通

> **重点提示**
>
> 疟原虫的生活史

过输血传播疟疾。除了遗传因素、高疟区婴儿可从母体获得一定的抵抗力外，其他人群对疟原虫普遍易感。反复多次的疟疾感染可使机体获得一定的保护性免疫力，因此疟区成人发病率低于儿童，而外来的无免疫力的人群中常可引起疟疾暴发。疟疾的传播还受自然因素和社会因素的影响。

知识拓展

青 蒿 素

　　疟疾是严重危害人类健康的寄生虫病之一。1969年，中国中医研究院接受抗疟药研究任务，由屠呦呦担任组长的课题组从收集整理历代医籍、本草、民间方药入手，对其中的200多种中药开展实验研究。历经380余次失败，屠呦呦及其团队在1972年从黄花蒿中提取到了一种无色结晶体活性成分，并将这种物质命名为青蒿素，经过试验证实，青蒿素能有效治疗疟疾。1992年，屠呦呦及其团队又发明出抗疟疗效更好的双氢青蒿素。1986年，WHO批准青蒿素用于全世界。由于青蒿素药物的应用，疟疾患者的死亡率急速下降，挽救了全球特别是发展中国家数百万人的生命。2015年10月，屠呦呦获得诺贝尔生理学或医学奖。2019年9月，屠呦呦被授予"共和国勋章"。

（龙小山）

思考题

　　1. 试述滴虫阴道炎与阴道内环境的关系。

　　2. 患者，女，47岁，1周前突发寒战高热，而后出汗退热，隔日发作1次。自诉1个月前曾去旅游，被蚊虫叮咬过。实验室检查：血常规显示红细胞减少，外周血涂片染色镜检可见红细胞内像戒指一样的病原体。

ER 19-3

练习题

　　请思考：

　　（1）患者可能患有何种寄生虫病？

　　（2）为什么会出现周期性发作？

第二十章 | 常见医学节肢动物

教学课件

思维导图

学习目标

1. 掌握医学节肢动物的主要概念及其分类、医学节肢动物对人类的危害。
2. 熟悉我国常见的虫媒病及主要病媒节肢动物。
3. 了解节肢动物的形态特征及其发育过程。
4. 学会预防和控制虫媒病的方法和具备观察鉴别病媒节肢动物的能力。
5. 具有乐学善学的品质和认真严谨的学习态度，进一步增强除"四害"保健康的意识，体现医者职业精神。

第一节　医学节肢动物概述

节肢动物（arthropod）种类繁多，分布广泛，占全球动物种类的 2/3 以上，其中与医学有关的种类，可通过寄生、吸血、叮咬、骚扰、传播病原体等方式危害人畜健康，称为医学节肢动物（medical arthropod）。

案例

患者，男，68 岁，患者因躯干多发皮损伴破溃 1 个月就诊。体格检查：部分皮损表面破溃，局部伴脓性分泌物，对表面脓性渗出给予清创治疗，可见一白色虫爬出。经鉴定是蛆虫，为蚊皮蝇幼虫，诊断为压疮合并蝇蛆病。

请问：
1. 该患者如何感染蝇蛆，其致病特点是什么？
2. 临床上如何对压疮合并蝇蛆病进行有效护理？

一、医学节肢动物的主要特征

节肢动物是一类无脊椎动物。主要特征：①躯体分节，左右对称。②附肢成对并分节（如足、触角、触须等）。③体壁由壳多糖及醌单宁蛋白组成的外骨骼，内附横纹肌。④循环系统开放式，体腔称为血腔，含有无色或不同颜色的血淋巴。⑤发育史大多经历蜕皮（ecdysis）和变态（metamorphosis）。

二、医学节肢动物的分类

医学节肢动物主要有 5 个纲，最重要的是昆虫纲和蛛形纲。

（一）昆虫纲

虫体分头、胸、腹三部分，头部有触角 1 对，具有感觉功能；胸部有足 3 对。与医学有关的常见种类有：蚊、蝇、白蛉、蠓、蚋、虻、蚤、虱、臭虫、蜚蠊、桑毛虫、松毛虫、刺毛虫和毒隐翅虫等。

（二）蛛形纲

虫体分头胸和腹部，或头胸腹愈合成躯体。头胸部无触角，有足 4 对。与医学有关的常见种类有蜱、蠕形螨、疥螨、蜘蛛和蝎等。

（三）甲壳纲

虫体分头胸和腹两部分，头部有触角 2 对，步足 5 对。与医学有关的常见种类有石蟹、淡水虾、蝲蛄、剑水蚤等。

（四）唇足纲

虫体窄长，腹背扁平，由头及若干形状相似的体节组成，通常会 10 节以上。头部有触角 1 对，体节除最后 2 节外，各具足 1 对，第 1 对足变形为毒爪，内连毒腺。其蜇人时，毒腺排出有毒物质伤害人体。与医学有关的常见种类有蜈蚣等。

（五）倍足纲

虫体呈长管形，多节，由头及若干形状相似的体节组成，头节有 1 对触角。除第一体节外，每节均具足 2 对。其分泌物可引起皮肤过敏。与医学有关的常见种类有马陆、千足虫等。

三、医学节肢动物的发育与变态

节肢动物由卵发育到成虫的过程中，其形态结构、生理功能和生活习性等一系列变化称为变态。变态分为两类：

（一）全变态

生活史包括卵、幼虫、蛹和成虫四个时期，其特点是要经历 1 个蛹期，各期之间在外部形态、生活习性差别显著，如蚊、蝇等。

（二）不全变态（半变态）

生活史包括卵、幼虫、若虫、成虫四个阶段，或分为卵、若虫、成虫三个时期，其特点是发育过程中没有蛹期，若虫与成虫的形态和生活习性相似，仅体积较小、性器官未发育成熟。常见的有虱、蜱等。

四、医学节肢动物对人类的危害

节肢动物对人体的危害是多方面的，大致可分为直接危害和间接危害两大类。

（一）直接危害

直接危害指节肢动物本身对人体的损害，包括以下几个方面：

1. 吸血和骚扰　有些昆虫在其滋生地及活动场所常能叮刺人体吸血，被叮刺处有痒感，出现丘疹样荨麻疹，影响工作和睡眠。如蚊、白蛉、虱、臭虫、蜱、螨等。蝇的活动影响人的生活或骚扰睡眠。

2. 蜇刺和毒害　有些节肢动物有毒腺、毒毛或体液有毒，经叮刺或接触时致病。如蜈蚣、蝎子、毒蜘蛛等刺咬人后，不仅局部产生红、肿、痛，而且还引起全身症状；硬蜱的唾液可使宿主出现蜱瘫痪及莱姆病；松毛虫、桑毛虫的毒毛及毒液可通过接触引起皮肤和结膜发炎，严重者可导致骨关节病变。

3. 超敏反应　节肢动物的唾液、分泌液、排泄物、躯体成分等异源性蛋白，接触过敏体质的人群，可引起超敏反应。如尘螨引起的过敏性哮喘、变应性鼻炎等，粉螨、尘螨、革螨引致的螨性皮炎等。

4. 寄生　有些节肢动物可以寄生于人畜体内或体表引起病变。如某些蝇类幼虫侵害宿主组织引起蝇蛆病；疥螨寄生于皮下引起疥疮；蠕形螨寄生于毛囊、皮质腺引起蠕形螨病等。

（二）间接危害

节肢动物携带病原体，造成疾病在人和动物之间相关传播。由此类节肢动物传播引起的疾病称为虫媒病（arbo-disease），能传播疾病的节肢动物称为媒介节肢动物（ento-mophilous arthropod）。根据病原体与节肢动物的关系，将节肢动物传播疾病的方式分为以下两种：

1. 机械性传播 病原体被节肢动物机械性携带、运输、传播，病原体可以附着在节肢动物的体表、口器上或通过消化道传播，其形态和数量不发生变化，仍保持感染力。如蝇传播菌痢、伤寒、霍乱等疾病。

2. 生物性传播 是媒介节肢动物传播疾病的最重要方式。病原体在节肢动物体内经历了发育、增殖或发育和增殖的阶段，才能传播到新的宿主。对病原体来说，这种过程是必需的，节肢动物是病原体的宿主，如丝虫幼虫、疟原虫在蚊体内的发育、杜氏利什曼原虫在白蛉体内的发育和繁殖等。有的病原体不仅在节肢动物体内增殖，而且侵入雌虫的卵巢，经卵细胞传递，以致下一代幼虫也具感染性，称经卵传播。例如恙螨幼虫吸入立克次体之后，立克次体经过恙螨成虫的卵传给下一代幼虫，幼虫叮刺人体时使人感染立克次体。这种节肢动物媒介，由于其能产生众多的感染后代，从而在病原体的传播过程中扮演着更为重要的角色。

（三）病媒节肢动物的判定

病媒节肢动物的判定需要以下四个方面的证据：

1. 生物学证据 与人体关系密切，种群数量较大，为当地的优势种或者常见种，一般寿命较长，以保证病原体能够在其体内完成发育和繁殖。

2. 流行病学证据 病媒节肢动物的地理分布和季节消长与虫媒病的流行地区级流行季节相一致或基本一致。

3. 实验室证据 通过实验证明该病原体能够在某种节肢动物体内发育或繁殖，并能感染易感动物。

4. 自然感染证据 用实验的方法对节肢动物进行人工感染，病原体能在其体内增殖或发育到感染期，并能再感染其他易感动物。

符合上述四个证据，即可初步判定某种节肢动物为某种疾病在某个地区的传播媒介。但由于地理环境、气温的差异，同一国家、同一虫媒病出现的时间可能不同。另外，媒介可有一种或数种，应区分主要媒介和次要媒介。

> **重点提示**
>
> 医学节肢动物对人体的危害

（王 蕾）

第二节　医学上常见的节肢动物

医学上常见的节肢动物主要是昆虫纲和蛛形纲，如昆虫纲的蚊、蝇、蚤，蛛形纲的蜱、疥螨和蠕形螨等。

一、蚊

蚊（mosquito）属于昆虫纲、双翅目、蚊科，是最重要的医学昆虫类群。蚊种类很多，分布很广，与医学有关的蚊类是按蚊属、库蚊属和伊蚊属。

（一）形态特征

蚊是小型昆虫，成蚊体长 1.6~12.6mm，呈灰褐色、棕褐色或黑色，分头、胸、腹三部分。头部，有复眼、触角和触须各一对。蚊的口器称为喙，属刺吸式口器，是蚊吸血时用于切割皮肤的工具（图 20-1）。

（二）生活史

蚊的生活史分卵、幼虫、蛹和成虫 4 个时期，属全变态。前 3 个时期生活于水中，而成虫生活于陆地。雌、雄蚊交配后雄蚊死亡。雌蚊吸血后卵巢发育，产卵于水中。在夏季经 2~3d 孵出幼虫（孑孓），孵出的幼虫需 5~7d，经 4 次蜕皮化为蛹。蛹常停息于水面，夏季经 2~3d 羽化成蚊。成蚊羽化不久即行交配、吸血、产卵。蚊从卵至成虫的发育约需 7~15d，一年可繁殖 7~8 代。在适宜条件下，雄蚊寿命为 1~3 周，雌蚊寿命为 1~2 个月。

（三）常见蚊种和疾病的关系

我国主要传播疾病的按蚊有中华按蚊、嗜人按蚊、微小按蚊和大劣按蚊；库蚊有淡色库蚊、致倦库蚊和三带喙库蚊；伊蚊有白纹伊蚊和埃及伊蚊。蚊除叮咬吸血、骚扰人体外，主要传播以下疾病：

1. 疟疾 传播媒介是按蚊。在平原地区多为中华按蚊；长江流域、山区和丘陵地带常为嗜人按蚊；南方山区和森林地带多为微小按蚊；南方热带雨林地带多为大劣按蚊。

2. 丝虫病 我国班氏丝虫病的主要传播媒介为淡色库蚊和致倦库蚊，而马来丝虫病则主要是中华按蚊和嗜人按蚊。

3. 流行性乙型脑炎 主要传播媒介是三带喙库蚊和白纹伊蚊。

4. 登革热 主要传播蚊种有埃及伊蚊和白纹伊蚊。

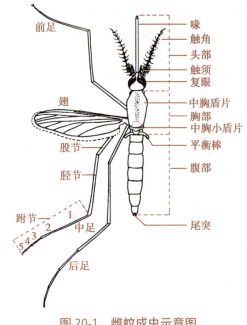

图 20-1 雌蚊成虫示意图

二、蝇

蝇（fly）属于双翅目、环裂亚目，种类繁多，既可传播疾病，又可导致蝇蛆病。

（一）形态特征

成蝇体长一般为 6~14mm，呈暗灰、黑、黄褐、暗褐等颜色，许多蝇种有金属光泽。虫体分头、胸、腹 3 部分，全身被有鬃毛。头呈半球形，两侧有大而明显的复眼 1 对。多数蝇的口器为舐吸式口器，上有一对肥大的唇瓣，其上有许多凹沟式小管与食管相通，用以舐食。吸血蝇类的口器为刺吸式。胸部分 3 节，有足 3 对，足末端有爪和爪垫各 1 对，爪垫上密布细毛，并能分泌黏液，可携带多种病原体。

（二）生活史

绝大多数的蝇类发育为全变态，生活史可分卵、幼虫、蛹、成虫 4 个时期。蝇类多数产卵于人畜粪便、垃圾、腐败的动植物等不同的滋生地中，在较适宜的条件下，卵期 1d，幼虫期 4~12d，蛹期 3~17d，一般在 8~30d 完成一代（图 20-2）。成蝇寿命一般为 1~2 个月。

成蝇多数为杂食性，喜食腐败腥臭的食物及人和动物的排泄物、分泌物、脓血等，进食时有边爬、边吃、边吐、边排粪便及摆动肢体的习性。由于蝇的食性特点、滋生习性和特有的形态结构（唇瓣、足、全身鬃毛等），使成蝇可黏附（携带）大量的病原体，而成为重要的传病媒介。

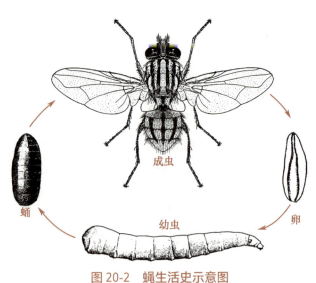

图 20-2 蝇生活史示意图

（三）蝇和疾病的关系

1. 机械性传播疾病 蝇类主要的传病方式。主要传播消化道传染病，如痢疾、伤寒、霍乱、脊髓灰质炎、甲肝、肠道蠕虫病、阿米巴病等，也可传播呼吸道疾病、皮肤疾病、眼病等。

2. 生物性传播疾病 果蝇可作为眼结膜吸吮线虫的中间宿主，吸血蝇可传播锥虫病。

3. 蝇蛆病 是蝇幼虫寄生于人体组织和器官内造成的疾病。胃肠道、口腔、耳、鼻、咽、眼、泌尿生殖道、皮肤等处都可发生蝇蛆病。

三、蚤

蚤（flea）又称跳蚤，属于蚤目，是哺乳动物和鸟类的体外寄生虫。

（一）形态特征

成虫体小，长 2~4mm，棕黄至黑褐色，体侧扁平，体表有毛、鬃和刺，均向后生长。头部略似球形，较小，口器为刺吸式。胸部 3 节，无翅，足 3 对（图 20-3）。

（二）生活史

蚤属全变态，包括卵、幼虫、蛹和成虫 4 个虫期（图 20-4）。雌蚤通常产卵于宿主皮毛上或窝巢中。在适宜温度、湿度条件下，5d 左右孵出幼虫。幼虫形似蛆而小，经 3 次蜕皮化为蛹。蛹期通常为 1~2 周，有时可达 1 年，主要受温度和湿度影响。蛹的羽化受空气的振动、动物走近、接触压力或外界温度升高的刺激。蚤的寿命短者约 2~3 个月，长者可达 1~2 年。雌雄蚤均吸血，多数常更换宿主吸血，特别是当宿主病死尸体变冷后，则离体另找宿主吸血。蚤的这种吸血习性，是传播疾病的主要原因。

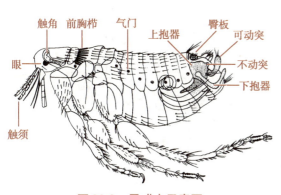

图 20-3 蚤成虫示意图

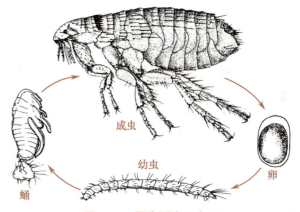

图 20-4 蚤生活史示意图

（三）蚤和疾病的关系

蚤对人体的危害包括吸血、寄生和传播疾病。人被蚤叮刺后，皮肤瘙痒，出现红斑或丘疹等，严重者可影响休息或因搔破皮肤而继发感染。蚤可传播鼠疫、地方性斑疹伤寒；蚤可作为犬复孔绦虫、缩小膜壳绦虫及微小膜壳绦虫的中间宿主，人因误食含似囊尾蚴的蚤幼虫而感染。在南美洲及非洲，穿皮潜蚤可寄生于人的皮下，引起潜蚤病。

四、蜱

蜱（tick）属于蛛形纲，分硬蜱和软蜱两大类。

（一）硬蜱

硬蜱虫体呈圆形或长圆形，体长 2~10mm，雌蜱饱食后膨大可至 20~30mm，硬蜱是蜱螨类中体型最大的。虫体分躯体和颚体两部分，其背面有盾板并可见颚体（图 20-5）。

硬蜱的生活史分为卵、幼虫、若虫和成虫四个时期。在适宜条件下，卵经 2~4 周孵化出幼虫，幼虫吸血后经 1~4 周蜕皮成若虫，其吸血后再经 1~4 周蜕皮为成虫。硬蜱多栖息在森林、草原、灌木丛等草木茂盛处，其幼虫、若虫和成虫均吸血，时间多在白日。硬蜱侵袭宿主且范围广，包括哺乳类、鸟类、爬行类和两栖类动物等，对流行病学有重要意义。

硬蜱叮刺宿主皮肤，可导致局部充血、水肿等急性炎症反应，亦可传播疾病。

（二）软蜱

软蜱较小，位于躯体前方腹面，从背面看不见。成蜱躯体背面无盾板，体表成皮革质（图 20-6）。

软蜱多为多宿主蜱，其生活史与硬蜱类似，幼虫、若虫和成虫，以及成虫每次产卵前都需要寻找宿主吸血，这种不断更换宿主的习性在虫媒病传播上有重要意义。软蜱侵袭宿主多在夜间，其主要寄生于鸟类或洞穴哺乳类动物等，有些种类可侵袭人类而传播疾病见表 20-1。

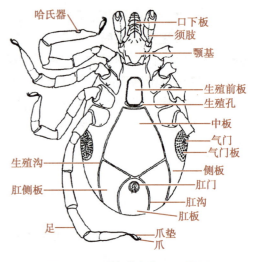

图 20-5 硬蜱成虫腹面示意图

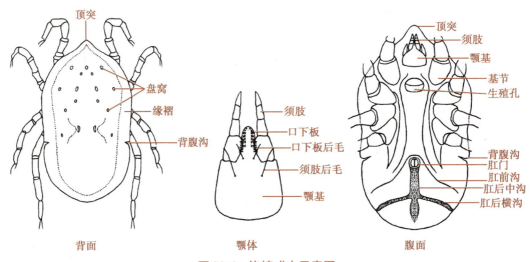

图 20-6 软蜱成虫示意图

表 20-1 蜱与疾病的关系

蜱类别	传播疾病或所致疾病	病原体	感染人体方式
硬蜱	森林脑炎	森林脑炎病毒	叮咬吸血
硬蜱	莱姆病	伯道疏螺旋体	叮咬吸血
硬蜱	Q 热	Q 热立克次体	叮咬吸血或蜱粪便污染伤口
硬蜱	发热伴血小板减少综合征	发热伴血小板减少布尼亚病毒	叮咬吸血
硬蜱	西伯利亚蜱媒斑疹伤寒	西伯利亚立克次体	叮咬吸血
软蜱	蜱媒回归热	包柔螺旋体	叮咬吸血或基节液污染伤口

五、疥螨

疥螨（scab mites）是一种永久性寄生螨类，寄生于人和哺乳动物的皮肤表皮层内，引起疥疮。寄生于人体的疥螨为人疥螨（*Sarcoptes scabiei*）。

（一）形态特征

疥螨成虫近圆形或椭圆形，乳白或浅黄色，体长0.2~0.5mm，背面隆起，腹面较平。体分颚体和躯体，颚体短小，基部嵌入躯体内，躯体背面有横形的波状横纹、皮棘和刚毛，腹面有4对短粗似圆锥形足（图20-7）。

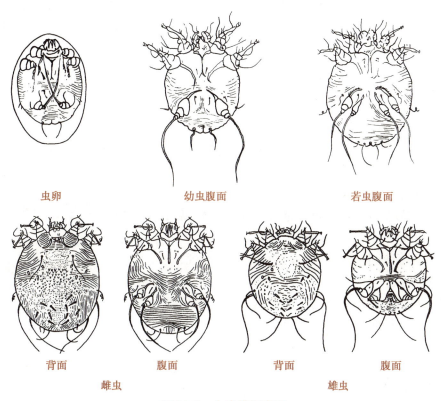

虫卵　　　　　幼虫腹面　　　　　若虫腹面

背面　　　　　腹面　　　　　背面　　　　　腹面
雌虫　　　　　　　　　　雄虫

图20-7　人疥螨示意图

（二）生活史

疥螨全部生活史在宿主皮肤角质层其自掘的"隧道"内完成，包括卵、幼虫、前若虫、后若虫和成虫五期。雌虫在隧道中产卵，卵经3~7d孵化为幼虫。幼虫在原"隧道"和新凿"隧道"中活动，经3~4d蜕皮为前若虫。雄性疥螨若虫仅为1期，蜕皮后成雄螨，雌性若虫期有2期，前若虫经2~3d蜕皮为后若虫，后若虫可钻挖窄而浅的隧道，经3~4d蜕皮为雌螨。

疥螨寄生在宿主表皮角质层深部，以角质组织和淋巴液为食，常见部位如指间、腕屈侧、肘窝、腋窝前后、脐周、腹股沟、外生殖器和臀部等处，女性患者常见于乳房下方或周围，儿童皮肤娇嫩，全身均可被侵犯，尤以足部最多。

（三）疥螨和疾病的关系

疥螨主要通过直接接触和共用衣物等间接接触传播。雌螨挖掘隧道时的机械性刺激及排泄物、分泌物可引起的超敏反应，感染者最突出的症状为剧烈瘙痒，患处出现淡红色、针头大小的小丘疹和小疱等皮损。瘙痒夜晚加剧，由于剧痒、搔抓，可引起继发感染，发生脓疮、毛囊炎等，严重者可致湿疹样改变或苔藓化等病变。

六、蠕形螨

蠕形螨（*Demodicid mite*）又称毛囊虫，是一类永久性寄生螨，寄生于人体的有两种，即毛囊蠕形螨（*D.folliculorum*）和皮脂蠕形螨（*D.brevis*）。

（一）形态特征

寄生于人体的两种蠕形螨的形态基本相似，虫体细小，呈蠕虫状，长0.1~0.4mm，乳白色，半透明。虫体由颚体和躯体组成，躯体由足体和末体两部分构成，足体腹面有四对短粗的足。毛囊蠕形螨较长，皮脂蠕形螨略短（图20-8）。

（二）生活史

两种蠕形螨发育过程，包括卵、幼虫、前若虫、若虫和成虫5个时期。蠕形螨一般寄生在人体皮肤皮脂腺较发达的部位，如额、鼻、鼻沟、头皮、颏部、颧部和外耳道，还可寄生于颈、肩背、胸部、乳头、大阴唇、阴茎和肛门等处，以宿主上皮细胞、腺细胞和皮脂腺分泌物等为食。毛囊蠕形螨多群居在毛囊内，一般为3~6个，皮脂蠕形螨常单个寄生于皮脂腺和毛囊中。

（三）蠕形螨和疾病的关系

蠕形螨为条件致病螨，在人群中感染率较高，感染后大多数为无症状的带虫者，或仅有轻微痒感和烧灼感。人体蠕形螨可通过直接或间接接触感染，感染地方可出现丘疹、疱疹、毛囊炎、疖肿等。痤疮、酒渣鼻、脂溢性皮炎、睑缘炎等皮肤病患者的蠕形螨感染率及感染度均显著高于健康人或一般皮肤病患者，说明这些现象可能与蠕形螨的感染有密切关系。

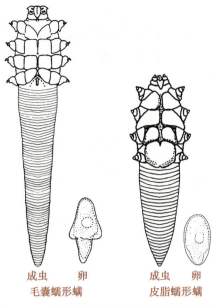

成虫　卵　　　成虫　卵
毛囊蠕形螨　　皮脂蠕形螨

图 20-8　毛囊蠕形螨和皮脂蠕形螨示意图

重点提示

常见蚊种与疾病的关系

知识拓展

我国在虫媒病疟疾防控上的援外成就

非洲是疟疾的主要流行区。我国积极主动开展援助非洲项目。2015年12月宣布实施中非公共卫生合作计划，目前已与坦桑尼亚、赞比亚、塞内加尔和布基纳法索等开展了疟疾防控合作，分享中国的成功经验，与国际社会共同推动全球控制和消除疟疾。随着中国经验、中国智慧在非洲的传播，不仅我国的产品、技术走向了世界，还向世界彰显我国"甘于奉献、大爱无疆"的精神，在国际交往中展现了负责任的大国形象。

（王 蕾）

思考题

1. 试比较医学上常见的节肢动物的形态和生态的哪些特点与其机械性传播疾病有关？

2. 患者，女，21岁，因面部皮肤红色痤疮状丘疹、脓疱、瘙痒来医院就诊。检查发现鼻尖、鼻翼两侧、颊、须眉间等处血管扩张，皮肤弥漫性潮红、充血，继发性红斑湿疹或散在针尖大小至粟粒大小、结痂及脱屑。初步怀疑为蠕形螨合并细菌感染，采用痤疮压迫器刮取皮脂分泌物镜检，发现大量蠕形螨而确诊。

请思考：

(1) 蠕形螨可引起哪些皮肤疾病？

(2) 该如何治疗蠕形螨病？

ER 20-3

练习题

第二十一章 ｜ 病原生物感染的检查及防治原则

教学课件　　　思维导图

学习目标

1. 掌握细菌、真菌、病毒检查标本采集的原则和细菌、病毒、真菌、寄生虫感染的防治原则。

2. 熟悉革兰氏染色和抗酸染色的方法及革兰氏染色的临床意义以及病原体的分离培养与鉴定、病原体成分的检测、血清学反应和分子生物学检查的原理。

3. 了解细菌、病毒、真菌、寄生虫感染的检查方法。

4. 学会标本采集的正确采集方法。

5. 具有严谨科学态度，具有高度的责任心，践行敬业、友善等社会主义核心价值观。

第一节　细菌感染的实验诊断与防治原则

进行细菌感染的微生物学检查的目的是对标本中致病菌的种属甚至型别进行鉴定，必要时进行动物实验和药物敏感试验等，以明确感染的病原菌，指导合理用药或开展感染性疾病的流行病学调查。细菌感染的微生物学检查主要包括细菌学诊断（bacteriolgical diagnosis）和血清学诊断（serological diagnosis）。

细菌感染性疾病的预防包括一般性预防和特异性预防，特异性预防主要通过人工主动免疫和人工被动免疫实现。细菌感染的治疗主要采用抗菌药物。

一、细菌感染的微生物学检查

细菌感染的微生物学检查是对采集的标本进行形态学检查和分离培养，根据细菌的形态和菌落特征进行初步鉴定，必要时通过生化反应或其他试验做进一步鉴定。

（一）细菌学诊断

1. 标本采集　是细菌学诊断的第一步，标本的质量直接关系到检查结果的准确性。标本采集应遵循以下原则。

（1）无菌操作：严格无菌操作，避免周围组织、器官或分泌物中的杂菌污染标本。采集局部病变标本时，勿用消毒剂，必要时宜以无菌生理盐水冲洗，拭干后再取材。标本应以无菌容器盛放且不能混有消毒剂。

（2）早期采集：尽量在使用抗菌药物之前和疾病早期采集标本。

（3）区别采集：应根据不同感染性疾病及感染性疾病的不同时期采集适宜的标本。如葡萄球菌、链球菌、铜绿假单胞菌等引起的化脓性感染，可采集脓汁、咽拭、分泌物等；疑为流脑患者，可采集脑脊液、血液或出血瘀斑；疑为淋病患者可采集泌尿生殖道脓性分泌物；疑为白喉患者可用无菌棉拭取假膜或其边缘分泌物；疑为霍乱患者应采集米泔水样粪便或呕吐物，严密包装，专人送检。

疑为无芽孢厌氧菌的感染应在正常无菌部位采集，如血液、腹腔液、深部脓肿等，采集标本后应立即排尽注射器内空气，将针头插入无菌胶皮塞内送检；菌血症或败血症采集血液；食物中毒则采集剩余食物、呕吐物等；疑为肺炎支原体感染者，可采集痰液、咽拭子标本；疑为立克次体感染者应采集血液；溶脲脲原体感染者可采集精液、阴道分泌物、中段尿等标本；沙眼衣原体感染者应采集眼穹或眼结膜分泌物涂片，也可进行眼结膜刮片；大肠埃希菌引起的肠道感染和尿路感染，应分别采集粪便或中段尿；菌痢患者应采集服药前的新鲜粪便的脓血黏液部分，中毒性菌痢患者可采取肛拭子法；肠热症患者在病程的 1~2 周内取血液，2~3 周时取粪便或尿液。必要时，某些细菌的感染应采集血清标本，进行血清学试验。

（4）**尽快送检**：采集的标本应尽快送检，如不能立即送检，大多数细菌标本可冷藏送检，但对脑膜炎球菌、淋球菌的标本应注意保温并立即送检，条件允许时尽量床边接种。

2. 形态学检查　某些在形态、染色和排列上具有特征性的病原菌，标本采集后可直接涂片、染色后进行显微观察，或采用压滴法、悬滴法直接进行显微观察，具有初步诊断意义。如在脓液中发现葡萄串状革兰氏阳性球菌，可初步确定为葡萄球菌感染；在痰液标本中检出细长略弯、有时呈分枝状的抗酸菌，可初步诊断为结核分枝杆菌感染。细菌的形态学检查法较多，在此介绍常用的细菌染色法、压滴法和悬滴法。

（1）**革兰氏染色**（Gram staining）：由细菌学家革兰于 1884 年提出，是广泛使用的细菌鉴别染色法。基本流程：细菌标本经涂片、干燥、固定后，用结晶紫初染，用卢戈碘液媒染，用 95% 乙醇脱色，稀释复红复染。干燥后，油镜镜检。通过革兰氏染色，细菌可分为两大类。即被染成蓝紫色者为 G^+ 菌，被染成红色者为 G^- 菌。

革兰氏染色具有重要的临床意义：①鉴别细菌。通过革兰氏染色可将细菌分为 G^+ 菌和 G^- 菌两大类，便于初步鉴别细菌。②选择治疗药物。G^+ 菌和 G^- 菌因细胞壁结构的差异，对抗生素的敏感性不同。如大多数 G^+ 菌对青霉素和头孢菌素等敏感，而大多数 G^- 菌对红霉素、链霉素、庆大霉素等敏感。③与细菌致病性有关。大多数 G^+ 菌主要以外毒素致病，而 G^- 菌则多以内毒素致病。

> **重点提示**
> 革兰氏染色的临床意义

（2）**抗酸染色法**：可鉴别抗酸性细菌与非抗酸性细菌。方法是将固定的标本经苯酚复红加温或延长时间染色后，用盐酸乙醇脱色，再用亚甲蓝进行复染。抗酸性细菌如结核分枝杆菌、麻风分枝杆菌等含有分枝菌酸，能与苯酚复红牢固结合，不易被盐酸乙醇脱色而染成红色，非抗酸性细菌则染成蓝色。

（3）**特殊染色法**：细菌的特殊结构，如鞭毛、荚膜、芽孢及细胞壁、异染颗粒等，用上述染色法不易着色，需用特殊染色法才能着色。通过特殊染色法使这些结构着色并与菌体其他结构染成不同颜色，以利于对细菌的观察和鉴别。

（4）**压滴法**：将细菌标本滴在载玻片上，加盖玻片覆盖后不经染色直接进行暗视野观察，主要用于观察细菌的动力。有鞭毛的细菌有方向性位移，为真正运动；无鞭毛的细菌因水分子的撞击而在原位颤动，是布朗运动。

（5）**悬滴法**：取洁净凹玻片，在凹孔周围涂一层凡士林，将细菌标本滴于凹孔，盖上盖玻片后迅速翻转，进行暗视野观察。亦用于不染色标本观察细菌的动力。

3. 分离培养与鉴定　大多数病原菌不能依靠形态、排列方式和染色特性进行明确鉴别，需进行分离培养与鉴定。

（1）**分离培养**：将标本在相应固体平板上进行划线接种，培养后分离出单菌落，获得病原菌的纯培养物。无菌部位的标本如血液、脑脊液等可直接接种于培养基；有正常菌群部位的标本，应接种于选择或鉴别培养基进行培养。大多数病原菌接种后置 37℃培养 18~24h 可形成肉眼可见菌落，幽门螺杆菌等通常需 2~3d 才形成菌落，结核分枝杆菌、布鲁氏菌等生长缓慢，需 3~4 周或 4~8 周才能形成可见菌落。根据细菌所需要的营养、生长条件、菌落特征（形状、大小、颜色、质地、透明度及溶血情况等）可作初步鉴别，明确鉴定还需对纯培养物进行形态染色特征、生化反应和血清学反应等分析。由于各种细菌的生物学特性不同，所选用的培养基和培养方法等也不尽相同。以下主要介绍病原性球菌、肠杆菌及厌氧性细菌的分离培养。

1）病原性球菌的分离培养：病原性球菌如葡萄球菌、链球菌可用血琼脂平板分离培养，置37℃培养18~24h，根据菌落特征取可疑菌落，经形态学特征及生化反应等鉴定。脑膜炎球菌、淋球菌标本须接种巧克力琼脂平板分离培养，置含5%~10% CO_2 环境中，37℃培养24~48h，取可疑菌落，经形态学特征及生化反应等进一步鉴定。

2）肠杆菌的分离培养：肠杆菌的分离培养常用SS、麦康凯（MAC）、伊红亚甲蓝（EMB）或中国蓝等肠道致病菌选择或鉴别培养基，置37℃ 18~24h，挑取可疑菌落进行鉴定。肠杆菌在鉴别培养基上的菌落特征是鉴别细菌的基础，如大肠埃希菌在SS平板上形成红色菌落，而沙门菌和志贺菌则形成无色半透明菌落。肠杆菌的明确鉴定主要通过生化反应和血清学反应。

3）厌氧性细菌的分离培养：严格无氧环境是分离培养厌氧性细菌的必要条件。因厌氧菌对氧敏感，暴露在空气中易死亡，故采集的标本应立即接种到含有还原剂的培养基或特殊的选择性培养基中。常用的培养基有疱肉培养基和以牛心脑浸液为基础的血平板。在厌氧环境中接种，置37℃培养2~3d，如无菌落生长，继续培养至1周。挑取生长菌落接种于2个血平板，分别置于有氧和无氧环境中培养，只能在无氧环境中生长的是专性厌氧菌，在两种环境中都生长的是兼性厌氧菌。获得纯培养物后，依据菌落特征、菌体形态、染色特性及生化反应等进行鉴定。

（2）**生化反应**：不同细菌具有的酶系不同，故对营养物质的分解能力及其代谢产物不尽相同。检测细菌对糖或蛋白质等的代谢作用和代谢产物的差异，借以区别和鉴定细菌，称之为细菌的生化反应。生化反应对菌落特征、菌体形态和染色特性相同或相似的细菌（如肠杆菌科的病原菌）的鉴定尤为重要。常见的生化反应有糖发酵试验、VP试验、MR试验、C试验、I试验、H_2S 试验、尿素酶试验等。目前微量、快速、半自动化或全自动化的细菌生化鉴定和药物敏感分析系统已应用于临床，可鉴定细菌和真菌数百种及上百种不同抗菌药物的敏感性测试。

（3）**血清学反应**：用含有已知特异性抗体的免疫血清（又称诊断血清），不仅可快速、准确地检测临床标本中微量的病原菌特异性抗原，还可以进一步确定病原菌的血清群和型，是细菌学诊断的常规方法。常用的方法有ELISA、凝集试验、免疫荧光技术等。如用O1群多价和单价血清做玻片凝集试验鉴定霍乱弧菌的血清群和型，用凝集试验、ELISA等快速早期诊断粪便、血清或尿液中的沙门菌可溶性抗原。

（4）**毒力检测**：主要以动物实验测定半数感染量（median infective dose，ID_{50}）或半数致死量（median lethal dose，LD_{50}），可经灌胃、注射（皮下、腹腔、静脉）等在实验动物体内进行，如常用豚鼠体内中和试验测定白喉棒状杆菌是否产生白喉毒素。也可进行体外实验，如用Elek平板毒力试验测定白喉毒素，或家兔结扎肠段测定产毒性大肠埃希菌（ETEC）的不耐热肠毒素。

（5）**药物敏感试验**：进行药物敏感试验（antimicrobial susceptibility testing，AST）的目的是了解病原菌对各种抗菌药物的敏感（或耐受）程度，以指导临床合理选用抗菌药物。常用的药物敏感试验方法有扩散法、稀释法、E试验等。扩散法是将受试菌接种在适当的培养基上，于一定条件下培养，同时将含有定量各种抗菌药物的纸片贴在培养基表面（或用不锈钢圈，内放定量抗菌药物溶液），培养一定时间后观察结果。由于致病菌对各种抗菌药物的敏感程度不同，便在药物纸片周围出现不同大小的抑制病原菌生长而形成的"空圈"，称为抑菌圈。抑菌圈大小与病原菌对各种抗菌药物的敏感程度成正比关系。稀释法是将抗菌药物稀释为不同浓度，作用于被检菌株，定量测定药物对细菌的最低抑菌浓度（minimum inhibitory concentration，MIC）及最低杀菌浓度（minimum bactericidal concentration，MBC），包括液体稀释法和琼脂稀释法。E试验是一种结合了稀释法和扩散法的原理和特点测定微生物对抗菌药物敏感度的定量技术。近年已有自动化的药物敏感试验仪器应用于临床，更加快速、准确。

（6）**动物实验**：主要用于病原菌的分离与鉴定、细菌毒力的检测等，但应注意选择对实验菌敏感的动物。常用实验动物有小鼠、豚鼠和家兔等。应根据细菌致病性及实验动物的特点选用不同的接种途径，常用接种途径有注射（皮内、皮下、腹腔、肌肉、静脉、脑内）和灌胃等。如对可疑的葡萄球菌引起的食物中毒，可用残余食物等标本经肉汤培养后的滤液接种幼猫肠腔，观察其发病情况。动物实验一般不作为常规细菌学诊断。

4. 病原菌成分的检测

（1）病原菌抗原的检测：利用已知的特异性单克隆抗体（McAb）测定有无相应的细菌抗原，可以确定菌种或菌型。抗原检测的优点是特异性高、快速、敏感，可检测标本中的微量抗原。即使患者应用抗生素治疗后细菌生长被抑制，利用培养方法不能检出的细菌，因尚有特异性抗原存在，在短期内仍可被检出，从而有助于明确病因。常用的方法有凝集试验（玻片凝集、协同凝集、间接血凝、乳胶凝集）、对流免疫电泳、酶免疫、放射免疫、荧光免疫技术等。例如，利用对流免疫电泳可检测细菌性脑膜炎患者脑脊液中的肺炎链球菌、脑膜炎球菌及流感嗜血杆菌。

（2）病原菌核酸的检测：不同病原菌的基因组（genome）结构不同，故可以通过测定细菌的特异性基因序列对病原菌作出鉴定。常用的方法主要有核酸分子杂交（nucleic acid molecular hybridization）技术、PCR 技术和基因芯片（gene chip）技术。

（3）质谱鉴定：质谱（Mass spectrometry, MS）的本质是检测的蛋白质图谱，操作简单，可大大地缩短报告的时间。目前应用在微生物检验上的为时间飞行质谱，检测器通过检测蛋白飞行时间的不同来建立一个曲线图谱进而与数据库中的信息比对，不同的微生物由于蛋白分子组成有差异而形成具有特异性的图谱，通过软件对数据库的比对进行微生物种或菌株的区分和鉴定。

5. 其他检测法　随着现代科学与技术的发展，出现了一些新型的细菌检测技术。如气相色谱法鉴别厌氧性细菌，^{13}C 或 ^{14}C 呼气试验检查幽门螺杆菌感染等。

（二）血清学诊断

血清学诊断主要通过血清学反应的方法来实现。用已知的细菌或其特异性抗原检测患者血清或其他体液中有无相应特异性抗体及其效价（titer）的动态变化，可作为某些感染性疾病的辅助诊断。由于多采取患者的血清进行试验，故这类方法通常称为血清学反应。血清学反应主要适用于抗原性较强、生化反应不易区别、难以培养或不能培养的致病菌及病程较长的感染性疾病，也可用于调查疫苗接种后的效果。

患者血清中抗体的出现除患有与该抗体相应的疾病外，亦可因受过该菌隐性感染或近期预防接种。因此血清学诊断中，最好采取患者急性期和恢复期双份血清，抗体效价明显高于健康人群的水平或随病程递增才有诊断价值。当恢复期的抗体效价比急性期升高 4 倍以上时，可确定为现症感染。若患者在疾病早期应用抗菌药物或患者免疫功能低下等情况，感染后抗体效价无明显升高。

常用的血清学反应方法有玻片或试管凝集试验、乳胶凝集试验、中和试验、补体结合试验和 ELISA。如辅助诊断链球菌感染后风湿热的抗链球菌溶血素 O 试验（antistreptolysin O test，ASO test）；辅助诊断肠热症的肥达试验；诊断立克次体病的外斐反应；辅助梅毒的诊断的非螺旋体抗原试验和螺旋体抗原试验，前者用于梅毒的筛选，后者用于梅毒的确认。

二、细菌感染的防治原则

细菌感染性疾病的防治应做到早发现、早诊断、早治疗。除一般性预防方法外，对某些细菌感染性疾病还可用疫苗或抗毒素进行特异性预防、紧急预防或治疗。应用抗菌药物治疗细菌感染时，需通过药物敏感试验选择敏感药物。由于各种病原菌的致病机制不同，故其具体防治措施也各不相同。

（一）呼吸道细菌感染的防治原则

1. 球菌　对链球菌引起的急性咽炎、扁桃体炎等，要及时彻底治疗，防止超敏反应性疾病的发生。应用多价肺炎链球菌荚膜多糖疫苗可预防肺炎链球菌的感染。链球菌感染主要通过飞沫传播或接触传播，其预防应注意及时发现和治疗患者，以控制和减少传染源。

预防由脑膜炎球菌引起的流脑，可针对易感人群接种流脑荚膜多糖疫苗，流行期间可口服磺胺药物等预防。

2. 分枝杆菌 主要经飞沫传播，发现和控制传染源及切断传播途径是基本预防措施。对肺结核（痰菌阳性者）、麻风病患者早发现、早隔离和早治疗，加强卫生宣传教育，对环境、患者的分泌物及接触的物品进行管理及消毒，以防止病原菌扩散传播。预防结核分枝杆菌的感染应接种 BCG，接种对象为新生儿和结核分枝杆菌素试验阴性的儿童，接种方法为皮内注射 0.1ml 的 BCG。目前我国规定新生儿出生后须进行初次免疫（小于 3 月龄完成 BCG 接种），7 岁时复种，农村儿童 12 岁时再加强免疫一次。BCG 接种后 2~3 个月应做结核菌素试验，如为阴性说明接种失败，须再接种，接种后免疫力可维持 3~5 年。在某些麻风病高发国家和地区用 BCG 预防麻风病也收到一定效果。

治疗结核分枝杆菌感染的常用药物有异烟肼、利福平、吡嗪酰胺、乙胺丁醇等，遵循早期、适量、规律、全程、联合用药原则。我国采用 WHO 建议推广的直接督导下的短程化疗（DOTS）方案，即患者每次由"督导员"（医务人员、社区志愿者或家属）在场目睹其服用规定药物，疗程可缩短至 6 个月。国内外均推行三药联合方案，即以异烟肼、利福平、吡嗪酰胺为主药。在耐药病例发生率较高地区，前 2 个月强化期需加第 4 种药，如乙胺丁醇，此方案可使患者获得约 95% 的治愈率。近年来结核分枝杆菌耐药菌株日益增多，所以应通过药物敏感试验，测定细菌耐药性，以指导临床合理用药。治疗麻风病的药物主要是砜类，如氨苯砜、苯丙砜、醋氨苯砜等，利福平也有较强的抗麻风分枝杆菌的作用，为防止耐药性产生，应采用多种药物联合治疗。

直接督导下的短程化疗

控制肺结核最有效、最关键的措施是早期发现、早期隔离并治愈患者。另外还要从控制传染源、切断传播途径、增强机体免疫力三方面入手。一旦发现肺结核，应进行积极的抗结核治疗，进行适当的隔离，消灭传染的源头。

直接督导下的短程化疗（directly observed treatment short-course, DOTS）是 WHO 推荐的检出与治愈传染性结核患者最好的手段。DOTS 不仅仅包括直接督导下的化疗，还要求有政府承诺、显微镜服务、可靠的药品供应及监察系统。采用 DOTS 治疗的患者无须住院，他们能够与家人住在一起，并在几周之内返回工作岗位。经过培训的卫生工作者和社区中的志愿者，可以承担起应用 DOTS 的治疗服务。

3. 白喉棒状杆菌 白喉的治疗应尽早足量使用白喉抗毒素，同时要选用敏感的抗生素作抗菌治疗。百日咳、军团菌病的治疗首选红霉素。铜绿假单胞菌的感染，可选用多黏菌素 B、庆大霉素等。鲍曼不动杆菌耐药率较高，治疗时在经验用药阶段可用头孢哌酮/舒巴坦、亚胺培南/西司他丁；对病情较重者，建议 β-内酰胺类与氨基糖苷类抗生素（或氟喹诺酮类药物、利福平）联合应用，并注意根据药物敏感试验的结果调整治疗方案。

预防白喉棒状杆菌和百日咳鲍特菌的感染可接种白喉类毒素、百日咳灭活疫苗和破伤风类毒素的混合制剂，简称百白破（pertussis-diphtheria-tetanus, DPT）三联疫苗。对与白喉患者密切接触的易感儿童需作紧急预防，应立即肌内注射白喉抗毒素血清，注射前需进行皮试，防止发生超敏反应。

4. 流感嗜血杆菌引起的侵袭性感染，应接种流感嗜血杆菌荚膜多糖疫苗。预防军团菌病应加强环境及人工管道（呼吸机、空调冷凝水、循环水淋浴、热水管等）的管理与监测，防止该菌以气溶胶形式传播。

（二）消化道细菌感染的防治原则

1. 肠道菌群　加强卫生宣传教育、切断传播途径是预防肠杆菌感染的重要措施。加强饮食卫生及粪便管理，培养良好的饮食卫生习惯；对患者及带菌者应早发现、早隔离、早治疗，其排泄物应彻底消毒；对饮食加工人员和餐饮服务人员定期进行检查，严禁志贺菌、沙门菌的带菌者从事饮食服务工作。此外，为防止大肠埃希菌和变形杆菌引起尿路感染，尿道插管和膀胱镜检查应严格无菌操作。对重点人群应用疫苗如志贺菌链霉素依赖株的多价活疫苗、伤寒 Vi 荚膜多糖疫苗等进行预防，可有效控制相关疾病的发生。

诺氟沙星、氯霉素、氨苄西林及呋喃唑酮等对志贺菌感染有疗效；环丙沙星、氯霉素等可用于治疗沙门菌属的感染。但由于肠杆菌对抗生素易产生耐药性，所以应根据药敏试验结果选择敏感药物进行治疗。

2. 霍乱弧菌　预防霍乱弧菌感染和流行的重要措施有改善社区环境，加强水源管理，培养良好的个人卫生习惯，不生食贝类海产品等。特异性预防可使用 O_1 群霍乱弧菌灭活疫苗。空肠弯曲菌感染的预防主要是注意饮食卫生，加强人、畜、禽类的粪便管理。

治疗霍乱的关键是及时补充液体和电解质。四环素、多西环素、呋喃唑酮、氯霉素和复方磺胺甲噁唑 - 甲氧苄啶等抗菌药物的使用可加速霍乱弧菌的清除和减少霍乱肠毒素的产生。副溶血性弧菌感染的治疗可用庆大霉素或复方磺胺甲噁唑 - 甲氧苄啶，严重病例需输液和补充电解质。幽门螺杆菌感染的治疗一般采用质子泵抑制剂加两种抗生素的三联疗法，疗程为 2 周，敏感抗菌药物有阿莫西林、甲硝唑、替硝唑、克拉霉素、四环素、多西环素、呋喃唑酮等。空肠弯曲菌感染的治疗可用红霉素、氯霉素、氨基糖苷类抗生素。

3. 葡萄球菌　引起的局部皮肤化脓性感染，应注意个人卫生，保持皮肤清洁，皮肤创伤应及时消毒处理，防止扩散；手部皮肤感染者治愈前不能从事食品制作或饮食业服务，以防葡萄球菌引起食物中毒；医疗诊治中应严格无菌操作，防止医源性感染。

（三）泌尿生殖道细菌感染的防治原则

1. 淋球菌　可感染男女泌尿生殖系统引起淋病。淋病的预防应加强性卫生宣传教育，杜绝不洁性行为；新生儿分娩后立即用 1% 硝酸银溶液滴眼，以防止淋病性眼结膜炎的发生。淋病的治疗原则上需通过药物敏感试验选择敏感抗生素进行治疗。一般情况下，淋球菌所致的感染应首选青霉素治疗。

2. 肠杆菌　也常造成泌尿生殖道感染，防治原则见本节肠道菌群感染的防治原则。

> **重点提示**
>
> 如何预防新生儿淋病性眼结膜炎

（四）动物源性细菌感染的防治原则

动物源性细菌感染的预防以控制和消灭病畜、切断传播途径和预防接种为主要措施。对布鲁氏菌病和炭疽的预防重点是加强病畜管理，病畜应严格隔离或处死深埋、焚烧，杜绝在无防护条件下现场剖检取材，严禁剥皮或煮食。对易感人群应接种减毒活疫苗进行预防，人群接种对象主要是疫区牧民、屠宰牲畜人员、兽医、制革工人等。预防鼠疫首先是灭鼠灭蚤，发现疑似鼠疫患者应立即以紧急疫情向有关机构报告，并进行严密隔离；流行地区可接种鼠疫减毒活疫苗，增强人群免疫力。此外，应加强国境和海关检疫。

布鲁氏菌病急性患者用抗生素治疗，慢性病患者可用特异性疫苗脱敏治疗。青霉素是治疗炭疽的首选药物。治疗鼠疫可用磺胺类、链霉素、氨基糖苷类抗生素，必须早期足量用药。

（五）其他致病性细菌感染的防治原则

治疗破伤风应注射破伤风抗毒素（tetanus antitoxin，TAT），并注意防止发生过敏反应；患者应早期足量用破伤风抗毒素中和血液中游离的外毒素，并选择敏感抗生素抗菌治疗。对肉毒病和气性坏疽，早期使用多价抗毒素血清有较好疗效，高压氧舱疗法对气性坏疽的治疗也有一定效果，但必要时也应给予截肢手术。厌氧芽孢梭菌多对青霉素敏感；大多数无芽孢厌氧菌则对甲硝唑、青霉素、克林霉素等敏感。

消除厌氧微环境是防治厌氧菌感染的关键。用 3% 过氧化氢溶液清洗伤口并及时清创扩创，防止厌氧微环境的形成；对伤口较深且污染严重者，应立即注射 TAT 做紧急预防，注射前必须做皮试，过敏者可采用脱敏疗法；对儿童、军人等易感人群，接种破伤风类毒素可有效预防破伤风。目前，对无芽孢厌氧菌无特异预防方法。

（六）其他原核细胞型微生物感染的防治原则

预防支原体感染应避免接触传染源。预防立克次体病的措施是灭虱、灭蚤、灭螨，特异性预防主要用死疫苗或减毒活疫苗。预防衣原体感染应注意个人卫生，不使用公共毛巾和脸盆，杜绝不洁性行为。预防钩体病以防鼠灭鼠、圈养家畜、保护水源、避免与疫水接触等为主要措施，对易感人群可进行多价死疫苗接种。预防梅毒的主要措施是加强性卫生教育，杜绝不洁性行为。

支原体感染的治疗常用红霉素、阿奇霉素、四环素等药物。立克次体病的治疗常用药物是多西环素、阿奇霉素等。衣原体感染的治疗应早期使用利福平、红霉素、诺氟沙星、磺胺等药物。钩端螺旋体病和梅毒的首选治疗药物为青霉素。立克次体病的治疗可用环丙沙星、氯霉素等药物。

> **知识拓展**
>
> ### TORCH 筛查
>
> TORCH 指一组微生物，包括弓形虫、其他微生物（如微小病毒、带状疱疹病毒、梅毒螺旋体、风疹病毒、巨细胞病毒和单纯疱疹病毒等）。TORCH 感染母亲没有临床症状，但对胎儿和新生儿有危害，造成流产、死胎、胎儿宫内发育迟缓或畸形和新生儿先天性感染。TORCH 筛查指检测以下病原体抗体的检查方法。即弓形虫 IgG、IgM 抗体，风疹病毒 IgG、IgM 抗体，单纯疱疹病毒（I、II型混合 IgM）抗体，巨细胞病毒 IgM 抗体，柯萨奇病毒 IgM 抗体。

（严家来）

第二节　病毒感染的实验诊断与防治原则

一、病毒感染的微生物学检查

病毒感染能引起各种严重的传染病，其特点是传染性强、传播迅速及流行广泛等。因此，对患者的感染早期作出病原学诊断，对控制疾病的传播和及时采取有效的防治措施是至关重要的。目前病毒的分离与鉴定是病原学诊断的金标准。但是由于病毒是严格的胞内寄生，培养时必须有活细胞的支持，所以病毒的分离鉴定有一定的困难，而且耗时较长，最主要的是至今很多病毒还不能培养。基于以上特点，临床检查经常绕过分离培养而采取快速的诊断方法。病毒性疾病的实验一般诊断原则是快速、特异、简便和敏感。

（一）标本的采集与送检

病毒是严格细胞内寄生的，所以在对病毒进行检测时特别要注意病毒标本采集和送检的特殊性。

1. **标本的采集**　标本应在早期或急性期采集,采集标本时应严格按照无菌操作,避免细菌、支原体等外源性微生物对标本的污染,同时也要防止病毒标本的传播和自身污染。大多数病毒标本应在感染 1~2d 内采集。采集部位要依据临床症状及流行病学资料选取合适的标本。根据嗜组织性不同,采集的部位也有所不同,通常包括鼻咽分泌液、痰液、粪便、血液和脑脊液等。目前临床上主要采取血清学试验,一般采取患者急性期、恢复期双份血清,观察抗体效价是否呈有意义的上升。

2. **标本的送检**　病毒在室温中很容易被灭活,所以采集完后应立即送检。如无法立即送检时,应保存在 5% 甘油盐水中或二甲基亚砜(DMSO)的冻存液中。如标本需要比较长的运送时间时,可在装有冰块的冰壶中存放。若为污染标本如粪便、咽漱液等,可以加入适量抗生素处理后送检。

(二) 形态学检查

1. **光学显微镜检查**　仅能用于检查病毒包涵体和一些大颗粒病毒(痘病毒类),根据包涵体在宿主细胞内的部位、数量、形状等特点,对可疑的病毒性感染作出辅助诊断。如巨细胞病毒感染后在上皮细胞核内出现嗜酸性的包涵体,呈"猫头鹰眼"样,可辅助诊断巨细胞病毒感染。

2. **电子显微镜检查**　将病毒标本进行有效的处理后,在电子显微镜下可直接观察到病毒颗粒的形态、结构及病毒感染所引起的组织细胞的病理性变化。本方法可直接检测标本,简便易行,反差好,分辨率很高,可直观显示组织活细胞内的病毒形态,将病毒染色后仍保持活性。同时,病毒标本也可用免疫电镜检测法进行检测,方法为将标本与特异性的抗血清混合使病毒颗粒凝聚,再用电子显微镜观察,可以进一步提高阳性检出率。

(三) 分离培养

病毒的培养必须在活细胞、组织或易感动物内进行。目前细胞培养法是培养病毒最常用的方法,用离体的活组织块或分散的活细胞在体外进行病毒的培养,根据病毒的种类和嗜组织性不同,将被检标本接种于适当的活细胞内,如人胚肾细胞、肿瘤传代细胞株等。病毒感染细胞以后,能引起被感染细胞病变,通过光学显微镜可以观察其包涵体。

二、病毒感染的其他检查方法

(一) 血清学诊断

原理是依据抗原抗体的特异性结合。用已知抗体去检测未知的病毒抗原,或用已知的病毒抗原去检测患者血清中有无相应的抗体效价的增长倍数。此种方法用于病毒的感染性辅助诊断和流行病学调查。检测特异性抗体 IgM 抗体,对某些病毒性疾病进行早期快速地诊断。检测特异性 IgG 抗体可作为曾经感染过某种病毒的指标。临床上双份血清抗体效价增长 4 倍以上具有诊断意义。血清学检查的常用方法有很多,最常用的有如中和试验、补体结合试验、血凝及血凝抑制试验等。随着科学技术的发展,现代免疫技术如免疫荧光技术(IFA)、ELISA、RIA、蛋白印迹(WB)等技术已经广泛用于病毒感染的早期诊断。

(二) 核酸检测

检测病毒核酸可对病毒感染性疾病作出快速诊断。核酸杂交技术、PCR 技术、基因芯片技术检测病毒特异性基因片段已在许多病毒的检测中得到应用,使临床病毒学诊断进入基因诊断水平。

三、病毒感染的防治原则

由于病毒感染缺乏特效药物治疗,所以特异性预防病毒感染就显得尤为重要。目前,预防病毒感染的最有效手段是接种疫苗(vaccine)。另外,干扰素、化学药物及中草药在治疗病毒性疾病中也发挥了重要的作用。

(一) 病毒感染的预防

1. **人工主动免疫常用生物制品**　目前常用的疫苗有减毒活疫苗(脊髓灰质炎疫苗、麻疹疫苗、流感疫苗和甲型肝炎疫苗等)、亚单位疫苗(乙型肝炎亚单位疫苗等)、灭活疫苗(狂犬病疫苗、流行性乙型脑炎疫苗等)和基因工程疫苗等。

2. 人工被动免疫常用生物制品 用于某些病毒性疾病紧急预防的生物制剂有丙种球蛋白、胎盘球蛋白及含有特异性抗体的免疫血清等。如用于麻疹、甲型肝炎、脊髓灰质炎紧急预防的胎盘球蛋白、丙种球蛋白。高滴度的特异性乙型肝炎免疫球蛋白(hepatitis B immunoglobulin,HBIG)用于预防乙型肝炎的垂直传播。

另外,避免接触传染源、切断传播途径仍然是预防病毒性疾病的重要措施,特别是对目前还没有疫苗的病毒性疾病更为重要。

> **重点提示**
>
> 病毒感染的预防原则

(二)病毒感染的治疗

1. 干扰素(interferon,IFN) 是病毒或其他干扰素诱生剂诱导宿主细胞产生的一类糖蛋白,具有抗病毒、抗肿瘤和免疫调节等多种生物学活性。由人类细胞(白细胞、成纤维细胞、T细胞)产生的干扰素有 α、β、γ 三种。α- 干扰素(IFN-α)和 β- 干扰素(IFN-β)统称为 I 型干扰素,γ- 干扰素(IFN-γ)又称Ⅱ型干扰素,前者具有较强的抗病毒作用,后者具有较强的免疫调节作用。干扰素对某些病毒性感染疾病的治疗具有一定的效果,优点是具有广谱抗病毒活性,治疗中不良反应小,不易产生耐药性等。

2. 化学药物 抗病毒药物应对病毒有选择性抑制作用且又不损伤宿主细胞,故迄今为止还没有理想的抗病毒药物。近年来随着病毒分子生物学的研究,研制出很多对某些病毒有明显抑制作用的药物,如核苷类药物和蛋白酶抑制剂类药物等。

3. 中草药 也可用于病毒的治疗,如黄芪、板蓝根、贯众等。

(严家来)

第三节 真菌感染的实验诊断与防治原则

一、真菌感染的微生物学检查

真菌的微生物学检查与细菌的检查方法相似,由于真菌的形态结构等具有一定的特殊性,一般可通过显微镜检查真菌形态、分离培养、检测真菌的抗原与抗体、核酸检测和毒素检测等进行检查,但应根据标本种类和检查目的选择相应的检查方法。

(一)标本采集

真菌感染标本应在用药前进行采集,已用药患者需停药一定时间后再采集标本。浅部感染真菌标本的采集,可用 70% 乙醇棉签擦拭局部后刮取病变边缘的皮屑、痂,发癣应取折断的病发。深部感染真菌标本可根据病情采集痰、血液、脑脊液和穿刺液等。

(二)直接显微镜检查

真菌因具有孢子和菌丝等结构,直接镜检对真菌鉴定较细菌更重要。毛发、指(趾)甲、皮屑等浅部真菌感染的标本需先滴加少量 10% 或 20% KOH 溶液,盖上盖玻片在火焰上微微加热,溶解标本组织至透明,低倍镜或高倍镜下观察真菌的孢子、菌丝或假菌丝。皮肤癣菌常用湿片不染色;疑白念珠菌可经革兰氏染色查假菌丝;怀疑深部真菌如新生隐球菌复合群感染时,经墨汁负染后镜检,观察菌体外荚膜进行诊断。

(三)分离培养

直接镜检不能诊断时应用统一的沙氏葡萄糖琼脂培养基进行鉴定,22~28℃条件下培养数日至数周,观察菌落生长情况进行鉴定。为观察自然状态下真菌的形态结构,必要时可做玻片小培养,即在培养基边缘接种待检真菌,盖上盖玻片后培养 1 周,直接镜检或用乳酚棉蓝染色后镜下观察真菌形态、结构和排列等特征。

二、真菌感染的其他检查方法

（一）抗原与抗体检测

采用免疫学方法检测真菌抗原，常用的方法有 ELISA、RIA 和胶乳凝集试验（LAT）等。如用 ELISA 快速检查患者血清和脑脊液标本中的隐球菌多糖荚膜抗原，用胶乳凝集试验检查标本中的白念珠菌甘露聚糖抗原，用半定量放射免疫测定法检测血清、尿液和脑脊液标本中组织胞质菌的循环多糖抗原。检测抗体时，待测血清中的抗体效价须明显高于正常效价才有诊断意义。

（二）核酸检测

核酸检测操作简便、快速、特异性和敏感性高，对一些疑难、特殊或侵袭性真菌感染的早期诊断具有重要价值，是具有广阔发展前景的新技术。核酸检测主要有 PCR、PCR 限制性酶切片段长度多态性分析（PCR-RFLP）、随机扩增多态性 DNA（RAPD）和 DNA 探针（probe）等方法，但大多仍处于实验研究阶段，目前还不可能完全替代常规鉴定方法，可作为真菌鉴定的有效补充。

（三）毒素检测

有些真菌在生长繁殖过程中可产生有毒的代谢产物，污染食物后可引起真菌中毒症，有的毒素甚至与肿瘤密切相关。检查真菌毒素有许多不同的方法，如薄层层析法、ELISA 等检查黄曲霉毒素等。

三、真菌感染的防治原则

由于真菌的表面抗原性弱，无法制备有效的预防性疫苗，所以真菌感染目前尚无特异性的预防方法。真菌为真核细胞型微生物，要找到对宿主细胞无毒的抗真菌药物十分困难。

（一）真菌感染的预防

浅部感染真菌的预防主要是注意清洁卫生，避免直接或间接与患者接触。保持鞋袜干燥，防止皮肤癣菌滋生，预防足癣。深部感染真菌多为机会致病菌，预防主要是提高机体抵抗力，去除诱发因素，如临床要合理选用抗生素，减少二重感染；在侵入性诊疗过程中要严格无菌操作，防止医源性感染；对应用免疫抑制剂、肿瘤及糖尿病、年老体弱的患者，更应该注意防止内源性感染。真菌性食物中毒的预防主要是加强市场管理和卫生宣传，严禁销售和食用发霉的食品。

（二）真菌感染的治疗

随着抗菌药物的不断应用及免疫缺陷患者的增加，真菌感染的发生率急剧上升。真菌易出现耐药，真菌感染的治疗应根据患者的基础状况、感染部位、真菌种类选择用药。临床常用抗真菌药物根据作用机制可分为：①作用于细胞壁的药物，如卡泊芬净、普拉米星及尼可霉素等。②作用于细胞膜的药物，如两性霉素 B、制霉菌素、氟康唑、酮康唑、克霉唑及伊曲康唑等。③干扰 DNA 合成的药物，如 5- 氟胞嘧啶等。④其他，如大蒜新素及冰醋酸等。近年来主要使用氟康唑和伊曲康唑等抗真菌药物，对皮肤癣菌和深部感染真菌均有疗效。此外，研究发现灰黄霉素对小鼠具有致癌作用，使用时应注意。

（严家来）

第四节　人体寄生虫感染的实验诊断与防治原则

一、人体寄生虫感染的实验诊断

（一）病原学诊断

在寄生虫感染中检查出寄生虫病原体是确诊的依据。根据寄生虫的种类和定居部位采集相应的标本，如粪便、血液、痰液、阴道分泌物、尿液、组织活检或骨髓穿刺等，如，采取不同的检查方法，包括肉眼观察、显微镜观察等；检出寄生虫的某一发育阶段，如粪便中的虫卵、血涂片中的红内期疟原虫等，可作为最可靠的诊断依据。

（二）免疫学诊断

有些寄生虫在感染的早期、轻度感染、隐性感染或由于特殊的寄生部位而使病原检查非常困难时，可采取免疫学检测方法检测抗体、抗原或免疫复合物等进行辅助诊断。如疟原虫、丝虫、旋毛虫、日本血吸虫、细粒棘球绦虫、脑囊虫可用免疫学方法检测血液中的抗原或抗体，作为辅助诊断。

（三）分子生物学诊断

分子生物学检测的靶物质为寄生虫基因组中特异性的 DNA 片段。根据特异的 DNA 序列差异制备特定信号探针和设计特定引物（primer），进行核酸分子杂交或 PCR 扩增样本中微量的 DNA 片段，可对多数寄生虫病作出明确的分子生物学诊断。如运用 PCR 和核酸探针诊断疟疾。

此外临床上可借助于影像学、B 超和病理学等方法对寄生虫病进行定位和诊断。如脑猪囊尾蚴病可用 CT、MRI 等方法检查猪囊尾蚴，眼囊尾蚴病用眼底镜检查猪囊尾蚴；棘球蚴病可通过手术，从患病部位取出棘球蚴，或从痰液、胸腔积液、腹水及尿中检获棘球蚴碎片或原头蚴。

二、人体寄生虫感染的防治原则

寄生虫病的防治是一项艰巨、复杂和长期的任务。切断寄生虫病流行的三个环节是防治寄生虫病的基本措施。

重点提示

寄生虫病防治原则

（一）控制和消灭传染源

作为传染源，其体内的寄生虫在生活史的某一发育阶段可以通过不同方式进入另一宿主体内继续发育。如蛲虫感染的带虫者或患者从粪便排出蛲虫卵，溶组织内阿米巴带虫者可排出包囊，虫卵或包囊在排出时即具有感染性或在适宜的外界环境中发育为感染阶段。在流行区普查普治带虫者、患者和储存宿主，做好流动人口监测，控制流行区传染源的输入和扩散。

（二）切断传播途径

针对各种寄生虫病的不同传播途径，采取加强粪便和水源的管理，注意环境和个人卫生，控制和杀灭媒介节肢动物和中间宿主等综合措施。人体感染寄生虫病的途径和主要方式见第十七章第四节内容。

（三）保护易感人群

加强对易感人群的健康教育，改变不良的饮食习惯和行为方式，提高防病的自我保护意识，增强体质，提高人群抵抗力。人体对寄生虫感染的免疫多为带虫免疫，当寄生虫从人体内消失后机体又可重新处于易感状态。非流行区的人进入疫区内也属易感人群。易感性还与年龄有关，儿童的易感性一般高于成人。

（严家来）

思考题

1. 试述学习细菌感染、真菌感染、病毒感染及人体寄生虫感染对指导临床工作的重要意义。

2. 患者，女，25 岁，已婚未育，计划 4 个月后受孕，医嘱做 TORCH 筛查。患者咨询护士 TORCH 筛查的内容及意义。

请思考：TORCH 筛查包括哪几种病原体，有何意义？

ER 21-3

练习题

第二十二章 | 免疫系统

　　免疫系统是机体发生免疫应答的物质基础，由免疫器官和组织、免疫细胞和免疫分子三部分组成见表 22-1，是机体执行免疫功能的一个重要系统。

表 22-1 免疫系统的组成

免疫系统组成项	各组分成分
免疫器官和组织	中枢：胸腺、骨髓、法氏囊（禽类） 外周：脾脏、淋巴结、黏膜相关淋巴组织
免疫细胞	淋巴细胞：T 细胞、B 细胞、NK 细胞 抗原提呈细胞：单核细胞、巨噬细胞、B 细胞、树突状细胞 其他细胞：造血干细胞、红细胞、粒细胞、肥大细胞
免疫分子	分泌型分子：抗体、补体、细胞因子 膜型分子：TCR、BCR、CD 分子、MHC 分子、黏附分子、细胞因子受体

第一节　免疫器官和组织

案例

　　患儿，男，6 个月，因鹅口疮收入院。既往史：自出生后反复患上病毒性肺炎，在新生儿期曾多次抽搐。体格检查：眼距宽，人中短，两耳位置低，心前区 3~4 肋间可听到粗糙的全收缩期杂音。实验室检查：外周血中淋巴细胞减少，尤其是 T 细胞明显减少，血钙含量降低。X 射线检查提示胸腺缩小。医生初步诊断为胸腺发育不全。

　　请问：

1. 胸腺有什么功能？
2. 胸腺缺如或发育不良有哪些症状？

免疫器官按其功能的不同，可分为中枢免疫器官和外周免疫器官，二者通过血液循环及淋巴循环互相联系并构成免疫系统的完整网络。

一、中枢免疫器官

中枢免疫器官（central immune organ）又称初级淋巴器官，是免疫细胞产生、分化、发育和成熟的主要场所。中枢免疫器官包括骨髓、胸腺和法氏囊（禽类）。

（一）骨髓

骨髓（bone marrow）是造血器官，可产生多能造血干细胞，是多种血细胞的发源地，也是人和哺乳动物 B 细胞发育、成熟的器官。骨髓中多能造血干细胞分化为髓样干细胞和淋巴样干细胞，前者最终分化为成熟粒细胞、单核细胞、红细胞、血小板；后者一部分随血液进入胸腺，分化为成熟 T 细胞，另一部分在骨髓微环境作用下继续分化为成熟 B 细胞。当骨髓功能障碍时会严重影响机体的体液免疫、细胞免疫和造血功能。

ER 22-3

造血干细胞的
分化示意图

（二）胸腺

胸腺（thymus）位于胸骨柄后方，上纵隔前部，分左右两叶。人胸腺的大小和结构因年龄不同而有明显差异。新生儿期胸腺重 10~20g，而后逐渐长大，至青春期最重，可达 30~40g，青春后期逐渐退化。老年期胸腺萎缩，功能衰退。

胸腺是 T 细胞分化、发育、成熟的免疫器官。淋巴样祖细胞可经血液循环进入胸腺，在胸腺基质细胞及其产生的胸腺激素和细胞因子作用下，能够分化、发育为成熟的 T 细胞。实验证明，新生儿期动物摘除胸腺后会出现细胞免疫功能缺陷，而且 B 细胞的功能也会受到影响。

重点提示

中枢免疫器官的组成及功能

二、外周免疫器官和组织

外周免疫器官（peripheral immune organ）又称次级淋巴器官，是成熟 T 细胞、B 细胞定居、增殖和产生免疫应答的场所，主要包括淋巴结、脾脏和黏膜相关淋巴组织。

（一）淋巴结

淋巴结（lymph node）广泛分布于全身非黏膜部位的淋巴通道汇集处，淋巴结表面覆盖有结缔组织被膜，被膜深入实质形成小梁，淋巴结分为皮质和髓质，彼此通过淋巴窦相通。皮质位于被膜下，包括浅皮质区、深皮质区和皮质淋巴窦。浅皮质区又称非胸腺依赖区，是 B 细胞定居的场所。该区有初级淋巴滤泡和次级淋巴滤泡。初级淋巴滤泡为未受抗原刺激的淋巴滤泡，主要含静止的初始 B 细胞；次级淋巴滤泡为受抗原刺激的淋巴滤泡，其内出现生发中心，含大量增殖分化的 B 细胞。

深皮质区位于浅皮质区和髓质之间，又称胸腺依赖区，是 T 细胞定居的场所。该区有许多由内皮细胞组成的毛细血管后微静脉，又称高内皮微静脉，在淋巴细胞再循环中起重要作用。髓质内含大量的 B 细胞、浆细胞、巨噬细胞和 T 细胞。髓索内富含巨噬细胞，有较强滤过作用。

ER 22-4

淋巴结的结构
模式图

淋巴结的主要功能：

1. 过滤淋巴液　淋巴结是淋巴液的有效滤过器。侵入淋巴液中的病原生物、毒素及其他有害物质，通常随淋巴液进入局部淋巴结。淋巴液在淋巴结中缓慢流动，有利于窦内巨噬细胞吞噬、杀伤病原微生物，清除抗原性异物，从而起到净化淋巴液、防止病原体扩散的作用。

2. T 细胞和 B 细胞定居的场所　淋巴结是成熟 T 细胞和 B 细胞的主要定居部位。其中，T 细胞约占淋巴结内淋巴细胞总数的 75%，B 细胞约占 25%。

3. 发生免疫应答的场所 淋巴结是淋巴细胞接受抗原刺激、发生免疫应答的主要场所。抗原提呈细胞携带所摄取的抗原进入淋巴结，将已被加工、处理的抗原肽提呈给淋巴结内的 T 细胞，使之活化、增殖、分化为效应 T 细胞，发挥免疫效应。

4. 参与淋巴细胞再循环 淋巴结副皮质区的高内皮微静脉在淋巴细胞再循环中起重要作用，淋巴细胞再循环为淋巴细胞捕获更多的抗原提供了机会。

（二）脾脏

脾脏（spleen）位于左上腹、胃后侧，是人体最大的外周免疫器官。脾脏由结缔组织被膜包裹，实质主要由红髓和白髓两部分组成。白髓为密集的淋巴组织，由围绕中央动脉而分布的动脉周围淋巴鞘、脾小结和边缘区组成，相当于淋巴结的皮质。红髓由脾索和脾血窦组成。脾脏的主要功能有：

1. T 细胞、B 细胞定居、增殖的场所 脾是成熟淋巴细胞定居的场所。其中 B 细胞约占 60%，T 细胞约占 40%。

2. 发生免疫应答的场所 脾内的 T 细胞、B 细胞接受抗原刺激，发生免疫应答。

3. 合成生物活性介质 脾脏可以合成补体、细胞因子、干扰素等生物活性介质。

4. 过滤作用 脾脏可以清除血液中的病原体、衰老死亡的血细胞、免疫复合物及其他异物，从而发挥过滤作用，使血液得到净化。

（三）黏膜相关淋巴组织

黏膜相关淋巴组织（mucosal-associated lymphoid tissue，MALT）又称黏膜免疫系统，主要包括呼吸道、消化道及泌尿生殖道黏膜下的淋巴小结和弥散的淋巴组织及扁桃体、肠道集合淋巴结和阑尾等。黏膜相关淋巴组织在肠道、呼吸道及泌尿生殖道黏膜构成了一道免疫屏障，是参与局部特异性免疫应答的主要部位，在黏膜局部抗感染免疫防御中发挥关键作用。

> **重点提示**
> 外周免疫器官的组成及功能

三、淋巴细胞归巢与再循环

成熟淋巴细胞从中枢免疫器官经血液循环迁移并定居于外周免疫器官或组织的特定区域，称淋巴细胞归巢。而定居在外周免疫器官的淋巴细胞由输出淋巴管经淋巴干、胸导管或右淋巴导管，进入血液循环，随血液循环到达外周免疫器官的淋巴细胞又可穿越毛细血管后微静脉，重新分布于全身淋巴器官和组织。这种淋巴细胞在血液、淋巴液、淋巴器官或组织间反复循环的过程，称淋巴细胞再循环（lymphocyte recirculation）。淋巴细胞再循环的生物学意义：

1. 增强免疫功能 使体内淋巴细胞在外周免疫器官和组织的分布更趋合理，增强机体的免疫功能。

2. 促进免疫应答 增加了淋巴细胞与抗原之间的接触机会，有利于适应性免疫应答的发生。

3. 构建免疫网络 将机体所有的免疫器官和组织联系成为一个有机整体，有利于免疫信息传递给参加免疫应答的各种免疫细胞，发挥免疫效应。淋巴细胞再循环是维持机体正常免疫应答并发挥免疫功能的必要条件。

（王 露）

第二节 免疫细胞

参与免疫应答或与免疫应答有关的细胞及其前体细胞统称为免疫细胞，主要有免疫活性细胞和免疫相关细胞。免疫细胞中 T 细胞、B 细胞表面具有特异性抗原识别受体，识别抗原后能活化、增殖和分化，产生免疫应答，故 T 细胞、B 细胞又称免疫活性细胞。免疫相关细胞包括造血干细胞、单核细胞、巨噬细胞、树突状细胞、粒细胞、红细胞、肥大细胞、血管内皮细胞及许多基质细胞和血小板等。免疫细胞在免疫应答过程中相互协作、相互制约，共同完成对抗原物质的识别和清除，从而维持机体内环境的稳定。

一、T 淋巴细胞

T 淋巴细胞（T lymphocyte，T cell）来源于骨髓多能干细胞，在胸腺发育成熟，故又称胸腺依赖性淋巴细胞（thymus dependent lymphocyte），简称 T 细胞。T 细胞在胸腺分化成熟过程中，约 95% 的细胞发生细胞凋亡，只有 5% 成熟并进入血液循环，定居于外周免疫器官。T 细胞主要介导细胞免疫应答，并在胸腺依赖性抗原（thymus dependent antigen，TD-Ag）诱导的体液免疫应答中起辅助和调节作用。T 细胞占外周血中淋巴细胞总数的 65%~80%。

（一）T 细胞表面分子

1. T 细胞抗原受体（T-cell antigen receptor，TCR） 是所有 T 细胞表面的特征性标志，也是特异性识别抗原的受体。TCR 并不能直接识别抗原表位，只能识别抗原提呈细胞（APC）或靶细胞表面由主要组织相容性复合体（MHC）分子提呈的抗原肽（即抗原肽 -MHC 分子复合物，pMHC）。

2. CD3 存在于所有成熟 T 细胞表面，是 T 细胞特征性标志；通常以非共价键与 TCR 结合，形成 TCR-CD3 复合体（图 22-1）；不参与抗原识别，具有稳定 TCR 结构和传递活化信号的作用。

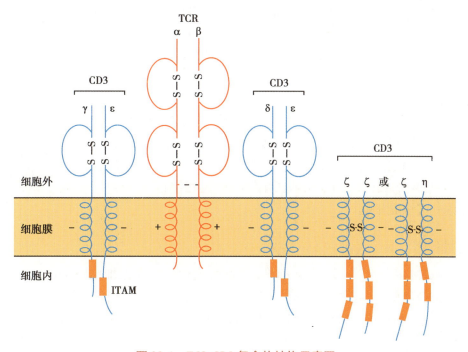

图 22-1 TCR-CD3 复合体结构示意图

TCR 是由 α、β 链（或 γ、δ 链）两条肽链构成的异二聚体，胞膜外区结构与免疫球蛋白类似，远膜端为可变区，近膜端为恒定区，胞质区较短。CD3 为复合物，由 γ、δ、ε、ζ、η 五种六条肽链构成三个二聚体，均为跨膜蛋白，各链胞质区均含有免疫受体酪氨酸激活基序（ITAM），负责将 TCR 识别 pMHC 后产生的活化信号转导至 T 细胞内。

3. CD4 和 CD8 成熟的 T 细胞一般只表达 CD4 或 CD8 分子，即 CD4+T 细胞或 CD8+T 细胞。CD4 和 CD8 分子的主要功能是辅助 TCR 识别抗原和参与 T 细胞活化信号的传导。CD4 分子是识别结合 MHCⅡ类分子的受体，CD8 分子是识别结合 MHCⅠ类分子的受体。CD4 和 CD8 分子也是测定 T 细胞亚群的重要表面标志。此外，CD4 分子还是 HIV 包膜糖蛋白 gp120 的受体。HIV 通过与 T 细胞表面的 CD4 分子结合而侵入并感染 CD4+T 细胞。

4. CD28 是 T 细胞表面的一种重要的协同刺激分子受体,它可与抗原提呈细胞表面的 B7(CD80/CD86)分子结合,产生协同刺激信号,诱导 T 细胞活化。

5. CD2 又称淋巴细胞功能相关抗原 -2(LFA-2),因其能与绵羊红细胞结合,又称绵羊红细胞受体(E 受体)。E 受体是人类 T 细胞特有的重要表面标志之一。在体外一定的实验条件下,T 细胞与绵羊红细胞结合,可形成玫瑰花样的花环,称 E 花环,该实验称为 E 花环形成试验,常用于检测外周血 T 细胞的数量,可间接反映机体细胞免疫功能。此外,E 受体还能参与 T 细胞活化信号的传递。

6. 丝裂原受体(MR) 丝裂原指能非特异性刺激细胞发生有丝分裂的物质。T 细胞表面有植物血凝素(PHA)受体、刀豆蛋白 A(ConA)受体和美洲商陆(PWM)受体,接受相应丝裂原刺激后,T 细胞可以发生有丝分裂,转化为淋巴母细胞。

7. CD40L(CD154) 主要表达于活化的 CD4$^+$T 细胞。而 CD40 表达于 APC。CD40L 与 CD40 结合所产生的效应是双向的。一方面,促进抗原提呈细胞活化,促进 CD80/CD86 表达和细胞因子分泌。另一方面,也促进 T 细胞活化。

此外,T 细胞表面还具有病毒受体、细胞因子受体(CKR),多种细胞因子可参与调节 T 细胞的活化、增殖和分化;细胞因子通过与 T 细胞表面的相应受体结合发挥调节作用。

(二)T 细胞亚群及功能

成熟 T 细胞是高度不均一的细胞群体,根据所处的活化阶段,可分为初始 T 细胞、效应 T 细胞和记忆 T 细胞。按表达 CD 分子的不同,T 细胞可分为 CD4$^+$T 细胞和 CD8$^+$T 细胞。

1. CD4$^+$T 细胞 主要为辅助性 T 细胞(Th),能识别抗原肽 -MHCⅡ类分子复合物。Th1 细胞与抗原接触后,主要分泌 IL-2、IFN-γ、TNF 等因子,引起炎症反应或迟发型超敏反应,故又称炎性 T 细胞;Th2 细胞主要分泌 IL-4、IL-5、IL-6、IL-10、IL-13,辅助和诱导 B 细胞增殖分化后分泌抗体,引起体液免疫应答。

2. CD8$^+$T 细胞 是一类具有杀伤活性的效应细胞,称为杀伤性 T 细胞(Tc)或细胞毒性 T 细胞(CTL),能识别靶细胞表面的抗原肽 -MHC Ⅰ类分子复合物,通过使靶细胞裂解或靶细胞凋亡的机制,特异性杀伤肿瘤细胞和病毒感染的细胞。CTL 在杀伤靶细胞的过程中自身不受伤害,可连续杀伤多个靶细胞。

> **重点提示**
>
> T 细胞的亚群及功能

二、B 淋巴细胞

B 淋巴细胞(B lymphocyte)简称 B 细胞,又称骨髓依赖性淋巴细胞(bone marrow-dependent lymphocyte),人类 B 细胞在骨髓发育成熟,成熟的 B 细胞离开骨髓主要定居于淋巴结皮质浅层的淋巴小结和脾脏的红髓和白髓的淋巴小结内。B 细胞约占外周血中淋巴细胞总数的 20%,主要介导体液免疫应答。

(一)B 细胞表面分子

1. B 细胞抗原受体(B cell receptor,BCR) 是存在于 B 细胞表面的膜表面免疫球蛋白(surface membrane immunoglobulin,SmIg,mIg),是 B 细胞的特征性表面标志。结构与免疫球蛋白分子相同,以单体形式存在,可以直接识别完整的、天然的蛋白质抗原、多糖或脂类抗原(图 22-2)。

2. CD40 是 B 细胞协同刺激信号受体,CD40 与活化的 T 细胞表达的 CD40 配体(CD40L 或 CD154)结合,形成 B 细胞活化的第二信号,对于 B 细胞分化成熟和抗体产生起着十分重要的作用。

3. 补体受体(CR) B 细胞主要表达 CR1(CD35)和 CR2(CD21),分别与相应的配体(C3b 和 C3d)结合,促进 B 细胞对抗原的提呈和 B 细胞的活化。同时 CR2 也是 B 细胞的 EB 病毒受体,与 EB 病毒选择性感染 B 细胞有关。

4. 丝裂原受体(MR) B 细胞表面有细菌脂多糖受体、葡萄球菌 A 蛋白受体和美洲商陆(PWM)

受体。能与相应的丝裂原结合,可促进B细胞发生有丝分裂。

此外,B细胞表面还具有IgG Fc受体和细胞因子受体等。

(二)B细胞亚群及功能

根据是否发挥固有免疫或适应性免疫功能,可将B细胞分为B_1($CD5^+$)细胞和B_2($CD5^-$)细胞两个亚群。B_1细胞主要定居于腹膜腔、胸膜腔和肠道黏膜固有层中。在个体发育胚胎期即产生,具有自我更新能力,主要针对碳水化合物(如细菌多糖等)产生较强的应答,无须Th细胞的辅助。参与固有免疫应答,在免疫应答的早期发挥作用。B_1细胞也能产生多种针对自身抗原的抗体,与自身免疫病的发生有关。B_2细胞是分泌抗体参与体液免疫应答的主要细胞。在个体发育中出现相对较晚,定居于周围淋巴器官。主要识别蛋白质抗原,在抗原刺激和Th细胞的辅助下,B_2细胞才可分化成浆细胞,产生抗体,介导特异性体液免疫。

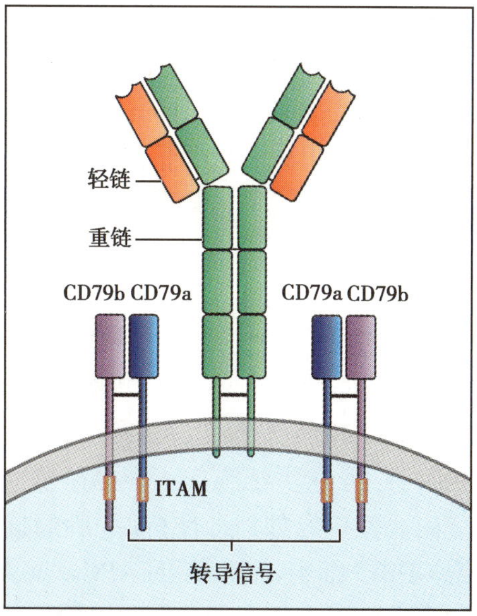

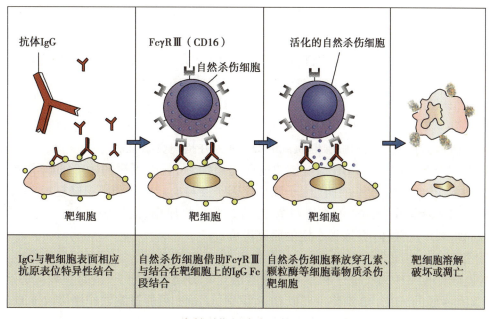

图22-2　BCR复合物结构示意图

BCR与CD79a/CD79b二聚体相联,组成BCR复合物。mIg识别抗原后产生的第一信号由CD79a/CD79b胞质区的ITAM向细胞内传递。

三、自然杀伤细胞

自然杀伤细胞(natural killer cell, NK cell)来源于骨髓淋巴样祖细胞,主要分布于外周血、脾脏和淋巴结等淋巴组织中,占外周血淋巴细胞总数的5%~10%。NK细胞无须抗原预先致敏,也不受MHC限制,可通过释放穿孔素、颗粒酶,表达Fas配体和分泌TNF-α产生杀伤效应,直接杀伤某些肿瘤和病毒感染的靶细胞,故称为自然杀伤细胞。

自然杀伤细胞表面表达IgG Fc受体(FcγR Ⅲ,CD16),非特异定向识别杀伤与IgG抗体特异性结合的靶细胞。此种以IgG抗体作为中间桥梁,定向介导自然杀伤细胞对靶细胞的杀伤作用,称为抗体依赖细胞介导的细胞毒作用(antibody-dependent cell-mediated cytotoxicity, ADCC)(图22-3),在机体抗病毒感染和抗肿瘤免疫过程中起重要作用。此外,自然杀伤细胞活化后还可通过分泌IFN-γ、IL-2和TNF等细胞因子增强机体抗感染效应,并参与免疫调节。

图22-3　自然杀伤细胞介导的ADCC示意图

四、抗原提呈细胞

抗原提呈细胞（antigen presenting cell，APC）指能够摄取、加工、处理抗原并以抗原肽-MHC分子复合物的形式将抗原信息提呈给T细胞的一类细胞，在机体的免疫识别、免疫应答与免疫调节中起重要作用。

细胞表面高表达MHCⅡ类分子的APC称专职APC，主要包括单核细胞、巨噬细胞、树突状细胞和B细胞。该类APC主要提呈外源性抗原，能表达MHCⅡ类分子、多种协同刺激分子和黏附分子，具有直接摄取、加工和提呈抗原的功能。

非专职性APC包括内皮细胞、上皮细胞、成纤维细胞等多种细胞，它们通常情况下不表达或低表达MHCⅡ类分子，但在炎症或某些细胞因子作用下，可被诱导表达MHCⅡ类分子、共刺激分子和黏附分子，这类细胞加工和提呈抗原的能力较弱。细胞表面高表达MHCⅠ类分子的APC，主要提呈内源性抗原如病毒性抗原、肿瘤抗原等，并以抗原肽-MHCⅠ类分子复合物的形式将抗原肽提呈给CD8⁺T细胞，属广义的APC。此类细胞通常被胞内寄生病原体感染而产生内源性抗原，或细胞发生突变产生突变蛋白抗原，因提呈抗原给CD8⁺T细胞而自身被识别、杀伤。

（一）单核细胞和巨噬细胞

单核细胞来源于骨髓的髓样干细胞，单核细胞经血流可穿越血管壁移行到全身组织器官，发育成熟为巨噬细胞。巨噬细胞在不同组织中有不同的名称，如在肺组织中称尘细胞，在脑组织中称小胶质细胞，在淋巴组织、脾脏、胸腔、腹腔中称巨噬细胞。

1. 单核细胞和巨噬细胞的表面标志　可表达MHCⅠ类与Ⅱ类分子和多种受体，如IgG Fc受体、补体受体、白细胞介素受体等，但无特异性抗原受体。这些受体与其吞噬、识别抗原及ADCC等功能有关。

2. 单核细胞和巨噬细胞的功能

（1）**吞噬杀伤作用**：能吞噬、杀伤体内的病原微生物、肿瘤细胞及衰老、损伤细胞等；吞噬作用可因抗体或补体的调理作用而加强。

（2）**提呈抗原作用**：外源性抗原经单核巨噬细胞吞噬后，将其加工处理成抗原肽，以抗原肽-MHCⅡ类分子复合物形式表达于巨噬细胞表面，提呈给T细胞，从而启动适应性免疫应答。

（3）**免疫调节作用**：活化的巨噬细胞能分泌多种酶类和生物活性物质，如溶菌酶、溶酶体酶、细胞因子、前列腺素、白三烯等，促进炎症反应发生，参与免疫调节。

（二）树突状细胞

树突状细胞（dendritic cell，DC）因其表面有许多树枝状突起而得名，是一类成熟时能够识别、摄取和加工外源性抗原，将抗原肽提呈给初始T细胞并诱导T细胞活化增殖的抗原提呈细胞。主要分布于脑组织以外的全身组织和脏器中。分布于不同组织的DC名称各有不同，如分布于皮肤、黏膜的DC称朗格汉斯细胞，分布于心、肺、肝、肾等器官结缔组织中的DC称间质树突状细胞，分布于外周免疫器官胸腺依赖区和胸腺髓质区的DC称为并指树突状细胞。

在专职性抗原提呈细胞中，DC提呈抗原的能力最强，可显著刺激初始T细胞增殖，是细胞免疫应答的始动者。DC可分泌多种细胞因子和趋化因子参与炎症反应和组织修复，调节其他免疫细胞功能。此外，DC参与免疫耐受的维持与诱导，在治疗慢性感染、恶性肿瘤、自身免疫病和诱导移植耐受等方面得到广泛关注，并取得一定的研究进展。

（三）B细胞

B细胞表面具有MHCⅡ类分子和参与T细胞活化的协同刺激分子，既是免疫应答产生抗体的效应细胞，又是专职的APC。B细胞主要以BCR识别抗原，亦可通过胞饮作用摄取抗原。B细胞将抗原加工成抗原肽后，以抗原肽-MHCⅡ类分子复合物的形式表达于细胞表面，提呈给Th细胞。在激活 Th 细胞的同时 B 细胞接受 T 细胞提供的第二信号而完全活化,并在 T 细胞产生的细胞因子作用下增殖、分化、产生抗体和发挥体液免疫效应。

五、其他免疫细胞

(一)中性粒细胞

中性粒细胞是体内另一类重要的吞噬细胞,占白细胞总数的 60%~70%。中性粒细胞主要吞噬小颗粒和小分子物质,如球菌、细菌的代谢产物,免疫复合物和坏死组织等。此外,也可通过其表面的 IgG Fc 受体发挥 ADCC,杀伤较大的靶细胞。

(二)嗜酸性粒细胞

嗜酸性粒细胞主要分布于呼吸道、消化道和泌尿生殖道黏膜上皮细胞下结缔组织中,胞质中有嗜酸性颗粒,颗粒中的生物活性物质释放后对 I 型超敏反应有调节作用。当机体内有寄生虫感染时,血液中的嗜酸性粒细胞明显增多,对寄生虫有一定的杀伤作用。

(三)嗜碱粒细胞和肥大细胞

嗜碱性粒细胞主要分布于血液中,肥大细胞主要分布于黏膜和皮下疏松结缔组织中。二者胞质内均含有大量嗜碱性颗粒,内含肝素、组胺和各种酶,与 I 型超敏反应的发生有关。

(王 露)

第三节 免疫分子

免疫分子指参与机体免疫应答的生物活性物质,分为膜型和分泌型两类。膜型免疫分子包括 B 细胞抗原受体(BCR)、T 细胞抗原受体(TCR)、主要组织相容性抗原(MHA)及白细胞分化抗原(CD)等和分泌型免疫分子包括抗体、补体和细胞因子等,本节主要介绍分泌型免疫分子中的细胞因子。

一、细胞因子的概念

细胞因子(cytokine,CK)是由免疫细胞及组织细胞分泌的在细胞间发挥生物学作用的一类小分子可溶性多肽蛋白的统称,主要是通过结合细胞表面相应受体调节细胞生长、分化和效应,从而调控免疫应答,在一定条件下也参与炎症等多种疾病的发生。

二、细胞因子的共同特点

从生物学效应分析,各类细胞因子虽然功能各异,但其作用仍然存在许多共同特征。

(一)细胞因子的作用方式

1. **自分泌方式** 作用于分泌细胞自身,如 T 细胞产生的 IL-2 可刺激 T 细胞自身的生长,表现为自分泌作用。

2. **旁分泌方式** 对邻近细胞发挥作用,如树突状细胞产生的 IL-12 刺激邻近 T 细胞分化,表现为旁分泌作用。

3. **内分泌方式** 少数细胞因子通过循环系统对远距离的靶细胞发挥作用,如肿瘤坏死因子(TNF)在高浓度时可通过血流作用于远处的靶细胞,表现为内分泌作用。

(二)细胞因子的功能特点

1. **多效性** 指一种细胞因子可作用于不同细胞发挥不同作用,如 IL-4 既可以活化 B 细胞,促进 B 细胞的增殖和分化,也可刺激胸腺细胞和肥大细胞的增殖。

2. **重叠性** 指两种或两种以上的细胞因子具有同样或类似的生物学作用,如 IL-2、IL-7 和 IL-15 均可刺激 T 细胞增殖。

3. 协同性 指一种细胞因子可增强另一种细胞因子的功能,如 IL-5 可增强 IL-4 诱导 B 细胞分泌的抗体向 IgE 转换。

4. 拮抗性 指一种细胞因子可抑制另一种细胞因子的功能,如 IFN-γ 可阻断 IL-4 诱导 B 细胞分泌的抗体向 IgE 转换。

5. 网络性 在免疫应答过程中,免疫细胞通过具有不同生物学效应的细胞因子之间相互刺激、彼此约束,形成复杂而有序的细胞因子网络,对免疫应答进行调节,维持免疫系统的稳态平衡。如 Th 细胞可产生众多的细胞因子,是调节免疫应答的主要细胞,其核心作用主要是通过复杂的细胞因子网络调节实现的。

6. 高效性 指细胞因子与细胞表面受体特异性结合后,极微量细胞因子即可发挥明显效应。

7. 多源性 指一种细胞因子可由多种细胞产生,如 IL-1 可由单核细胞、巨噬细胞、内皮细胞、B 细胞、成纤维细胞等产生;一种细胞也可以产生多种细胞因子,如活化的 T 细胞可产生 IL-2、IL-6、IFN-γ、GM-CSF 等。

三、细胞因子的种类

细胞因子种类繁多,目前已发现 200 余种细胞因子,根据其结构和功能可分为白细胞介素、干扰素、肿瘤坏死因子、集落刺激因子、趋化因子和生长因子等六大类见表 22-2。

表 22-2 细胞因子的种类及功能

种类	功能
白细胞介素(IL)	调节机体免疫应答、介导炎症反应和刺激造血
干扰素(IFN)	抗病毒、抗肿瘤和免疫调节作用
肿瘤坏死因子(TNF)	调节免疫应答、杀伤靶细胞和诱导细胞凋亡
集落刺激因子(CSF)	刺激多能造血干细胞和不同分化阶段的造血祖细胞分化、增殖
趋化因子(CK)	吸引单核细胞、中性粒细胞、淋巴细胞、树突状细胞等进入感染发生的部位
生长因子(GF)	促进细胞生长和分化

1. 白细胞介素(interleukin, IL) 目前已经从 IL-1 到 IL-38 命名有 38 种,由 T 细胞、B 细胞、单核细胞、巨噬细胞、NK 细胞及成纤维细胞产生,主要作用是调节机体免疫应答、介导炎症反应和刺激造血等功能。

2. 干扰素(interferon, IFN) 具有广泛的抗病毒、抗肿瘤和免疫调节作用。根据来源和理化性质不同,可将其分为 α、β、γ 三种类型,其中 IFN-α 和 IFN-β 主要由白细胞、成纤维细胞和病毒感染的组织细胞产生,又称 I 型干扰素,以抗病毒、抗肿瘤作用为主;IFN-γ 主要由活化的 T 细胞和 NK 细胞产生,又称 II 型干扰素,以免疫调节作用为主。IFN 已被应用于临床疾病的治疗。

3. 肿瘤坏死因子(tumor necrosis factor, TNF) 是一类能使肿瘤发生出血坏死的细胞因子,主要有 TNF-α 和 TNF-β。前者主要由活化的巨噬细胞产生,后者主要由活化的 T 细胞产生,又称淋巴毒素。在调节免疫应答、杀伤靶细胞和诱导细胞凋亡等过程中发挥重要作用。

4. 集落刺激因子(colony stimulating factor, CSF) 指能刺激多能造血干细胞和不同分化阶段的造血祖细胞分化、增殖的细胞因子,由 T 细胞、单核细胞、内皮细胞、成纤维细胞等产生。主要包括粒细胞集落刺激因子(G-CSF)、巨噬细胞集落刺激因子(M-CSF)、粒细胞 - 巨噬细胞集落刺激因子(GM-CSF)、红细胞生成素(erythropoietin, EPO)、血小板生成素(TPO)等。

5. 趋化因子(chemokine) 由多种细胞分泌的对不同细胞具有趋化作用的细胞因子统称为趋化因子。其主要功能是吸引单核细胞、中性粒细胞、淋巴细胞、树突状细胞等进入感染发生的部位,以清除抗原;还能活化免疫细胞,参与调节血细胞发育、血管生成、细胞凋亡等,并在肿瘤发生、发展、转移,病原微生物感染及移植排斥反应等病理过程中发挥作用。

6. 生长因子(growth factor,GF) 泛指一类可促进细胞生长和分化的细胞因子。其种类较多,包括转化生长因子(TGF)、表皮细胞生长因子(EGF)、血管内皮细胞生长因子(VEGF)、成纤维细胞生长因子(FGF)、神经生长因子(NGF)、血小板生长因子(PDGF)等。

四、细胞因子的生物学作用与临床应用

(一)细胞因子的生物学作用

细胞因子具有免疫调节、抗感染、抗肿瘤和刺激造血功能等多种生物学效应。还具有诱导细胞凋亡、促进组织创伤修复、促进血管的生成等多种功能。

(二)细胞因子的临床应用

细胞因子和其他免疫分子一样,也是"双刃剑",既可参与免疫应答,发挥抗感染、抗肿瘤、诱导凋亡等功能,在一定条件下也可参与多种疾病的发生。采用现代生物技术研制开发的重组细胞因子、细胞因子抗体和细胞因子受体拮抗蛋白可进行广泛的临床应用。

细胞因子与临床的关系主要体现在以下几个方面:

1. 细胞因子风暴 又称高细胞因子血症。在免疫应答发生时,由于机体调控功能失灵,使促炎细胞因子和抗炎细胞因子之间的平衡失调,体液中迅速大量产生多种促炎细胞因子,导致异常的免疫应答,引发全身炎症反应综合征。严重者可导致多器官功能障碍综合征。细胞因子风暴可发生在多种疾病,如移植物抗宿主病、急性呼吸窘迫综合征、脓毒血症、SARS和流感等。

2. 致热与炎症病理损害 IL-1、TNF-α 和 IL-6 均为内源性致热原,可引起发热;IL-1、TNF-α 等可刺激内皮细胞和白细胞释放一系列炎性介质,改变凝血功能,导致组织损伤和 DIC,从而在感染性休克中起重要作用。

3. 肿瘤的发生及逃逸 细胞因子及其受体表达异常与某些肿瘤发生、发展密切相关。如骨髓瘤细胞表面高表达 IL-6R(比正常浆细胞高 10 倍以上)并分泌大量 IL-6。心脏黏液瘤、浆细胞瘤、宫颈癌及膀胱癌细胞均异常高分泌 IL-6。

4. 免疫系统相关疾病 自身免疫病如类风湿关节炎、强直性脊柱炎和银屑病患者体内均可检测到过高水平的 TNF-α。某些免疫缺陷病、器官移植排斥反应均与细胞因子表达异常有关。

5. 细胞因子与疾病的治疗 通过给予外源性细胞因子治疗疾病,如 IFN 治疗肿瘤、病毒性肝炎及角膜炎等;用细胞因子受体、细胞因子受体拮抗剂或细胞因子抗体治疗疾病,如应用 TNF 抗体治疗类风湿关节炎;用抗 IL-2R 抗体防治移植排斥反应等,药物举例见表 22-3。

表 22-3 批准上市的重组细胞因子药物举例

细胞因子	适应证
IL-2	癌症、免疫缺陷、疫苗佐剂
IL-11	放疗、化疗所致血小板减少症
IFN-α	白血病、卡波西肉瘤、乙型病毒性肝炎、恶性肿瘤、AIDS
IFN-β	多发性硬化症
IFN-γ	慢性肉芽肿、生殖器疣、变应性皮炎、类风湿关节炎
G-CSF、GM-CSF	自体骨髓移植、化疗导致的粒细胞减少症、再生障碍性贫血
EPO	慢性肾衰竭导致贫血、癌症或癌症化疗导致的贫血、失血后贫血
EGF	外用药治疗烧伤、口腔溃疡
bFGF	外用药治疗烧伤、外周神经炎

(王露)

1. 外周免疫器官如何防御来自外界的病原微生物？

2. 患者，女，26岁，近3周出现不规则发热收入院。既往史：近半年感疲乏，体重明显下降。体格检查：颌下、颈部、腹股沟淋巴结肿大。实验室检查：HIV 抗体初筛（＋）。临床诊断为 AIDS。

请思考：

（1）HIV 可侵犯哪些免疫细胞？

（2）根据患者症状，如何进行有效护理？

练习题

第二十三章 │ 抗　原

ER 23-1 教学课件
ER 23-2 思维导图

学习目标

1. 掌握抗原概念与基本特性，共同抗原与交叉反应及医学上重要的抗原。
2. 熟悉决定抗原免疫原性的条件。
3. 了解抗原的分类。
4. 学会正确认识与区分临床上常见抗原物质，并将所学抗原基础知识应用于相关疾病防治及护理工作。
5. 具有勤于思考、理论联系实践的精神，树立为保障人类健康积极开展免疫探索的意识。

抗原（antigen，Ag）是一类能刺激机体免疫系统产生免疫应答，并能与相应免疫应答产物（抗体或/和效应淋巴细胞）在体内外发生特异性结合的物质。

抗原通常具有两种基本特性：一是免疫原性（immunogenicity），指抗原分子能刺激机体免疫系统发生免疫应答，诱导产生相应抗体或和效应淋巴细胞的特性。二是免疫反应性（immunoreactivity）又称抗原性，指抗原分子能与相应免疫应答产物，即抗体或效应淋巴细胞在体内外发生特异性结合的特性。

第一节　抗原的分类

一、完全抗原和半抗原

1. **完全抗原**　指同时具有免疫原性和免疫反应性的抗原物质，如细菌、病毒、异种蛋白质、异种动物血清等。

2. **半抗原**　又称不完全抗原，指只有免疫反应性而无免疫原性的抗原物质，如大多数多糖、类脂和小分子药物等。半抗原单独存在时无免疫原性，但与蛋白质载体结合形成半抗原-载体复合物时，即可获得免疫原性成为完全抗原。

二、胸腺依赖性抗原和胸腺非依赖性抗原

1. **胸腺依赖性抗原**（thymus dependent antigen，TD-Ag）　在刺激 B 细胞产生抗体时必须依赖 T 细胞的辅助。大多数天然抗原如病原微生物、血细胞、异种血清等属于此类。TD-Ag 既能引起体液免疫应答（主要产生 IgG 类抗体），还能引起细胞免疫应答和免疫记忆。

2. **胸腺非依赖性抗原**（thymus independent antigen，TI-Ag）　不需 T 细胞的辅助，能直接刺激 B 细胞产生抗体，如细菌的脂多糖、荚膜多糖、聚合鞭毛素等。TI-Ag 只能激发 B 细胞产生 IgM 类抗体，不引起细胞免疫应答和免疫记忆。TD-Ag 和 TI-Ag 的比较见表 23-1。

表 23-1　TD-Ag 和 TI-Ag 的比较

比较要点	TD-Ag	TI-Ag
化学特性	多为蛋白质	多为多糖类
T 细胞辅助	必需	无须
抗体类型	多种,主要为 IgG	IgM
免疫应答	体液免疫和细胞免疫	体液免疫
免疫记忆	有	无

（崔　佳）

第二节　决定抗原免疫原性的条件

某种物质是否具有免疫原性,能否诱导机体产生免疫应答,受多方面因素的影响,但主要与下列因素有关。

一、异物性

异物即非己物质,指与自身正常组织成分有差异或在胚胎期未与免疫细胞接触过的物质。机体免疫系统能识别"自己"与"非己",并只清除"非己"物质,所以异物性是构成抗原免疫原性的首要因素。根据来源不同,可把具有异物性的物质分为三类:

（一）异种物质

异种物质指存在于不同生物种属间的抗原物质,如各种病原微生物及其代谢产物、异种动物血清等对人体而言均属异种物质。从生物进化角度来看,异种动物间的亲缘关系越远,组织结构差异越大,免疫原性越强;反之,亲缘关系越近,免疫原性越弱。如鸭血清蛋白对鸡是弱抗原,而对家兔则是强抗原。

（二）同种异型物质

同种异型物质指存在于同一种属不同基因型个体之间的抗原物质。同一种属不同个体间因遗传性差异,其组织成分和化学结构也有不同。因此,同种异型物质也可以是抗原物质,如人类血型抗原、主要组织相容性抗原及免疫球蛋白等。

（三）自身物质

在正常情况下,机体自身组织成分无免疫原性,但在外伤、感染、电离辐射、药物等因素影响下,自身组织结构发生改变或未与免疫细胞接触过的自身物质(如精子、眼晶体蛋白等)释放,可被免疫系统视为"非己"物质,成为自身抗原。因此免疫学认为,凡是胚胎时期未与免疫细胞接触过的物质,都可视为异物。

二、理化性状

（一）分子量

具有免疫原性的物质,相对分子量大多在 10kD 以上,而低于 4kD 的无机物一般不具备免疫原性。在一定范围内,抗原分子量越大,免疫原性越强。其原因可能是:①抗原物质相对分子量越大,含有表面抗原决定簇的种类和数量越多,有利于刺激机体产生免疫应答。②大分子抗原物质化学结构稳定,不易被破坏和降解,在体内存留时间长,能使免疫细胞得到持久刺激,有利于免疫应答的发生。

（二）化学组成与结构

抗原的免疫原性除与异物性和相对分子量大小有关外，还与其化学组成与结构相关。一般情况下，化学组成与结构越复杂，免疫原性越强。例如明胶的相对分子量为 100kD，但由于其主要成分为直链氨基酸，在体内易被降解，故免疫原性很弱。而胰岛素的相对分子量仅为 5.734kD，因其含有芳香族氨基酸，空间构型比较复杂，在体内不易降解，因此具有一定的免疫原性。若在明胶分子中连上 2% 酪氨酸，则能明显增强其免疫原性。通常情况下，蛋白质中含有大量芳香族氨基酸（尤其是酪氨酸），免疫原性较强。糖类物质分子量较小，多数单糖不具有免疫原性，而聚合成多糖时可具有免疫原性。核酸的免疫原性很弱，但与蛋白质载体连接后则可刺激机体产生抗体。脂类一般无免疫原性。

（三）分子构象与易接近性

分子构象与易接近性指抗原中特殊化学基团的三维结构是否与免疫细胞表面的抗原受体相吻合，以及二者之间相互接触的难易程度。它是启动免疫应答的关键，也是决定抗原与相应抗体结合的物质基础。抗原分子中化学基团的空间构型与其受体之间越吻合，二者结合得越紧密，免疫原性越强。同时，如果这些化学基团存在于分子表面，在分子构象上具有易接近性，更易刺激机体产生免疫应答，其免疫原性越强。

（四）物理状态

抗原物质免疫原性的强弱还与其物理状态有关。一般情况下，具有环状结构的蛋白质其免疫原性比直链分子强；聚合状态的蛋白质较其单体的免疫原性强；颗粒性抗原较可溶性抗原免疫原性强。因此，将免疫原性弱的物质聚合或吸附在一些大分子颗粒表面，可增强其免疫原性。

三、宿主因素

（一）遗传因素

机体对抗原的应答受宿主基因控制，因个体间基因不同，故同一抗原进入不同机体产生免疫应答的强度亦可不同。

（二）其他因素

一般而言，青壮年动物比幼年、老年动物免疫应答强，雌性动物比雄性动物抗体产生量高。此外，患某些感染性疾病或使用免疫抑制剂及不同的生理状态都能影响机体对抗原的免疫应答。

四、免疫方式

抗原免疫原性的强弱还与其进入机体的剂量、途径、次数、频率及免疫佐剂的使用等因素有关。一般免疫所用抗原剂量以中等为宜，剂量太低或太高容易诱发免疫耐受。免疫途径以皮内最为适宜，其次是皮下，腹腔和静脉免疫效果较差，口服易诱导免疫耐受。此外，免疫次数不宜太多，每两次免疫之间的时间间隔亦要适当。

（崔 佳）

第三节 抗原的特异性

特异性（specificity）指物质间相互吻合性或专一性。抗原的特异性具体表现在免疫原性和免疫反应性两个方面，前者指某一抗原分子只能诱导机体发生某一特定免疫应答，即产生针对该抗原的特异性抗体或效应淋巴细胞；后者指某一抗原分子只能与其相应的抗体或效应淋巴细胞发生特异性结合而产生免疫反应。如痢疾志贺菌只能刺激机体产生针对痢疾志贺菌的抗体和效应淋巴细胞；痢疾志贺菌也只能与抗痢疾志贺菌的抗体和效应淋巴细胞发生特异性结合。抗原特异性是免疫应答中最重要的特点，也是免疫学诊断和免疫学防治的理论依据。决定抗原特异性的物质基础是抗原分子中的抗原决定簇。

一、抗原决定簇

（一）概念

抗原决定簇（antigenic determinant）指存在于抗原分子中决定抗原特异性的特殊化学基团，又称表位。通常由 5~15 个氨基酸残基或 5~7 个多糖残基或核苷酸组成。抗原决定簇是抗原与抗体、TCR 及 BCR 特异性结合的基本结构单位，是免疫细胞识别的标志，也是免疫反应具有特异性的物质基础。抗原决定簇的性质、数目和空间构型决定了抗原的特异性。

ER 23-3

抗原的特性
示意图

一个抗原分子上能与相应抗体分子结合的抗原决定簇的总数称为抗原结合价。天然抗原分子结构复杂，表面常有多个相同或不同的抗原决定簇，能与多个抗体分子特异性结合，称为多价抗原。小分子的半抗原仅能与抗体分子的一个结合部位结合，称为单价抗原。

（二）类型

1. 顺序决定簇与构象决定簇　顺序决定簇是由序列上相连续的氨基酸组成，又称线性表位，多位于抗原分子的内部。构象决定簇是由序列上不相连但在空间结构上相互连接的氨基酸、多糖或核苷酸组成，又称非线性表位，一般位于抗原分子表面。

2. T 细胞决定簇与 B 细胞决定簇　在免疫应答中供 T 细胞抗原受体（TCR）识别的决定簇称 T 细胞决定簇。此类决定簇一般不位于抗原分子表面，必须由抗原提呈细胞（APC）加工处理后才能被 TCR 识别。供 B 细胞抗原受体（BCR）或抗体识别的决定簇称 B 细胞决定簇。此决定簇位于抗原分子表面，无须 APC 加工和提呈，多为构象决定簇，少数为顺序决定簇，由 5~15 个氨基酸残基或糖基组成。

ER 23-4

抗原决定簇的
分类及特点

二、抗原-抗体反应的特异性

抗原-抗体反应的特异性可精确区分物质间的极细微的差异。这种特异性不仅取决于抗原决定簇的化学组成，而且与化学基团的空间排列和构象密切相关。

经研究发现，抗原-抗体反应犹如锁和钥匙，具有高度特异性。如由结合苯胺的抗原激发机体产生的抗体，只能与苯胺决定簇起反应，而不能与其他抗原起反应；特异性是由抗原决定簇所决定，而非由整个抗原分子决定。如将甲酸基、磺酸基、砷酸基连接在苯胺上，再经偶氮化与蛋白质结合后，用此化合物免疫动物得到的抗体只能与相应的基团起反应；抗原决定簇的空间位置很重要，即使抗原决定簇相同，但其位置不同，特异性亦不同，如对位氨基苯甲酸蛋白抗原产生的抗体，只能与对位氨基苯甲酸蛋白抗原结合，而不能与邻位和间位的氨基苯甲酸蛋白抗原结合；抗原结构的旋光度也与抗原特异性有关，如右旋酒石酸偶氮蛋白抗原激发产生的抗体，只能与右旋酒石酸偶氮蛋白抗原结合，而不能与左旋酒石酸偶氮蛋白抗原结合，这是因为二者的结合呈互补方式，犹如左手的手套不适合右手一样。

三、共同抗原与交叉反应

（一）共同抗原

天然抗原分子结构复杂，具有多种抗原决定簇，每种决定簇都能刺激机体产生一种特异性抗体，所以这些结构复杂的天然抗原能刺激机体产生多种特异性抗体。有时也存在某一抗原决定簇同时出现在不同的抗原物质上，这种存在两种不同抗原分子间的相同或相似的抗原决定簇称为共同抗原决定簇。带有共同决定簇的抗原称为共同抗原。

（二）交叉反应

由共同抗原决定簇刺激机体产生的抗体分子可以与具有相同或相似抗原决定簇的不同抗原结合，这种抗原-抗体反应称为交叉反应。在血清学诊断中出现交叉反应时易造成判断上的混乱，常出现假阳性结果，给免疫学诊断带来困难。但根据交叉反应的原理，利用容易得到的某种共同抗原决定簇（或抗体），在血清学诊断中检测体内相应的抗体（或抗原），在临床疾病的辅助诊断上有重要作用（图23-1）。

共同抗原与交叉反应

重点提示

共同抗原引发交叉反应的医学意义

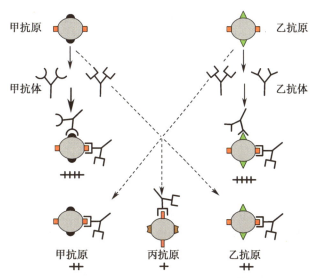

图23-1 共同抗原与交叉反应示意图

甲、乙抗原均为多价抗原，二者间具有相同的抗原决定簇（红色所示）；抗甲、抗乙抗体可分别与甲、乙抗原发生特异性结合，反应强度强；抗甲、抗乙抗体也可分别与乙抗原、甲抗原发生交叉反应，但反应强度弱；抗甲、抗乙抗体还可以与具有相似抗原决定簇的丙抗原发生交叉反应，但反应强度更弱。

（崔 佳）

第四节　医学上重要的抗原

案例

患者，女，40岁，因左眼被树枝戳伤，视力丧失，急诊行"左眼球裂伤缝合术"。半年后患者右眼出现视力下降，眼痛、眼胀、畏光等症状，经散瞳查眼底发现典型的后部葡萄膜炎改变。

请问：

1. 该病的病因是什么？
2. 为什么一侧眼睛受伤会影响到另一侧正常的眼睛？

一、异种抗原

通常异种抗原的免疫原性比较强，容易引起较强的免疫应答。与医学有关的异种抗原主要有以下几类。

（一）病原生物

细菌、病毒等病原微生物及人体寄生虫都是良好的异种抗原。微生物的结构虽然简单，但其化学组成很复杂，含有多种抗原决定簇，具有较强的免疫原性。故病原生物在感染机体致病的同时，又可刺激机体产生免疫应答，发挥抗感染的作用。因此，可利用微生物抗原的免疫原性，制备出相应的疫苗和抗体，用于传染病的特异性预防、治疗和诊断等。

（二）细菌外毒素和类毒素

外毒素是细菌分泌的一种毒性蛋白质，并具有较强的免疫原性。外毒素若经0.3%~0.4%甲醛溶液处理后,可失去毒性,但仍保留免疫原性,成为类毒素。外毒素和类毒素均能刺激机体产生抗体,即抗毒素。抗毒素能中和相应外毒素的毒性作用,保护机体免于患病。因此,将类毒素作为人工免疫的生物制剂,可预防相应外毒素引起的疾病,如接种破伤风类毒素,能使机体获得对破伤风的免疫力。

(三) 动物免疫血清

一般用类毒素免疫动物(常用马)制备免疫血清或精制抗体,如破伤风抗毒素、白喉抗毒素属于此类。动物免疫血清对人具有双重作用:一方面,血清中含有特异性抗体(抗毒素),可以中和相应的外毒素,用于紧急预防或治疗外毒素引起的疾病;另一方面,马血清对人而言是异种蛋白,能刺激人体产生相应的抗体,当机体再次接受马血清制成的抗毒素注射时,可能发生过敏性休克,严重者可致死亡。所以在临床应用抗毒素前必须做皮肤过敏试验。

> **重点提示**
>
> 动物的免疫血清对人的双重作用及使用原则

(四) 嗜异性抗原

存在于不同种属生物间的共同抗原称为嗜异性抗原,又称 Forssman 抗原。将豚鼠多种脏器制成的混悬液用于免疫家兔,所得抗体除能与豚鼠的相应脏器抗原反应外,还可凝集绵羊红细胞。

由于嗜异性抗原是不同生物种系间的共同抗原,故有重要的医学意义。如乙型溶血性链球菌的细胞壁多糖抗原、蛋白质抗原与人体的心肌、心瓣膜及肾小球基底膜之间存在着共同抗原,当链球菌感染人体后,可刺激产生相应抗体,在一定条件下,这类抗体可以与心肌、肾小球基底膜结合,通过免疫反应造成机体组织损伤,引起风湿病、肾小球肾炎等疾病。同时,借助嗜异性抗原还可辅助诊断某些临床疾病,例如引起斑疹伤寒的立克次体和变形杆菌一些菌株之间有共同抗原,外斐反应就是以变形杆菌 OX_{19} 和 OX_2 株为抗原,代替立克次体抗原检测患者血清中的立克次体抗体,辅助诊断立克次体病。

二、同种异型抗原

在同一种属不同个体之间,由于基因型不同,其组织细胞上也存在着不同抗原,称为同种异型抗原。重要的人类同种异型抗原有红细胞血型抗原和人类白细胞抗原。

(一) 红细胞血型抗原

血型抗原指存在于红细胞表面的同种异型抗原。主要有 ABO 抗原系统和 Rh 抗原。

1. ABO 抗原系统 根据人类红细胞表面 A、B 血型抗原的不同,可分为 A、B、AB、O(H)四种血型。若不同血型个体之间相互输血,因受者血清中存在的天然血型抗体能使输入的供者红细胞破坏,而发生输血反应。因此,输血时供、受者血型必须相符或给患者少量、缓慢输入 O 型血。

2. Rh 抗原 研究表明,人类红细胞表面与印度恒河猴红细胞表面具有相同的抗原成分,此抗原称为 Rh 抗原(即 D 抗原)。红细胞表面有 D 抗原者为 Rh 阳性,缺乏 D 抗原者为 Rh 阴性。人体血清中不存在抗 Rh 抗原的天然抗体。若 Rh 阴性者在免疫情况下机体中产生了 Rh 抗体,再次输入 Rh 阳性血时,可发生输血反应;体内已产生 Rh 抗体的 Rh 阴性妇女在孕育 Rh 阳性的胎儿时,可引起流产或新生儿溶血。

(二) 人类白细胞抗原

人类白细胞抗原因首先在人类白细胞表面发现而得名,是代表个体特异性的抗原,具有高度多态性,不同个体间(除同卵双生外)均存在差异。在人类白细胞抗原表型不同的个体间进行组织器官移植其会引起强烈而迅速的排斥反应,故又称主要组织相容性抗原,是目前所知人体最复杂的抗原系统。

三、自身抗原

正常情况下,免疫系统对自身物质处于无应答状态,即免疫耐受,但当机体受到某些外界因素影响或免疫系统本身发生异常导致识别错误,均可使免疫系统将自身物质当作抗原性异物,诱发自身免疫应答。

(一)修饰的自身抗原

自身正常组织细胞受到生物因素(如病原微生物感染)、物理因素(如电离辐射、烧伤)或化学因素(如药物)的影响,分子结构有时可发生改变,形成新的抗原决定簇或暴露出内部抗原决定簇,成为"异己"物质,显示出免疫原性,从而刺激自身免疫系统发生免疫应答。例如有些患者服用甲基多巴后,可使红细胞抗原发生改变,引起自身免疫性溶血性贫血;有些患者服用氨基比林后,引起白细胞抗原结构改变,导致白细胞减少。

(二)隐蔽的自身抗原

在正常情况下,有些自身物质(如脑组织、晶状体蛋白、眼葡萄膜色素蛋白、精子、甲状腺球蛋白)与机体的免疫系统相隔绝,称为隐蔽抗原。当外伤、手术或感染等原因,使这些隐蔽抗原进入血流与免疫系统接触,即会被机体视为异物,引起自身免疫应答。如甲状腺球蛋白释入血流,引起变态反应性甲状腺炎;晶状体蛋白和眼葡萄膜色素蛋白释放,可引起晶状体过敏性眼内炎和交感性眼炎;精子抗原可引起男性不育等。

(三)自身正常物质

由于免疫系统本身发生异常,它会将自身物质当作"异物"来识别,诱发免疫应答,甚至可引起自身免疫病。

四、变应原

变应原是引起超敏反应的抗原。变应原种类甚多,完全抗原有鱼、虾、蛋、乳制品、植物花粉、动物皮毛等。半抗原有磺胺类、青霉类等药物,油漆、塑料等化学物质,它们可与体内组织蛋白结合成为完全抗原,获得免疫原性,引起超敏反应。

五、肿瘤抗原

肿瘤抗原(tumor antigen)指细胞癌变过程中出现的新抗原或过度表达的抗原物质的总称。肿瘤抗原在肿瘤的发生、发展及诱导机体抗瘤免疫效应中起重要作用,亦可作为肿瘤免疫诊断和免疫治疗的靶分子。肿瘤抗原根据其特异性可分为两大类。

(一)肿瘤特异性抗原

肿瘤特异性抗原(tumor specific antigen,TSA)指只存在于某种肿瘤细胞表面而在同种正常组织、细胞表面或其他肿瘤细胞上均不存在的新抗原。为某一肿瘤细胞所特有的抗原,大多为基因突变的产物。目前已在人黑色素瘤、结肠癌、乳腺癌、肺癌等肿瘤细胞表面检测出此类特异性抗原的存在。

(二)肿瘤相关抗原

肿瘤相关抗原(tumor associated antigen,TAA)指非肿瘤细胞所特有,正常细胞也可有微量表达,而在细胞癌变时其含量明显增加,此类抗原只表现出量的变化而无严格的肿瘤特异性。人们研究最为深入的肿瘤相关抗原有三种:

1. 与肿瘤有关的病毒抗原 研究表明,人类某些肿瘤与病毒感染密切相关。如鼻咽癌、伯基特淋巴瘤与 EB 病毒感染有关,宫颈癌细胞内有人类单纯疱疹Ⅱ型病毒基因及抗原,这些肿瘤患者血清中能测到较高滴度的相关病毒抗体。

2. 与肿瘤有关的胚胎性抗原　是在胚胎发育阶段由胚胎组织产生的正常成分，在胚胎后期减少，出生后逐渐消失或仅存留极微量，当细胞癌变时此类抗原可重新合成。如原发性肝癌患者血清中存在高滴度的甲胎蛋白（AFP），结肠癌患者血清中癌胚抗原（CEA）含量升高。这些抗原已作为肿瘤血清标志物成为肿瘤诊断、复发和预后判断的常规辅助性指标。

3. 与肿瘤有关的分化抗原　是机体组织细胞在分化、发育过程中表达或消失的正常分子，不同来源、不同分化阶段的细胞可表达不同的分化抗原。一些肿瘤细胞会表达某些特定正常组织细胞中的分化抗原，这类抗原通常不能诱发强烈的免疫应答，但多可作为肿瘤诊断的标准及肿瘤治疗的靶分子。

此外，有些物质同抗原一起或预先注入机体，能增强机体对该抗原的免疫应答或改变免疫应答类型，这些物质被称为免疫佐剂。常用的佐剂有分枝杆菌（如 BCG）、细菌脂多糖（LPS）、氢氧化铝、明矾、植物油、矿物油等。免疫佐剂的应用很广，用于免疫动物可获得高效价抗体，用于预防接种可增强疫苗的免疫效果，近年来佐剂还可用于抗肿瘤和慢性感染的辅助治疗。

知识拓展

罕见的血型

　　某医院肾内科收治了一名男性患者，Hb 44g/L（比色法参考范围 120~160g/L），属重度贫血。医生拟对其输血，但抗体检测、交叉配血等常规的血型检验均无法确认患者的血型。为了弄清原因，医院将患者的血液标本和唾液标本一同送往市中心血站做进一步检测，最终确定血型是 AB 亚型。

　　AB 亚型是 ABO 血型系统中的一种亚型，基因突变所致，这种血型的 RBC 上同时拥有 A 型和 B 型两种抗原，但在其血清中不含有针对这两种抗原的抗体。通过该个案，我们要学习忠于事实、严谨细致、诚信钻研的科学精神，保证检测结果的正确性，确保患者的生命安全。

（崔　佳）

思考题

　　1. 试述共同抗原引发交叉反应的医学意义和异种抗原在医学实践中的应用。

　　2. 患者，男，28 岁，咽感不适伴轻咳 2 周，双下肢水肿、少尿 1 周入院。发病以来精神饮食尚可，全身乏力、腰酸，尿色红，无尿频、尿急、尿痛。体格检查：BP 160/100mmHg，眼睑水肿，巩膜无黄染，咽红，扁桃体轻度肿大，腹软无压痛，上下肢凹陷性水肿。尿常规：尿蛋白（+++），偶见颗粒管型，红细胞 20~30HPF。免疫检查：C3 0.4g/L，血 IgG、IgM、IgA 均正常，ASO 900U/ml。临床初步诊断：急性肾小球肾炎。

请思考：

（1）试分析患者发病的可能原因。

（2）从共同抗原的角度探讨该病发生的免疫学机制。

ER 23-6

练习题

第二十四章 ｜ 免疫球蛋白

教学课件

思维导图

学习目标

1. 掌握 Ig 与抗体的概念、Ig 分子的结构与功能。
2. 熟悉各类 Ig 的生物学活性。
3. 了解单克隆抗体、多克隆抗体、基因工程抗体的概念和制备过程。
4. 学会正确合理解释单克隆抗体、基因工程抗体临床检测的内涵和意义。
5. 具有辩证思维的良好习惯，具备探索创新和科学严谨的学习态度。

案例

1901 年，诺贝尔生理学或医学奖授予了德国科学家贝林。他在 1889 年提出抗毒素免疫概念，1891 年研制成功白喉抗毒素用于治疗白喉。颁奖词写道："由于他在血清治疗方面的工作，特别是在治疗白喉方面的应用，他在医学领域开辟了一条新路……"

请问：

1. 抗毒素是什么？

2. 白喉患者血清中含有什么免疫分子，为什么颁奖词会说血清治疗在医学领域开辟了一条新路？

抗体（antibody，Ab）是存在于血液和组织液中的介导体液免疫的一类球蛋白，是机体免疫系统在抗原刺激下诱导 B 细胞活化，使之增殖分化为浆细胞后产生的一类能与相应抗原特异性结合的效应物质。1968 年和 1972 年 WHO 和国际免疫学会联合会将具有抗体活性或化学结构与抗体相似的球蛋白统称为免疫球蛋白（immunoglobulin，Ig）。所有抗体都是 Ig，但 Ig 不一定都具有抗体活性。

第一节　免疫球蛋白的分子结构

一、免疫球蛋白的基本结构

单体 Ig 分子的基本结构可假设为 Y 形的四肽链结构，由两条完全相同的重链（heavy chain，H）和两条完全相同的轻链（light chain，L）通过链间二硫键连接在一起。每条 H 链和 L 链两端游离的氨基或羧基分别称为氨基端（N 端）和羧基端（C 端）（图 24-1）。

（一）H 链和 L 链

Ig 的 H 链相对分子质量为 $(50\sim75)\times10^3$，由 450~550 个氨基酸组成，H 链和 L 链间由二硫键（—S—S—）相连。根据 H 链结构和抗原性的不同，可将其分为 5 种类型，即 α 链、γ 链、μ 链、δ 链和 ε 链，它们与 L 链组成的 Ig 分别称为 IgA、IgG、IgM、IgD 和 IgE。每类 Ig 根据铰链区氨基酸的组成和二硫键数目、位置的不同，又有不同的亚类，如 IgG 可分为 IgG1、IgG2、IgG3、IgG4，IgA 可分为 IgA1、IgA2。Ig 的 L 链较短，以二硫键与 H 链相连，相对分子质量约为 $25×10^3$，由 214 个氨基酸组成，L 链分为 κ 链和 λ 链两种，由此也可将 Ig 分为 κ 型和 λ 型；人类血清中各类 Ig 的 κ 型和 λ 型比例约为 2:1，根据 λ 链恒定区个别氨基酸残基的差异，又可将 λ 分为 λ1、λ2、λ3 和 λ4 四个亚型。

（二）可变区和恒定区

IgH 链和 L 链靠近氨基端（N 端）的约 110 个氨基酸的序列变化较大，称为可变区（variable region，V 区），分别占 H 链的 1/4 或 1/5，占 L 链的 1/2。其余近羧基端（C 端）的氨基酸残基组成和排列顺序相对稳定，称为恒定区（constant region，C 区），占 H 链的 3/4 或 4/5，占 L 链的 1/2（图 24-1）。

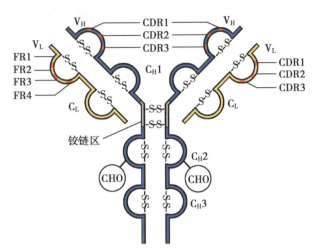

图 24-1　Ig 的基本结构及功能区示意图

1.V 区　H 链和 L 链 V 区通过链间二硫键连接折叠各形成一个球形结构域，称为功能区，分别用 V_H 和 V_L 表示。V_H 和 V_L 各有 3 个区域的氨基酸组成和排列顺序高度可变，称为高变区（hypervariable region，HVR）或互补决定区（complementary-determining region，CDR），分别表示为 CDR1（HVR1）、CDR2（HVR2）、CDR3（HVR3），H 链和 L 链 V 区内三个 CDR 共同组成抗体分子与抗原特异性结合的关键部位。不同抗体的 CDR 氨基酸排列顺序不同，决定了抗体与相应 Ag 表位结合的高度特异性。V 区 CDR 以外的氨基酸组成和排列顺序相对稳定不易变化，称为骨架区（framework region，FR）。V_H 和 V_L 各有 FR1、FR2、FR3 和 FR4 四个骨架区。

2.C 区　H 链和 L 链的 C 区分别称为 C_H 和 C_L。IgG、IgA、IgD 的 H 链 C 区形成三个功能区，分别为 C_H1、C_H2、C_H3；IgM 和 IgE 的 H 链 C 区除上述三个功能区外，还有一个 C_H4 功能区；L 链恒定区只有一个功能区，用 C_L 表示。同一种属的个体，所产生针对不同抗原的同一类别 Ig，C 区氨基酸组成和排列顺序比较恒定，但 V 区各异，如人抗白喉外毒素与人抗破伤风痉挛毒素的抗毒素 IgG，它们的 V 区不尽相同，只能与相应的外毒素抗原发生特异性的结合，但它们的 C 区结构是相同的。

此外，位于 C_H1 和 C_H2 功能区之间的区域称为铰链区（hinge region），该区域含有丰富的脯氨酸，所以易于伸展弯曲，而且易被木瓜蛋白酶、胃蛋白酶等水解。铰链区之间一般由一个或数个二硫键连接，能改变 Ig 的 Y 字形两臂之间的距离和位置，有利于两臂同时结合不同的抗原表位，也易使补体的结合位点暴露。五类 Ig 中 IgA、IgG、IgD 有铰链区，IgM、IgE 无铰链区。

二、免疫球蛋白的功能区及其主要功能

Ig 分子的每条肽链可折叠为几个球形的功能区，又称结构域，这些功能区的功能虽不同，但其结构相似。每个功能区约由 110 个氨基酸组成，其二级结构是由几股多肽链折叠在一起形成的两个反向平行的 β 片层。两个 β 片层中心的两个半胱氨酸残基由一个链内二硫键垂直连接，具有稳定功能区的作用，因而形成一个"β 桶状"或"β 三明治"的结构。

ER 24-3

Ig 折叠（L 链）

Ig 各功能区分别为 V_H、V_L、C_H、C_L，其中 IgG、IgA 和 IgD 的 H 链有 VH、C_H1、C_H2、C_H3 四个功能区，而 IgM 和 IgE 的 H 链有五个功能区，即比 IgG、IgA 和 IgD 多一个 C_H4 功能区。各功能区的主要作用：①V_H 和 V_L，是与抗原表位特异性结合的区域。②C_H 和 C_L，是 Ig 的遗传标志所在。③IgG 的 C_H2 和 IgM 的 C_H3，是与补体 C1q 结合的部位，激活补体经典途径。④IgG 的 C_H2 和 C_H3，结合并介

导 IgG 通过胎盘。此外，IgG 的 C_H3 功能区与具有 Fc 受体的中性粒细胞、吞噬细胞和 NK 细胞结合介导 Ig 的调理作用和 ADCC。⑤IgE 的 C_H4，与肥大细胞和嗜碱性粒细胞表面的 Fc 受体结合介导 I 型超敏反应。

三、连接链和分泌片

在 Ig 的基本结构之外，还有将 Ig 单体分子连接为二聚体或多聚体的连接链和分泌片（图 24-2）。

1. 连接链（joining chain，J 链） 是由浆细胞合成，富含半胱氨酸的一条多肽链。J 链可连接抗体单体形成二聚体、五聚体或多聚体。其中 IgM 单体被二硫键和 J 链连接形成五聚体。分泌型 IgA（secretory IgA，sIgA）是由两个单体 IgA 通过 J 链相连形成二聚体。IgG、IgD、IgE 不含 J 链，均为单体。

2. 分泌片（secretory piece，SP） 是 sIgA 在穿越黏膜上皮细胞过程中，由黏膜上皮细胞合成的含糖肽链。其以非共价键形式与 IgA 二聚体连接，形成 sIgA，并分泌到黏膜表面的外分泌液当中。分泌片的作用：一是介导 IgA 二聚体向黏膜表面主动转运，故又称多聚免疫球蛋白受体（polymeric Ig receptor，pIgR）。二是保护 sIgA 免受黏膜表面的蛋白酶降解。

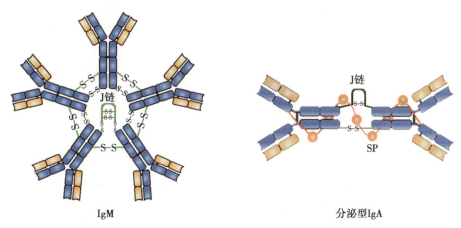

IgM　　　　　　　　　　　　　**分泌型IgA**

图 24-2　Ig 分子的连接链（J 链）和分泌片（SP）结构示意图

四、免疫球蛋白的水解片段

在一定条件下，Ig 分子肽链的某些部分易被蛋白酶水解，以便研究 Ig 的结构和功能。木瓜蛋白酶和胃蛋白酶是最常用的两种 Ig 水解酶（图 24-3）。

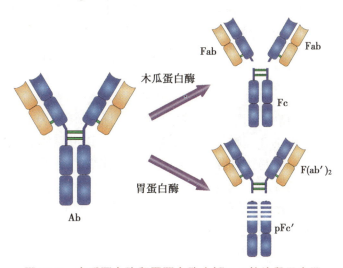

图 24-3　木瓜蛋白酶和胃蛋白酶水解 IgG 的片段示意图

(一)木瓜蛋白酶水解片段

木瓜蛋白酶水解部位在 IgG 的 H 链铰链区链间二硫键近氨基端,将其断裂为三个片段:①两个 Fab 段,两个完全相同的抗原结合片段即 Fab 段,每个 Fab 由一条完整的 L 链和 H 链的 V_H 和 C_H1 结构域组成。此片段可与抗原结合,具有单价活性,与相应抗原结合后不能形成大分子免疫复合物,故不能形成凝集和沉淀反应。②一个 Fc 段,Fc 段在低温下可形成结晶称可结晶片段,是由 Ig 断裂后剩余的两条 H 链 C_H2 和 C_H3 结构域通过铰链区链间二硫键连接而成。C_H2 和 C_H3 结构域的功能是抗体与补体、效应细胞结合并相互作用的部位。

(二)胃蛋白酶水解片段

胃蛋白酶在 IgG 的 H 链铰链区链间二硫键近羧基端,将 Ig 降解为一个 $F(ab')_2$ 片段和若干小的片段 pFc'。$F(ab')_2$ 由两个 Fab 及铰链区组成,所以该片段为双价,与相应抗原结合后形成大分子复合物发生凝集和沉淀反应。pFc' 片段,无生物学活性。由于 $F(ab')_2$ 片段保留了结合相应抗原的生物学活性,又避免了 Fc 段免疫原性可能引起的副作用和超敏反应,因而被广泛用于生物制品的研制,如用胃蛋白酶水解破伤风抗毒素等抗体制剂时,Fc 段被裂解为小分子片段,很大程度上减少了临床使用时可能出现的超敏反应。

> **重点提示**
>
> Ig 分子的基本结构及水解片段

(胡艳玲)

第二节　五类免疫球蛋白的特性与功能

一、IgG

IgG 是血清和体液中含量最多的抗体成分,占血清抗体总量的 75%~80%,也是机体再次免疫应答的主要抗体,通常以单体的形式存在,相对分子质量约为 150×10^3,由脾和淋巴结中的浆细胞合成。IgG 的半衰期为 20~23d,是所有 Ig 中半衰期最长的,所以临床在使用 Ig 治疗时,以相隔 2~3 周注射一次为宜。

IgG 包括四个亚类,其中 IgG1、IgG2、IgG3 与相应抗原结合后可激活补体经典途径,IgG4 凝聚物可激活补体旁路途径。IgG 于婴儿出生后 3 个月开始合成,3~5 岁接近成人水平,是五类抗体中唯一能够通过胎盘的抗体,在新生儿抗感染中发挥重要作用。IgG 与抗原结合后,通过 Fc 段与表面具有 FcγR 的吞噬细胞或 NK 细胞结合发挥调理作用和 ADCC 效应。多数的抗菌、抗毒素抗体都属于 IgG 类的抗体,所以其在机体免疫防御中占有重要地位,是机体抗感染的主要抗体。但在一些自身免疫病中的自身抗体如抗核抗体、抗线粒体抗体也是 IgG 类的抗体,与自身免疫病相关。

二、IgM

IgM 是机体早期发挥免疫防御作用抗体,其单体的相对分子质量为 180×10^3,主要以膜蛋白的形式和膜结合型 IgD 一起表达在 B 细胞表面。血液中的 IgM 以五聚体的形式存在,由五个单体通过 J 链连接而成,呈花环状。IgM 是相对分子质量最大的抗体(约为 900×10^3),所以又称巨球蛋白。从化学结构上看,IgM 结合抗原的能力可达 10 价,但实际上常为 5 价,这可能是因立体空间位阻效应所致。当 IgM 分子与大颗粒抗原反应时,5 个单体协同作用,效应明显增大。IgM 凝集抗原的能力比 IgG 大得多,激活补体的能力超过 IgG 1 000 倍。

IgM 是个体发育过程中最早合成和分泌的抗体,在胚胎发育的晚期即可形成,故脐带血中针对某种病原体特异性的 IgM 含量升高,提示胎儿发生宫内感染。IgM 也是初次免疫应答中最早产生的抗体，血清中半衰期为 5d，所以在受试者血清中检出特异性 IgM 水平升高，提示受试者近期发生感染，用于感染性疾病的早期诊断。虽然 IgM 的杀菌和调理作用明显高于 IgG，但因其血内含量低、半衰期短、出现早、消失快、组织穿透力弱，故其保护作用实际上常不如 IgG。

三、IgA

IgA 分为血清型和分泌型两种类型。血清型 IgA 为单体，主要存在于血清中，由肠系膜淋巴组织中的浆细胞产生。sIgA 由生殖道黏膜相关淋巴组织中的浆细胞合成分泌，其主要分布在胃肠道、呼吸道分泌液、尿液、初乳、唾液和泪液中。黏膜表面是机体抵御外来病原体入侵的第一道防线。由于 sIgA 受分泌片的保护而不容易被蛋白酶降解，在黏膜局部抗感染免疫中起重要的作用，主要通过与相应病原体结合，阻止病原体黏附到细胞表面。此外，sIgA 还有调理吞噬、中和毒素的作用。IgA 在新生儿出生后的 4~6 个月合成分泌，但新生儿可从母乳中被动获得抗感染的 sIgA，故我国大力提倡母乳喂养。

四、IgD

IgD 分为血清型和膜结合型。血清型 IgD 含量很低（约 $30\mu g/ml$），约占血清 IgD 总量的 0.2%。其生物学功能尚不明确。膜结合型 IgD（smIgD）构成 B 细胞表面的抗原受体（BCR），未成熟 B 细胞只表达 smIgM，成熟 B 细胞同时表达 smIgD 和 smIgM，所以 smIgD 是 B 细胞分化发育成熟的标志。活化的 B 细胞或记忆 B 细胞表面 smIgD 逐渐消失。

五、IgE

IgE 为单体结构，其相对分子质量为 190×10^3，主要由呼吸道和胃肠道等黏膜固有层的浆细胞分泌产生。IgE 在血清中含量极少，仅占血清 Ig 总量的 0.002%。尽管 IgE 在血清中含量较其他 Ig 低，但 IgE 能引起非常强烈的免疫应答反应，因为 IgE 是亲细胞抗体，其功能区 C_H3、C_H4 极易与分布在呼吸道、胃肠道和泌尿生殖道的肥大细胞和血液中的嗜碱性粒细胞表面的 IgE Fc 受体结合，引起 I 型超敏反应。此外，IgE 也与机体的抗寄生虫感染有关见表 24-1。

> **重点提示**
>
> 五类 Ig 的生物学活性

表 24-1　五类 Ig 的代谢、分布及生物活性

类别	IgG	IgA	IgM	IgD	IgE
血清含量 /($mg \cdot dL^{-1}$)	1 200	200	120	3	0.04
相对含量 /%	75~85	10~15	5~10	0.05	0.03
合成率 /($mg \cdot kg^{-1} \cdot d^{-1}$)	33	24	7	0.4	0.02
分解率 /($\% \cdot d^{-1}$)	7	25	8	37	71
半衰期 /d	23	6	5	3	2
血管内分布 /%	50	50	80	75	50
外分泌液中	−	+	±	−	+
结合补体	+	−	+	−	−
透过胎盘	+	−	−	−	−
与肥大细胞结合	（IgG4）	−	−	−	+
与巨噬细胞和 B 细胞结合	+	−	−	−	+

（胡艳玲）

第三节　免疫球蛋白的生物学功能

抗体作为 Ig 分子，在生物学功能上与其他球蛋白的主要区别在于抗体可以在体内与相应 Ag 发生特异性结合，也可在体外产生抗原 - 抗体反应。抗体的功能与其结构密切相关，根据可变区和恒定区的氨基酸组成及排列顺序的不同，其行使的功能也有所不同。

一、结合抗原

健康个体中存在的抗体通常是游离状态的，没有与抗原结合的时候不发挥分子和细胞效应。抗体能够通过 V 区的超变区与抗原特异性结合，当与抗原结合以后，形成的抗原 - 抗体复合物能使抗体分子发生构象的变化，从而发挥免疫效应，主要通过中和毒素和阻止病原体入侵等抗感染免疫发挥作用。

（一）中和细菌毒素

细菌的外毒素对机体特定的组织或细胞会产生毒性作用，同时具有很强的免疫原性，可刺激机体产生相应的抗毒素，主要为 IgG 类，抗毒素能够中和相应的外毒素。如破伤风和白喉的临床症状是由它们的外毒素引起的，当疑似或感染这些病原微生物时，临床上则采取注射相应抗毒素以中和其产生的外毒素，从而起到了预防或治疗的作用。

（二）阻止病原体入侵

机体的黏膜表面分泌有大量的抗体，主要成分为 sIgA，这些抗体能够阻止黏膜表面的病原体穿过黏膜进入机体。

二、激活补体

抗体是能够激活补体的重要物质，当抗体与 Ag 结合形成复合物，抗体的分子构型发生变化，恒定区补体结合位点暴露，与补体的 C1q 结合，从而激活补体经典途径。并非所有的抗体都能激活补体，只有 IgG 和 IgM 具有 C1q 的结合位点，IgM 与 C1q 的结合位点在 C_H3 结构域上。IgM 是补体经典途径强有力的激活物，由于 IgM 是感染早期最主要的抗体，故激活补体可将感染控制在疾病早期。IgG 的 C1q 的结合位点在 C_H2 结构域上。在 IgG 的亚类中，IgG1 和 IgG3 是很强的补体激活物。凝聚的 IgA、IgE 和 IgG4 可通过旁路途径激活补体。IgD 通常不能激活补体。

三、结合 Fc 受体

Fc 受体可以介导多种生物学效应，具有 Fc 受体的细胞包括单核细胞、中性粒细胞、嗜碱性粒细胞、NK 细胞和肥大细胞等。IgG、IgA、IgE 通过其 Fc 段与相应细胞表面的 Fc 受体结合，产生不同的生物学效应。

（一）调理作用

IgG 类的 Fab 段与相应病原菌等颗粒性抗原特异性结合后，再通过 Fc 段与巨噬细胞或中性粒细胞表面的 FcγR 结合，即通过 IgG 将病原菌和吞噬细胞进行"桥联"，促进吞噬细胞对病原菌的吞噬，称为抗体介导的调理作用。

（二）ADCC

详见第二十二章第二节。

（三）介导 I 型超敏反应

I 型超敏反应是抗体对自身组织攻击造成的，主要发挥作用的是 IgE。IgE 作为亲细胞抗体，其 Fc 段能够和肥大细胞或嗜碱性粒细胞表面的高亲和力 Fc 受体结合，使这些细胞处于致敏的状态，当相同的抗原再次与致敏靶细胞表面特异性的 IgE 结合时，促使这些细胞合成和释放生物活性介质，造成机体的生理功能紊乱，引起 I 型超敏反应。

四、穿过胎盘和黏膜

IgG 是唯一能够从母体通过胎盘转运到胎儿体内的 Ig，这种转移发生在妊娠晚期。胎盘母体一侧滋养层细胞表面表达相应的受体称为新生 Fc 段受体（FcRn），IgG 通过结合 FcRn 转移到滋养层细胞内，穿过胎盘进入胎儿血液循环。分泌型 IgA 可通过分泌片介导穿过呼吸道、消化道和乳腺等上皮细胞，到达黏膜表面发挥局部抗感染免疫作用。

（胡艳玲）

第四节　人工制备抗体的类型

人工制备抗体可用于抗体理化性质，分子结构与功能的研究，疾病的诊断与防治等。目前，人工抗体主要分为单克隆抗体、多克隆抗体及基因工程抗体等。

一、单克隆抗体

单克隆抗体（monoclonal antibody，McAb）指由一个 B 细胞活化、增殖、分化产生的子代细胞克隆分泌的只识别某一特定抗原表位的同源抗体。1975 年德国和英国学者 Koehler 和 Milstein 创立了体外杂交瘤技术，得到了鼠源性 McAb，开创了多克隆抗体到 McAb 的新时代。该技术是将小鼠骨髓瘤细胞大量扩增与富含 B 细胞的小鼠脾脏细胞在体外进行融合，通过融合形成的杂交细胞系即为杂交瘤细胞系（hybridoma），每个杂交瘤细胞由一个 B 细胞和一个骨髓瘤细胞融合而成，每个 B 细胞克隆仅识别一种抗原表位，经筛选和克隆化的杂交瘤细胞仅能合成和分泌单一抗原表位的特异性抗体。将上述杂交瘤细胞株体外培养扩增或接种于小鼠腹腔，即可从培养上清液或腹水中获得相应 McAb。

McAb 具有特异性强、效价高、性质纯、理化性状均一、重复性强、成本低并可大量生产等优点，已被广泛应用于生物医学各领域。其主要用于：①诊断试剂，McAb 在临床上被广泛应用于诊断检测试剂的制备。②分离纯化抗原，用 McAb 制备的亲和层析柱，可分离纯化含量极低的可溶性抗原，如激素、细胞因子和难以纯化的肿瘤抗原等。③临床治疗，McAb 还可作为生物活性药物的纯化试剂，用于疾病治疗。

二、多克隆抗体

用抗原免疫动物后获得的针对多种抗原表位的混合抗体，由多克隆 B 细胞群产生，称为多克隆抗体（polyclonal antibody，PcAb）。PcAb 是由针对不同抗原表位的抗体组成的混合物，正常生理条件下遭遇抗原刺激后即会生成，此时血清中含有大量针对多种抗原表位的抗体。PcAb 是机体发挥特异性体液免疫作用的主要效应分子。PcAb 具有来源广泛、容易制备等优点，但特异性不高，易发生交叉反应，从而使应用受到限制。

以抗原直接免疫动物获得抗血清是制备 PcAb 的主要方法。将抗血清输给其他个体，受者即会对该抗原获得短期的免疫力。这种人工被动免疫的方式在临床上可以让患者快速中和体内的毒素，如破伤风抗毒素、白喉抗毒素、抗蛇毒血清等，起到急救的作用。目前，PcAb 在实验室中主要作为第二抗体与 McAb 联用。

三、基因工程抗体

基因工程抗体（gene engineering antibody，GeAb）是以基因工程技术制备抗体的总称，又称第三代人工抗体。目前已成功表达的基因工程抗体有人 - 鼠嵌合抗体、小分子抗体、人源化抗体及双特异性抗体等。尽管 McAb 和 PcAb 的应用十分广泛，但是也有许多难以克服的缺点，其中最主要的是其异源性，即它们均为异种蛋白，不能直接用于人体内，否则会产生很强的免疫应答。GeAb 的出现很大程度上克服了该缺点，其特点是既能够保持 McAb 的均一性和特异性，又能克服其作为外源性抗体的不足。GeAb 赋予了抗体更多的应用价值。

目前，基因工程抗体技术主要用于两大方面，一是将鼠源性抗体人源化或者直接制备人抗体，二是对抗体的功能加以改进，主要用于肿瘤的临床诊断和治疗，如恶性肿瘤的导向治疗和肿瘤的影像分析。将单链抗体基因同酶蛋白质的基因连接在一起，构建成复合功能抗体基因，通过成熟的表达和纯化技术直接分离出能用于临床诊断检测的具有抗体和酶活性的融合蛋白。在抗感染方面能够预防和治疗感染性疾病常用的药物是疫苗和抗生素，但对于一些尚无有效预防及治疗手段的感染性疾病如 SARS、AIDS 和埃博拉出血热等，抗体治疗可作为首选方案。作为细胞内抗体，可用于阻断细胞质内或细胞核内某些分子的生物学功能及蛋白分泌途径，也可在细胞内抑制病毒的复制或癌基因的表达。

> **重点提示**
>
> 单克隆抗体的概念及临床意义

（胡艳玲　杨翀）

思考题

1. Ig 在机体免疫反应中发挥了哪些作用？

2. 患者，女，55 岁，右乳腺癌术后 4 年余，返院行恶性肿瘤术后解救治疗收入院。入院症见：患者神清，精神可，无恶寒发热、恶心呕吐等不适。实验室检查：RBC 3.24×10^{12}/L，WBC 3.1×10^{9}/L，白蛋白 / 球蛋白 1.4，癌胚抗原（CEA）19.95ng/ml，糖类抗原 15-3（CA153）24.90U/ml。给予靶向治疗 + 免疫治疗：某某珠单抗注射液 500mg + 某利单抗注射液 250mg，过程顺利。

请思考：

（1）何谓单抗及其作用机制如何？

（2）单抗有何优点及其应用领域是什么？

练习题

第二十五章 | 补体系统

ER 25-1 教学课件　　ER 25-2 思维导图

学习目标

1. 掌握补体系统的概念、补体三条激活途径的异同、补体系统的生物学功能。
2. 熟悉补体系统的组成及理化性质、三条激活途径的过程。
3. 了解补体的命名原则、补体系统的调节。
4. 学会运用补体生物学功能的知识解释补体水平异常与疾病发生关系,具备自主发展和创新运用能力。
5. 具有认真严谨科学态度和乐学、善学的品质,树立爱岗敬业的价值观。

案例

患者,女,25 岁,关节肿痛半年,双下肢紫癜、咳嗽 2 个月入院。体格检查:BP 150/96mmHg,颜面部及唇周红斑,轻度贫血貌,口腔内可见 2 个溃疡,双下肢中度水肿,可见瘀斑。血常规:WBC 3.2×10^9/L, Hb 92g/L, PLT 21×10^9/L。尿常规:尿蛋白(++++), RBC(++)。血液生化检查:BUN 9.1mmol/L, 红细胞沉降率(ESR)66mm/h, C 反应蛋白(CRP)25.2mg/L。免疫检查:RF(-), Ads-DNA(+), C3 0.332g/L(参考范围 0.9~1.8g/L), CH50 18U/ml。

请问:

1. 该患者最有可能的疾病诊断是什么?
2. 试分析患者血清补体成分为何会降低?

第一节　补体系统概述

1895 年 Bordet 用霍乱弧菌免疫家兔产生的血清能够凝集并且溶解霍乱弧菌,但加热处理后的血清只具有凝集作用,溶菌作用消失,再加入新鲜血清后又恢复了溶菌功能。该实验证明血清中存在一种辅助特异性抗体介导溶菌作用的非特异性物质,称之为补体(complement, C)。补体是一组存在于人和脊椎动物血清、组织液和细胞膜表面,被激活后具有酶活性的不耐热的蛋白质。迄今已发现的补体有 30 余种,是具有精密调控机制的蛋白质反应系统,故又称补体系统。补体可经三条不同途径被激活介导一系列生物学效应,参与机体的防御反应和免疫调节。

一、补体系统的组成

补体系统的成分按其生物学功能可分为补体固有成分、补体调节蛋白和补体受体 3 类。

(一)补体固有成分

补体固有成分指存在于体液中参与补体激活级联反应的固有成分,包括:①参与经典激活途径的 C1q、C1r、C1s、C2 和 C4。②参与凝集素激活途径的 MBL 和 MASP。③参与旁路激活途径的 B 因子、D 因子和备解素（P 因子）。④三条途径共同的组分 C3、C5、C6、C7、C8 和 C9。

（二）补体调节蛋白

补体调节蛋白指存在于体液中或细胞膜表面具有调控补体活化和效应功能的蛋白质。补体调节蛋白包括：①体液中可溶性调节蛋白，如 C1 抑制物、C4 结合蛋白、H 因子、I 因子、S 蛋白等。②膜结合调节蛋白，如膜辅助蛋白、衰变加速因子、同源限制因子和膜反应性溶解抑制物等。

（三）补体受体

补体受体（complement receptor，CR）指存在于不同的细胞膜表面能与补体激活后产生的活性片段结合，介导多种生物学效应的受体分子。补体受体包括 CR1~CR5，以及 C1qR、C3aR、C4aR、C5aR、H 因子受体（HR）等。

二、补体系统的命名

补体系统的命名方式主要有以下几种：

1. 按发现的先后顺序命名　如补体系统经典激活途径及共同终末途径的固有成分 C1~C9。

2. 用大写英文字母命名　如 B 因子、D 因子、P 因子、H 因子、I 因子、MBL 等。

3. 按功能命名　多见于补体调节蛋白，如 C1 抑制物、C4 结合蛋白、膜辅助蛋白、衰变加速因子等。

4. 补体活化后的裂解片段　在补体成分的符号后面加小写英文字母表示，如 C3a、C3b 等，其中 a 为裂解后的小片段，b 为大片段。但 C2 例外，C2a 为大片段，C2b 为小片段。灭活的补体片段在其符号前加英文字母 i 表示，如 iC3b。

三、补体的理化性质

血浆中约 90% 补体成分来源于肝脏，其中肝细胞和巨噬细胞是产生补体的主要细胞。少数补体成分由肝脏以外的细胞合成，如 C1 由肠上皮细胞和单核巨噬细胞合成，D 因子由脂肪组织产生。此外，淋巴细胞、内皮细胞、神经胶质细胞等均能合成补体蛋白。

人类胚胎发育早期即可合成补体成分，出生后 3~6 个月达到成人水平。补体成分均为糖蛋白，大多数以无活性的酶原形式存在。血清补体蛋白约占血清总蛋白的 5%~6%，其中 C3 含量最高，D 因子含量最低。与其他血浆蛋白相比，补体代谢率极快，每日约有一半被更新。补体性质极不稳定，乙醇、机械震荡、紫外线照射等因素均可破坏，尤其对热敏感，经 56℃ 30min 即可灭活，在 0~10℃ 条件下活性只能保持 3~4d，所以补体应保存在 −20℃ 以下。

> **重点提示**
>
> 补体系统的概念、组成及理化性质

（胡艳玲）

第二节　补体系统的激活与调节

在生理情况下血清中补体组分多以无活性的酶前体形式存在。在某些激活物的作用下，补体各组分依次被激活，形成级联酶促反应，产生一系列生物学效应，发挥抗感染和免疫调节等作用。补体系统的激活过程因激活物质、参与的补体成分以及被激活的顺序不同分为三种途径，即经典途径、旁路途径和 MBL 途径。

补体三条激活途径均可分为两个阶段。①前端反应：包括级联反应的启动（即识别阶段），C3、C5 转化酶的形成（即活化阶段）。②末端通路：从 C5 裂解开始，最终形成攻膜复合物，产生溶细胞效应的过程，三条激活途径具有共同的末端通路。

一、补体系统的激活

（一）经典激活途径

经典激活途径（classical pathway，CP）指激活物与C1q结合，依次活化C1r、C1s、C4、C2、C3，形成C3转化酶（C4b2a）与C5转化酶（C4b2a3b）的级联酶促反应过程，是机体体液免疫应答的主要效应机制。

1. 激活物　经典激活途径的主要激活物是抗原与IgG1~IgG3亚类或IgM分子结合形成的免疫复合物（immune complex，IC）。IgM或IgG的恒定区含有补体结合位点，每一个C1q分子必须同时与两个或两个以上的补体结合位点结合才能被激活。IgG是单体，故需要两个或两个以上相邻IgG分子与多价抗原结合形成的IC，才能活化C1q。IgM分子为五聚体，可以提供5个补体结合点，单个IgM分子即可有效启动经典途径，所以IgM比IgG更能有效地激活补体。此外，CRP、LPS、髓鞘脂和某些病毒蛋白等也可作为激活物。

2. 参与的补体成分　经典激活途径参与的补体固有成分为C1~C9。C2血浆浓度很低，是补体激活级联酶促反应的限速分子。

3. 激活过程　补体经典激活途径包括识别阶段、活化阶段和膜攻击阶段三个过程。

（1）识别阶段：指IC与C1q结合，使C1活化，形成C1酯酶的阶段。C1是由1个C1q分子、2个C1r分子和2个C1s分子借Ca^{2+}连接形成的多聚体复合物（图25-1）。

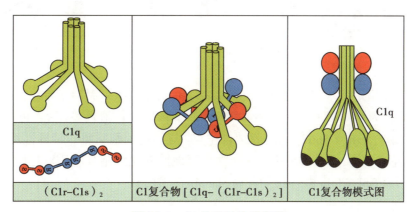

C1q	C1复合物[C1q-（C1r-C1s）₂]	C1复合物模式图
（C1r-C1s）₂		C1q

图25-1　C1分子结构示意图

C1q是由6个呈辐射状排列的相同亚单位组成，每个亚单位的羧基端呈球形结构，为C1q分子头部，也是其与IgM或IgG的补体结合位点结合的部位。当2个及以上C1q头部与IC中IgM或IgG的补体结合位点结合后，C1q的6个亚单位发生构象改变，激活C1r并将其裂解为两个片段，小片段即激活的C1r，可将C1s裂解为两个片段，其中小片段C1s具有丝氨酸蛋白酶活性，即形成活化的C1酯酶。

（2）活化阶段：指C1s依次裂解C4、C2形成C3转化酶，后者进一步裂解C3并形成C5转化酶的过程（图25-2）。

C1s裂解的第一个底物是C4，在Mg^{2+}存在下，C4被裂解为小片段C4a和大片段C4b。C4a释放进入体液环境，C4b高度不稳定，大部分C4b在体液环境中被灭活，仅少量C4b附着于IC或抗体所结合的细胞表面，从而有效地激活补体的后续成分。

C1s裂解的第二个底物是C2，在Mg^{2+}存在下，C2与固相C4b形成复合物，继而被C1s裂解为大片段C2a和小片段C2b。C2b被释放入体液环境，C2a与C4b结合形成C4b2a复合物，即经典途径的C3转化酶。C4b2a复合物中的C4b可与C3结合，C2a可水解C3，使C3裂解为小片段C3a和大片段 C3b。C3a 被释放入体液环境，大部分 C3b 不稳定被灭活，不再参与补体级联反应。少量 C3b 可与细胞表面的 C4b2a 结合，形成 C4b2a3b 复合物，即经典途径的 C5 转化酶。

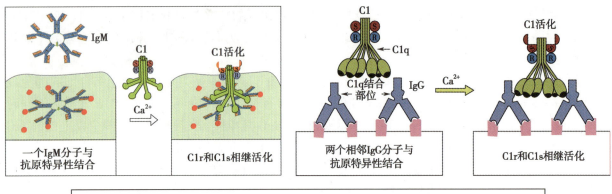

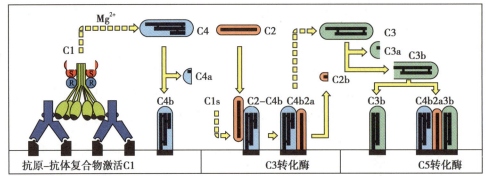

图 25-2　补体经典激活途径的前端反应

（3）膜攻击阶段：指形成攻膜复合物（membrane attack complex，MAC）导致靶细胞溶解的阶段。C5 被 C5 转化酶裂解为小片段 C5a 和大片段 C5b，前者释放入体液环境，后者可与 C6 稳定结合为 C5b6，C5b6 与 C7 结合形成 C5b67，暴露膜结合位点，与邻近的细胞膜非特异性结合。细胞膜上的 C5b67 与 C8 具有高亲和力，形成 C5b678 复合物牢固地插入靶细胞膜脂质双层中，并可促进 12~15 个 C9 分子聚合，形成 C5b6789n 微管状复合物，即 MAC（图 25-3）。

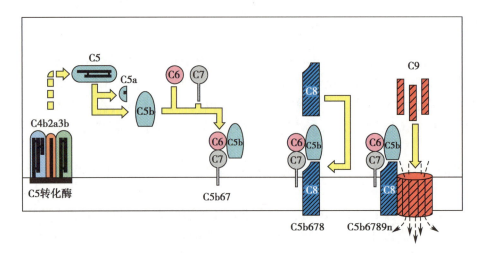

图 25-3　攻膜复合物结构示意图

　　MAC 通过破坏局部磷脂双层而形成"渗漏斑"或穿膜的亲水性跨膜孔道，允许可溶性小分子、离子以及水分自由通过细胞膜进入胞内，但蛋白质等大分子却难以从胞质中逸出，最终导致细胞崩解。

（二）旁路激活途径

旁路途径（alternative pathway，AP）又称替代激活途径，是由病原体或外源性异物直接激活 C3，不经过 C1、C4 和 C2，由 B 因子、D 因子及 P 因子等参与的激活过程（图 25-4）。

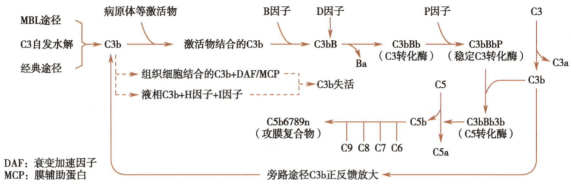

图 25-4　旁路激活途径

1. 激活物　某些细菌表面的脂多糖、磷壁酸、酵母多糖或葡聚糖，以及凝聚的 IgA 和 IgG4 等均可为补体的旁路激活途径提供保护性环境和接触表面，使后续级联反应得以进行。

2. 激活过程　旁路途径的激活过程包括前端反应和共同末端反应两个阶段。

（1）前端反应阶段：在生理条件下，血清中 C3 受蛋白酶等作用，自发水解成 C3a 和 C3b。绝大多数 C3b 在体液中快速灭活，少数 C3b 与附近正常细胞的膜表面共价结合，可被膜表面多种调节蛋白所灭活，不能发挥作用。当感染发生时，C3b 结合在缺乏调节蛋白的激活物表面，可不被灭活，在 Mg^{2+} 存在的条件下，C3b 与 B 因子结合形成 C3bB 复合物，血清中的 D 因子可将 B 因子裂解成 Ba 和 Bb，大片段 Bb 仍附着于 C3b 形成 C3bBb，即旁路途径的 C3 转化酶。C3bBb 极不稳定，易被血清中 H 因子和 I 因子灭活，血清中 P 因子可与 C3bBb 结合使其稳定。激活物表面的 C3 转化酶裂解大量 C3，产生更多 C3b。C3b 一方面与 B 因子结合，促进新的 C3bBb 形成，进一步增加对 C3 的裂解速度，称为旁路途径的正反馈放大效应；另一方面，C3b 与 C3bBb 结合形成 C3bBb3b（或 C3bnBb），即旁路途径的 C5 转化酶。

（2）共同末端反应阶段：C5 转化酶裂解 C5，之后的过程与经典途径相同，最终形成 MAC，导致靶细胞溶解。

（三）凝集素激活途径

凝集素激活途径（lectin pathway）又称 MBL 途径，指血浆中甘露糖结合凝集素（mannose-binding lectin，MBL）直接识别病原体表面的糖结构，进而激活 MBL 相关丝氨酸蛋白酶（MBL-associated serine protease，MASP），形成 C3 转化酶和 C5 转化酶的酶促级联反应过程（图 25-5）。

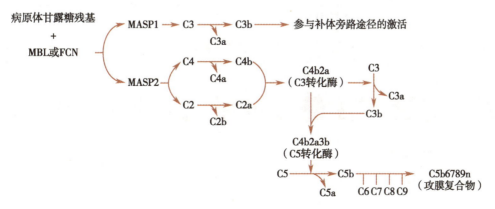

图 25-5　MBL 途径的激活

1. 激活物 MBL 途径的主要激活物为病原体表面的糖结构，如甘露糖、岩藻糖及 *N*-乙酰葡萄糖胺等。脊椎动物细胞表面的相应糖结构被唾液酸等成分覆盖，故不能启动 MBL 途径，所以 MBL 能够鉴别"自身细胞""非己物质"。

2. 激活过程 正常血清中 MBL 水平极低，在病原体感染早期体内巨噬细胞和中性粒细胞可产生 IL-1、IL-6 和 TNF-α 等细胞因子，诱导肝细胞合成与分泌急性期蛋白，如 MBL 和 C 反应蛋白等。MBL 结构类似于 C1q 分子，在 Ca^{2+} 存在条件下，可与多种病原体表面的糖类配体结合，并发生构象改变激活 MASP。具有蛋白酶活性的 MASP 包括 MASP1 和 MASP2。活化的 MASP2 具有 C1s 的酯酶活性，可裂解 C4 和 C2，通过与经典途径相同的作用方式，完成后续补体成分活化的级联反应。活化的 MASP1 能直接裂解 C3 生成 C3b，在 B 因子、D 因子和 P 因子的参与下，激活补体的旁路途径。因此，MBL 途径对补体经典途径和旁路途径的活化具有交叉促进作用。

（四）补体三条激活途径的比较

在生物物种进化中，三条激活途径出现的顺序依次为旁路途径、MBL 途径和经典途径。三条激活途径的激活过程各具特点、相互交叉（图 25-6）。在机体感染早期，尚未产生相应抗体之前，旁路途径和 MBL 途径可使补体发挥非特异抗感染作用；在感染中、晚期，机体产生相应抗体后，启动经典途径发挥特异性抗感染作用，同时可通过形成 C3b 促进旁路途径的正反馈放大效应。三条激活途径彼此联系、互相促进，使补体系统成为连接固有免疫与适应性免疫的桥梁，在机体免疫防御中发挥重要的生物学作用。补体三条激活途径的比较见表 25-1。

> **重点提示**
>
> 补体三条激活途径的异同

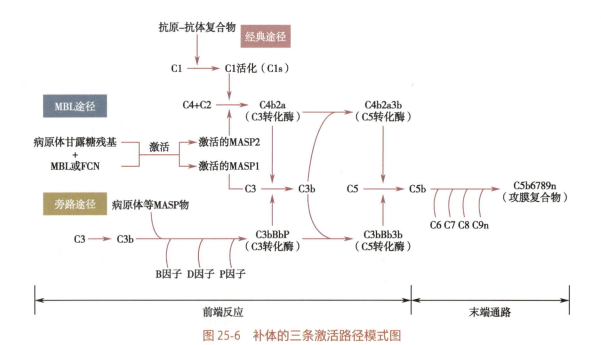

图 25-6 补体的三条激活路径模式图

表 25-1 补体三条激活途径的比较

比较项目	经典途径	旁路途径	MBL 途径
激活物	IgG1~IgG3、IgM 类抗原-抗体复合物	细菌脂多糖、葡聚糖, 凝聚 IgG4、IgA 等	细菌表面甘露糖残基、岩藻糖等
参与的补体成分	C1~C9	C3、C5~C9、B 因子、D 因子、P 因子等	C2~C9、MBL、丝氨酸蛋白酶
所需离子	Ca^{2+}, Mg^{2+}	Mg^{2+}	Mg^{2+}

比较项目	经典途径	旁路途径	MBL 途径
C3 转化酶	C4b2a	C3bBb	C4b2a 或 C3bBb
C5 转化酶	C4b2a3b	C3bBb3b 或 C3nBb	C4b2a3b 或 C3bBb3b
生物学作用	参与特异性免疫,在感染中、晚期发挥作用	参与非特异性免疫,在感染早期发挥作用	参与非特异性免疫,在感染早期发挥作用

二、补体系统的调节

补体系统的激活是一种高度有序的酶促级联反应,具有精密的调控机制,使之活化适度,既能有效杀灭入侵的病原体,又不损伤自身组织。补体系统激活的调节作用主要包括两个方面。

(一)补体的自身调节

某些激活的补体成分(如 C4b、C3b、C5b、C4b2a 和 C3bBb 等)极易自行衰变,从而限制了后续的酶促反应,成为级联反应的重要自限因素。一般情况下,只有结合于固相的 C4b、C3b 和 C5b 才能激活经典途径,旁路途径的 C3 转化酶只在特定的细胞或颗粒表面才具有稳定性。因此,人体血液循环中一般不会发生自发性补体激活反应。

(二)补体调节蛋白的作用

在血浆中和细胞膜表面存在着 10 余种补体调节蛋白,可通过与不同补体成分的相互作用,使补体激活与抑制处于动态平衡,有效地维持机体的自稳状态。因此,补体调节蛋白的缺失或功能异常是导致某些疾病发生的重要机制。存在血浆中的可溶性调节蛋白主要有 C1 抑制物(C1 inhibitor,C1 INH)、C4 结合蛋白(C4 binding protein,C4bp)、H 因子、I 因子等;存在于组织细胞表面的膜结合蛋白主要有膜辅助蛋白(membrane co-factor protein,MCP)、衰变加速因子(decay accelerating factor,DAF)、同源限制因子(homologous restriction factor,HRF)、膜反应性溶解抑制物(membrane inhibitor of reactive lysis,MIRL)和补体受体。

(胡艳玲 杨 翀)

第三节 补体系统的生物学作用

补体的生物学作用体现在两个方面:①三条补体激活途径活化补体固有成分后,在细菌或靶细胞表面形成 MAC,介导溶菌或溶细胞作用。②补体激活过程产生的一系列活性片段具有广泛的生物学作用见表 25-2。

表 25-2 补体各种成分的生物学作用

补体成分	生物学作用
C1~C9、B 因子、D 因子、MBL 等	溶菌、溶病毒、溶细胞作用
C3b、C4b、iC3b	调理作用
C3b、C4b、CR1	清除免疫复合物
C2b	激肽样作用
C3a、C4a、C5a	过敏毒素作用
C3a、C5a、C5b67	趋化作用
C3b、C3d、CR1 等	免疫调节

一、细胞溶解作用

补体系统被激活后，在靶细胞（革兰氏阴性菌、支原体、有胞膜的病毒及血细胞等）表面形成MAC，可导致靶细胞溶解。这种补体介导的溶解作用是机体抵抗病原微生物及人体寄生虫感染的重要防御机制，所以在补体缺陷时机体很容易受到病原生物的感染。某些微生物在无抗体存在的情况下可经补体旁路激活途径被溶解，这种机制对防止奈瑟菌属感染具有重要意义。在某些病理情况下，针对细胞表面的自身抗原产生的特异性抗体，可固定并激活补体系统，引起自身细胞溶解，从而导致自身免疫病。

二、调理作用

补体激活过程中产生的 C3b、C4b 和 iC3b 等一端与靶细胞结合，另一端可与吞噬细胞（中性粒细胞或巨噬细胞）表面的 CR1 或 CR3 结合，促进吞噬细胞的吞噬功能，称为补体的调理作用。这种依赖补体调理作用发挥的吞噬功能可能是机体抵抗全身性细菌或真菌感染的主要防御机制。因补体和抗体均有调理作用，故二者又被称为调理素。

三、清除免疫复合物

正常情况下机体血液循环中可持续存在少量免疫复合物（IC），当体内存在大量中等相对分子质量的循环 IC 时，可沉积于血管壁，通过激活补体而造成周围组织损伤。补体成分可通过如下机制清除 IC：①C3b 可嵌入 IC 中，与抗体结合将 IC 解离，进而降解和排出。②补体成分 C3b 或 C4b 与免疫复合物共价结合，同时与表达 CR1、CR3 或 CR4 的红细胞、血小板或某些淋巴细胞结合，形成较大聚合物，运送至肝脏和脾脏，被巨噬细胞吞噬清除，此作用被称为免疫黏附。由于体内红细胞数量巨大，故成为清除 IC 的主要参与者。

四、介导炎症反应

补体活化过程可产生多种具有炎症介质作用的活化片段，如 C2b、C3a、C4a 和 C5a 等，与相应细胞表面受体结合可介导不同的炎症反应。①激肽样作用：C2b 又被称为补体激肽，能够使小血管扩张，增强血管通透性，引起炎症性充血或水肿。②过敏毒素样作用：C3a、C4a 和 C5a 又被称为过敏毒素（anaphylatoxin），与肥大细胞、嗜碱性粒细胞表面相应受体结合，激发细胞脱颗粒，释放生物活性介质，从而导致血管通透性增强、平滑肌收缩，引发过敏性炎症反应。三种过敏毒素中，以 C5a 的作用最强。③趋化作用：C5a 是一种有效的趋化因子，能够吸引中性粒细胞、单核细胞、巨噬细胞等向炎症部位聚集，加强其对病原生物的吞噬，同时增强炎症反应。此外，C3a、C5b67 片段也具有趋化作用。

正常情况下炎症反应仅发生在抗原入侵的局部，某些情况下补体介导的炎症反应可能对自身组织造成损害，如Ⅲ型超敏反应。

五、免疫调节作用

补体系统是固有免疫应答的重要组成部分，也是参与适应性免疫应答的关键效应分子，在机体免疫调节中发挥着重要作用。

（一）参与适应性免疫应答

1. 增强抗原提呈，补体介导的调理作用，可促进巨噬细胞摄取和提呈抗原。

2. 促进 B 细胞活化，与抗原结合的 C3d 可与 B 细胞表面 CD19/CD21/CD81/CD225 复合物中的 CD21（即 CR2）交联，促进 B 细胞活化。

3. 介导T细胞活化，补体调节蛋白DAF、MCP和MIRL能介导T细胞的活化。

（二）参与免疫记忆

树突状细胞表面的CR1和CR2，可与免疫复合物表面的补体片段结合，并使其滞留于生发中心，通过持续的抗原刺激能够诱导和维持记忆B细胞的长期存活。

（三）调节免疫细胞

补体可促进免疫活性细胞的分化、增殖以及免疫效应功能，如C3b与B细胞表面CR1结合，促使B细胞增殖分化为浆细胞。C3b可增强NK细胞对靶细胞的ADCC。

（四）参与其他蛋白反应系统

补体系统与血液中一些酶解级联反应系统（如凝血系统、纤溶系统和激肽系统等）之间存在着相互调节的关系，如C1INH可抑制凝血因子Ⅻ、激肽释放酶和纤溶酶。

> **重点提示**
>
> 补体系统的生物学功能

（胡艳玲）

思考题

1. 试比较补体系统激活途径的异同点，补体系统对维护身体健康有哪些作用？

2. 患儿，女，9岁，双下肢水肿2d收入院。既往史：患儿近1年来，多次因化脓性扁桃体炎而急诊治疗。体格检查：T 37.1℃，BP 135/80mmHg，精神差，眼睑水肿，咽部充血，扁桃体Ⅱ度肿大。血常规：RBC $2.7×10^{12}$/L，Hb 5.5g/L。尿常规：尿蛋白（++），RBC 11HPF，WBC 3HPF。血液生化检查：BUN 35.1mmol/L，ESR 108mm/h，肌酐 550.1μmol/L，白蛋白 34.5g/L，总蛋白 62.8g/L，C3 0.48g/L（参考范围 0.9~1.8g/L），ASO 800U/L。

ER 25-3

练习题

请思考：

（1）该患儿有何种疾病？

（2）试分析疾病造成组织损伤的可能机制。

第二十六章 | 主要组织相容性复合体及其编码分子

ER 26-1　　　　ER 26-2

教学课件　　　思维导图

学习目标

1. 掌握 MHC 编码分子的结构、特征及其生物学功能。
2. 熟悉 MHC 的基因结构及 HLA 在医学上的意义。
3. 了解 MHC 的遗传特征。
4. 能够理解 MHC 分子在免疫应答过程中发挥的重要作用。
5. 具有乐学、善学的品质，具备自主发展和创新运用的科学精神。

在同一种属不同个体间进行组织器官移植时，可因供体与受体二者组织细胞表面存在同种异型抗原而发生排斥反应。这种存在于个体组织细胞表面，代表个体组织特异性的抗原，称为移植抗原或组织相容性抗原。机体内与排斥反应有关的抗原系统较多，其中能引起快速而强烈排斥反应的抗原称为主要组织相容性抗原（major histocompatibility antigen，MHA），它在排斥反应中起主要作用。编码 MHA 的基因是一组紧密连锁的基因群，称为主要组织相容性复合体（major histocompatibility complex，MHC）。不同种属哺乳类动物的 MHC 及编码的抗原有不同的命名。小鼠的主要组织相容性抗原称为 H-2 抗原，小鼠的 MHC 称为 H-2 复合体。而人的主要组织相容性抗原首先在外周血白细胞表面发现，故称为人类白细胞抗原（human leucocyte antigen，HLA）。编码 HLA 抗原的基因群又称 HLA 复合体。

第一节　MHC 的基因结构与遗传特征

一、MHC 的基因结构

人类 HLA 复合体是一组紧密连锁的基因群，位于第 6 号染色体短臂上，全长 3 600kb，共有 224个基因座位，其中 128 个为有功能基因，可表达蛋白分子。HLA 基因复合体是迄今已知人类最复杂的基因系统。HLA 复合体分为 HLA Ⅰ类、HLA Ⅱ类和 HLA Ⅲ类基因区，每类基因又由若干个基因座位或亚区组成（图 26-1）。

根据编码产物功能不同，HLA 基因又可分为经典 HLA 基因（包括经典的Ⅰ类基因和经典的Ⅱ类基因）和免疫功能相关基因（包括经典的Ⅲ类基因和新发现的多种基因）。经典 HLA 基因的编码产物直接参与抗原提呈、细胞活化、免疫应答及调控，并决定个体组织相容性。

（一）经典 HLA Ⅰ类和Ⅱ类基因

经典 HLA Ⅰ类基因位于着丝点的远端，由近及远依次有 B、C、A 三个基因座位，每个基因座位上存在多个等位基因，具有高度多态性。其编码 HLA Ⅰ类分子的重链，即 α 链。经典 HLA Ⅱ类基因紧邻着丝点，结构较复杂，主要包括 DP、DQ、DR 三个亚区，编码 HLA Ⅱ类分子。

（二）免疫功能相关基因

研究发现，在 HLA Ⅰ、HLA Ⅱ、HLA Ⅲ类基因区存在一些与免疫功能相关的基因，如 HLA Ⅲ类基因区存在补体成分（C4、ABf 和 C2）、肿瘤坏死因子（TNF、LTA 和 LTB）和热激蛋白（HSP70）等的编码基因，HLAⅡ类基因区存在抗原加工相关基因，如抗原加工相关转运物、HLA-DM、HLA-DO 等的编码基因。

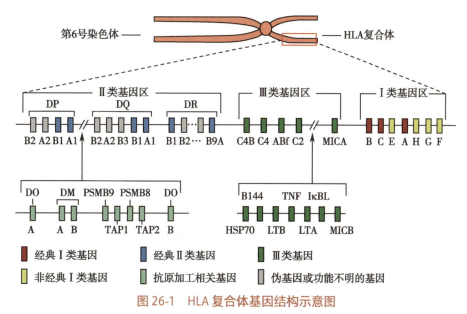

图 26-1　HLA 复合体基因结构示意图

二、MHC 的遗传特征

（一）高度多态性

多态性（polymorphism）指群体中单个基因座位存在两个以上不同等位基因的现象。遗传学上将某一个体同源染色体上对应位置的一对基因称为等位基因。每一个染色体上每个基因座位最多只能有两个等位基因，分别来自父母双方的同源染色体。但在随机婚配的群体中，同一 HLA 复合体基因座位上可存在多个等位基因，可以编码多种基因产物，此现象称为 HLA 复合体的多态性。因此，多态性是针对群体而言，反映了群体中不同个体同一基因座位上基因存在的差别。同时，HLA 基因还具有共显性的特点，即同一个体中两条同源染色体上同一 HLA 基因座位上的每一个等位基因均能够表达相应的产物。这一特点进一步增加了 HLA 表型的多态性。

（二）单体型遗传

单体型（haplotype）指一条染色体上 HLA 各基因座位的基因紧密连锁组成的基本遗传单位。在遗传过程中，HLA 单体型作为一个完整的遗传单位由亲代传给子代，即为单体型遗传。人体细胞是二倍体，每一个细胞均有两个同源染色体组，分别来自父母双方。子代 HLA 单体型一条来自父亲，一条来自母亲，从理论上说，同胞之间 HLA 单体型比较仅有 3 种可能性：二个单体型完全相同或完全不同的概率各占 25%，有一个单体型相同的概率占 50%。亲代与子代之间则必然有一个单体型相同。这一遗传特点在器官移植供者的选择及法医的亲子鉴定中得到了应用。

（三）连锁不平衡

由于 HLA 复合体各基因座位紧密连锁，如按照随机组合原则，不同基因座位的基因组成一个单体型的频率应等于各基因频率的乘积。但实际研究发现，HLA 各基因并非完全随机组成单体型。不仅等位基因出现的频率不均一，两个等位基因同时出现在一条染色体上的机会也不是随机的。在某一群体中，不同座位上两个或两个以上等位基因出现在同一条单体型上的频率与期望值之间存在明显差异的现象，称为连锁不平衡。HLA 复合体连锁不平衡现象的存在，是 HLA 单体型适应环境选择的结果。

（崔　佳）

第二节　MHC 编码的分子

由 MHC 编码的蛋白分子称为 MHC 分子或 MHC 抗原，在人类又称人类白细胞抗原（HLA）。借助于 X 射线晶体衍射技术和结构免疫学的发展，人类对经典 MHC 分子立体结构、主要生物学功能等已经比较清楚。

一、HLA 分子的分布

HLA I 类分子广泛分布于体内所有有核细胞表面，包括网织红细胞和血小板。成熟的红细胞、神经细胞和成熟的滋养层细胞一般不表达 HLA I 类分子。HLA II 类分子主要分布于专职抗原提呈细胞（包括 B 细胞、单核细胞、巨噬细胞、树突状细胞）、胸腺上皮细胞和活化的 T 细胞等细胞表面，在血管内皮细胞和精子细胞表面也可检出 HLA II 类分子。

二、HLA 分子的结构

（一）HLA I 类分子的结构

HLA I 类分子是由 HLA I 类基因编码的重链（α 链）和人的第 15 号染色体相应基因编码的轻链（β 链）以非共价键结合而成的异二聚体糖蛋白分子。α 链形似一个 Ig 分子，胞外区有 3 个结构域（α_1、α_2 和 α_3），远膜端的两个结构域 α_1 和 α_2 构成抗原肽结合区，又称抗原肽结合槽。该抗原肽结合槽两端封闭，可接纳的抗原肽长度有限（8~11 个氨基酸残基）。α_3 结构域序列高度保守，是 I 类分子与 T 细胞表面 CD8 分子相互结合的结构域。α_3 的延伸部分构成 HLA I 类分子跨膜区和胞质区。β 链为 β_2 微球蛋白（β_2m），仅有一个结构域。β_2m 以非共价键与 α_3 结构域相互作用，对维持 I 类分子的天然构型具有重要作用。不同型别的 HLA I 类分子结构差异主要存在于抗原肽结合区，是 HLA I 类分子显示多态性的主要部位，又称多态性区。

（二）HLA II 类分子的结构

HLA II 类分子是由重链（α 链）和轻链（β 链）通过非共价结合组成的异二聚体。HLA II 类分子的胞外区由 α_1、α_2、β_1 和 β_2 四个结构域组成。α_1 和 β_1 构成抗原肽结合槽，该抗原肽结合槽两端开放，可容纳更多的氨基酸残基（10~30 个）。α_2 和 β_2 构成 HLA II 类分子 Ig 样区，维持 HLA II 类分子结构，并通过 β_2 与 T 细胞表面 CD4 相互作用。α_2 和 β_2 结构域延伸部分形成分子跨膜区和胞质区。HLA II 类分子羧基端位于胞质中，与细胞跨膜信号传递有关。

HLA I 类分子与 II 类分子的结构有所不同（图 26-2）。人类 HLA I 类分子与 II 类分子的结构特征比较见表 26-1。

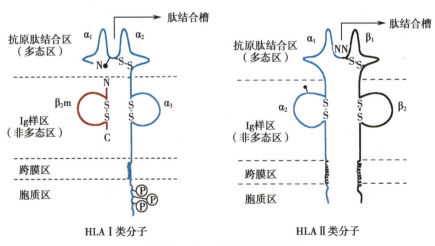

图 26-2　HLA 分子结构示意图

表 26-1　人类 HLA I 类分子与 HLA II 类分子的结构特征

结构特征	HLA I 类分子	HLA II 类分子
多肽链	α 链、β₂m	α 链、β 链
抗原肽结合槽	α₁、α₂ 结构域	α₁、β₁ 结构域
与 T 细胞结合位点	CD8 与 α₃ 结合	CD4 与 β₂ 结合
结合的抗原肽	8~11 个氨基酸残基	10~30 个氨基酸残基
类别	HLA-A、HLA-B、HLA-C	HLA-DR、HLA-DQ、HLA-DP
组织分布	所有有核细胞表面	APC 及活化的 T 细胞表面
主要功能	提呈内源性抗原、调节 CD8⁺T 细胞的识别与活化	提呈外源性抗原、调节 CD4⁺Th 细胞的识别与活化

三、MHC 分子的免疫功能

（一）参与加工和提呈抗原

提呈抗原肽参与适应性免疫应答是 MHC 分子的最主要功能之一。

外源性抗原如细菌、蛋白质等在抗原提呈细胞（APC）内被加工、降解为抗原性肽，与 MHC II 类分子结合，形成抗原肽 -MHC II 类分子复合体，表达在 APC 表面，供 CD4⁺Th 细胞识别（图 26-3）。

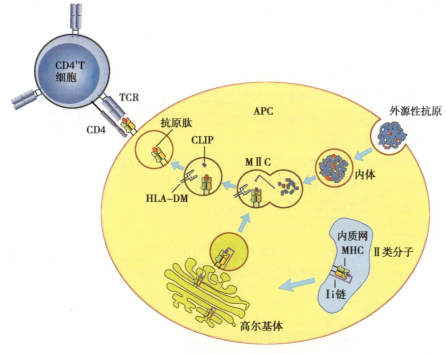

图 26-3　外源性抗原的加工与提呈过程示意图

大多数内源性抗原（病毒蛋白、肿瘤抗原）被分解后，与 MHC I 类分子结合，形成抗原肽 -MHC I 类分子复合体，经高尔基体转运到细胞表面，供 CD8⁺Tc 细胞识别（图 26-4）。

（二）参与 T 细胞限制性识别

当 T 细胞抗原受体（TCR）在识别抗原肽时，还需同时识别与抗原肽结合的 MHC 分子，即只有相同 MHC 表型的免疫细胞才能有效地相互作用，这称为 MHC 限制性。CD8⁺T 细胞与靶细胞间相互作用受 MHC I 类分子限制，APC 与 CD4⁺T 细胞间相互作用受 MHC II 类分子限制。

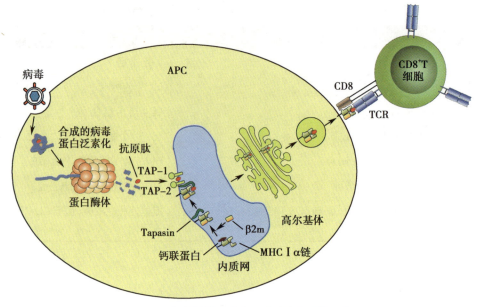

图 26-4　内源性抗原的加工与提呈过程示意图

（三）参与 T 细胞在胸腺中的选择和分化

淋巴样干细胞在胸腺微环境中逐步发育、分化为成熟 T 细胞，MHC 分子通过介导胸腺细胞的阳性选择与阴性选择，使 T 细胞最终分化为 CD4+T 细胞和 CD8+T 细胞，并获得 MHC 限制性和对自身抗原的中枢免疫耐受。

（四）参与免疫调节

1. 参与调节 NK 细胞和部分杀伤细胞的活性，MHC Ⅰ类分子与 NK 细胞受体结合后主要转导 NK 细胞的杀伤抑制信号，所以表达 MHC Ⅰ类分子正常组织细胞可避免受到 NK 细胞攻击；而某些靶细胞（肿瘤细胞、病毒感染细胞、移植物组织细胞等）表面的 MHC Ⅰ类分子表达减少或缺失，导致 NK 细胞被活化，从而被杀伤。

2. 参与免疫应答的遗传调控，MHC 高度多态性导致群体中不同个体对抗原的加工提呈能力和结果出现差异，从而赋予了不同个体对疾病抵抗能力的差别，实现 MHC 在群体水平对免疫应答的遗传调控也有利于推动生命的进化。

（五）参与移植排斥作用

在同种异体组织器官移植时，供体与受体器官 MHC 不吻合可诱导移植排斥反应。有的器官（如肾脏或肝脏）移植时只需 MHC 某些位点相似，而骨髓移植则需受供者间两条单体型完全相同才能成功。

（崔　佳）

第三节　HLA 与医学

一、HLA 与器官移植

临床实践表明，组织器官移植成功与否及移植物的存活时间主要取决于供、受者间 HLA 等位基因的匹配程度。为了提高器官移植成功率，术前需要进行 HLA 分型和交叉配型，尽量选择合适于受者的移植物。通常器官移植存活率由高到低的顺序是：同卵双生 > 同胞 > 亲属 > 无亲缘关系。

二、HLA 的异常表达和临床疾病

正常情况下，有核细胞表面均表达 HLA Ⅰ 类分子，但某些恶变细胞表面 HLA Ⅰ 类分子的表达往往减少甚至缺失，难以有效地激活特异性 CD8⁺T 细胞，造成肿瘤免疫逃逸。在感染或其他理化因素的作用下，一些本来不表达 HLA Ⅱ 类分子的细胞异常表达 HLA Ⅱ 类分子，从而将自身抗原提呈给 CD4⁺T 细胞，诱导自身免疫，引起自身免疫病。如格雷夫斯病患者的甲状腺上皮细胞、1 型糖尿病患者的胰岛 β 细胞和原发性肝硬化患者的胆管上皮细胞均可出现 HLA Ⅱ 类分子异常表达。

三、HLA 与疾病的关联

研究发现，HLA 与数百种自身免疫病、病毒性疾病等之间存在关联。HLA 与疾病的关联程度通常用相对危险系数（RR）来表示。RR 值 >1，提示该病与某种 HLA 存在关联。RR 值越大，表示携带此 HLA 者患该病的危险性越高；RR 值 <1，提示携带某 HLA 者对该病有抵抗性。例如，HLA-B27 抗原与强直性脊柱炎（AS）关联并且 B27 是原发关联成分，B27 阳性个体比 B27 阴性个体患 AS 的概率高数十至数百倍。

四、HLA 与法医学

HLA 复合体是迄今为止体内最复杂的基因系统，具有多基因性和高度多态性。两个无亲缘关系的个体之间，在 HLA 所有基因座位上拥有完全相同等位基因的概率几乎为零，并且 HLA 型别是伴随个体终身不变的遗传标记。因此，HLA 基因分型可用于个体身份的识别。在遗传过程中，HLA 单体型作为一个完整的遗传单位由亲代传给子代，亲代与子代之间必然有一个 HLA 单体型相同，故 HLA 基因分型亦可用于亲子关系鉴定。

（崔　佳）

思考题

1. 比较 HLA Ⅰ 类和 HLA Ⅱ 类分子在结构、分布、功能等方面的特点，说明两类分子在免疫应答中发挥了何作用？

2. 患儿，女，5 岁，患胃炎继发肾衰竭住院 3 年，一直做肾透析，等候肾移植。经父母商讨，同意家人进行活体移植。经检查：其母因组织类型不符被排除，其弟年纪小也不适宜，其父中年、组织类型符合，医生与其父商量为供者提供移植，需进一步做 HLA 配型。

请思考：

（1）为什么人与人之间不能随意移植器官？

（2）为什么亲人之间 HLA 配型成功的概率较大？

练习题

第二十七章 | 免疫应答

ER 27-1 教学课件   ER 27-2 思维导图

> **学习目标**
>
> 1.掌握免疫应答的概念,适应性免疫应答的类型,T细胞、B细胞活化的双信号模型,体液免疫应答和细胞免疫应答的主要生物学效应,抗体产生的一般规律。
> 2.熟悉初次应答和再次应答的特点与区别、免疫耐受的形成和意义。
> 3.了解不同水平的免疫调节。
> 4.学会体液免疫应答和细胞免疫应答相互作用。
> 5.具备认识和理性分析免疫应答规律的意识,具有居安思危意识及护佑生命的职业责任心和使命感。

第一节 免疫应答概述

一、免疫应答的概念

免疫应答(immune response)指机体受到抗原刺激后,免疫细胞识别、摄取、处理抗原,继而活化、增殖、分化,最终产生一系列生物学效应的过程。根据免疫应答识别的特点、效应机制和免疫应答的获得形式,免疫应答分为固有免疫应答和适应性免疫应答。

固有免疫应答(innate immune response)又称非特异性免疫应答,指机体固有免疫细胞和分子在识别病原体及其产物或体内凋亡、畸变细胞等"非己"抗原性异物后,迅速活化并有效吞噬、杀伤、清除病原体或体内"非己"物质,产生非特异性免疫防御、监视、自稳等保护作用的生理过程。

适应性免疫应答(adaptive immune response)又称获得性免疫应答(acquired immune response)或特异性免疫应答,是由抗原刺激机体后产生的免疫,表现为免疫活性细胞对抗原的特异性免疫应答和免疫记忆。免疫应答对于机体有利有弊。适度的免疫应答发挥抗感染、抗肿瘤的免疫保护作用,免疫缺陷、过度的免疫应答、自身免疫会引发感染性疾病、超敏反应性疾病、自身免疫病等。

二、免疫应答的类型

(一)正免疫应答与负免疫应答

根据免疫活性细胞对抗原异物刺激的反应结果不同,免疫应答可分为正免疫应答和负免疫应答。正免疫应答指免疫活性细胞在抗原刺激下,活化、增殖、分化和产生效应物质,表现出一系列生物学效应的全过程。负免疫应答指免疫活性细胞在抗原刺激下表现为特异性不应答状态,又称免疫耐受。

(二)体液免疫应答与细胞免疫应答

根据参与免疫应答细胞种类及其效应机制的不同,适应性免疫应答可分为B细胞介导的体液免疫应答和T细胞介导的细胞免疫应答。

（三）生理性免疫应答与病理性免疫应答

据免疫应答结果是否对机体造成损伤，免疫应答可分为生理性免疫应答和病理性免疫应答。正常情况下，机体对抗原异物发生免疫应答可表现为抗感染、抗肿瘤等效应；对自身正常组织细胞形成免疫耐受，此为生理性免疫应答。某些异常情况下，机体免疫应答过强，可发生超敏反应甚至导致超敏反应性疾病的发生；或者自身免疫耐受被打破时，进而诱发自身免疫病等，此类情况称为病理性免疫应答。

三、免疫应答的过程

根据免疫应答的基本规律，适应性免疫应答分为紧密相关、不可分割的三个阶段，即感应阶段、反应阶段和效应阶段。

（一）感应阶段

感应阶段指抗原提呈细胞（APC）摄取、加工处理与提呈抗原和 T 细胞、B 细胞通过 TCR、BCR 特异性识别抗原肽阶段，故又称抗原识别阶段。

（二）反应阶段

反应阶段指 T 细胞、B 细胞特异性识别、接受抗原刺激后活化、增殖和分化的阶段。B 细胞活化、增殖和分化为浆细胞并产生抗体；T 细胞活化、增殖和分化成效应 T 细胞。其中部分细胞分化成为记忆细胞（Bm、Tm）。

（三）效应阶段

效应阶段指免疫应答产生的效应产物（抗体、细胞因子和效应 T 细胞）分别发挥体液免疫效应或细胞免疫效应，清除"非己"抗原或诱导免疫耐受，维持机体平衡或诱发免疫性疾病。

四、免疫应答的特点

（一）特异性

机体接受抗原刺激后，一般只产生针对该抗原的特异性免疫应答，相应的免疫应答产物（抗体或效应 T 细胞）只能对该抗原和表达此抗原的靶细胞发挥作用。

（二）记忆性

免疫记忆是适应性免疫应答的重要特征之一，表现为免疫系统对曾接触的抗原能启动更为迅速和有效的免疫应答。记忆 T 细胞（memory T cell，Tm）是对特异性抗原有记忆能力的长寿 T 细胞。一般认为 Tm 由初始 T 细胞或由效应 T 细胞分化而来，但分化机制未知。在抗原特异性 T 细胞、B 细胞的活化、增殖和分化阶段，有一部分 T 细胞、B 细胞停止分化，成为长寿命的免疫记忆细胞；当机体再次接受相同抗原刺激时，免疫记忆细胞可迅速增殖、分化，产生更强大而持久的免疫应答。

（三）MHC 限制性

抗原的处理、提呈及 TCR 对抗原的识别均需要自身 MHC 分子参与，这种现象称为 MHC 限制性（MHC restriction），即 TCR 在特异性识别 APC 所提呈抗原肽的同时，也必须识别复合物中的自身 MHC 分子。MHC 限制性决定了任何 T 细胞仅能识别由同一个体 APC 提呈的抗原肽-MHC 分子复合体（pMHC）。

> **重点提示**
>
> 免疫应答的概念、过程及特点

（王贵年）

第二节　B 细胞介导的体液免疫应答

案例

患儿，男，5 月龄，因高热并伴呼吸急促就诊。既往体健，无家族史。实验室检查：Hb 与 WBC 均正常，血清 IgM 390mg/dl，IgG 22mg/dl，几乎不能检出 IgA 与 IgE。骨髓细胞学检查：增生活跃，粒：红 = 2.8:1，粒系增生活跃，红系各阶段比例大致正常，巨核细胞可见，血小板易见。流式细胞术检查：患儿 CD4⁺T 细胞表面 CD40L 蛋白表达基本缺失。胸部 X 射线诊断为间质性肺炎。痰标本细菌学检查为正常菌群。

请问：
1. 请考虑患儿发生的免疫应答的类型？
2. 该疾病的主要发病免疫机制是什么？

B 细胞接受抗原刺激后活化、增殖，最终分化为浆细胞并分泌特异性抗体，进而产生免疫效应。因抗体存在于血液等各种体液中，所以由浆细胞分泌抗体介导的特异性免疫应答称为体液免疫应答。体液免疫应答因抗原类型不同，可分为胸腺依赖性抗原（TD-Ag）诱导的免疫应答和胸腺非依赖性抗原（TI-Ag）诱导的免疫应答，二者具有不同的免疫应答特征。

一、胸腺依赖性抗原诱导的体液免疫应答

TD-Ag 诱导的体液免疫应答需要多种免疫细胞参与，包括树突状细胞、Th 细胞和 B 细胞等。

（一）感应阶段

抗原初次进入机体一般由树突状细胞（DC）摄取、加工处理后以 pMHC 形式提呈给 Th 细胞。抗原再次进入机体则主要由单核巨噬细胞或 B 细胞提呈给 Th 细胞。B 细胞可通过 BCR 直接识别抗原决定簇，获取抗原信息。

（二）反应阶段

B 细胞在 Th 细胞辅助下，通过双信号识别模式，增殖、分化为浆细胞，并在多种细胞因子的作用下，产生不同类型的抗体。其中有一部分 B 细胞成为记忆细胞（Bm），Bm 为长寿细胞。Bm 不产生 Ig，相同抗原再次刺激时，Bm 可迅速增殖、分化为浆细胞发挥作用。

1.Th 细胞活化、增殖与分化　Th 细胞的完全活化需要双信号和某些细胞因子的作用。

（1）第一活化信号，即抗原刺激信号。Th 细胞通过 TCR 识别 APC 表面 pMHC 中的抗原肽，同时 CD4 分子识别 APC 表面的 MHCⅡ类分子，获得第一活化信号（双识别）。

（2）第二活化信号，即共刺激信号。Th 通过表面 CD28 和 LFA-1 等共刺激分子与 B 细胞表面相应 B7 和 ICAM-1 等共刺激分子结合，可诱导产生 T 细胞活化第二信号使 Th 细胞激活。活化的 Th 细胞可表达 CD40L 和多种细胞因子的受体，同时分泌 IL-2、IL-4、IL-5 和 IFN-γ 等多种细胞因子发挥免疫调节作用。仅有抗原识别信号，而缺乏共刺激信号的 Th 细胞不能被活化，导致克隆无能（图 27-1）。

（3）细胞因子的作用：除双信号外，由活化的 APC 和 T 细胞产生的 IL-1、IL-2、IL-6、IL-12 等细胞因子有利于 Th 细胞充分活化。

2.B 细胞活化、增殖与分化　在活化的 Th 细胞的辅助下，B 细胞可通过双信号模式并在相应细胞因子的作用下完全活化。B 细胞活化需要双信号：特异性抗原提供第一信号启动 B 细胞活化，而共刺激分子提供的第二信号使 B 细胞完全活化。

（1）B 细胞活化的第一信号，即抗原刺激信号。B 细胞可通过 BCR 直接识别天然抗原表位，产生第一活化信号，由 BCR-CD79a/CD79b（BCR-Igα/β）和 CD19/CD21/CD81 共同传递。

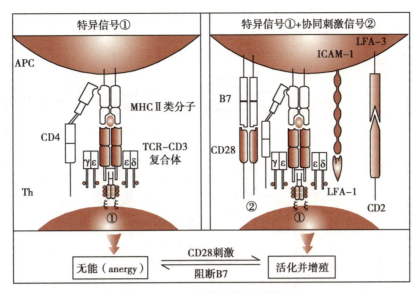

图 27-1　T 细胞活化信号相关因子

1) BCR-CD79a/CD79b 信号：BCR 与抗原特异性结合后即启动 B 细胞活化的第一信号。但由于 BCR 重链胞质区短，自身不能传递信号，故需经 BCR 复合物中的 CD79a/CD79b 将信号传入 B 细胞内。CD79a/CD79b 胞质区存在免疫受体酪氨酸激活基序（immunoreceptor tyrosine-based activation motif，ITAM）。当 BCR 被多价抗原交联后，Blk 等 Sac 家族酪氨酸激酶被激活并使 CD79a/CD79b 胞质区的 ITAM 基序磷酸化。随后 Syk 等酪氨酸激酶被募集、活化，启动信号转导的级联反应，启动与 B 细胞活化、增殖、分化相关基因的表达。

2) BCR 共受体的增强作用：已知 C3b 可以与抗原结合，发挥调理作用。通过调理作用被补体 C3b 标记过的抗原，将会被 BCR 更有效识别。成熟 B 细胞表面的 CD19/CD21/CD81 以非共价键组成 BCR 共受体复合物。CD21 自身不传递信号，但能识别与 BCR- 抗原结合的 C3d，并通过交联 CD19 向胞内传递信号。CD19 的胞质区有多个保守的酪氨酸残基，能募集 Lyn、Fyn 等多个含有 SH2 结构域的信号分子。CD81 为 4 次跨膜分子，其主要作用可能是联结 CD19 和 CD21，稳定 CD19/CD21/CD81 复合物。补体受体作为 BCR 共受体，其转导的信号加强了由 BCR 复合物转导的信号，明显降低了抗原激活 B 细胞的阈值，从而显著提高了 B 细胞对抗原刺激的敏感性。

（2）B 细胞活化的第二信号，即共刺激信号。由 Th 细胞与 B 细胞表面多对共刺激分子相互作用产生，其中最重要的是 CD40/CD40L。CD40 组成性表达在 B 细胞、单核细胞和 DC 表面；CD40L 则表达在活化的 Th 细胞表面。CD40L 与 CD40 相互作用，向 B 细胞传递活化的第二信号。与 T 细胞类似，如果只有第一信号没有第二信号，B 细胞不仅不能活化，反而会进入失能的耐受状态。

（3）细胞因子的作用：Th 细胞产生的多种细胞因子如 IL-2、IL-4、IL-5、IL-6 等有助于 B 增殖、分化为浆细胞。其中部分 B 细胞分化为 Bm。

3. Th 细胞与 B 细胞间相互作用　　在反应阶段，B 细胞与 Th 细胞通过细胞间膜分子接触及分泌细胞因子相互作用（图 27-2）。

（1）B 细胞对 Th 细胞的作用：B 细胞作为专职 APC，提呈抗原肽供 Th 细胞识别，Th 细胞通过双识别获得第一活化信号；B 细胞表面 B7 和 ICAM-1 等共刺激分子与 Th 细胞表面相应的 CD28 和 LFA-1 等共刺激分子结合，可诱导产生 T 细胞活化第二信号使 Th 细胞激活。

（2）Th 细胞对 B 细胞的作用：活化的 Th 细胞表面能表达 CD40L 和 LFA-1 等共刺激分子，与 B 细胞表面 CD40 和 ICAM-1 等共刺激分子结合，使 B 细胞获得第二活化信号。同时，活化的 Th 细胞可分泌 IL-2、IL-4、IL-5 和 IL-6 等多种细胞因子，促进 B 细胞活化、增殖、分化。

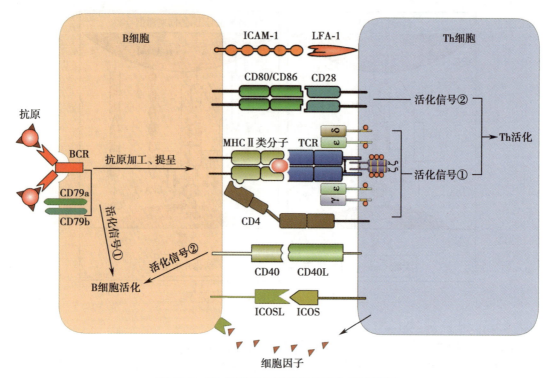

图 27-2 Th 细胞与 B 细胞间相互作用示意图

BCR 识别并结合抗原,抗原 - 抗体复合物内化,抗原被加工成抗原肽后与 MHC I 类分子形成复合物呈给 T 细胞的 TCR,产生 T 细胞活化的第一信号。B 细胞识别抗原后表达 CD80/CD86 分子,与 T 细胞的 CD28 结合提供 T 细胞活化的第二信号。活化的 T 细胞表达 CD40L,与 B 细胞表面组成性表达 CD40 结合,产生 B 细胞活化的第二信号。活化的 T 细胞分泌 IL-4、IL-21 等多种细胞因子,诱导活细胞的分化和抗体的产生。

(三)效应阶段

此阶段是抗体发挥生物学效应的阶段。浆细胞合成分泌抗体后,与相应抗原结合发挥中和、调理吞噬、激活补体、ADCC 等多种免疫效应,最终清除抗原异物。

二、胸腺非依赖性抗原诱导的体液免疫应答

TI-Ag 可直接作用于 B 细胞产生体液免疫应答,而无须 Th 细胞和抗原提呈细胞(APC)参与。根据抗原分子结构和激活 B 细胞方式的不同,TI 抗原可分为 TI-1 抗原(TI-1Ag)和 TI-2 抗原(TI-2Ag),它们分别以不同机制激活 B 细胞。

(一)TI-1Ag 激活 B 细胞

细菌 LPS 和多聚鞭毛等为 TI-1Ag。此类抗原具有特异性抗原表位和 B 细胞丝裂原两种不同的抗原结构。TI-1Ag 激活 B 细胞需要双信号:

1. 第一活化信号 B 细胞表面 BCR 识别结合 TI-1Ag 特异性抗原表位,产生第一活化信号。

2. 第二活化信号 B 细胞表面丝裂原受体结合 TI-1Ag 相应的丝裂原,产生第二活化信号激活 B 细胞。需要指出的是,高浓度 TI-1Ag 可通过丝裂原受体与 B 细胞结合从而诱导多克隆 B 细胞增殖、分化;低浓度 TI-1Ag 则激活抗原特异性 B 细胞克隆。

(二)TI-2Ag 激活 B 细胞

细菌细胞壁和荚膜多糖等为 TI-2Ag。此类抗原只具有高密度重复排列的相同抗原决定簇,无 B 细胞丝裂原。TI-2Ag 上多个相同的抗原决定簇与 B 细胞表面 BCR 广泛交联结合,可直接诱导 B 细胞活化。

TI-Ag 诱导 B 细胞产生的体液免疫应答的特点包括:①不需要抗原提呈细胞的提呈。②不需要

Th 细胞的辅助。③不产生记忆细胞，无再次应答效应。④无抗体类别转换，只产生 IgM 类别的抗体。B 细胞对 TD-Ag 和 TI-Ag 的应答有着多方面的不同见表 27-1。

表 27-1 TD-Ag 和 TI-Ag 的异同

比较要点	TD-Ag	TI-1Ag	TI-2Ag
诱导婴幼儿抗体应答	+	+	−
刺激无胸腺小鼠产生抗体	−	+	+
无 T 细胞条件下的抗体应答	−	+	−
T 细胞辅助	+	−	+
多克隆 B 细胞激活	−	+	−
对重复序列的需要	−	−	+
举例	白喉毒素、PPD、病毒血凝素	细菌多糖、多聚蛋白、LPS	肺炎链球菌荚膜多糖、沙门菌多聚鞭毛

三、抗体产生的一般规律

抗原进入机体后诱导 B 细胞活化并产生特异性抗体，发挥重要的体液免疫作用。抗体产生可分为四个阶段。①潜伏期（lag phase）：指抗原进入机体到特异性抗体产生之前的阶段，此期的长短与抗原的性质、抗原进入途径、佐剂类型和机体免疫状态等因素有关，可持续数小时至数周。②对数期（log phase）：指抗体含量呈指数增长的阶段。③平台期（plateau phase）：指抗体浓度相对稳定的阶段。不同抗原诱导抗体产生达到平台期所需的时间、平台期的高度和维持时间等存在差异，平台期可持续数日、数周甚至更久。④下降期（decline phase）：指抗体合成率小于降解速度，血清中抗体浓度逐渐下降的阶段，此期可持续数日至数周。

（一）初次应答

初次应答（primary response）指抗原初次进入机体诱发的体液免疫应答。抗原初次刺激机体所引发的应答。初次免疫应答具有如下特征：①抗体产生所需潜伏期较长。②抗体倍增所需时间较长，抗体含量低。③平台期持续时间较短，抗体水平下降迅速。④血清中抗体以 IgM 为主、IgG 为辅且出现相对较晚。⑤抗体与抗原结合的强度较低，为低亲和力抗体（图 27-3）。

（二）再次应答

再次应答（secondary response）指初次应答中所形成的记忆细胞再次接触相同抗原刺激后产生迅速、高效、持久的应答。与初次应答相比，再次应答具有如下特征：①潜伏期明显缩短，大约为初次应答潜伏期时间的一半。②抗体倍增所需时间短，抗体含量迅速大幅度上升。③平台期抗体浓度高且维持时间较长，抗体水平下降缓慢。④用较少量抗原刺激即可诱发再次应答。⑤血清中抗体以 IgG 为主。⑥抗体与抗原结合的强度较高，为高亲和力抗体且较均一。两者比较见表 27-2。

表 27-2 初次应答与再次应答抗体产生规律的比较

特点	初次应答	再次应答
潜伏期	长，1~2 周	短，2~3d
抗体类别	以 IgM 类为主	以 IgG 类为主
抗体滴度	低	高
抗体亲和力	低	高
抗体维持时间	短	长

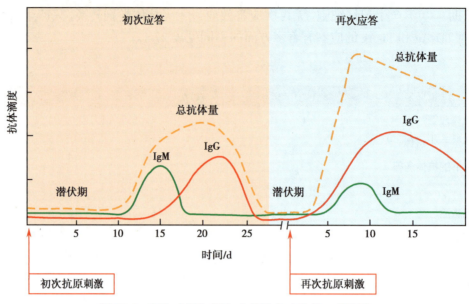

图 27-3 初次应答与再次应答抗体产生的一般规律

初次应答潜伏期长,先产生 IgM,再产生低亲和力的 IgG,抗体维持时间短;再次应答潜伏期短,以高亲和力 IgG 为主,抗体维持时间较长。

(三) 抗体产生规律的临床意义

再次应答主要由 Tm、Bm 介导产生,其免疫应答规律已广泛应用于医学实践。

1. 在免疫血清的制备和疫苗接种中,常通过再次或多次加强免疫,诱导高效价、高亲和力的抗体,增强免疫效果。

2. 在某些感染性疾病的免疫学诊断中,血清 IgM 抗体升高可作为感染性疾病早期诊断的依据之一。

3. 检测血清抗体含量变化有助于了解病程与疾病转归,IgG 类抗体或总抗体效价增高 4 倍以上时具有诊断意义。

四、体液免疫的生物学效应

体液免疫应答的主要效应分子为抗体,抗体可发挥多种生物学效应:

(一) 中和作用

抗体的可变区在体内可结合病原微生物及其产物,具有中和毒素、阻断病原入侵等免疫防御功能,但抗体本身并不能清除病原微生物。

(二) 激活补体

抗体与相应抗原结合后,可因构型改变而使其 C_H2 和 C_H3 结构域内的补体结合位点暴露,从而通过经典途径激活补体系统,产生多种补体的效应功能。其中 IgM、IgG1 和 IgG3 激活补体的能力较强,IgG2 较弱。IgA、IgE 和 IgG4 本身难以激活补体,形成聚合物后可通过旁路途径激活补体系统。

(三) 调理作用

细菌特异性的 IgG(特别是 IgG1 和 IgG3)以其 Fab 段与相应细菌的抗原表位结合,以其 Fc 段与巨噬细胞或中性粒细胞表面的 FcR 结合,通过 IgG 的"桥联"作用,促进吞噬细胞对细菌的吞噬。

(四) 参与 ADCC 效应

增强 NK 细胞、巨噬细胞等对靶细胞的杀伤作用。抗体的 Fab 段结合病毒感染的细胞或肿瘤细胞表面的抗原表位,其 Fc 段与 NK 细胞、巨噬细胞等表面的 FcR 结合,介导杀伤细胞直接杀伤靶细胞。NK细胞是介导ADCC的主要细胞，抗体与靶细胞上的抗原结合是特异性的，而表达FcR细胞的杀伤作用是非特异性的。

（五）参与超敏反应

IgE为亲细胞抗体，可通过其Fc段与肥大细胞和嗜碱性粒细胞表面的高亲和力IgE FcR结合，并使其致敏。若相同变应原再次进入机体与致敏靶细胞表面特异性IgE结合，即可促使这些细胞合成和释放生物活性物质，引起Ⅰ型超敏反应和免疫病理损伤。

（六）参与黏膜局部免疫

在人类，IgG是唯一能通过胎盘的Ig。IgG穿过胎盘的作用是一种重要的自然被动免疫机制，对于新生儿抗感染具有重要意义。分泌型IgA可被转运到呼吸道和消化道黏膜表面，在黏膜局部免疫中发挥重要作用。

重点提示

抗体产生的一般规律

（王贵年）

第三节　T细胞介导的细胞免疫应答

胸腺中发育成熟的初始T细胞迁出胸腺后进入血液循环，归巢定居于周围淋巴器官，并在体内再循环。初始T细胞通过其TCR与APC表面的pMHC特异性结合，在共刺激信号及细胞因子共同作用下活化、增殖，进而分化为效应T细胞，完成对抗原的清除和对免疫应答的调节。T细胞介导的免疫应答又称细胞免疫应答，是一个连续的过程，可分为三个阶段：T细胞特异性识别抗原阶段；T细胞活化、增殖和分化阶段；效应T细胞的产生及效应阶段。T细胞介导的细胞免疫应答由TD抗原引起，参与细胞免疫应答的细胞主要包括专职和非专职APC、初始T细胞、CD4$^+$T细胞和CD8$^+$T细胞。执行适应性细胞免疫应答的效应细胞是Th和CTL。

一、感应阶段

此阶段又称抗原提呈与识别阶段。APC摄取抗原并将其加工、处理为小分子抗原肽，并以pMHC形式表达于APC表面供T细胞识别。T细胞通过TCR识别APC提呈的抗原肽。内源性抗原和外源性抗原的提呈过程及作用机制不同。

（一）内源性抗原提呈途径

内源性抗原指在细胞内合成的抗原，如病毒编码的蛋白质抗原或肿瘤抗原等。此类抗原可在细胞内被蛋白酶降解为小分子抗原肽，抗原肽与细胞自身的MHCⅠ类分子结合，形成pMHC，然后转运至病毒感染细胞或肿瘤细胞表面，供CD8$^+$T细胞识别。

（二）外源性抗原提呈途径

外源性抗原指来自细胞外的抗原，如各种病原生物等。APC摄取外源性抗原后，在细胞内将抗原加工、处理为小分子抗原肽，抗原肽与APC自身的MHCⅡ类分子结合，形成pMHC，然后转运至APC表面供CD4$^+$T细胞识别。

二、反应阶段

在抗原诱导下，T细胞活化、增殖、分化为效应T细胞。

（一）T细胞活化

1. T细胞活化的第一信号，即抗原刺激信号。CD4$^+$T细胞和CD8$^+$T细胞通过表面TCR-CD3复合受体分子与APC表面相应抗原肽-MHCⅡ/Ⅰ类分子复合物特异性结合，同时CD4和CD8分子能与APC表面提呈抗原肽的MHCⅡ/Ⅰ类分子的β2/α3结构域结合，诱导产生T细胞活化的第一信号。

TCR 特异性识别 pMHC 后，T 细胞与 APC 之间的结合面形成一种称为免疫突触的特殊结构。此时，LFA-1 与 ICAM-1 的亲和力增强，有利于稳定和延长 T 细胞与 APC 之间的相互作用，并为 T 细胞进一步活化提供共刺激信号，在细胞免疫应答的启动中发挥极其重要的作用。

2. T 细胞活化的第二信号，即共刺激信号。仅有 TCR 来源的抗原识别信号尚不足以激活 T 细胞，当具备双信号时 T 细胞才能完全活化。获得第一活化信号后，CD4⁺T 细胞 /CD8⁺T 细胞可通过表面 CD28、LFA-2 和 LFA-1 等共刺激分子，与 APC 细胞表面相应 B7、LFA-3、ICAM-1 等共刺激分子结合相互作用，诱导产生共刺激信号，即 T 细胞活化的第二信号，使 CD4⁺T 细胞和 CD8⁺T 细胞活化。在缺乏共刺激信号的情况下，T 细胞通过抗原识别介导的第一信号非但不能有效地激活特异性 T 细胞，反而导致 T 细胞失能。激活的专职 APC 高表达共刺激分子，而正常组织及静止的 APC 则不表达或仅低表达共刺激分子。

（二）T 细胞增殖和分化

活化的 T 细胞可迅速增殖、分化为效应 T 细胞。这一过程有赖于 IL-1、IL-2、IL-4、IL-6、IL-12、IFN-γ 等细胞因子发挥作用。其中 IL-2 对 T 细胞增殖至关重要，其他细胞因子与 T 细胞的分化密切相关。缺乏上述细胞因子时，活化的 T 细胞不能增殖和分化，最终发生凋亡。

1. Th1 细胞的形成 初始 CD4⁺T 细胞（Th0）经活化后发生增殖和分化。Th0 细胞可表达 CD40L 和 IL-2R、IL-4R、IL-12R、IFN-γR 等多种细胞因子受体，同时分泌 IL-2、IL-3、IL-4 和 IFN-γ 等多种细胞因子参与免疫应答的调节；髓系树突状细胞（mDC）在识别结合抗原和接受初始 T 细胞反馈刺激后，可分泌以 IL-12 和 IL-2 为主的细胞因子参与免疫应答的调节。在 IL-12 和 IFN-γ 诱导下 Th0 细胞分化为 Th1 细胞。

2. CTL 细胞的形成 活化的 CD8⁺T 细胞通过表面 IL-12R、IL-2R 和 IFN-γR 等细胞因子受体，接受 APC、Th0 细胞、效应 Th1 细胞和自身分泌的 IL-12、IL-2 和 IFN-γ 等细胞因子刺激后，可增殖分化为高表达黏附分子和 FasL 的效应 CTL。

3. 其他辅助性 T 细胞亚群的分化 IL-4 等细胞因子可诱导 Th0 向 Th2 分化，介导体液免疫应答。TGF-β 和 IL-2 等可诱导 Th0 向 Treg 分化，发挥免疫调节和免疫抑制功能。IL-1β 和 IL-6 等可诱导 Th0 向 Th17 分化，在炎症和某些自身免疫病的发生和发展中发挥重要作用。

三、效应阶段

（一）Th1 细胞的免疫效应

效应 Th1 细胞通过表面的 TCR-CD3 复合受体分子和 CD40L 与 APC 表面相应的抗原肽 -MHCⅡ类分子复合体和 CD40 结合相互作用后，可通过释放 IL-2、IFN-γ 和 TNF-β 等细胞因子发挥免疫调节作用，介导产生细胞免疫效应、炎症反应或迟发型超敏反应。

1. IL-2 的主要生物学作用

（1）促进 APC 活化：诱导非专职 APC 和某些专职 APC 表达共刺激分子，为 CTL 活化提供第二信号。

（2）促进 CTL 活化：诱导或促进 CTL 增殖分化为效应 CTL。

（3）促进 Th1 活化：促进 Th1 细胞增殖分化，合成分泌 IL-2、TNF-β 和 IFN-γ 等细胞因子，扩大细胞免疫效应。

2. TNF-β 的主要生物学作用

（1）引起炎症反应：活化血管内皮细胞，使之表达内皮细胞黏附分子 -1（ECAM-1）、ICAM-1 和血管细胞黏附分子 -1（VCAM-1）等；刺激血管内皮细胞分泌 IL-8 和单核细胞趋化蛋白 -1（MCP-1）等趋化性细胞因子，使血液中性粒细胞、淋巴细胞和单核细胞等与血管内皮细胞黏附，进而迁移和外渗至局部组织引起炎症反应。

（2）**调理作用**：激活中性粒细胞，增强其吞噬杀菌能力。

（3）**杀伤细胞**：局部产生高浓度 TNF-β，可使周围组织细胞发生损伤坏死。

3. IFN-γ 的主要生物学作用

（1）**促进抗原提呈**：作用于某些专职和非专职 APC，提高 MHCⅡ类分子表达水平，增强抗原提呈能力。

（2）**扩大免疫效应**：诱导 DC 和巨噬细胞分泌 IL-12，促进 Th0 细胞向 Th1 细胞分化，扩大 Th1 细胞介导的免疫效应；也可激活巨噬细胞使之分泌 IL-1、IL-6、血小板活化因子和前列腺素等炎性介质，产生保护性免疫效应或病理性免疫损伤。

（3）**促进 NK 细胞活化**：IFN-γ 可活化 NK 细胞，增强其杀瘤和抗病毒作用。

（4）**调理作用**：激活单核细胞、巨噬细胞，增强其吞噬和对胞内寄生菌的杀伤功能，并使之获得杀伤肿瘤细胞的能力。

（二）CTL 细胞的免疫效应

CTL 可高效、特异性地杀伤感染胞内寄生病原体的细胞、肿瘤细胞等靶细胞，而不损害正常细胞。CTL 的效应过程包括识别与结合靶细胞、胞内细胞器重新定向、颗粒胞吐和靶细胞崩解。CTL 也能产生细胞因子调节免疫应答。效应 CTL 主要通过以下方式杀伤靶细胞。

1. 穿孔素 / 颗粒酶途径　穿孔素（perforin）和颗粒酶（granzyme）都储存在效应 CTL 胞质颗粒中。穿孔素的结构类似于补体 C9，当效应 CTL 与靶细胞密切接触时，穿孔素单体可通过钙离子依赖性方式插入靶细胞膜，多个穿孔素聚合形成内径约为 16nm 的孔道，使颗粒酶等细胞毒蛋白迅速进入靶细胞。颗粒酶是一类丝氨酸蛋白酶，本身不具细胞毒作用，但进入靶细胞后可激活与凋亡相关的酶系统，诱导靶细胞凋亡，也可清除细胞内病毒感染产物并阻止病毒复制。

2. 死亡受体途径　效应 CTL 可表达膜型 FasL，产生可溶性 FasL（sFasL）或分泌 TNF-α 等分子。这些效应分子可分别与肿瘤或病毒感染等靶细胞表面 Fas 和 TNF 受体结合，通过激活半胱天冬氨酸酶信号转导途径，诱导靶细胞凋亡。

此外，CTL 分泌 IFN-γ，可抑制病毒复制，激活巨噬细胞，上调 MHC 分子表达，从而提高 CTL 对靶细胞攻击的敏感性。效应 CTL 杀伤、破坏靶细胞后，可与之分离，继续攻击杀伤其他表达相应抗原的靶细胞。通常一个效应 CTL 在数小时内可连续杀伤数十个靶细胞。这种由效应 CTL 介导的特异性细胞毒作用在清除病毒感染、抗肿瘤免疫监视和同种异体移植物排斥反应中具有重要意义。

四、细胞免疫的生物学效应

（一）抗感染

Th1 和 CTL 细胞介导的细胞免疫效应主要是针对胞内病原体感染，例如胞内寄生细菌、病毒等；而 Th2 和 Th17 介导的体液免疫效应则主要针对胞外菌、真菌及寄生虫感染。

（二）抗肿瘤

特异性细胞免疫应答是体内最重要的抗肿瘤因素，其作用机制包括特异性杀瘤作用、增强巨噬细胞和 NK 细胞杀瘤作用、分泌细胞因子发挥直接或间接杀瘤效应。

（三）免疫病理作用

T 细胞介导的细胞免疫效应在迟发型超敏反应和移植排斥的病理过程中发挥重要作用，还可以直接作用或通过调节 B 细胞功能等间接效应参与某些自身免疫病的发生和发展。

（四）免疫调节作用

Th 亚群之间的平衡有助于调控机体产生合适类型和强度的

> **重点提示**
>
> T 细胞活化的双信号模型

免疫应答；Treg 则通过多种机制抑制过度免疫应答和及时终止免疫应答，从而在清除抗原的同时保持机体的免疫平衡状态，并预防自身免疫病的发生。

（王贵年）

第四节　免疫耐受与免疫调节

免疫的本质是区分"自己"和"非己"：一方面，对外来抗原刺激产生一系列应答以清除抗原物质；另一方面，对自身组织细胞表达的抗原表现为"无反应性"以避免自身免疫病。免疫耐受可天然形成，如机体对自身组织抗原的免疫耐受；也可为后天获得，如人工少量多次注射某种抗原后也可诱导的免疫耐受。免疫耐受具有高度特异性，即只对特定的抗原不应答，对其他抗原仍能产生良好的免疫应答。免疫耐受和免疫应答相辅相成，二者的平衡对保持免疫自稳至关重要。

一、免疫耐受

免疫耐受（immunological tolerance）指机体免疫系统接受某种抗原物质作用后产生的特异性免疫无应答或低应答状态，是一种特殊形式的免疫应答。诱导免疫耐受的抗原称为耐受原（tolerogen），同一抗原物质既可是耐受原，也可是免疫原，主要取决于抗原的理化性质、剂量、进入途径、机体遗传背景和生理状态等因素。

免疫耐受与免疫抑制不同，前者指机体能够对除耐受原以外的其他抗原产生正常的免疫应答，而后者指机体对任何抗原都不反应或反应减弱的非特异性免疫无应答或免疫应答减弱状态。免疫抑制往往与遗传因素、应用免疫抑制剂及放射线等因素有关。

> **重点提示**
>
> 免疫耐受的概念

（一）免疫耐受的形成

1. 天然免疫耐受和获得性免疫耐受

（1）**天然免疫耐受**：是个体在胚胎发育期或新生期，未成熟的 T 细胞、B 细胞遭遇自身抗原或外来抗原刺激，都会对所接触的抗原形成免疫耐受；出生后如再遇相同抗原，免疫系统对其将产生不应答或低应答，并长期持续，不会轻易被打破。

1945 年欧文首先报道了在胚胎期接触同种异型抗原所致的免疫耐受现象。他观察到异卵双胎小牛的胎盘血管相互融合，血液自由交流，呈自然联体共生，出生后两头小牛体内均存在两种不同血型抗原的红细胞，构成红细胞嵌合体（chimera），互不排斥，如果将其中一头小牛的皮肤移植给另一头小牛，亦不产生排斥，而将无关小牛的皮肤移植给此小牛，则被排斥（图 27-4A）。

（2）**获得性免疫耐受**：又称诱导免疫耐受，指原本具有应答能力的 T 细胞、B 细胞克隆，受多种因素影响而丧失应答能力，产生对某种抗原的特异性无应答或低应答状态。这种耐受状态可持续一段时间，但会随诱导因素的消失而逐渐解除，重新恢复对相应抗原的免疫应答。

1953 年梅达瓦等在小鼠中成功诱导了免疫耐受。他们将来源于成年 A 品系小鼠的肾脏、睾丸和脾脏的细胞注射给胚胎 15~16d 的 CBA 品系小鼠，在 CBA 小鼠出生 8 周后，接受 A 品系小鼠皮肤移植。在未经处理的 CBA 小鼠中，皮肤移植物在 11d 左右被排斥，而在胚胎期接受供体细胞处理的 CBA 小鼠中，移植物能长期存活，不被排斥。如果移植无关品系 AU 小鼠皮肤，则仍被排斥。该实验不仅证实了 Owen 的观察，而且揭示了当体内的免疫细胞处于早期发育阶段而尚未成熟时，可人工诱导对"非己"抗原产生免疫耐受（图 27-4B）。

从图中可见，A 品系小鼠皮肤移植到成年 CBA 小鼠，移植物大约在 11d 被排斥。如果 CBA 小鼠胚胎期接受 A 品系小鼠体细胞注射，成年 CBA 小鼠则能长期接受 A 品系来源的皮肤移植物，而来源于无关的 AU 小鼠皮肤仍被排斥。

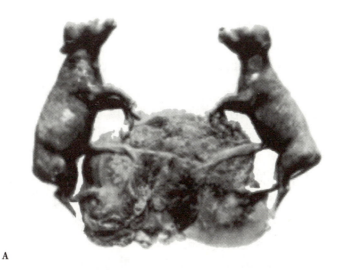

A

图 27-4　天然特异性免疫耐受的形成

A. 牛异卵双生胚胎,共享胎盘,形成血型嵌合体。B. 左图,给成年期的 CBA 品系小鼠移植 A 品系小鼠的皮肤,移植皮片被排斥;右图,CBA 品系的胎鼠被注射了来自 A 品系小鼠的混合细胞,成年后移植 A 品系小鼠的皮肤,移植皮片被接受,未发生排斥反应。

2. 诱导免疫耐受形成的影响因素

(1)抗原因素

1)抗原性质:大分子、颗粒性及蛋白质聚合物容易被 APC 提呈而诱导 T 细胞、B 细胞应答,而小分子、可溶性、非聚合的单体蛋白质不易被 APC 提呈而容易诱导 T 细胞、B 细胞形成免疫耐受。

2)抗原剂量:T 细胞、B 细胞应答需要适量的抗原刺激,当抗原剂量过低或过高时,容易诱导免疫耐受。

3)抗原的免疫途径:抗原经静脉注入极易诱导产生免疫耐受,其次为腹腔注射,皮下和肌内注射最难诱导免疫耐受。口服抗原容易导致全身免疫耐受。

此外,抗原的持续存在、表位特点及抗原变异等均影响获得性免疫耐受的形成。

(2)机体因素

1)免疫系统发育程度或年龄:免疫系统尚未发育成熟的胚胎期和新生期容易诱导形成免疫耐受,免疫系统成熟的成年期较难诱导形成免疫耐受。未成熟免疫细胞比成熟的免疫细胞容易诱导免疫耐受。刚离开胸腺的 T 细胞对耐受原的诱导较为敏感,而成熟 T 细胞致耐受所需的抗原量大约是未成熟T细胞的30倍,所以多采用幼龄动物进行免疫耐受的诱导试验。

2）动物的种属和品系:免疫耐受诱导和维持的难易程度随动物种属、品系不同而异。大鼠和小鼠对免疫耐受的诱导敏感,在胚胎期或新生期均易诱导成功;兔、有蹄类和灵长类通常仅在胚胎期较易诱导产生耐受,同一种属不同品系动物诱导产生耐受的难易程度也有很大差异。

3）机体生理状态:成年机体单独使用抗原一般难以诱导免疫耐受,但与免疫抑制措施配合则可诱导机体产生免疫耐受。这也是同种异体器官移植术中用于延长移植物存活时间的有效措施。

（二）免疫耐受机制

免疫耐受按其形成时期的不同,分为中枢耐受及外周耐受。中枢免疫耐受（central tolerance）指发育中未成熟的淋巴细胞在胸腺或骨髓等中枢免疫器官中遭遇自身抗原所形成的耐受。外周免疫耐受（peripheral tolerance）指在某些特定条件下,成熟的T细胞、B细胞在周围淋巴器官中遇到外源或内源性抗原形成的免疫无应答或低应答状态。

1. 中枢免疫耐受　造血前体细胞分别在胸腺和骨髓发育分化为T和B细胞。在输出到外周前,新近产生的、尚未完全成熟的淋巴细胞经历复杂的阴性选择过程,主要借助克隆清除以建立对自身抗原的耐受。中枢免疫耐受机制对防止自身免疫反应至关重要。发育中T细胞、B细胞自身缺陷或胸腺及骨髓微环境基质细胞缺陷均可能使阴性选择发生障碍,这样的个体出生后易患自身免疫病。

2. 外周免疫耐受　淋巴细胞发育过程中的阴性选择并非完美无缺的。实际上,仍有相当数量的自身反应性T细胞、B细胞克隆不能被有效清除,并输出至外周。一个可能的原因是,有些自身抗原（如神经髓鞘蛋白）在骨髓或胸腺中没有表达,故不能诱导未成熟淋巴细胞的清除。针对这些逸出外周的自身反应性淋巴细胞,机体有多种机制（克隆清除、免疫忽略、克隆失能或失活、免疫调节细胞的作用等）抑制其反应性,从而维持自身免疫耐受。

（三）研究免疫耐受的意义

1. 理论意义　免疫系统如何识别"自己"和"非己"是免疫学理论的核心问题。免疫耐受的形成和机制研究是解析机体对"自己"耐受而对"非己"产生特异性免疫应答的基础和关键,也能够为阐明免疫应答和免疫调节过程中包括免疫细胞的识别、信号转导、相关基因表达及免疫细胞间相互作用等多方面的问题提供依据。

2. 临床意义　许多临床疾病的发生、发展及转归与免疫耐受密切相关,如机体一旦丧失了对自身抗原的生理性耐受,则容易诱发自身免疫病。因此,探讨免疫耐受的机制,诱导机体对自身抗原的无应答和低应答,重建对自身抗原的生理性耐受,可用于自身免疫病的防治。另一方面,对于慢性感染和肿瘤,人们希望能够打破免疫耐受,恢复正常免疫应答,有助于清除病原体和杀伤肿瘤细胞。临床实践中,通过口服过敏原等方法诱导免疫耐受,可用于超敏反应的防治。通过诱导器官移植受者T细胞、B细胞对供者器官组织特定抗原的特异性免疫耐受,可减少或缓解排斥反应。

二、免疫调节

免疫调节（immune regulation）指免疫应答中免疫分子间、免疫细胞间、免疫系统与机体其他系统间相互作用,构成一个相互协调与制约的调节网络,使机体免疫应答处于合适的强度与质量水平,从而维持机体的内环境稳定。免疫应答作为一种生理功能,无论是对自身成分的耐受,还是对"非己"抗原的排斥都是在免疫调节机制的控制下进行的。免疫调节贯穿整个免疫应答过程,由众多免疫细胞、免疫分子间和免疫系统与神经-内分泌等系统间的相互协调、相互制约。免疫调节伴随着免疫应答的启动而发生,并贯穿免疫应答的全过程。免疫调节有别于免疫干预和免疫刺激,它主要通过一系列具有免疫抑制功能的免疫细胞和免疫分子的作用而实现对免疫应答的负向调节。免疫调节机制一旦发生障碍,机体免疫功能必然出现异常,甚至导致免疫病理损伤和疾病的发生。

(一) 整体水平的调节

机体免疫系统与神经系统 - 内分泌系统之间广泛联系,构成相互协调的调节网络。如长期精神紧张、心理压力过大和内分泌失调等都可以影响机体免疫功能,加速免疫相关疾病的进程。

1. 神经、内分泌系统对免疫系统的调节 神经细胞及内分泌细胞可分泌多种细胞因子(如 IL-1、IL-2、IL-6、TNF-α、TGF-β 等)作用于免疫细胞。几乎所有的免疫细胞均表达神经递质受体和内分泌激素受体(如皮质类固醇、甲状腺素、生长激素、胰岛素等受体),能够接受神经内分泌系统的调节。

2. 免疫系统对神经、内分泌系统的调节 免疫细胞产生的 IL-1、IL-6、TNF-α 等细胞因子可作用于神经元或内分泌细胞表面相应受体,调节神经、内分泌系统功能。如 IL-2 可抑制乙酰胆碱(ACh)的释放。

3. 免疫应答的遗传调控 MHC 的多态性决定了不同个体之间免疫系统抗原提呈能力及 T 细胞、B 细胞激活能力的不同,进而导致不同个体对某一特定抗原的免疫应答能力存在差异。

(二) 细胞水平的调节

1. T 细胞亚群的调节作用

(1)**调节性 T 细胞(Treg)的调节作用**:Treg 可通过直接接触、分泌抑制性细胞因子、下调 APC 共刺激分子表达水平等方式,发挥下调免疫应答、维持自身免疫耐受及抑制自身免疫病发生等重要作用。

(2)**Th1 和 Th2 的调节作用**:Th1 和 Th2 可通过分泌不同的细胞因子(如 IFN-γ 和 IL-4 等)实现相应的正反馈调节,在体内形成 Th1/Th2 平衡是维持机体自身稳定的重要机制。

(3)**Th17 的调节作用**:Th17 分泌的细胞因子可作用于免疫或非免疫细胞,发挥调节作用,在组织炎症和自身免疫病的发生、发展中具有重要作用。

2. B 细胞、DC、MΦ 和 MDSC 等细胞的调节作用

(1)**B 细胞的调节作用**:调节性 B 细胞(regulatory B cell,Breg)可通过产生 IL-10 维持 Treg 细胞内 Foxp3 表达从而促进 Treg 分化;分泌 TNF-α 抑制 CTL 从而抑制机体抗肿瘤免疫效应;可产生 TGF-β 等细胞因子防止过度炎症反应,并介导免疫耐受。

(2)**DC 的调节作用**:调节性 DC(regulatory DC,DCreg)可通过诱导 Treg 分化、分泌抑制性细胞因子等方式在负向调节免疫应答和维持免疫耐受中具有重要作用。

(3)**MΦ 的调节作用**:M2 型 MΦ 又称调节性 MΦ,可通过分泌 IL-10、TGF-β 等抑制性细胞因子发挥免疫调节作用。

(4)**髓系来源的抑制性细胞(MDSC)**:MDSC 是一群来源于骨髓祖细胞和未成熟髓系细胞,具有免疫抑制功能的细胞群。研究发现,MDSC 在肿瘤、感染和自身免疫病中发挥重要作用,成为免疫学领域的研究热点之一。

3. 免疫细胞的自身调节

(1)**被动死亡**:免疫应答后期,由于多数抗原被清除,抗原对免疫系统刺激降低,导致活化的免疫细胞缺乏有效的刺激信号,进而启动线粒体凋亡通路,导致免疫细胞被动死亡。

(2)**活化诱导的细胞死亡**:免疫应答后期,被抗原激活并增殖的 T 和 B 细胞均可通过活化诱导的细胞死亡(activationinduced cell death,AICD)而逐渐被清除,从而降低体内抗原特异性淋巴细胞的克隆。一般认为,AICD 的作用机制与免疫细胞活化后 Fas 表达水平升高有关。

(三) 分子水平的调节

1. 抗体或免疫复合物的调节作用

(1)**独特型网络的调节作用**:抗体、BCR 及 TCR 分子可变区存在的独特型(idiotype,Id)表位可被另一群淋巴细胞识别并产生抗独特型(anti-idiotype antibody,Aid)。以 Id-Aid 相互识别为基础,免疫系统内部形成了一个相互识别、相互刺激和相互制约的独特型 - 抗独特型网络,可以有效地调控机体免疫应答。独特型网络平衡一旦失调，就会引起自身免疫病。

（2）**免疫复合物的调节作用**：免疫应答后期，抗体可对体液免疫应答产生抑制作用。其作用机制可能为：

1）抗体与抗原结合后，可通过调理作用增强吞噬细胞对抗原的吞噬和清除能力，降低抗原对活化的免疫细胞或免疫记忆细胞的刺激，减少浆细胞的分化和抗体的产生。

2）IgG抗体可与BCR特异性竞争结合抗原，抑制B细胞活化与增殖。

2. 补体的免疫调节作用　补体活化后产生的活性片段可以通过几个途径上调免疫应答：

（1）C3b、C4b和iC3b可以结合中性粒细胞或巨噬细胞表面的相应受体CR1、CR3或CR4发挥免疫调理作用，促进吞噬细胞对表面黏附C3b、C4b和iC3b的病原微生物进行吞噬作用。

（2）C3d、iC3b、C3dg及C3b-Ag-Ab复合物等可以与B细胞表面的CR2（CD21）结合，促进B细胞的活化。

（3）APC可以通过膜表面CR2与Ag-Ab-C3b复合物结合，提高抗原提呈效率。

补体系统自身存在抑制补体过度活化的负向调节机制，既可有效地发挥调理作用、引发炎症反应和介导细胞毒性作用，还可避免补体对自身组织和细胞的损伤。

3. 抑制性细胞因子的免疫调节作用　免疫应答过程中，免疫细胞可产生IL-10、TGF-β、PD-1、CTLA-4等多种免疫抑制性细胞因子，可抑制单核巨噬细胞、T细胞、B细胞等免疫细胞的活化、增殖、分化功能。

4. 抑制性受体介导的免疫调节作用　免疫细胞膜表面表达各种不同的抑制性受体，此类受体胞内段含免疫受体酪氨酸抑制基序（ITIM），如T细胞表面的CTLA-4、NK细胞表面KIR、B细胞表面FcγRⅡb等。这些受体与相应配体结合后可启动胞内抑制信号，负向调控免疫细胞的活化、增殖和功能。

（王贵年）

思考题

1. 试以注射乙肝疫苗为例，说明抗体产生的全过程。

2. 患者，男，25岁，自觉乏力、干咳，伴夜间盗汗、长期午后低热近2个月而就诊。血常规：WBC 8.4×10^9/L，Hb 120g/L，PLT 368×10^9/L（血小板总数，鞘流阻抗法参考范围 100×10^9/L~300×10^9/L）。PPD试验强阳性。X射线胸片可见左上肺有边缘模糊的片状、絮状阴影。初步诊断：肺结核。

ER 27-3

练习题

请思考：

（1）机体参与抗结核分枝杆菌感染的细胞有哪些？

（2）简述细胞免疫应答的外源性抗原识别？

第二十八章 | 免疫与临床

教学课件　　思维导图

> **学习目标**
>
> 1. 掌握固有免疫的概念和特点，屏障结构的组成及作用，吞噬细胞的种类及吞噬结果；超敏反应的概念，Ⅰ型超敏反应的发生机制和防治原则，四型超敏反应的特点；肿瘤免疫、肿瘤抗原的概念与分类；移植免疫、宿主抗移植物反应和移植物抗宿主反应的概念。
>
> 2. 熟悉自身免疫病、免疫缺陷病的概念，临床常见的Ⅰ～Ⅳ型超敏反应性疾病，肿瘤的免疫诊断和防治，移植排斥反应的类型和防治原则。
>
> 3. 了解Ⅱ、Ⅲ、Ⅳ型超敏反应、自身免疫病、免疫缺陷病的发生机制，机体的抗肿瘤免疫和肿瘤的免疫逃逸机制，诱导移植排斥反应的抗原和移植排斥反应的效应机制。
>
> 4. 学会利用所学知识分析临床超敏反应、肿瘤免疫、移植免疫等的案例提出护理要点，并能对患者进行健康指导。
>
> 5. 具有保护患者隐私的职业素养和关心关爱患者的大爱无疆的医者精神。

第一节　抗感染免疫

> **案例**
>
> 患者，女，35岁，工作中被喷出的火焰烧伤面部、前胸和手臂等多部位，诊断50% Ⅰ°-Ⅱ°烧伤。入院第3日，T 39℃，创面出现大量脓性分泌物，伴有特殊的腥臭味，敷料呈草绿色，血常规白细胞明显增高。诊断为烧伤合并铜绿假单胞菌感染。
>
> **请问：**
>
> 1. 为什么烧伤患者更容易发生感染？
>
> 2. 皮肤黏膜屏障在抗感染免疫中发挥怎样的作用？

抗感染免疫（anti-infection immunity）是机体抵御外界病原体入侵及清除已侵入的病原体及其毒性产物，保护机体免受损害的功能。在机体抗感染免疫中，固有免疫和适应性免疫相辅相成，密不可分，共同完成免疫防御功能。固有免疫是适应性免疫的先决条件和启动因素，适应性免疫的效应分子可促进固有免疫。本节主要介绍固有免疫的抗感染作用。

固有免疫是机体在长期的种系发育和进化过程中逐渐形成的一种天然防御功能，是机体固有免疫系统在识别病原体及其代谢产物或体内凋亡、畸变细胞等"非己"物质后，迅速活化并有效吞噬、杀伤、清除病原体或体内"非己"物质，产生非特异性免疫功能的生理过程，又称先天性免疫或非特异性免疫。

固有免疫的特点有：①与生俱来。②无须抗原刺激，应答迅速，起效早。③作用无特异性，对各种病原体都有一定的抵御作用。④无免疫记忆性。

固有免疫的抗感染作用主要由组织屏障结构、固有免疫细胞及固有免疫分子共同完成。

一、组织屏障结构作用

（一）皮肤黏膜屏障

皮肤黏膜及其附属成分组成的物理、化学和微生物屏障是机体阻挡和抵御外来病原体入侵的第一道防线。

1. 物理屏障作用　完整健康的皮肤和黏膜能有效阻挡病原体的入侵。例如皮肤的机械阻挡、各种分泌液的冲刷、呼吸道黏膜表面纤毛的定向摆动、肠道的蠕动等，都不同程度上发挥清除病原生物的作用。故损伤的皮肤和黏膜易发生感染。

2. 化学屏障作用　皮肤和黏膜能分泌多种抑菌杀菌的化学物质，如皮肤的汗腺能分泌乳酸，使汗液呈酸性，可抑制细菌的生长；胃黏膜分泌的胃酸能杀灭肠道致病菌；唾液、乳汁等分泌液中的溶菌酶能溶解 G^+ 菌。

3. 生物屏障作用　寄居在皮肤和黏膜表面的正常菌群，可通过与病原体竞争结合上皮细胞和营养物质或通过分泌某些杀菌、抑菌物质对其产生拮抗作用。例如肠道中的大肠埃希菌，能分解糖类产酸，可抑制痢疾志贺菌等的生长；唾液链球菌产生的过氧化氢可杀死白喉棒状杆菌和脑膜炎球菌。临床上，长期应用大量广谱抗生素可以抑制和杀伤消化肠道正常菌群，破坏了生物屏障作用，耐药的艰难梭菌等大量繁殖，可引起菌群失调性肠炎。

（二）血脑屏障

血脑屏障由软脑膜、脉络丛的脑毛细血管壁和包在壁外的星形胶质细胞构成。此结构致密，能阻挡血液中的病原体进入脑组织及脑室，从而保护中枢神经系统。婴幼儿由于血脑屏障尚未发育完善，故较易发生脑膜炎和脑炎等中枢神经系统感染。

（三）血胎屏障

血胎屏障由母体子宫内膜的基蜕膜和胎儿的绒毛膜滋养层细胞共同构成。此屏障可防止母体血液中的病原生物或其毒性产物进入胎儿体内，保护胎儿免受感染。在妊娠早期（3 个月内），血胎屏障尚未发育完善，此时母体若感染某些病毒（如风疹病毒等），病毒易经胎盘侵染胎儿，引起流产、胎儿畸形或死胎。

二、固有免疫细胞作用

固有免疫细胞主要包括吞噬细胞、NK 细胞、树突状细胞、肥大细胞、嗜酸性粒细胞和嗜碱性粒细胞等。本章主要介绍吞噬细胞、NK 细胞、树突状细胞在抗感染中的作用。

（一）吞噬细胞

1. 吞噬细胞的种类　通常将具有吞噬、杀菌能力的一类细胞统称为吞噬细胞。吞噬细胞分为大吞噬细胞和小吞噬细胞两类，前者包括血液中的单核细胞和组织中的巨噬细胞，后者为血液中的中性粒细胞。当病原体突破皮肤黏膜屏障侵入机体，吞噬细胞可吞噬病原体，发挥抗感染免疫作用。

2. 吞噬细胞的吞噬杀菌过程　一般分为三个阶段：①吞噬细胞识别、接触病原菌。②吞噬细胞吞入病原菌。③吞噬细胞内的溶菌酶、髓过氧化物酶等杀死病原菌，蛋白酶等将病原菌分解、消化，不能消化的残渣被排出吞噬细胞外（图 28-1）。

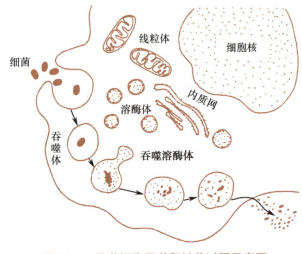

图 28-1　吞噬细胞吞噬和杀菌过程示意图

3. 吞噬作用的结果 吞噬细胞吞噬病原体的结果表现为以下 4 个方面。

（1）**完全吞噬**：吞噬细胞吞入细菌后能将其彻底杀灭、消化，称完全吞噬。化脓性细菌被吞噬后，5~10min 可被杀死，30~60min 被消化，即为完全吞噬。

（2）**不完全吞噬**：某些胞内寄生菌（如结核分枝杆菌、伤寒沙门菌等）被吞噬后，在缺乏特异性细胞免疫的情况下，细菌不但不被杀死，反而在吞噬细胞内生长、繁殖并损伤破坏吞噬细胞；病原体还可借助于吞噬细胞的游走而扩散到其他部位，造成广泛的感染。

（3）**造成组织损伤**：吞噬细胞在吞噬和杀菌过程中，向胞外释放多种溶酶体酶，可损伤邻近组织细胞。

（4）**提呈抗原**：巨噬细胞为专职 APC，可将吞入的病原体加工处理为抗原肽，与 MHC Ⅱ 分子结合后提呈给 T 细胞，启动适应性免疫应答。

> **重点提示**
>
> 屏障结构的作用，吞噬细胞吞噬的结果

（二）NK 细胞

NK 细胞又称自然杀伤细胞，主要分布于外周血、脾脏、淋巴结等淋巴组织中。NK 细胞无须抗原预先致敏，就可直接杀伤接触到的某些病毒或胞内寄生菌感染的靶细胞，因此在病原体感染的早期发挥重要的抗感染作用。NK 细胞也可通过 ADCC 效应定向杀伤 IgG 特异性结合的靶细胞。活化的 NK 细胞可通过分泌 IFN-γ、IL-2 等细胞因子增强机体抗感染效应，并参与免疫调节。

（三）树突状细胞

树突状细胞在抗感染免疫中发挥重要作用。①树突状细胞是专职 APC 中抗原提呈能力最强的细胞，能激活初始 T 细胞启动细胞免疫应答。②树突状细胞可分泌多种细胞因子和趋化因子，参与炎症反应和组织修复，发挥抗病毒作用。③树突状细胞识别捕获病原体、抗原 - 抗体复合物等，供 B 细胞识别，介导体液免疫应答。

三、固有免疫分子作用

正常体液中含有多种抗感染物质，其中重要的有补体、细胞因子、乙型溶素、溶菌酶等，这些非特异性的抗感染物质单独作用不大，常配合固有免疫细胞、抗体等共同发挥作用。

（一）补体

补体被激活后可产生多种功能性裂解片段，这些裂解片段在抗感染免疫中发挥作用：如 C3b、C4b 具有调理和免疫黏附作用，可促进吞噬细胞对病原体和抗原 - 抗体复合物的清除；C3a、C5a 能与肥大细胞和嗜碱性粒细胞结合，使上述靶细胞脱颗粒，合成释放组胺和白三烯等生物活性介质，引发过敏性炎症反应；C5a 具有趋化作用，可将中性粒细胞趋化到感染部位，并使之活化，有效发挥抗感染作用；此外，补体被激活后形成的攻膜复合物有溶解病原体细胞的作用。

（二）溶菌酶

溶菌酶是一种低分子碱性蛋白，主要由巨噬细胞产生，广泛存在于人体的组织及体液中。溶菌酶能破坏 G^+ 菌细胞壁中的肽聚糖，损伤细菌细胞壁，导致细菌细胞溶解。

（三）乙型溶素

乙型溶素是血清中一种对热稳定的碱性多肽，可作用于 G^+ 菌细胞膜，产生非酶性破坏效应，但对 G^- 菌无效。

（四）细胞因子

细胞因子是参与固有免疫和适应性免疫的重要效应分子和调节分子，具有调节免疫应答、促进造血、介导炎症反应、参与组织修复、促进伤口愈合等功能。如：IFN-α 和 IFN-β 可诱导组织细胞产生抗病毒蛋白，抑制病毒复制和扩散；IFN-γ、IL-10、TGF-β 可激活巨噬细胞和 NK 细胞，有效杀伤肿瘤和病毒感染的细胞等。

此外，适应性免疫中，在病原生物感染机体后，机体产生多种特异性抗体，如中和抗体、血凝抑制抗体、补体结合抗体等发挥体液免疫的特异性保护作用；在病原生物感染机体并进入细胞内时，主要依赖细胞免疫发挥作用，其中 CD8$^+$ 细胞毒性 T 细胞（CTL）的直接杀伤作用和 CD4$^+$T 细胞亚群如辅助性 T 细胞（Th1）、迟发型超敏反应性 T 细胞（T$_{DTH}$）释放细胞因子活化巨噬细胞、NK 细胞等发挥吞噬作用参与细胞免疫。

（关静岩）

第二节　自身免疫病

> **案例**
>
> 患者，女，25 岁，1 周前患者出现发热、乏力、关节疼痛等症状，自行服用退热止痛类药物，自觉关节疼痛有所缓解。1d 前，患者再次出现高热，T 39℃，且面部出现蝶形红斑和掌跖红斑，急诊入院。实验室检查：尿蛋白（+），血沉 22mm/h；抗 dsDNA 抗体（+）、抗 Sm 抗体（+）；红斑病理检查符合红斑狼疮，临床诊断为系统性红斑狼疮。
>
> **请问：**
> 1. 系统性红斑狼疮属于哪一类疾病？
> 2. 对系统性红斑狼疮患者如何进行健康指导？

机体免疫系统对自身组织、细胞成分发生免疫应答的现象称为自身免疫。短时的自身免疫应答是普遍存在的，通常不引起机体持续性损伤。在某些因素的诱发下，自身免疫反应过度、持久存在，会导致自身组织细胞损伤或器官功能障碍，引发自身免疫病（autoimmune disease，AID）。自身免疫病的共同特征有：①患者血液中可检出高效价的自身抗体或自身反应性 T 细胞。②自身抗体或自身反应性 T 细胞作用于表达相应抗原的自身组织，造成该组织损伤或功能障碍。③病情的转归与自身免疫反应强度密切相关。④多呈反复发作和慢性迁延趋势，用免疫抑制剂治疗有一定疗效。⑤可复制出相似的动物模型。⑥一般自身免疫病女性发病率高于男性，发病率随年龄增长而增高，有遗传倾向。

一、自身免疫病的发生机制

AID 的确切病因不明。一般认为是在多种因素的相互作用和影响下，自身免疫耐受被打破，机体产生了自身抗体或效应 T 细胞，引发针对自身抗原的Ⅱ、Ⅲ、Ⅳ型超敏反应，导致自身组织器官损伤或功能异常。其发生机制有：

（一）隐蔽抗原释放

正常情况下，机体的某些组织细胞成分由于解剖位置的特殊性，从未与免疫系统接触过，如眼晶体蛋白、甲状腺球蛋白等，这类物质称为隐蔽抗原。由于感染、外伤、手术等原因，隐蔽抗原释放入血，与免疫系统接触，可诱导机体产生自身抗体或效应 T 细胞，引发自身免疫病。如眼外伤后发生的交感性眼炎。

（二）自身抗原改变

某些理化因素（如辐射或服用化学药物）或生物因素（如病毒感染）可以使自身抗原发生改变，从而产生针对改变的自身抗原的自身抗体或效应 T 细胞，引发自身免疫病。如长期服用甲基多巴引发的自身免疫性溶血性贫血。

（三）分子模拟

某些微生物与人体细胞或细胞外成分有相同或相似的抗原决定簇，在感染人体后诱发的针对微生物抗原的免疫应答也能攻击含有共同抗原决定簇的人体细胞或细胞外成分，从而引发自身免疫病。如 A 群链球菌感染后引发的急性肾小球肾炎。

（四）免疫细胞和免疫调节功能异常

T 细胞、B 细胞异常活化，B 细胞的多克隆激活，调节性 T 细胞的功能失常皆可诱发自身免疫病。

（五）遗传因素

某些带有特殊 HLA 的人群容易发生自身免疫病，如强直性脊柱炎患者 90% 以上为 HLA-B27 型。

此外，AID 的发病率随年龄的增长呈上升趋势，一般女性发病率较高，该易感性与雌激素相关；AID 的发生可能与日晒、潮湿、寒冷等环境因素有关。

二、自身免疫病的分类与常见疾病

根据自身抗原分布范围将 AID 分为器官特异性自身免疫病和全身性自身免疫病。引起器官特异性自身免疫病的自身抗原是某一器官的特有成分，病理损伤和功能障碍通常只局限于存在该种自身抗原的器官，很少累及其他器官；引起全身性自身免疫病的自身抗原多为多种组织器官所共有的成分，故病变累及多个组织和器官，又称系统性自身免疫病。临床常见的自身免疫病见表 28-1。

表 28-1　临床常见的自身免疫病

疾病名称	损伤机制	自身抗原	主要表现	病变范围
弥漫性甲状腺肿		促甲状腺激素受体	甲状腺功能亢进	器官特异性
桥本甲状腺炎		甲状腺球蛋白	甲状腺功能减退	器官特异性
胰岛素抵抗性糖尿病	Ⅱ型超敏反应	胰岛素受体	高血糖、酮症酸中毒	器官特异性
重症肌无力		乙酰胆碱受体	进行性肌无力	器官特异性
自身免疫性血小板减少性紫癜		血小板膜蛋白	异常出血	器官特异性
自身免疫性溶血性贫血		血型抗原或药物	贫血	器官特异性
类风湿关节炎		变性 IgG、核抗原	关节炎	系统性
系统性红斑狼疮	Ⅲ型超敏反应	细胞核成分	肾小球肾炎、血管炎、红斑	系统性
强直性脊柱炎		免疫复合物	脊柱骨损害	系统性
1 型糖尿病	Ⅳ型超敏反应	胰岛 β 细胞	高血糖	器官特异性
多发性硬化		髓磷脂碱性蛋白	神经系统症状	系统性

知识拓展

系统性红斑狼疮

系统性红斑狼疮（systemic lupus erythematosus，SLE）是一种累及多系统、多器官并有多种自身抗体出现的自身免疫病。因体内自身抗体与相应的抗原结合成抗原抗体复合物，反复沉积于皮肤、关节、浆膜、心脏、肾脏、中枢神经系统、血液系统等而造成相应组织损伤，故 SLE 临床表现差异较大。该病的发生与遗传、感染、环境、药物、激素等因素有关。女性发病率明显高于男性，育龄妇女为发病高峰。自身抗体的检测是系统性红斑狼疮诊断、病情判断和疗效评价的重要依据。

三、自身免疫病的防治原则

自身免疫病尚缺乏理想的治疗方法。通常针对疾病的病理变化和组织损伤所致的后果进行治疗，也可通过调节免疫应答的各个环节阻断疾病进程来达到治疗的目的。

（一）预防和控制微生物感染

多种微生物可诱发 AID，故采用疫苗和抗生素控制微生物感染，可降低某些 AID 的发生。

（二）抑制炎症反应

皮质激素可抑制炎症反应，减轻 AID 的症状。

（三）抑制对自身抗原的免疫应答

免疫抑制剂是治疗 AID 的有效药物，如环孢菌素 A（CsA）和 FK506（他克莫司）对多种 AID 的治疗有明显的疗效。

（四）重建对自身抗原的免疫耐受

口服自身抗原或模拟胸腺阴性选择可诱导针对自身抗原的免疫耐受，抑制 AID 的发生。

> **重点提示**
>
> 临床常见的自身免疫病的种类

（五）其他

避免过度日晒、潮湿、寒冷等。

（关静岩）

第三节　免疫缺陷病

免疫缺陷病（immunodeficiency disease，IDD）是免疫系统先天发育不全或后天因素导致免疫成分缺失、免疫功能障碍所引起的以反复感染为主要临床特征的疾病。

免疫缺陷病的特点：①易并发感染，免疫缺陷病患者易发生反复感染且难以控制，是造成死亡的主要原因。体液免疫缺陷病、吞噬细胞缺陷病和补体缺陷病时，以化脓性细菌感染为主，细胞免疫缺陷病时，以病毒、真菌、胞内寄生菌等感染为主。②易伴发自身免疫病，IDD 患者伴发 AID 的概率可高达 14%，而正常人群 AID 的发病率仅为 0.001%~0.01%，以 SLE、类风湿关节炎和恶性贫血等多见。③易发生恶性肿瘤，T 细胞免疫缺陷者，恶性肿瘤的发病率比同龄正常人群高 100~300倍，以白血病和淋巴系统肿瘤居多。④多有遗传倾向。⑤临床表现多样，不同免疫缺陷病临床表现不同，而且同种免疫缺陷病对不同患者表现也可不同。

一、临床常见的免疫缺陷病

免疫缺陷病可分为原发性免疫缺陷病（primary immunodeficiency disease，PIDD）和获得性免疫缺陷病（acquired immunodeficiency disease，AIDD）。

（一）原发性免疫缺陷病

原发性免疫缺陷病又称先天性免疫缺陷病，是基因异常或免疫系统先天性发育不良而导致免疫功能不全引起的疾病。

1. 原发性 B 细胞缺陷病　常见的有：①X 连锁无丙种球蛋白血症（X-linked agammaglobulinemia，XLA），又称布鲁顿无丙种球蛋白血症，为 X 连锁隐性遗传，其特点是成熟 B 细胞数量减少甚至缺失，而 T 细胞数量及功能正常。多见于出生 6~9 个月的男婴，临床上以反复化脓性细菌感染为特征。②选择性 IgA 缺陷，为常染色体显性或隐性遗传，患者血清 IgA 含量极低，多无明显症状，少数可出现严重感染。

2. 原发性 T 细胞缺陷病　常见的有：①先天性胸腺发育不全综合征，又称 DiGeorge 综合征，患者 T 细胞功能缺陷，B 细胞及抗体功能正常或下降，易出现病毒、真菌、原虫、胞内寄生菌等反复感染。②T 细胞活化和功能缺陷，是 T 细胞膜分子表达异常或缺失所致。

3. 原发性联合免疫缺陷病　常见的有性联重症联合免疫缺陷病（X-SCID）和腺苷脱氨酶缺乏症（ADA）。X-SCID 属 X 连锁隐性遗传，患者 T 细胞缺乏，B 细胞数量正常但功能异常，Ig 生成减少或类别转换障碍。主要表现为生长停滞，严重感染。ADA 属于常染色体隐性遗传，患者 T 细胞、B 细胞减少，血清 Ig 减少。

4. 补体系统缺陷病　常见的有：①遗传性血管神经性水肿，因补体 C1 抑制物缺陷所致，患者表现为反复发作的皮肤黏膜水肿，若水肿发生于喉头可导致患者窒息死亡。②阵发性夜间血红蛋白尿（PNH），临床表现为慢性溶血性贫血、晨尿出现血红蛋白等。

5. 吞噬细胞缺陷病　是吞噬细胞的数量、趋化和 / 或黏附功能、杀菌活性等异常而导致的一类疾病。机体对病原体的易感性增高，主要表现为反复的化脓性细菌或真菌感染，如慢性肉芽肿病。

（二）获得性免疫缺陷病

获得性免疫缺陷病指继发于某种疾病或药物治疗后产生的免疫缺陷性疾病。获得性免疫缺陷病较原发性免疫缺陷病更为常见，感染、营养不良、恶性肿瘤等是其主要诱发因素。

1. 感染　某些病毒、细菌和寄生虫感染，均可不同程度地影响机体免疫系统，引发获得性免疫缺陷病，其中对人类危害最大的就是 AIDS。AIDS 是 HIV 感染引起的、以 CD4$^+$T 细胞减少为主要特征的获得性免疫缺陷病，易伴发机会性感染、恶性肿瘤和中枢神经系统退行性病变。主要通过性接触、血液及垂直传播。目前在世界范围内仍无根治 AIDS 的药物，也无预防该病的有效疫苗。

2. 营养不良　营养不良是 AIDD 最常见的诱发因素。各种营养物质摄入不足皆可影响免疫细胞发育和成熟，降低免疫应答能力而致免疫缺陷。

3. 恶性肿瘤　淋巴瘤、骨髓瘤等免疫系统肿瘤，常可进行性损伤患者免疫系统，导致免疫功能障碍。

4. 医源性因素　长期应用免疫抑制剂、抗肿瘤药物及放射性损伤等均可抑制免疫功能，引起免疫缺陷病。

二、免疫缺陷病的防治原则

（一）抗感染

反复感染是免疫缺陷病的主要临床表现，故控制感染可以缓解病情。

（二）免疫重建

借助造血干细胞移植以补充免疫细胞，重建机体免疫功能。

（三）基因治疗

某些原发性免疫缺陷病是单基因缺陷所致，基因治疗可获得良好疗效。

（四）免疫制剂

补充相应的免疫分子，如 Ig、细胞因子等可增强机体免疫功能。

> **重点提示**
>
> 免疫缺陷病的特点和获得性免疫缺陷病的诱发因素

（关静岩）

第四节　超敏反应

超敏反应（hypersensitivity）指机体再次接受相同抗原刺激时所发生的一种以生理功能紊乱或组织细胞损伤为主的病理性免疫应答，又称变态反应（allergy）。引起超敏反应的抗原称为变应原（allergen）。

根据变应原的性质、参与成分和发生机制的不同，超敏反应分为四型，即Ⅰ型超敏反应、Ⅱ型超敏反应、Ⅲ型超敏反应和Ⅳ型超敏反应，其中Ⅰ~Ⅲ型由抗体介导，Ⅳ型由效应T细胞介导。

重点提示

超敏反应的概念及分类

一、Ⅰ型超敏反应

Ⅰ型超敏反应（hypersensitivity type Ⅰ）又称过敏反应（anaphylaxis），因反应发生迅速，又称速发型超敏反应。

（一）特点

1. 反应发生快，消退也快。
2. 特异性IgE介导肥大细胞、嗜碱性粒细胞释放活性介质引起局部或全身反应。
3. 通常只引起机体生理功能紊乱，极少引起组织损伤。
4. 有明显的个体差异和遗传倾向。

（二）发生机制

Ⅰ型超敏反应发生过程可分为致敏阶段、发敏阶段和效应阶段三个阶段（图28-2）。

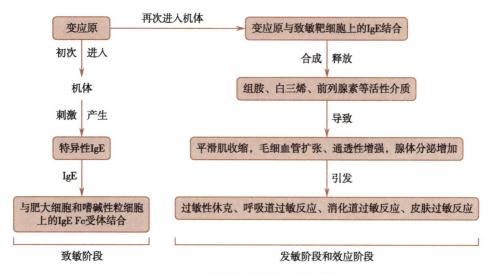

图28-2　Ⅰ型超敏反应发生机制示意图

1. 致敏阶段　变应原初次进入体内，诱导体内特异性B细胞产生IgE类抗体。IgE通过其Fc段与肥大细胞或嗜碱性粒细胞膜上相应的IgE Fc受体结合，使机体处于致敏状态，此阶段机体不表现出任何症状。此状态可维持数月甚至更久，如长期不再接触同种变应原，则致敏状态可逐渐消失。

2. 发敏阶段　当相同变应原再次进入处于致敏状态的机体时，可迅速与肥大细胞或嗜碱性粒细胞膜上两个或两个以上的IgE Fab段结合，使靶细胞膜表面IgE Fc受体发生交联，细胞被激活，细胞膜通透性增加，细胞脱颗粒，释放组胺、肝素、白三烯、血小板活化因子、前列腺素、嗜酸性粒细胞趋化因子等多种生物活性介质。

3. 效应阶段　生物活性介质作用于效应器官和组织，引起平滑肌收缩、毛细血管扩张、通透性增高、腺体分泌增加，使机体出现一系列临床表现。如支气管平滑肌收缩引起呼吸困难；胃肠道平滑肌收缩引起腹痛、腹泻；毛细血管扩张、通透性增高使血浆渗出，引起组织水肿、血压下降、休克等。

（三）临床常见疾病

1. 过敏性休克　当致敏机体再次接触变应原后数分钟内可出现胸闷、呼吸困难、面色苍白、出冷汗、脉搏细速、血压下降、意识障碍或昏迷，严重者抢救不及时可导致迅速死亡。常见的有药物过敏性休克和血清过敏性休克。

（1）药物过敏性休克：引起过敏性休克常见的药物有青霉素、头孢菌素、左氧氟沙星、阿奇霉素、普鲁卡因、有机碘等。青霉素分子量小，无免疫原性，其降解产物青霉烯酸或青霉噻唑醛酸为半抗原，与机体组织蛋白结合成为完全抗原，刺激机体产生 IgE，使机体处于致敏状态。当机体再次接触青霉素时，能迅速引起 I 型超敏反应，严重者出现过敏性休克甚至死亡。青霉素分子不稳定，在弱碱性（pH 7.2~7.6）环境下能迅速降解为青霉烯酸或青霉噻唑醛酸，因此临床使用青霉素时应现用现配，放置时间不得超过 2h。临床发现少数人初次注射青霉素时也可发生过敏性休克，这可能与其曾经使用过被青霉素污染的注射器等医疗器械，或吸入青霉孢子而使机体处于致敏状态有关。

（2）血清过敏性休克：临床上用动物免疫血清如破伤风抗毒素血清进行紧急预防或治疗时，也可引起过敏性休克。故临床使用动物免疫血清前，也应进行皮肤过敏试验，皮试阳性者可采用脱敏疗法注射。由于免疫血清纯化程度不断提高，现在这类过敏反应较少发生。

2. 呼吸道过敏反应　常因吸入植物花粉、尘螨、动物皮屑或呼吸道感染。临床以支气管哮喘和变应性鼻炎最为常见。支气管哮喘以儿童和青壮年好发，患者因支气管平滑肌痉挛和呼吸道变应性炎症，常出现胸闷、气短、呼吸困难等症状；变应性鼻炎又称花粉症，因变应原刺激引起鼻黏膜水肿和分泌物增加，患者常出现鼻塞、流涕、打喷嚏等症状。

3. 消化道过敏反应　少数人进食鱼、虾、蛋、乳等食物或服用某些药物后，可出现恶心、呕吐、腹痛、腹泻等过敏性肠炎症状。食入的变应原多为可抵抗消化酶作用的蛋白质，有的可伴有皮肤反应或过敏性休克。

4. 皮肤过敏反应　皮肤过敏反应主要由于食入或接触某些食物、药物、花粉、油漆、羽毛、肠道寄生虫等引起。临床上常见的有荨麻疹、湿疹和血管神经性水肿等，患者的主要表现为皮疹伴剧烈瘙痒。

（四）防治原则

1. 查明变应原，避免接触　避免接触变应原是预防 I 型超敏反应最基本、最有效的方法。查明变应原的方法有：

（1）询问病史：询问患者及家庭成员有无过敏史，如已查明患者对某种物质过敏，则应避免再次接触。

（2）皮肤过敏试验：是临床上查找变应原常用的方法，以皮内试验应用最为广泛。皮肤过敏试验的方法：将容易引起过敏反应的变应原稀释后（青霉素 25U/ml、抗毒素血清 1:100、尘螨 1:100 000、花粉 1:1 000），取 0.1ml 在受试者前臂掌侧做皮内注射，15~20min 后观察结果。若注射局部皮肤出现红晕、风团或水肿，且直径＞1cm，则为皮肤过敏试验阳性，表示受试者接触该物质可发生过敏反应。目前临床可以用青霉素快速过敏皮试仪进行青霉素过敏的检测。

青霉素皮内试验阴性与阳性结果示意图

青霉素快速过敏皮试仪

（3）特异性 IgE 检测：IgE 是血清中含量最低的 Ig，但在过敏性疾病或某些寄生虫感染者的血清中，特异性 IgE 含量显著升高，检测血清中特异性 IgE 对寻找变应原有重要意义。

2. 脱敏疗法　对抗毒素皮肤试验阳性而又必须使用者，可采用小剂量、短间隔（20~30min）、多次注射的方法进行脱敏治疗。作用机制：小剂量抗毒素进入体内，与有限数量致敏细胞上的 IgE 结合后，释放的生物活性介质较少，不足以引起明显的临床反应。通过少量、多次注射抗毒素，可使致敏细胞上的 IgE 大部分，甚至全部被结合消耗掉，机体暂时处于脱敏状态，此时注射大剂量抗毒素则不会发生超敏反应。但这种脱敏是暂时的，经一段时间后机体又可重新致敏。

3. 减敏治疗　减敏疗法适用于已查明对某种物质（如花粉、尘螨等）过敏，但又难以避免反复接触该物质的个体。方法是小剂量、间隔时间逐渐延长（每周2次至每2周1次）、反复多次皮下注射特定变应原。作用机制：因改变了变应原进入机体的途径，变应原诱导机体产生大量特异性IgG类抗体，这种特异性IgG类抗体能与IgE竞争变应原，又称封闭性抗体。该类抗体与再次进入机体的变应原结合，可阻止变应原与致敏细胞上的IgE结合，从而阻断Ⅰ型超敏反应的发生。此法常用于外源性哮喘和荨麻疹等治疗。

4. 药物治疗　选择相应的药物阻断或干扰Ⅰ型超敏反应发生的某个环节，可防止Ⅰ型超敏反应的发生或减轻反应症状。

（1）**抑制生物活性介质合成与释放的药物**：如色甘酸钠、肾上腺素、氨茶碱及儿茶酚胺类药物等，可抑制生物活性介质的释放。

（2）**生物活性介质拮抗药**：如苯海拉明、氯苯那敏、氯雷他定等，可与组胺竞争效应器官细胞膜上的组胺受体，阻断组胺的生物学效应。

（3）**改善效应器官反应性的药物**：如肾上腺素不仅可解除支气管痉挛，还可使外周毛细血管收缩升高血压，在抢救过敏性休克时具有重要作用。葡萄糖酸钙、氯化钙、维生素C等有解除痉挛、降低毛细血管通透性和减轻皮肤黏膜炎症反应的作用，可有效缓解过敏症状。

> **重点提示**
>
> Ⅰ型超敏反应的特点、发生机制、临床常见疾病与防治原则

二、Ⅱ型超敏反应

> **案例**
>
> 患者，男，42岁。因车祸后失血过多需输血治疗，在输血8min左右时，患者出现头晕、乏力、恶心、寒战、发热、胸闷、心悸、呼吸急促等症状，留观的护士立即停止输血，并及时通知医生并进行相应的处理。
>
> **请问：**
>
> 1. 为什么患者输血后会出现上述症状？
> 2. 应如何预防输血反应的发生？

Ⅱ型超敏反应引起的免疫损伤以细胞溶解破坏为主，故又称细胞溶解型或细胞毒型超敏反应。

（一）特点

1. 由特异性IgG、IgM介导。
2. 有补体、吞噬细胞、NK细胞参与反应。
3. 激活补体、调理作用和ADCC导致靶细胞溶解。

（二）发生机制

1. 靶细胞及其表面抗原　正常组织细胞、改变的自身细胞和被抗原结合修饰的自身组织细胞，均可成为Ⅱ型超敏反应中被攻击的靶细胞。靶细胞表面的抗原主要有：①血细胞表面的同种异型抗原，如ABO抗原系统、Rh抗原、HLA等。②吸附于自身组织细胞表面的药物半抗原，如青霉素等。③感染或理化因素所致自身组织改变而形成的自身抗原。④外源性抗原与正常组织细胞之间具有的共同抗原，如A群链球菌与肾小球基底膜、心瓣膜和关节滑膜等组织蛋白之间的共同抗原。

2. 抗体、补体和效应细胞的作用　参与Ⅱ型超敏反应的抗体主要有IgG和IgM，当抗体与靶细胞表面的抗原结合后，可通过三条途径破坏靶细胞。

（1）**激活补体，溶解靶细胞**：IgG或IgM类抗体与靶细胞表面抗原结合，激活补体的经典途径，引起靶细胞溶解。

（2）**调理吞噬作用**：IgG 或 IgM 类抗体的 Fab 段与靶细胞表面抗原结合后，其 Fc 段可与吞噬细胞上的 Fc 受体结合，促进吞噬细胞吞噬靶细胞。

（3）**ADCC**：IgG 类抗体的 Fab 段与靶细胞表面抗原结合后，其 Fc 段能与 NK 细胞上的 Fc 受体结合，介导 ADCC 效应，促进 NK 细胞对靶细胞的破坏（图 28-3）。

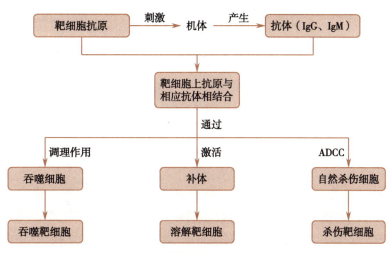

图 28-3　Ⅱ型超敏反应的发生机制示意图

（三）临床常见疾病

1. **输血反应**　多发生于 ABO 血型不符的错误输血。输入的异型红细胞迅速与受血者体内相应的天然血型抗体（IgM）结合，激活补体，引起血管内溶血反应。患者出现头晕、乏力、寒战、发热、胸闷、心悸、意识障碍、血红蛋白尿等，严重者可引起死亡。此外，反复多次输血，也可因 HLA 不同而引发白细胞输血反应。

2. **新生儿溶血病**　一般由母婴 Rh 血型不同引起。当母亲血型为 Rh⁻，胎儿血型为 Rh⁺ 时，由于分娩或流产等原因，胎儿 Rh⁺ 红细胞进入母体内，刺激母体产生抗 Rh 抗体（IgG 型）。当母亲再次妊娠且胎儿血型仍为 Rh⁺ 时，母体内的抗 Rh 抗体（IgG 型）可通过胎盘进入胎儿体内，与胎儿 Rh⁺ 红细胞结合，激活补体，导致胎儿红细胞溶解，引起流产、死胎或新生儿溶血病。为防止新生儿溶血病的发生，可在产妇初次分娩后 72h 内注射抗 Rh 抗体，以阻止 Rh⁺ 红细胞对母体的致敏。母婴之间 ABO 血型不符也可发生新生儿溶血病，多见于母亲为 O 型，胎儿为 A 型或 B 型，也多见于第二胎次及以后，但由于胎儿体内 IgG 型抗体与胎儿血清及某些组织中的 A、B 血型抗原物质结合，竞争性抑制了该抗体的溶细胞作用，故发生率相对较高，但症状相对较轻。表现为胆红素轻度增高及黄疸，目前尚无有效的预防方法。

3. **药物过敏性血细胞减少症**　一些药物半抗原如青霉素、磺胺、奎宁等，吸附于血细胞上而成为完全抗原，刺激机体产生抗体，抗体与血细胞膜上的相应抗原结合后，通过激活补体、调理吞噬作用和 ADCC 作用引起血细胞破坏。临床常见的药物过敏性血细胞减少症有溶血性贫血、粒细胞减少症和血小板减少性紫癜等。

4. **自身免疫性溶血性贫血**　服用甲基多巴类药物或某些病毒（如 EB 病毒）感染后，红细胞膜表面的成分可发生改变，成为自身抗原，刺激机体产生自身抗体，该抗体与具有自身抗原的红细胞结合，引起红细胞溶解。

5. **肺出血-肾炎综合征**　病毒或细菌感染使肺泡基底膜抗原发生改变，刺激机体产生抗肺泡基底膜自身抗体，因肺泡基底膜与肾小球基底膜之间有共同抗原，因此该自身抗体也可与肾小球基底膜发生反应，造成肺出血和肾炎。临床表现为咯血、血尿和蛋白尿。

6. 弥漫性甲状腺肿 又称格雷夫斯病。在某些因素作用下，患者体内产生了一种能与甲状腺细胞表面 TSH（促甲状腺激素）受体结合的自身抗体（IgG），此抗体与甲状腺细胞表面的 TSH 受体结合后，不引起甲状腺细胞损伤，而是持续刺激甲状腺细胞分泌大量甲状腺素，此作用不受甲状腺素的生理性反馈抑制，故患者出现甲状腺功能亢进的各种临床症状。这种刺激型超敏反应被认为是一种特殊类型的Ⅱ型超敏反应。

7. 肾小球肾炎和风湿热 A 群链球菌与肾小球基底膜、关节滑膜之间存在共同抗原，当 A 群链球菌感染机体后，刺激机体产生抗链球菌抗体，该抗体除与链球菌结合外，还能与肾小球基底膜、关节滑膜等处的共同抗原结合，导致肾小球基底膜和关节滑膜损伤，引起肾小球肾炎和风湿性关节炎。

重点提示

Ⅱ型超敏反应的特点和常见疾病

三、Ⅲ型超敏反应

案例

患儿，男，9 岁，因发热、眼睑水肿、肉眼血尿入院。体格检查：T 39℃，血压稍高。实验室检查：尿 RBC（3＋）、尿蛋白（3＋）、血中免疫复合物测定强阳性。询问得知，3 周前患儿因扁桃体化脓性感染注射青霉素治疗。诊断：急性肾小球肾炎。

请问：

急性肾小球肾炎与三周前的扁桃体化脓性感染有关吗？

Ⅲ型超敏反应是中等大小的可溶性免疫复合物（immune complex，IC）沉积于局部或全身毛细血管壁基底膜或组织间隙，激活补体、活化中性粒细胞和血小板，引起的血管及其周围炎症反应和组织损伤，故又称免疫复合物型或血管炎型超敏反应。

（一）特点

1. 由特异性 IgG、IgM 介导。

2. 中等大小的可溶性免疫复合物沉积于血管基底膜是致病的关键。

3. 补体、中性粒细胞、血小板、肥大细胞等参与反应。

4. 主要病理变化是以中性粒细胞浸润为主的血管炎及其周围组织炎症。

（二）发生机制

1. 中等大小 IC 的形成和沉积 中等大小的可溶性 IC 的形成和沉积是引发Ⅲ型超敏反应的关键。

（1）**中等大小 IC 的形成**：IC 的大小与抗原抗体的比例有关。当抗原抗体比例适当时，形成大分子不溶性 IC，容易被吞噬细胞吞噬清除；当抗原量远大于抗体量时，形成小分子可溶性 IC，可被肾小球滤过，随尿液排出；只有当抗原量略多于抗体时，才形成中等大小的可溶性 IC，既不易被吞噬细胞吞噬，又不能被肾小球滤出，长时间循环于血液中。

（2）**中等大小 IC 的沉积**：IC 的沉积与局部解剖和血流动力学因素有关，常见的沉积部位是肾小球基底膜、关节滑膜、心肌等血压较高的毛细血管迂回曲折、血流缓慢处。此外，补体活化、血小板激活等过程中释放的血管活性物质可使血管通透性增高，血管内皮细胞间隙增大，更有利于 IC 在血管壁上的沉积和嵌入。

2. IC 沉积引起的组织损伤

（1）**补体的作用**：沉积的 IC 可激活补体，产生过敏毒素（C3a、C4a、C5a）。过敏毒素可刺激肥大细胞和嗜碱性粒细胞释放组胺、血小板活化因子等生物活性介质，使局部血管通透性增高、渗出增多，出现水肿，并趋化中性粒细胞在 IC 沉积部位聚集。

（2）**中性粒细胞的作用**：聚集的中性粒细胞在吞噬沉积的 IC 过程中，释放大量溶酶体酶，损伤血管基底膜和邻近组织。

（3）**血小板的作用**：在局部聚集和激活的血小板，可释放血管活性胺类，加重局部炎性渗出，并激活凝血过程，形成微血栓，引起局部缺血、出血及坏死（图 28-4）。

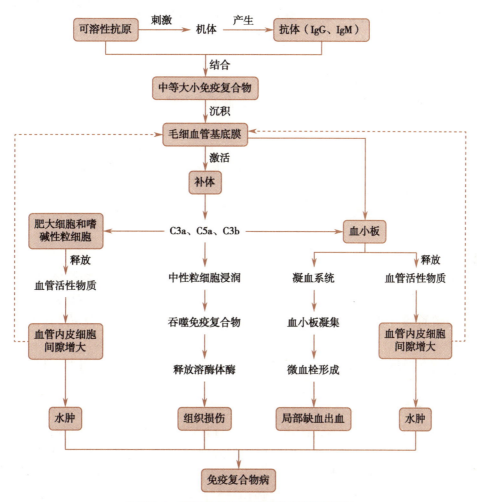

图 28-4　Ⅲ型超敏反应的发生机制示意图

（三）临床常见疾病

1. 阿蒂斯反应　1903 年学者在给家兔反复皮下注射正常马血清 5~6 次后，发现注射局部出现红肿、出血和坏死等剧烈炎症反应。

2. 人类局部免疫复合物病（类阿蒂斯反应）　临床上当反复注射动物来源的胰岛素或狂犬病疫苗等制剂，注射局部亦可出现红肿、出血和坏死等类阿蒂斯反应的炎症反应。此外，长期吸入含真菌孢子、动物皮毛等的空气，也可形成免疫复合物并沉积于肺，引起过敏性肺炎。

3. 血清病　常见于初次大量注射抗毒素血清 1~2 周后，此时机体内已经产生了抗毒素抗体，而抗毒素尚未完全排除，二者结合形成中等大小的 IC，沉积于相应部位，引起血清病。主要表现有发热、全身荨麻疹、淋巴结肿大、关节肿痛、一过性蛋白尿等。

4. 链球菌感染后肾小球肾炎（PSGN）　常发生于 A 群链球菌感染后 2~3 周，此时体内产生的抗链球菌抗体与链球菌抗原结合，形成的免疫复合物沉积于肾小球毛细血管基底膜，激活补体，引起基底膜炎症反应。患者可出现血尿、蛋白尿、血压升高等临床表现。

5. 类风湿关节炎（RA）　某些因素使患者自身 IgG 变性，变性的 IgG（自身抗原）刺激机体产生抗变性 IgG 的自身抗体（IgM 型），此抗体称为类风湿因子（RF）。RF 与变性 IgG 结合形成免疫复合物,反复沉积于小关节滑膜,引起关节损伤。主要临床表现有关节疼痛、变形、功能障碍等。

6. **系统性红斑狼疮**(SLE) 某些因素导致患者体内出现多种抗核抗体,该抗体与相应的核抗原结合成抗原抗体复合物,反复沉积于肾小球、关节、皮肤或其他部位的血管壁内,引起肾、关节、皮肤等全身多脏器病变。主要临床表现有小球肾炎、关节炎、皮肤红斑及多部位的血管炎等。

重点提示

Ⅲ型超敏反应常见疾病

四、Ⅳ型超敏反应

Ⅳ型超敏反应是以单个核细胞浸润和组织细胞损伤为特征的炎症反应,因反应发生缓慢,故又称迟发型超敏反应。

(一) 特点

1. 发生速度慢,一般在机体再次接触相同变应原后24~72h出现症状,消退也慢。

2. 由T细胞(Th1和Tc)介导,抗体、补体不参与反应。

3. 以单核细胞、淋巴细胞浸润为主的局部炎症反应为主要病理特征。

4. 多无个体差异。

(二) 发生机制

Ⅳ型超敏反应与细胞免疫应答机制基本一致。细胞免疫应答以清除病原体或异物为主,Ⅳ型超敏反应主要引起机体组织损伤,二者可以同时存在。一般应答越强烈,炎症损伤越严重。

1. **T细胞致敏阶段** 变应原初次进入机体,刺激T细胞,使之活化、增殖、分化为效应T细胞(效应Th1细胞和效应Tc细胞),部分活化T细胞转化为记忆T细胞(Tm)。

2. **效应T细胞介导的免疫损伤阶段** 包括Th1细胞介导的炎症反应和Tc细胞介导的细胞毒作用。

(1) **Th1细胞介导的炎症反应**:Th1细胞再次接触变应原后活化,分泌IL-2、IFN-γ、TNF-α、趋化因子等多种细胞因子,趋化因子等可趋化单个核细胞到达抗原部位,使病变部位出现以单个核细胞浸润为主的炎症反应;IFN-γ和TNF-α可使巨噬细胞活化,释放溶酶体酶,加重组织损伤。

(2) **Tc细胞介导的细胞毒作用**:当机体再次接触相同变应原时,Tc细胞与变应原特异性结合,释放穿孔素和颗粒酶,直接导致靶细胞裂解;或诱导靶细胞表达凋亡分子Fas,与效应Tc细胞表达的凋亡分子配体FasL结合,引起靶细胞凋亡(图28-5)。

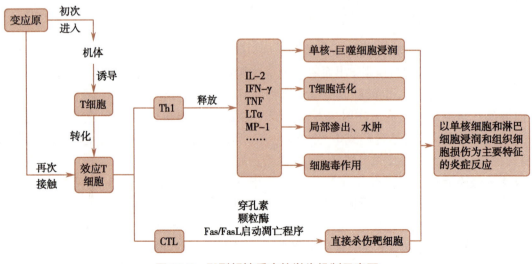

图28-5 Ⅳ型超敏反应的发生机制示意图

（三）临床常见疾病

1. 传染性迟发型超敏反应 当胞内寄生菌（如结核分枝杆菌）、病毒、真菌或寄生虫感染时，主要产生细胞免疫应答，但在清除病原体或阻止病原体扩散的同时，病原体可刺激机体产生Ⅳ型超敏反应而导致组织炎症损伤，这种超敏反应是在传染过程中发生的，又称传染性迟发型超敏反应。如肺结核继发感染时，病灶局限，很少播散，但局部组织损伤较重，可发生坏死、液化、空洞等，一般认为前者归于细胞免疫效应，而后者是Ⅳ型超敏反应所致。

2. 接触性皮炎 引起接触性皮炎的变应原常为小分子半抗原，如油漆、塑料、染料、农药、化妆品及某些药物（磺胺、青霉素）等。这些半抗原与表皮细胞角质蛋白结合形成完全抗原，使T细胞致敏，当机体再次接触相同变应原24h后，局部皮肤出现红肿、皮疹、水疱等症状，即接触性皮炎，严重者可发生剥脱性皮炎。

3. 移植排斥反应 在进行同种异体组织器官移植时，如果供者与受者之间的组织相容性抗原（如HLA等）不同，供者组织器官进入到受者体内，可刺激受者产生效应T细胞，引起Ⅳ型超敏反应，导致移植物坏死、脱落，引发移植排斥反应。故移植术后通常需长期使用免疫抑制剂，以防排斥反应的发生。

> **重点提示**
>
> Ⅳ型超敏反应常见疾病

临床上超敏反应常为混合型，而以某一型为主。如链球菌感染引起的肾小球肾炎，可同时具有Ⅱ型、Ⅲ型超敏反应。另外，一种抗原在不同条件下也可引起不同类型的超敏反应，如青霉素，可引起Ⅰ型过敏性休克，当结合于血细胞表面则引起Ⅱ型超敏反应，如与血清蛋白质结合则可能引发Ⅲ型超敏反应，而青霉素油膏局部应用时可引起Ⅳ型超敏反应。四型超敏反应的比较见表28-2。

表28-2 四型超敏反应的比较

类型	参与成分			发生机制	临床常见疾病
	抗体	补体	主要细胞		
Ⅰ型超敏反应	IgE	无	肥大细胞、嗜碱性粒细胞	变应原与肥大细胞或嗜碱性粒细胞上的IgE结合，致两种细胞释放活性物质，后者作用于效应器官，引起功能紊乱	过敏性休克、过敏性哮喘、变应性鼻炎、过敏性肠炎、荨麻疹、湿疹等
Ⅱ型超敏反应	IgG、IgM	有	巨噬细胞、NK细胞	抗体与靶细胞上抗原结合，通过激活补体、调理吞噬作用和ADCC引起靶细胞破坏	输血反应、新生儿溶血病、药物过敏性血细胞减少症、肺-肾综合征、弥漫性甲状腺肿、自身免疫性溶血性贫血、肾小球肾炎、风湿热
Ⅲ型超敏反应	IgG、IgM	有	中性粒细胞	中等大小免疫复合物沉积于血管壁基底膜，通过激活补体、中性粒细胞聚集和活化血小板导致血管炎症性损伤	血清病、类风湿关节炎、系统性红斑狼疮、肾小球肾炎、类Arthus反应
Ⅳ型超敏反应	无	无	效应T细胞（Th1和Tc）	效应T细胞再遇相同抗原，Tc直接杀伤靶细胞，Th1释放细胞因子，激活巨噬细胞，释放溶酶体酶，损伤组织和细胞	传染性迟发型超敏反应、接触性皮炎、移植排斥反应

（关静岩）

第五节　肿瘤免疫

案例

患者，男，65 岁，因右上腹疼痛 50d 入院。患者 1 个月前无明显诱因出现右上腹疼痛，以夜间为明显，伴有发热及恶心呕吐等表现。在当地医院门诊检查 B 超发现肝脏有占位性病变，AFP 251.12μg/L（参考范围 0~20μg/L），以"原发性肝癌"收治入院。

请问：

什么是 AFP？对该患者的诊断有何意义？

肿瘤免疫学（tumor immunology）是研究肿瘤抗原的种类和性质、机体对肿瘤的免疫效应机制、肿瘤的免疫逃逸及肿瘤的免疫诊断和防治的科学。

一、肿瘤抗原

肿瘤抗原能诱导机体产生抗肿瘤免疫应答，是肿瘤免疫诊断和免疫防治的分子基础。

（一）根据肿瘤抗原特异性分类

1. 肿瘤特异性抗原（TSA）　是在 20 世纪 50 年代通过近交系小鼠肿瘤移植排斥实验证实的，故又称肿瘤特异性移植抗原。物理、化学因素诱发的肿瘤抗原及自发性肿瘤抗原多属此类。TSA 的特异性强。是肿瘤治疗的靶点，这类抗原主要被 T 细胞识别，激活 CTL 介导的细胞免疫应答。

2. 肿瘤相关抗原（TAA）　胚胎抗原和过度表达的癌基因产物等均为此类抗原。TAA 存在于正常细胞，其免疫原性较弱，难以诱导机体产生抗肿瘤免疫应答。目前发现的肿瘤抗原多为 TAA，常作为肿瘤早期的筛查指标和治疗靶点，对疗效评估和判断预后也有指导意义。此类抗原一般可被 B 细胞识别并产生相应抗体。

（二）根据肿瘤抗原产生机制分类

1. 理化因素诱发的肿瘤抗原　化学致癌物如甲基胆蒽、二乙基亚硝胺等，或物理因素如紫外线、X 线等可随机诱发某些基因突变而导致肿瘤形成，表达相应的肿瘤抗原如 MUM-1 和 P53，此类抗原具有高度异质性，特异性高而免疫原性弱，大多数人类肿瘤抗原不是此种抗原。

2. 病毒诱发的肿瘤抗原　某些肿瘤病毒可将其 DNA 或 RNA 整合到宿主细胞 DNA 中，从而诱导宿主细胞恶性转化并表达相应基因突变产物，即病毒诱发的肿瘤抗原。此类肿瘤抗原与理化因素诱发的肿瘤抗原不同，即由同一种病毒诱发的肿瘤，无论其来源或类型均表达相同的肿瘤抗原。病毒诱发的肿瘤抗原免疫原性较强，可刺激机体产生免疫应答。此类肿瘤抗原由病毒基因编码，但又与病毒自身抗原有所不同，因此又被称为病毒相关的肿瘤抗原。如 EB 病毒（Epstein-Barr virus，EBV）诱发 B 细胞淋巴瘤和鼻咽癌表达的 EB 病毒核抗原 1、人乳头瘤病毒诱发人宫颈癌细胞表达的 E6 和 E7 抗原。

3. 胚胎抗原　曾在胚胎期出现，宿主对其产生免疫耐受性，因此不能诱导宿主免疫系统对其产生免疫应答。但其检测可作为某些肿瘤临床免疫学诊断的指标。甲胎蛋白（alpha-fetoprotein，AFP）和癌胚抗原（carcinoembryonic antigen，CEA）是两种重要的胚胎抗原，分别用于原发性肝癌和结肠癌的诊断。

4. 自发性肿瘤抗原　自发性肿瘤指一些无明确诱发因素的肿瘤。大多数人类肿瘤属于自发性肿瘤，有些自发性肿瘤表达的抗原与理化因素诱发的肿瘤抗原类似，具有各自独特的肿瘤抗原特异性，很少或几乎没有交叉反应。有些自发性肿瘤则类似于病毒诱发的肿瘤，具有共同抗原。有些自发性肿瘤可表达胚胎抗原或分化抗原，或异位或过度表达某些正常组织成分。这些正常组织成分不能激发免疫应答，但对肿瘤诊断和确定其组织来源具有一定的意义。

5.**组织特异性分化抗原**　指正常组织细胞在特定分化阶段表达的抗原。如卵巢癌患者的 CA12-5，胰腺癌、结肠癌患者的 CA19-9，前列腺癌患者的前列腺特异性抗原（prostate-specific antigen，PSA）等。分化抗原的检测可作为某些肿瘤临床免疫学诊断或分型指标。

重点提示

肿瘤抗原的种类和特点

二、机体对肿瘤的免疫应答

（一）抗肿瘤的固有免疫效应机制

1.**巨噬细胞的抗肿瘤作用**　巨噬细胞不仅作为抗原提呈细胞参与特异性抗肿瘤作用，而且是溶解肿瘤细胞的效应细胞。其作用机制：①通过释放溶酶体酶等直接杀伤肿瘤细胞。②分泌 NO 等细胞毒性物质间接杀伤肿瘤细胞。③通过分泌 TNF 诱导肿瘤细胞凋亡。

2.**NK 细胞的抗肿瘤作用**　NK 细胞是执行机体免疫监视作用的重要效应细胞，无须抗原预先致敏，就可直接杀伤某些肿瘤细胞。NK 细胞对肿瘤细胞的识别机制与 $CD8^+CTL$ 细胞不同，但二者杀伤靶细胞的作用机制基本相同，即通过释放穿孔素、颗粒酶、表达 FasL 和分泌 TNF-α 使靶细胞溶解破坏和发生凋亡。

3.**NKT 细胞和 γδT 细胞的抗肿瘤作用**　NKT 细胞可识别由 CD1d 分子提呈的抗原，活化后既可直接作为抗肿瘤效应细胞发挥杀伤作用，亦可分泌大量具有免疫调节作用的细胞因子，如 IL-13、IFN-γ 等，从而激活其他免疫效应细胞发挥抗肿瘤效应。γδT 细胞可直接杀伤肿瘤细胞，亦可产生多种细胞因子发挥抗瘤作用。

4.**固有免疫分子的抗肿瘤作用**　补体激活后可产生溶肿瘤细胞作用。IL-2、IFN-γ 等可增强 NK 细胞、巨噬细胞的抗肿瘤作用。

（二）抗肿瘤的适应性免疫效应机制

1.**抗肿瘤的体液免疫机制**　免疫系统对肿瘤抗原发生体液免疫应答，产生抗肿瘤抗原的特异性抗体，并发挥抗肿瘤作用。

（1）**激活补体经典途径溶解肿瘤细胞**：IgM 和 IgG1~IgG3 与肿瘤细胞表面抗原特异性结合后，通过激活补体经典途径形成膜攻击复合物，溶解肿瘤细胞。

（2）**抗体依赖的细胞介导的细胞毒作用**：IgG 类抗体与肿瘤细胞表面抗原特异性结合后，其 Fc 段与多种效应细胞如巨噬细胞、NK 细胞、中性粒细胞上的 FcγR 结合而发挥 ADCC 效应，溶解肿瘤细胞。

（3）**抗体抑制肿瘤转移作用**：某些抗体可通过阻断肿瘤细胞表面黏附分子与血管内皮细胞表面黏附分子配体的结合，从而阻止肿瘤细胞生长、黏附和转移。

2.**抗肿瘤的细胞免疫机制**　T 细胞介导的细胞免疫应答在机体抗肿瘤免疫过程中起重要作用。体内参与抗肿瘤免疫作用的 T 细胞主要包括 $CD4^+Th$ 细胞和 $CD8^+CTL$，其中 $CD8^+CTL$ 在机体抗肿瘤免疫效应中起关键作用。

（1）**$CD8^+CTL$ 细胞**：肿瘤抗原特异性 $CD8^+CTL$ 被相应肿瘤抗原激活、增殖分化为效应性 CTL 后，可特异性杀伤表达相应抗原的肿瘤细胞，发挥抗肿瘤免疫作用。

（2）**$CD4^+Th$ 细胞**：肿瘤抗原特异性 $CD4^+Th$ 细胞被相应肿瘤抗原激活、增殖分化为效应性 $CD4^+Th$ 细胞后，可分泌 IL-2、IFN-γ 和 TNF-β 等多种细胞因子，增强巨噬细胞、NK 细胞和 $CD8^+$ 效应 CTL 细胞的杀瘤作用；局部分泌高浓度 TNF 可直接发挥杀瘤效应。

重点提示

抗肿瘤的免疫效应机制

三、肿瘤的免疫逃逸

机体免疫系统能够产生抗肿瘤免疫应答，但是许多肿瘤仍能在机体内进行性生长，表明肿瘤细胞能够逃避宿主免疫系统的攻击，或通过某种机制使机体不能产生有效的抗肿瘤免疫应答。肿瘤的免疫逃逸机制非常复杂，现有多种学说，一般认为主要有：①肿瘤细胞通过抗原缺失和抗原改变，逃逸免疫系统的识别和攻击。②肿瘤细胞表面 MHC I 类分子表达低下或缺失，不能有效激活肿瘤抗原特异性 CTL。③肿瘤细胞共刺激分子表达异常，不能为 T 细胞活化提供第二信号；某些肿瘤细胞亦可高表达共抑制分子 PD-L1 和 PD-L2 抑制抗肿瘤免疫应答。④肿瘤细胞高表达 FasL，介导肿瘤特异性 CTL 凋亡。肿瘤细胞高表达 bcl-2 等抗凋亡基因产物，下调自身 Fas 的表达，有利于肿瘤细胞的生长。⑤肿瘤细胞可直接或间接抑制免疫效应细胞。

四、肿瘤的免疫诊断和防治

（一）肿瘤的免疫诊断

通过生化和免疫学技术检测肿瘤抗原或其他肿瘤标志物是目前最常用的肿瘤免疫诊断方法。目前最常用的有：①AFP 检测对原发性肝细胞癌有诊断价值。②CEA 检测有助于直肠和结肠癌的诊断。③CA19-9 检测有助于胰腺癌的诊断。④CA12-5 检测有助于卵巢癌的诊断。⑤CA15-3 检测有助于乳腺癌的诊断。⑥前列腺特异性抗原（PSA）检测有助于前列腺癌的诊断。

（二）肿瘤的免疫防治

1. 对病原体感染所致肿瘤的预防　病原体感染与肿瘤发生有关，如 HPV 感染与宫颈癌，HBV 或 HCV 感染与原发性肝癌等。制备相关的病原体疫苗（如用 HPV 疫苗预防宫颈癌）或探索新的干预方式有可能预防上述肿瘤的发生。

2. 肿瘤的主动免疫治疗　肿瘤的主动免疫治疗是利用肿瘤抗原的免疫原性，采用各种有效的免疫手段使宿主免疫系统产生针对肿瘤抗原的免疫应答。通常采用的方法是给肿瘤患者输注具有免疫原性的疫苗，如肿瘤细胞疫苗、肿瘤抗原疫苗、DC 疫苗、抗独特型抗体疫苗、基因修饰疫苗和抗肿瘤相关病原体（主要是病毒）的疫苗等。

3. 肿瘤的被动免疫治疗　肿瘤的被动免疫治疗是给机体输注免疫效应细胞、抗体和细胞因子等免疫效应物质，使患者立即产生抗肿瘤免疫作用的治疗方法。体外扩增和激活的免疫效应细胞过继回输治疗、细胞因子治疗，特别是单克隆抗体的靶向治疗等方法已部分应用于临床肿瘤治疗。

（车昌燕）

第六节　移植免疫

案例

患者，男，28 岁，半年前身上出现许多红色斑点，伴有乏力、面色苍白、心悸、气短等症状，到医院进行常规化验和骨髓细胞学检查后诊断为"单核细胞白血病"，治疗方案是"化疗 + 骨髓移植"。

请问：

1. 该患者的治疗方案中骨髓移植的治疗机制是什么？
2. 骨髓移植前应该做哪些检查？

移植（transplantation）指应用自体或异体的正常的细胞、组织或器官替换丧失功能的细胞、组织或器官，以维持和重建机体生理功能的治疗方法。移植时，被移植的细胞、组织或器官称为移植物（graft），提供移植物的个体称为供者（donor），接受移植物的个体称为受者（recipient）。

移植物能否被宿主接受，与供、受者间的遗传背景存在密切关系：如二者遗传背景完全相同，移植物将被接受并发挥相应生理功能；如二者遗传背景存在差异，移植物通常会发生炎症反应甚至坏死，称为移植排斥反应（rejection response）。根据移植物的来源及供、受者间遗传背景不同，将移植分为自体移植、同系移植（如同卵双生间的移植）、同种异体移植和异种移植。目前，临床上主要进行同种异体移植，是本章探讨的重点内容。

移植免疫（transplantation immunity）指移植后，受者免疫系统识别移植物抗原或移植物中免疫细胞识别受者抗原，产生免疫应答，导致移植物功能丧失或受者机体损害，又称移植排斥反应。移植排斥反应是影响移植术成功的主要因素。

一、诱导移植排斥反应的抗原

诱导同种移植排斥反应的抗原称为移植抗原或组织相容性抗原。同一种属不同个体间，由等位基因差异而形成的多态性产物，即同种异型抗原都有可能作为组织相容性抗原诱导移植排斥反应的发生。

（一）主要组织相容性抗原

能引起强烈而迅速排斥反应的移植抗原称为主要组织相容性抗原，在人类最重要的是 HLA，供、受者间 HLA 型别差异是发生急性移植排斥反应的主要原因。

（二）次要组织相容性抗原

临床实践中，即使供、受者间 HLA 型别完全相同的情况下，仍可能发生程度较轻、较缓慢的排斥反应，这主要是由次要组织相容性抗原（mH 抗原）介导的。mH 抗原主要包括两类：①性别相关的 mH 抗原，即雄性动物所具有的 Y 染色体基因编码产物，主要表达于精子、表皮细胞和脑细胞表面。②常染色体编码的 mH 抗原，在人类包括 HA1~HA5 等，其中某些可表达于机体所有组织细胞，某些仅表达于造血细胞和白血病细胞。

（三）人类 ABO 抗原系统

主要分布于红细胞表面，也表达于各种组织细胞，如肝、肾等组织细胞和血管内皮细胞等表面。因此，如果供、受者间 ABO 血型不符也可引起移植排斥反应。

（四）组织特异性抗原

组织特异性抗原指特异性表达于某一器官、组织或细胞表面的抗原。不同组织器官中组织特异性抗原的免疫原性不同，同种异体移植后发生排斥反应的强度各异。

二、移植排斥反应的效应机制

（一）细胞免疫应答效应

T 细胞介导的细胞免疫应答在移植排斥反应中发挥关键作用：①Th1 细胞通过分泌 IL-2、IFN-γ、TNF-α 等多种细胞因子，聚集单核巨噬细胞等炎性细胞，引发迟发型超敏反应性炎症，造成移植物损伤。②特异性 CTL 可直接杀伤移植物血管内皮细胞和实质细胞。③Th17 细胞通过分泌 IL-17，招募中性粒细胞，促进局部组织产生炎症因子和趋化因子，加重局部炎症细胞浸润和移植物组织损伤。

（二）体液免疫应答效应

移植抗原也可诱导体液免疫应答，产生相应的抗体，通过调理作用、ADCC、激活补体等方式，使血管内皮细胞损伤，并介导凝血、血小板聚集、移植物细胞溶解和促炎介质释放，参与移植排斥反应。

（三）固有免疫应答效应

移植过程中对移植物的非特异性损伤可诱导细胞应激并释放 DAMP，激发炎症反应，导致移植物细胞损伤和死亡。

重点提示

移植排斥反应的效应机制

三、移植排斥反应的类型

（一）宿主抗移植物反应

宿主抗移植物反应（host versus graft reaction，HVGR）指宿主免疫系统对移植物发动攻击，产生针对移植物的排斥反应，多见于实质器官移植。根据排斥反应发生的时间、强度、机制和病理表现，可分为超急性排斥反应、急性排斥反应和慢性排斥反应。

1. 超急性排斥反应（hyperacute rejection）　指血管接通后数分钟至 24h 内发生的不可逆性的排斥反应，由体液免疫应答介导。该反应是由于受者体内预先存在抗供者同种异型抗原（如 ABO 抗原系统、HLA、血小板抗原及血管内皮细胞）的抗体（多为 IgM 类）所致，免疫抑制药物不能控制此类排斥反应的发生。

2. 急性排斥反应（acute rejection）　它是同种异体移植中最常见的排斥反应类型，一般在术后数日至 2 周左右出现。病理学检查可见移植物组织出现大量巨噬细胞和淋巴细胞浸润。及早应用适当的免疫抑制剂，此类排斥反应大多可获缓解。

3. 慢性排斥反应（chronic rejection）　它发生于移植术后数周、数月至数年，病程进展较缓慢，是影响移植器官长期存活的主要原因。其病变特征包括移植物组织结构损伤、纤维增生和血管平滑肌细胞增生，导致移植器官功能进行性减退、丧失。慢性排斥反应对免疫抑制疗法不敏感。

> **重点提示**
> HVGR 的类型和特点

（二）移植物抗宿主反应

移植物抗宿主反应（graft versus host reaction，GVHR）指移植物中的抗原特异性淋巴细胞识别宿主组织抗原所导致的排斥反应，主要发生在骨髓（造血干细胞）移植术后。GVHR 的严重程度和发生率主要取决于供、受者间 HLA 型别的匹配程度，也与次要组织相容性抗原密切相关。GVHR 发生后往往难以逆转，不仅导致移植失败，还可能威胁受者生命。

四、移植排斥反应的防治原则

（一）供者的选择

临床实践证明，器官移植成败主要取决于供、受者间的组织相容性。移植术前须进行一系列检测，尽可能选择最理想的供者。

1. 红细胞血型检测　人红细胞血型抗原是一类重要的同种异型抗原，移植前应检测供者 ABO、Rh 抗原，必须与受者相同或至少应符合输血原则。

2. HLA 配型　供、受者间 HLA 型别的匹配程度是决定二者间组织相容性的关键因素，也是选择供体的重要指标。不同 HLA 基因座位产物对移植排斥的影响各异。同种肾移植中，HLA-DR 对移植排斥最为重要，其次为 HLA-B 和 HLA-A。临床资料还表明，HLA Ⅱ类基因型别相符对防止慢性排斥反应尤为重要，HLA-DP1 错配是影响再次移植后移植物存活时间的重要因素。

3. 交叉配型　交叉配型指将移植物受者与供者的淋巴细胞进行混合淋巴细胞培养（mixed lymphocyte culture，MLC）。由于目前的 HLA 分型技术尚难以检出某些同种抗原的差异，因此有必要进行供、受者间交叉配型，尤其是骨髓移植。交叉配型的方法为：将供者和受者淋巴细胞互为反应细胞，即同时做两组单向混合淋巴细胞培养，两组中任一组反应过强，均表示供者选择不当。

> **重点提示**
> 组织器官移植前供者的选择

4. 次要组织相容性抗原分型　在 HLA 相符或尽量相近的前提下，应适当考虑 mH 抗原的匹配情况（尤其是骨髓移植）。有些情况下，mH 抗原不符与 GVHD 的发生密切相关。

（二）移植物和受者进行术前预处理

1. 移植物预处理　实质器官移植时，为了减轻或防止 HVGD 的发生，应当尽可能清除移植物中的过客细胞。骨髓移植时，为避免发生严重的 GVHD，可预先清除骨髓中残存的 T 细胞。

2. 受者预处理　实质器官移植时，如供、受者间 ABO 血型不符可能发生强的移植排斥反应。一些特殊情况下，为逾越 ABO 血型屏障而进行实质器官移植，对受者可采取如下处理方法：①利用血浆置换术清除受者体内的天然抗 A 或抗 B 抗体。②于术前给予受者输注供者特异性血小板。③切除受者脾脏。④应用合适的免疫抑制剂等。

（三）免疫抑制剂的应用

同种异体器官组织移植术后长期给予患者合适的免疫抑制剂已成为常规且有效的治疗方案。临床上应用最广泛的免疫抑制剂是化学类免疫抑制剂如硫唑嘌呤、糖皮质激素、大环内酯类药物（如环孢素 A、FK506、西罗莫司等）。中草药如雷公藤具有明显的免疫调节或免疫抑制作用，现已用于抗移植排斥反应。

（四）诱导同种移植耐受

诱导受者产生针对移植物的免疫耐受是克服排斥反应的最理想方法。移植耐受（transplantation tolerance）指受者免疫系统对同种异型移植抗原的特异性无应答，但对其他抗原的应答保持正常。诱导移植耐受的作用机制复杂，包括免疫清除、免疫失能、免疫抑制及免疫调节等，目前多处于实验研究阶段。

（五）移植后的免疫学监测

移植后的免疫监测有利于早期诊断并及时采取相应的防治措施，有助于延长移植物存活时间。常用的监测指标包括：①淋巴细胞亚群数量、比例及其功能测定。②免疫分子水平测定。

（车昌燕）

思考题

1. 试结合 I～Ⅳ型超敏反应的发生机制、主要特点及常见疾病说明学习超敏反应对指导临床工作的重要意义。

2. 请以原发性乳腺癌及其转移为例试述机体抗肿瘤的免疫机制。

3. 请以肾移植为例简述移植免疫的类型、效应机制及防治原则。

4. 患者，女，23 岁，因急性肺炎入院。遵医嘱给予青霉素治疗。治疗前，护士给患者做青霉素皮试，在患者前臂内侧的前 1/3 处进行皮内注射 0.1ml 青霉素制剂（200U/ml），5min 后患者出现胸闷、气促、头晕等症状。护士立即给予紧急处理，患者逐渐恢复正常。

请思考：

（1）该患者在青霉素皮试时出现上述症状的机制是什么？

（2）临床上患者出现过敏症状，该如何进行有效护理？

5. 患者，男，53 岁，肾移植术后 5d 高烧收入院。因高血压 3 年半，肾功能不全 2 年余，行血液透析治疗 15 个月后实施肾移植，术后 5d 患者的体温突然升高达 39℃，尿量减少，移植肾肿大、质硬、压痛及血压升高，伴有不同程度地乏力、腹胀、头痛、心搏加速、食欲减退、情绪不稳定、烦躁不安等。初步诊断：肾移植术后急性排斥反应。

请思考：

（1）该患者在肾移植后发生急性排斥反应的机制是什么？

（2）临床上患者出现急性排斥反应，如何进行有效护理？

ER 28-5

练习题

第二十九章 ｜ 免疫学应用

学习目标

1. 掌握疫苗的种类、免疫接种的注意事项和免疫治疗的原理。

2. 熟悉人工免疫常用的生物制剂及免疫治疗的应用，抗原 - 抗体反应的特点和免疫学诊断的应用。

3. 了解疫苗的研制方向及抗原 - 抗体反应的影响因素、免疫学体外诊断方法的种类及原理。

4. 学会运用免疫学防治的基本知识分析和解决临床实际问题，能运用免疫学检测结果分析临床问题。

5. 具有认真严谨的学习态度，具备知识整合应用和实践创新施护施治意识和保护人类健康的责任担当以及大爱无疆的医者精神。

现代免疫学的发展提高了人们对免疫本质的认识，同时也拓宽了免疫学应用的范围。目前新型疫苗、免疫学治疗、免疫学检测等方面的研究不断发展，进一步推动了免疫学在疾病的诊断、治疗和预防等方面的广泛应用。

案例

患儿，女，8 岁，到亲戚家做客与小狗玩耍时不慎被小狗咬了手臂，皮肤破了点小口，家人及小姑娘均没在意，晚上回家后父母问起手上伤口的事，马上带小姑娘到附近的区级医院就诊，医生及时给予了诊治，注射狂犬病疫苗。

请问：

1. 被狗咬出伤口应该怎么正确处理？注射疫苗有哪些注意事项？

2. 作为一名医务工作者，如何对患者和家属做好心理疏导？

第一节　免疫学防治

一、免疫预防

（一）人工主动免疫

人工主动免疫（artificial active immunization）是给机体输入具有免疫原性的疫苗等物质，刺激机体产生特异性免疫力的方法。经人工主动免疫产生的免疫力出现较慢，但免疫力较持久，故临床上多用于疾病的预防。

1. 传统疫苗

（1）**灭活疫苗**：用物理或化学方法将病原微生物杀死制备而成的制剂，称为灭活疫苗，又称死疫苗。由于死疫苗进入体内后不能生长繁殖，对机体的免疫作用较局限，为获得有效而持久的免疫效果，需多次接种且量要大，有时会引起较重的局部或全身反应。但死疫苗易于制备，较稳定，易保存。常用的灭活疫苗有伤寒、乙脑、百日咳、狂犬病及钩体病等疫苗。

（2）**减毒活疫苗**：用人工诱导变异或从自然界筛选获得的减毒或无毒的活病原微生物制成的制剂，称为减毒活疫苗，又称活疫苗。活疫苗进入机体后可生长繁殖，在体内存留时间长，所以对机体免疫作用持久，接种量较小，一般只需接种一次。但活疫苗稳定性差，不易保存，且存在毒力恢复的可能性。常用的减毒活疫苗有 BCG、麻疹、风疹、脊髓灰质炎等疫苗。灭活疫苗与减毒活疫苗的比较见表 29-1。

表 29-1　灭活疫苗和减毒活疫苗的比较

区别要点	灭活疫苗	减毒活疫苗
制剂特点	死、强毒株（灭活前）	活、弱毒或无毒
接种剂量及次数	较大，2~3 次	较少，1 次
副作用	较大	较小
保存及有效期	易保存，1 年	不易保存，4℃数周
免疫效果	相对较差，维持数月至 2 年	相对较好，维持 3~5 年或更长

（3）**类毒素**：用 0.3%~0.4% 甲醛溶液处理细菌外毒素，使其失去毒性而保留免疫原性，即成类毒素。常用的类毒素有白喉类毒素、破伤风类毒素。这两种类毒素常与百日咳死疫苗混合制成百白破三联疫苗。

> **重点提示**
> 灭活疫苗和减毒活疫苗的区别

2. 新型疫苗

（1）**亚单位疫苗**：去除病原体中与诱发保护性免疫无关或有害成分，选用能刺激机体产生保护性免疫的抗原成分制备而成的疫苗。如肺炎链球菌多糖疫苗、流感病毒血凝素和神经氨酸酶亚单位疫苗。

采用 DNA 重组技术制备的只含保护性抗原成分的亚单位疫苗称为重组抗原疫苗。这类疫苗不含活的病原体和病毒核酸，安全有效、成本低廉。目前获批使用的有乙型肝炎重组抗原疫苗、口蹄疫疫苗和莱姆病疫苗。

（2）**结合疫苗**：细菌荚膜多糖为 TI 抗原，对婴幼儿免疫效果差，可将细菌荚膜多糖与其他抗原或类毒素偶联使其成为 TD 抗原，即为结合疫苗。结合疫苗可以引起 T 细胞和 B 细胞的应答，显著提高了免疫效果。目前有 b 型流感嗜血杆菌疫苗、脑膜炎球菌疫苗和肺炎链球菌疫苗等。

（3）**核酸疫苗**：包括 DNA 疫苗和 mRNA 疫苗。DNA 疫苗是将编码病原体有效免疫原的基因与细菌质粒重组所构建的疫苗，接种机体后，重组质粒可以进入细胞持续表达相关抗原，诱导机体产生适应性免疫。mRNA 疫苗是直接将编码靶抗原的 mRNA 序列引入机体，在宿主细胞内直接表达相关抗原，但 RNA 不稳定且生产成本高。

（4）**合成肽疫苗**：是通过设计将有效免疫原性的氨基酸序列合成多肽，以期用最小的免疫原性多肽来激发有效的适应性免疫应答。此类疫苗免疫性弱，需要与适当载体交联结合才能有效诱导机体产生免疫应答。合成肽疫苗的优势在于抗原肽中同时含有 B 细胞表位和 T 细胞表位，能同时诱导机体产生特异性体液免疫应答和细胞免疫应答。

（5）**细胞疫苗**：在肿瘤治疗中，将肿瘤细胞体外灭活或减毒后注入机体作为肿瘤细胞疫苗，或者将体外经肿瘤抗原刺激的树突状细胞回输作为树突状细胞疫苗，可有效地激活特异性抗肿瘤的免疫应答。

（二）人工主动免疫的注意事项

1. 接种对象　儿童出生后应按照国家免疫规划程序和预防接种方案的要求，全年（包括流行季节）开展常规接种。国家免疫规划疫苗儿童免疫程序表（2021 年版）见表 29-2。

表 29-2 国家免疫规划疫苗儿童免疫程序表（2021 年版）

可预防疾病	疫苗种类	接种途径	剂量	英文缩写	接种年龄（月龄）														
					出生时	1个月	2个月	3个月	4个月	5个月	6个月	8个月	9个月	18个月	2岁	3岁	4岁	5岁	6岁
乙型病毒性肝炎	乙肝疫苗	肌内注射	10μg 或 20μg	HepB	1	2					3								
结核病[1]	卡介苗	皮内注射	0.1ml	BCG	1														
脊髓灰质炎	脊灰灭活疫苗	肌内注射	0.5ml	IPV			1	2											
	脊灰减毒活疫苗	口服	1粒或2滴	bOPV					3								4		
百日咳、白喉、破伤风	百白破疫苗	肌内注射	0.5ml	DTaP				1	2	3				4					
	白破疫苗	肌内注射	0.5ml	DT															5
麻疹、风疹、流行性腮腺炎	麻腮风疫苗	皮下注射	0.5ml	MMR								1		2					
流行性乙型脑炎[2]	乙脑减毒活疫苗	皮下注射	0.5ml	JE-L								1			2				
	乙脑灭活疫苗	肌内注射	0.5ml	JE-I								1、2			3	3			4
流行性脑脊髓膜炎	A群流脑多糖疫苗	皮下注射	0.5ml	MPSV-A							1		2						
	A群C群流脑多糖疫苗	皮下注射	0.5ml	MPSV-AC												3			4
甲型病毒性肝炎[3]	甲肝减毒活疫苗	皮下注射	0.5 或 1.0ml	HepA-L										1					
	甲肝灭活疫苗	肌内注射	0.5ml	HepA-I										1	2				

注：
1. 主要指结核性脑膜炎、血行播散性肺结核等。
2. 选择乙脑减毒活疫苗接种时，采用两剂次接种程序。选择乙脑灭活疫苗接种时，采用四剂次接种程序；乙脑灭活疫苗第 1、2 剂间隔 7~10d。
3. 选择甲肝减毒活疫苗接种时，采用一剂次接种程序。选择甲肝灭活疫苗接种时，采用两剂次接种程序。

为进一步加强对小月龄婴儿和学龄儿童的免疫保护，《关于国家免疫规划百白破疫苗和白破疫苗免疫程序调整相关工作的通知》印发，自 2025 年 1 月 1 日起，在全国范围内实施将现行 3 月龄、4 月龄、5 月龄、18 月龄各接种 1 剂次吸附无细胞百日咳 - 白喉 - 破伤风联合疫苗（简称百白破疫苗）和 6 周岁接种 1 剂次吸附白喉 - 破伤风联合疫苗的免疫程序，调整为 2 月龄、4 月龄、6 月龄、18 月龄、6 周岁各接种 1 剂次百白破疫苗的免疫程序。

2. 接种剂量、次数和间隔时间　通常灭活疫苗接种量大，需接种 2~3 次，每次间隔 7~10d。减毒活疫苗一般只需接种 1 次。

3. 接种途径和方法　灭活疫苗应皮下接种，减毒活疫苗可皮内注射、皮上划痕或经自然感染途径接种。

4. 接种后不良反应　常在接种后 24h 左右局部出现一过性发热、红肿、疼痛、淋巴结肿大等反应，一般症状较轻，数日恢复正常，无须处理。个别接种后反应剧烈，可引起严重的过敏反应和显性感染，应密切观察，予以重视。

5. 禁忌证　凡高热、严重心血管疾病、急性传染病、活动性结核和甲状腺功能亢进等患者均不宜接种疫苗，免疫缺陷病和正在使用免疫抑制剂治疗的患者不能接种减毒活疫苗，孕妇应暂缓接种疫苗。

> **重点提示**
> 免疫接种的注意事项

二、免疫治疗

免疫治疗（immunotherapy）指利用免疫学原理，针对疾病的发生机制，人为干预或调整机体的免疫功能，达到治疗疾病目的所采取的措施。

（一）人工被动免疫

人工被动免疫（artificial passive immunization）是给机体输入抗体、细胞因子等免疫分子和免疫细胞，使机体获得特异性免疫力的方法。经人工被动免疫后即可获得免疫力，但维持时间短，一般为 2~3 周，临床上主要用于疾病的治疗或紧急预防见表 29-3。

表 29-3　人工主动免疫和人工被动免疫的特点

比较要点	输入物质	产生免疫力时间	免疫力维持时间	主要用途
人工主动免疫	抗原	慢（2~3 周）	数月至数年	预防
人工被动免疫	抗体、细胞因子	快（立即生效）	2~3 周	治疗或紧急预防

传统的人工被动免疫制剂有以下几类：

1. 抗毒素　是抗细菌外毒素的抗体，来自类毒素免疫动物（马）的血清，主要用于治疗或紧急预防外毒素所致的疾病，如白喉抗毒素、破伤风抗毒素等。

2. 人丙种球蛋白　从正常人血浆或健康产妇胎盘血中提取制成，分别称人血浆丙种球蛋白和胎盘丙种球蛋白。由于多数成人已隐性或显性感染过麻疹、脊髓灰质炎和甲型肝炎等多种病原体，血清中含有一定量的相应抗体，所以这两种丙种球蛋白可用于上述疾病的治疗或紧急预防。

3. 特异性 Ig　来源于恢复期患者及含高价特异性抗体供血者血浆，或接受类毒素和疫苗免疫者的血浆。人特异性 Ig 含有高效价的特异性抗体，且在体内留存时间长，不易发生过敏反应，常用于过敏体质及丙种球蛋白疗效不佳的疾病。

> **重点提示**
> 使用抗毒素血清的注意事项

（二）过继免疫治疗

过继免疫治疗（adoptive immunotherapy）是将患者自体免疫细胞在体外经活化处理后回输给患者以增强其免疫功能的一种治疗方法，主要用于白血病和恶性实体瘤的治疗。常用的有 CIK 细胞和 TIL 细胞，前者是用高浓度 PHA、IL-2 等与外周血淋巴细胞在体外共同培养后形成的具有广泛杀伤肿瘤细胞的能力的免疫效应细胞，即细胞因子诱导的杀伤细胞（cytokine induced killer cell，CIK）；后者是用 IL-2 与从肿瘤组织中分离的淋巴细胞在体外共育培养后形成的对肿瘤细胞有杀伤作用的免疫效应细胞，即肿瘤浸润淋巴细胞（tumor infiltrating lymphocyte，TIL）。过继免疫治疗近年来发展迅猛，以 CAR-T 为代表的过继免疫治疗已经用于临床。

知识拓展

CAR-T 细胞免疫疗法

CAR-T 细胞免疫疗法指嵌合抗原受体 T 细胞免疫治疗，是从患者的血液中提取 T 细胞，并在体外对这些细胞进行基因改造，给它们装上识别肿瘤细胞表面抗原的定位导航装置"嵌合抗原受体"（CAR），即成为 CAR-T 细胞。然后，将这些改造之后的细胞再输注回患者体内，CAR-T 细胞在患者体内继续增殖，并利用其"定位导航装置"CAR，专门识别体内肿瘤细胞，并通过免疫作用释放大量的多种效应因子，高效地杀灭肿瘤细胞，从而达到治疗恶性肿瘤的目的，目前已在临床肿瘤治疗中取得了良好的效果。

（三）造血干细胞移植

造血干细胞是具有多种分化潜能和自我更新能力的细胞，在适当的条件下可被诱导分化为各种免疫细胞。移植造血干细胞能使患者免疫系统得以重建或恢复造血功能，已成为临床治疗癌症、造血系统疾病和自身免疫病等的主要方法之一。移植所用的造血干细胞来源于 HLA 相同或相近的供者，一般采用骨髓、外周血或脐带血。

（四）生物应答调节剂

生物应答调节剂（biological response modifier，BRM）是具有促进和调节机体免疫功能的生物制剂，通常对免疫功能正常者无影响，而对免疫功能低下者有促进免疫细胞活化的作用。主要用于恶性肿瘤、免疫缺陷病和传染病的辅助治疗。常用的生物应答调节剂见表 29-4。

表 29-4　常用的生物应答调节剂

分类	举例
细胞因子制剂	IL-2、GM-CSF、IFN
微生物制剂	BCG、短小棒状杆菌、胞壁酰二肽
化学药物	左旋咪唑、西咪替丁
中成药和植物多糖	人参、黄芪、云芝多糖、黄芪多糖

（五）免疫抑制剂

免疫抑制剂是一类抑制机体免疫功能的生物或非生物制剂，主要用于抗移植排斥反应、超敏反应性疾病、自身免疫病及感染性炎症等。常用的免疫抑制剂见表 29-5。

表 29-5　常用的免疫抑制剂

分类	举例
化学合成药物	糖皮质激素、环磷酰胺、硫唑嘌呤
微生物制剂	环孢素、FK-506、西罗莫司
中草药	雷公藤多苷

（车昌燕）

第二节 免疫学诊断

案例

学生,男,10岁,做结核分枝杆菌素试验,取0.1ml PPD稀释液注射于左前臂掌侧前1/3中央皮内,72h后检查反应情况,注射部位出现直径为0.7cm的硬结。

请问:

1. 案例中结核菌素试验结果如何判定?
2. 结核分枝杆菌素试验有何临床意义?

一、体外免疫学检测

(一)体液免疫检测

抗原与相应抗体相遇可发生特异性结合反应,在体外可出现肉眼可见或仪器可检测到的反应。据此可用已知的抗原(或抗体)检测未知的抗体(或抗原)。抗体主要存在于血清中,因此体外的抗原-抗体反应又称血清学反应。

1. 抗原-抗体反应的特点

(1)**特异性**:抗原借助抗原决定簇和抗体的高变区在空间构型上的互补关系,与抗体特异性结合。二者空间构型互补程度越高,特异性越强。

(2)**可逆性**:抗原与相应抗体结合除了空间构象互补外,主要以氢键、静电引力、疏水键和范德瓦耳斯力等分子表面的非共价键方式结合,结合后形成的复合物在一定条件下可发生解离,解离后的抗原、抗体仍保持原有的特性。

(3)**比例性**:抗原与抗体的结合能否出现肉眼可见的反应,不仅取决于抗原、抗体的性质,也取决于二者的浓度和比例(图29-1)。若浓度和比例合适,则抗原与抗体结合形成大的免疫复合物,出现肉眼可见反应;若抗原过剩或抗体过剩,抗原与抗体结合后形成小的免疫复合物,不能出现肉眼可见反应。

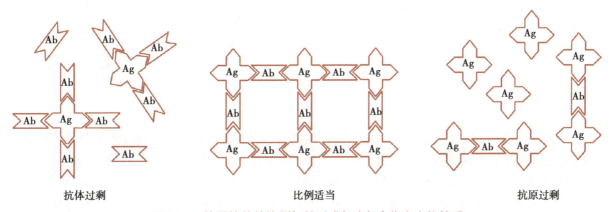

抗体过剩　　　　　　　　比例适当　　　　　　　　抗原过剩

图29-1　抗原抗体的比例与其形成免疫复合物大小的关系

(4)**阶段性**:抗原-抗体反应可分为两个阶段。第一阶段是抗原与抗体的特异性结合阶段,仅几秒至几分钟,无可见反应;第二阶段为可见反应阶段,需经数分钟或数小时甚至更长的时间出现肉眼可见反应,易受多种因素的影响。

2. 抗原－抗体反应的影响因素

（1）**抗原因素**：抗原的理化特性、抗原决定簇的数量和种类可影响抗原-抗体反应。如与特异性抗体结合时，颗粒性抗原可出现凝集现象，可溶性抗原可出现沉淀现象。

（2）**抗体因素**：抗体的来源、抗体与抗原的特异性、亲和力和比例等均可影响抗原-抗体反应。

（3）**环境因素**：抗原-抗体反应除了自身原因外，还受环境的影响，完成反应需要一定的温度、pH 及电解质等。反应环境中的一些其他物质也会对反应造成影响，比如患者血清中的药物、蛋白、补体等。

3. 常见的体液免疫检测法　常见的体液免疫检测有凝集反应、沉淀反应、免疫标记技术、免疫印迹技术与蛋白质芯片技术。

（1）**凝集反应**：颗粒性抗原与相应抗体结合，在一定条件下出现肉眼可见的凝集物的反应。

1）直接凝集反应：颗粒性抗原（如细菌或红细胞等）与相应抗体直接结合所呈现的凝集反应（图29-2），包括玻片法和试管法。玻片法为定性试验，常用已知抗体检测未知抗原，用于细菌的鉴定和分型及人类 ABO 血型鉴定等。试管法为半定量试验，常用已知抗原检测血清中相应抗体的量，以效价表示被检血清中相应抗体的含量。如临床上常用肥达试验辅助诊断伤寒、副伤寒。在血清学反应中，抗原与抗体结合出现明显可见反应的最大的抗血清或抗原制剂稀释度称为效价，又称滴度（titer）。

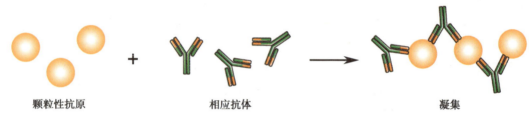

颗粒性抗原　　　　　相应抗体　　　　　凝集

图 29-2　直接凝集反应原理示意图

2）间接凝集反应：可溶性抗原吸附于载体颗粒表面形成致敏颗粒后，再与相应抗体结合出现肉眼可见的凝集反应（图29-3）。实验室常用的载体颗粒有人 O 型血红细胞、活性炭、聚苯乙烯乳胶等。

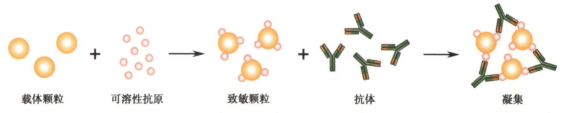

载体颗粒　　　可溶性抗原　　　致敏颗粒　　　抗体　　　凝集

图 29-3　间接凝集反应原理示意图

（2）**沉淀反应**：可溶性抗原与相应抗体特异性结合，在一定的条件下出现肉眼可见的沉淀物的反应，在液体中进行的称为免疫比浊法，在半固体琼脂凝胶中进行的称为琼脂扩散试验。

1）免疫比浊法：在一定量抗体中加入不同含量的可溶性抗原后，形成数量不等的免疫复合物，使反应体系呈现不同的浊度，根据浊度可推算出可溶性抗原的含量。本方法快速简便，常用于检测 Ig、补体、CRP 等。

2）单向琼脂扩散试验：将特异性抗体均匀混合于溶化的琼脂中，然后浇制成琼脂板，再按一定要求打孔并在孔中加入待测抗原，使抗原向孔四周自由扩散，抗原与琼脂中的抗体相遇，在比例合适处形成肉眼可见的、以抗原孔为中心的沉淀环。沉淀环的直径与抗原浓度呈正相关（图29-4），可用于血清中 IgG、IgM、IgA 和补体 C1、C3 等的定量测定。

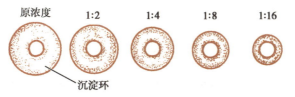

原浓度 1:2 1:4 1:8 1:16

沉淀环

图 29-4 单向琼脂扩散试验示意图

3）双向琼脂扩散试验：将抗原、抗体分别加入琼脂板的不同小孔中，使二者在琼脂中扩散，若二者对应且比例合适，则在抗原和抗体孔之间形成白色沉淀线。根据沉淀线的有无、数目和形状，可推断待测抗原中有多少种抗原成分、两种抗原是完全相同、部分相同或完全不同。本法常用于抗原或抗体的定性检测。

（3）免疫标记技术：将已知抗体或抗原标记上易显示的物质，通过检测标志物来反映抗原 - 抗体反应的情况，从而间接测出被测抗原或抗体的存在与否或量的多少。常用的标志物有荧光素、酶、放射性核素、化学发光物质、胶体金等。

1）免疫荧光技术：以异硫氰酸荧光素（FITC）、藻红蛋白（PE）等荧光素标记已知抗体或抗原，检测标本中相应的抗原或抗体，已广泛应用于细菌、螺旋体、病毒性疾病的诊断。

常用的方法：①直接法：用荧光素标记的已知抗体直接进行细胞或组织染色，荧光显微镜下观察。其缺点是每测一种抗原，必须制备与其相应的荧光抗体。②间接法：先用已知特异性抗体（一抗）与标本中相应抗原结合，再用荧光素标记的抗 Ig（二抗）染色，观察方法与直接法相同。其敏感性较高，且只需标记一种二抗就能适应多种抗原 - 抗体系统的检测（图 29-5）。

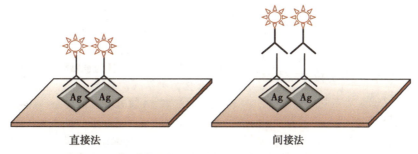

直接法 间接法

图 29-5 免疫荧光技术（直接法与间接法）原理示意图

2）酶免疫技术：用酶标记抗体或抗原进行抗原 - 抗体反应，检测相应可溶性抗原或抗体的方法。本法将抗原 - 抗体反应的高度特异性与酶对底物催化作用的高效性相结合，可通过酶分解底物后显色程度判定结果。常用的酶为辣根过氧化物酶（HRP）和碱性磷酸酶（AP）。

常用的方法有 ELISA 和酶免疫组化技术，其中 ELISA 应用最广泛，其原理是将抗原或抗体包被在固相载体表面，加入待测的抗体或抗原与固相载体表面的抗原或抗体结合，并随之固定，再加入与待测物相特异的酶标记的抗体或抗原，固相上结合的酶标志物与待测物呈正相关，可通过底物的显色程度来指示待测物含量的多少（图 29-6）。该法特异性强，敏感性高，既可测定抗体，又能测定可溶性抗原。方法类型很多，以双抗体夹心法最为常用。

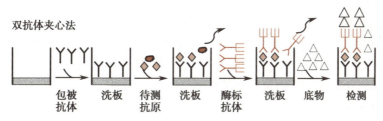

双抗体夹心法

包被抗体 洗板 待测抗原 洗板 酶标抗体 洗板 底物 检测

图 29-6 ELISA（双抗体夹心法）原理示意图

酶联免疫斑点试验

　　酶联免疫斑点试验(enzyme linked immunospot assay, ELISPOT assay)，是从单细胞水平检测细胞因子分泌细胞的定量检测技术，其基本原理是将已知抗细胞因子的抗体包被于固相载体(如 PVDF 膜)，在微孔内加入待检测细胞及刺激物进行培养，细胞受刺激后分泌的细胞因子被位于膜上的特异性抗体所捕获，去除细胞后加入酶标记的抗细胞因子的抗体，并通过底物显色，即可在膜上形成有色斑点。每一个斑点代表一个细胞因子分泌细胞，斑点颜色的深浅与细胞分泌的细胞因子量有关。通过计数斑点的个数，对应最初加入的细胞数，即可换算出每百万个细胞中有多少个细胞在刺激之下分泌了特定的细胞因子。

　　3)放射免疫测定法：用放射性核素标记抗原或抗体进行免疫学检测的技术，其优点是灵敏、特异性高、精确、易规范化及自动化等，可测定多种激素、药物、IgE 等。但放射性同位素有一定的危害性，且实验需特殊的仪器设备。

　　4)免疫胶体金技术：一种以胶体金作为标志物的免疫标记技术。可用于多种液相免疫测定和固相免疫分析，目前主要用于病原菌、激素和某些肿瘤标志物的检测。免疫胶体金技术和蛋白质层析技术的结合是近年来兴起的一种被广泛应用的快速诊断技术，原理是以微孔滤膜为载体，将含未知抗原或抗体的待测标本滴加在膜一端，标本溶液受载体膜的毛细管作用向另一端移动，在移动过程中被测定物与固定于载体膜上测定区的抗体(抗原)结合而被固定，无关物则越过该区域而被分离，然后通过胶体金的呈色条带来判定实验结果。主要技术类型有双抗体夹心法(图 29-7)、竞争法和间接法。

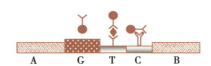

图 29-7　胶体金免疫层析试验(双抗体夹心法)原理示意图

G 区为金标抗体，T 区为包被抗体，C 区为包被抗金标抗体，A、B 区为吸水纸。测试时在 A 区加待测标本，通过层析作用向 B 区移动，流经 G 区时将金标抗体复溶，若标本中含待测抗原，即形成抗原-金标抗体复合物，移至 T 区时，形成金标抗体-抗原-抗体复合物，金标抗体被固定下来，在 T 区显示红色线条，呈阳性反应，多余的金标记抗体移至 C 区被抗金标抗体捕获，呈现红色质控线条。

　　5)化学发光免疫技术：以化学发光剂为标志物，以光子强度为检测信号，将发光分析和免疫反应相结合而建立的一种新的免疫技术。常用于检测血清超微量活性物质，如激素和肿瘤标志物。

　　(4)**免疫印迹技术**：又称 western blot，是将十二烷基磺酸钠-聚丙烯酰胺凝胶电泳(SDS-PAGE)分离得到的按相对分子量大小排列的蛋白转移到固相载体膜上，再用酶免疫、放射免疫或化学发光免疫等技术对蛋白质进行定性及定量分析的技术。

　　(5)**蛋白质芯片技术**：是将各种蛋白质抗原(或抗体)有序地固定于载体上制成芯片，再与待测抗体(或抗原)反应，用荧光物质做标记，反应后与芯片对应蛋白位点结合的抗体有荧光信号，通过扫描仪可以得到各蛋白检测位点的荧光强度。该项技术可以同时对一个标本中的多种抗原或抗体进行检测，具有快速、准确、高通量的特点。

(二) 细胞免疫检测

　　1.T 细胞总数测定　测定外周血 T 细胞总数对于了解机体的细胞免疫功能具有重要作用。

　　(1)**E 花环试验**：人 T 细胞表面具有绵羊红细胞受体(又称 E 受体，即 CD2)。在体外条件下，人 T 细胞能直接与绵羊红细胞结合，形成花环样细胞团，此试验称为 E 花环试验。正常人外周血淋巴细胞 E 花环形成率为 60%~80%。

　　(2)**荧光抗体染色**：从外周血分离淋巴细胞后，用鼠抗人 CD3 的单克隆抗体和荧光素(FITC)标记的兔抗鼠 IgG 抗体进行间接免疫荧光染色,在荧光显微镜下或流式细胞仪检测结果。正常人外周血淋巴细胞中 65%~80% 为 T 细胞。

2. T 细胞亚群测定　用鼠抗人 CD4 或 CD8 的单克隆抗体和 FITC 标记的兔抗鼠 IgG 抗体进行间接免疫荧光染色,在荧光显微镜下或流式细胞仪检测结果,正常人外周血中 CD4/CD8 比值为 1.8~2.0。

3. 淋巴细胞转化试验　在体外 T 细胞能被有丝分裂原(PHA、ConA 等)激活而转化为淋巴母细胞,依据 T 细胞的转化率,可判断机体的细胞免疫功能。正常人转化率为 70% 左右。

4. 吞噬功能测定　中性粒细胞和巨噬细胞是机体非特异性免疫的重要组成部分,其吞噬功能的检测对判断机体的免疫功能状态具有重要意义。

(1)**中性粒细胞吞噬功能测定**:将中性粒细胞与葡萄球菌悬液混合一段时间后,取样涂片染色镜检,根据中性粒细胞吞噬率和吞噬指数可反映中性粒细胞的吞噬功能。

$$吞噬率 = (吞噬细菌的白细胞数 / 计数的白细胞数) \times 100\%$$
$$吞噬指数 = 吞噬的细菌总数 / 计数的白细胞数$$

(2)**巨噬细胞功能吞噬测定**:将待测巨噬细胞与某种可被吞噬又易于计数的颗粒性物质(如鸡细胞或荧光标记的颗粒)混合温育后,颗粒性物质被巨噬细胞吞噬,根据吞噬率和吞噬指数可反映巨噬细胞的吞噬功能。

二、体内免疫学检测

(一) I 型超敏反应皮肤试验

将易引起过敏反应的药物、免疫血清及植物花粉浸液等稀释后,作皮内注射或划痕,15~20min 后观察结果,如局部皮肤出现红晕、风团直径 >1cm、或无红肿但注射处有痒感,或全身不适反应者均为阳性。

(二) 特异性抗原皮肤试验

抗原主要有结核分枝杆菌纯蛋白衍生物(PPD)、念珠菌素等。在受试者前臂内侧皮内注射少量的可溶性抗原,24~48h 后,观察局部皮肤红肿硬结的大小。若硬结 >1cm 为阳性。

重点提示

皮肤试验的结果判定及意义

(车昌燕)

思考题

1. 请从人工主动免疫和人工被动免疫角度,结合所学习免疫学知识,试述开放性创伤急诊注射 TAT 和儿童接种百白破三联疫苗的免疫机制、意义及注意事项。

2. 患者,男,50 岁,1 周前在劳动时不小心被朽木扎伤右脚趾。当时疼痛不明显流血也不多故未给予处理。现出现右脚趾疼痛、肿胀,下肢痉挛、僵硬等症状,入院诊断为"破伤风"。医嘱皮试后给予破伤风抗毒素(TAT)10 万单位治疗及其他对症治疗。

ER 29-3

练习题

请思考:

(1)遵医嘱给予 TAT 治疗时为何要进行皮试?

(2)该治疗方法的理论基础是什么?

［1］苏川，刘文琪. 人体寄生虫学. 10 版. 北京：人民卫生出版社，2024.

［2］郭晓奎，彭宜红. 医学微生物学. 10 版. 北京：人民卫生出版社，2024.

［3］曹雪涛. 医学免疫学. 8 版. 北京：人民卫生出版社，2024.

［4］杨翀. 微生物学检验. 2 版. 北京：科学出版社，2023.

［5］司传平. 医学免疫学. 5 版. 北京：人民卫生出版社，2022.

［6］林逢春，孙中文. 免疫学检验. 5 版. 北京：人民卫生出版社，2020.

［7］刘荣臻，曹元应. 病原生物学与免疫学. 4 版. 北京：人民卫生出版社，2019.

［8］李睿，杨翀. 病原生物学与免疫学. 北京：北京大学医学出版社，2019.